Claude Lévi-Strauss
Die Luchsgeschichte
Zwillingsmythologie
in der Neuen Welt

Aus dem Französischen von
Hans-Horst Henschen

Carl Hanser Verlag

Titel der Originalausgabe:
Histoire de Lynx
©Librairie Plon, Paris 1991

1 2 3 4 5   97 96 95 94 93
ISBN 3-446-17180-0
Alle Rechte an dieser Ausgabe vorbehalten
© Carl Hanser Verlag München Wien 1993
Satz: Fotosatz Reinhard Amann, Aichstetten
Druck und Bindung: Friedrich Pustet, Regensburg
Printed in Germany

*Sed haec prius fuere: nunc recondita
senet quiete, seque dedicat tibi,
gemelle Castor, et gemelle Castoris.*

*Bewundert, Freunde, dieses schlanken Bootes Bau…
Damit ist's aus. In einem stillen Winkel ruht
es nun versteckt, wird langsam alt und weiht sich euch,
dir Zwilling Kastor, und dem Zwilling Kastors, dir.*

      Catull, IV, *Dedicatio phaseli*, 25 – 27

Inhalt

Vorwort 9

ERSTER TEIL

IM NEBELREICH

ERSTES KAPITEL
Eine Schwangerschaft zur Unzeit 19

ZWEITES KAPITEL
Coyote, Vater und Sohn 33

DRITTES KAPITEL
Die Zahnschnecken-Diebinnen 45

VIERTES KAPITEL
Ein Mythos zum Abstieg in die Tiefe der Zeiten 61

FÜNFTES KAPITEL
Der prophetische Ausspruch 73

SECHSTES KAPITEL
Besuch bei den Bergziegen 85

ZWEITER TEIL

LICHTBLICKE

SIEBENTES KAPITEL
Das von der Eule geraubte Kind 107

ACHTES KAPITEL
Schmuckstücke, Wunden 115

NEUNTES KAPITEL
Der Sohn der Wurzel 127

ZEHNTES KAPITEL
Zwillinge: Lachse, Bären, Wölfe 139

ELFTES KAPITEL
Familienmeteorologie 149

ZWÖLFTES KAPITEL
Schmuckstücke, Nahrungsmittel 155

DREIZEHNTES KAPITEL
Vom Mond zur Sonne 167
VIERZEHNTES KAPITEL
Die Frau mit Hund 175

DRITTER TEIL
IM LANDE DES WINDES

FÜNFZEHNTES KAPITEL
Das Einfangen des Windes 191
SECHZEHNTES KAPITEL
Indianische Mythen, französische Märchen 201
SIEBZEHNTES KAPITEL
Letzter Auftritt des Vogelnestaushebers 213
ACHTZEHNTES KAPITEL
Eine erneute Lektüre Montaignes 231
NEUNZEHNTES KAPITEL
Die zweigeteilte Ideologie der amerikanischen Indianer 247

Anmerkungen 265
Bibliographie 275
Verzeichnis der Schwarzweiß-Abbildungen 286
Verzeichnis der Abbildungen im Text 287
Namenregister 288

Vorwort

Das Bild vom Schachbrett zu Beginn dieses Buches versteht sich sowohl als Erläuterung wie als Entschuldigung. Als Entschuldigung für den Eindruck der Unergiebigkeit, den einem die Lektüre der ersten Kapitel vielleicht vermitteln mag, in denen, vor Beginn der eigentlichen Auseinandersetzung, diese oder jene Seite dem gewidmet werden mußte, was man beim Schach Eröffnung nennt – eine Eröffnung, die manchmal mit zwölf oder fünfzehn Zügen den Beginn bereits gespielter und bekannter Partien wiederholt. Ebenso wird der Leser, der ein wenig mit meinen anderen Büchern zur Mythologie der amerikanischen Indianer vertraut ist, zu dem Schluß kommen, daß diese ersten Kapitel geradezu auf der Stelle treten. Das liegt daran, daß auch ich meine Figuren neu aufstellen muß: die Elemente der Mythen, mit denen eine neue Partie aufgenommen wird.

Gegen wen wird sie gespielt? Eben das muß erläutert werden. Denn man könnte bereits Zweifel am Sinn eines solchen Spiels selbst anmelden. Ähnelt es dem Schachspiel, oder müßte man es nicht eher mit einer Partie Patience vergleichen, einem Spiel, bei dem man sich bestimmten Zwängen unterwirft und bestimmte Regeln einhält, um einen abzählbaren Komplex von Elementen zu ordnen – die Karten –, deren ursprüngliche Verteilung dem Zufall unterlag? Das Kartenspiel aber ist passiv, und die aleatorische Verteilung zu Beginn ergibt sich aus der Initiative des Spielers, der mit dem Mischen der Karten den Anfang gemacht hat.

Vor eine gänzlich andere Situation sieht sich der Analytiker von Mythen gestellt. Er ist nicht der Autor der Unordnung, die er zu reduzieren hat. Diese Unordnung hat nicht nur keinerlei Zusammenhang mit seinem Eingriff und geht ihm voraus; vielmehr ist sogar das, was ihm als Unordnung erscheint, keine wirkliche Unordnung: Es ist eher eine Art von Ordnung, die Zwängen und Regeln gehorcht, von denen sich diejenigen, mit denen der Analytiker operiert, deutlich unterscheiden. Für ihn sind die Mythen Gegner. Es gilt ausfindig zu machen, welche der beiden Strategien – ihre oder seine – die Oberhand behalten wird.

Man spielt gegen den Mythos; und man sollte nicht glauben, daß uns der Mythos, der uns aus zeitlicher und räumlicher Ferne erreicht, nicht mehr zu bieten hat als eine bereits verjährte Partie. Mythen bestehen nicht aus ein für allemal gespielten Partien. Sie sind unermüdlich, sie eröffnen jedesmal, wenn man sie erzählt oder liest, eine neue Partie. Wie beim Schachspiel aber enthüllt sich, in dem Maße, wie die Partie voranschreitet, die anfangs undurchschaubare Strategie eines der beiden Gegner. Und gegen Ende, wenn er nur noch die Wahl zwischen einer begrenzten Anzahl von Zügen hat, kann der dem Sieg nahe Spieler sogar eine jetzt durchsichtig gewordene Strategie antizipieren und den Gegner zwingen, sich der seinen anzupassen.

Wozu aber, werden manche sagen, sich so hartnäckig auf die Durchdringung, die Analyse, die Vereitlung einer Strategie versteifen, die die Mythen seit Zehntausenden, ja vielleicht Hunderttausenden von Jahren neuerungslos wiederholen, während doch das rationale Denken, die naturwissenschaftliche Methodik und ihre Techniken sie als Medien der Welterklärung endgültig verdrängt haben? Hat der Mythos die Partie nicht bereits seit langem verloren? Das ist gar nicht so sicher oder wenigstens nicht mehr so sicher. Denn es läßt sich bezweifeln, daß wirklich eine unüberschreitbare Distanz die Formen des mythischen Denkens von den berühmten Paradoxien trennt, die die Großmeister der modernen Naturwissenschaft, ohne jede Hoffnung, sich anders verständlich machen zu können, Ignoranten wie uns vorlegen: die »Katze« von Schrödinger, der »Freund« von Wigner oder gar die Fabeln, die erfunden werden, um das EPR-Paradoxon* (und heute GHZ) unserer Vorstellungskraft näherzubringen.

Ich glaube nicht, daß ich mich mit derartigen Äußerungen über das wissenschaftliche Denken lustig mache, in dem sich in meinen Augen die Größe des Abendlandes manifestiert. Mir scheint lediglich, daß, wenn in den schriftlosen Gesellschaften die positiven Erkenntnisse

---

* Das EPR-Paradoxon, eine nach A. *Einstein*, B. *Podolski* und N. *Rosen* benannte Aussage über das Verhalten kohärenter Zweiteilchen-Zustände bei der Messung der Eigenschaften eines der beiden Teilchen (in: *Physical Review*, Bd. 47, Mai 1935). Die Neufassung des Theorems von D. *Greenberger*, M. *Horne* und A. *Zeilinger* (in: *Am. Journal of Physics*, Bd. 58, Dezember 1990) behauptet die Inkonsistenz des EPR-Paradoxons, wenn es auf Quantensysteme von wenigstens drei Teilchen angewendet wird (A. d. Übers.).

weit hinter den imaginativen Kräften zurückblieben und den Mythen die Aufgabe zufiel, diese Lücke zu schließen, unsere eigene Gesellschaft sich in der umgekehrten Situation befindet, die, wenn auch aus entgegengesetzten Gründen, zum selben Resultat führt. Bei uns überflügeln die positiven Erkenntnisse die Kräfte der Imagination derart weit, daß ihr, unfähig, die Welt zu erfassen, deren Existenz man ihr enthüllt, als einziges Hilfsmittel bleibt, sich wieder zum Mythos zurückzuwenden. Anders ausgedrückt, das mythische Denken wird erneut zum Mittler zwischen dem Gelehrten, der durch Berechnung Zugang zu einer unvorstellbaren Realität findet, und dem Laienpublikum, das darauf brennt, etwas von dieser Realität zu erfassen, deren mathematischer Nachweis alle Befunde der sinnlich-anschaulichen Intuition Lügen straft, das heißt als einziges Mittel der Kommunikation zwischen Naturwissenschaftlern und Nicht-Naturwissenschaftlern.

Daß das Elektron, wie man uns lehrt, sieben Millionen Milliarden mal pro Sekunde schwingt; daß es gleichzeitig Welle und Korpuskel sein und simultan hier und anderswo existieren kann; daß die chemischen Verbindungen im Rahmen einer meßbaren Zeit verlaufen, die aber, im Verhältnis zur Sekunde, der Sekunde im Verhältnis zu zweiunddreißig Millionen Jahren entspricht; daß unser Universum am anderen Ende der kosmischen Skala einen bekannten Durchmesser von zwölf Milliarden Lichtjahren hat; daß unsere Galaxie und ihre Nachbarn darin mit einer Geschwindigkeit von 600 Kilometern in der Sekunde auseinanderdriften, angezogen von Körpern oder Komplexen von Körpern, die mit wahren Fabelnamen geschmückt sind – Große Mauer, Großer Attraktor – und für hinreichend dicht gehalten werden, um diesen Effekt hervorzubringen (deren Größenordnung aber allen hergebrachten Ideen über die Art und Weise der Entstehung des Universums widerspräche): Alle diese Behauptungen haben einen Sinn für den Forscher, der nicht das Bedürfnis verspürt, seine Formeln in die Umgangssprache zu übersetzen. Der mit einem gewissen Maß an intellektueller Aufrichtigkeit ausgestattete Laie wird freimütig eingestehen, daß das für ihn leere Worte sind, die nichts Konkretem entsprechen, nicht einmal irgend etwas, von dem er sich auch nur eine Vorstellung zu bilden vermöchte.

Auch die Ereignisse, die sich die Gelehrten ausmalen, um uns den Abgrund überbrücken zu helfen, der sich zwischen makroskopischer Erfahrung und dem Laienverstand unzugänglichen Wahrheiten aufgetan hat – ein »Urknall«, ein in Ausdehnung begriffenes Universum usw. –, haben sämtlich den Charakter von Mythen; und zwar in einem Maße, daß, wie ich es für letztere gezeigt habe, das in eine dieser Konstruktionen verstrickte Denken alsbald sein Gegenstück hervorbringt. Wie etwa im Falle des Universums, das sich, den Berechnungen zufolge, endlos ausdehnt oder sich bis zum Verschwinden zusammenzieht.

Mehrere Jahrhunderte lang wurde die Wissenschaft von der Idee einer reversiblen Zeit beherrscht, von der Vorstellung eines unveränderlichen Universums, in dem Vergangenheit und Zukunft zu Recht identisch waren. Dem mythischen Denken blieb nur die Geschichte als Zufluchtsort. Nun lernen wir aber – und zwar zunächst aus der Evolutionstheorie, später dann aus der neuen Kosmologie –, daß auch das Universum und das Leben in die Geschichte eingebettet sind; daß sie einen Anfang hatten und dem Werden unterliegen. Und plötzlich entstehen damit so gewaltige Probleme, daß dieses unbestreitbare Wissen uns zweifeln läßt, ob wir je verstehen können, was zuvor war, was später sein wird oder wie sich die Dinge wirklich abgespielt haben. Daß Tausende von jeweils höchst unwahrscheinlichen Ereignissen im Laufe von etwa sieben Millionen Jahren den Übergang von einer Welt ohne jede Form von Leben zu einer ARN-Welt und später dann zu einer ADN-Welt* bewirkt haben sollen, scheint so schwer faßbar zu sein, daß sogar illustre Gelehrte darauf angewiesen sind, Mythen zu erfinden. Die ersten Keime von Leben seien, so sagen sie, zur Erde an Bord eines Raumschiffes gelangt, das von einem entfernten Planeten stammte und von uns in wissenschaftlicher und technischer Hinsicht weit überlegenen Wesen gesteuert wurde, und zwar vor 3,8 Milliarden Jahren (zu denen dann noch die für die Reise erforderliche Zahl von Lichtjahren kommt). Desgleichen irritieren die Phänomene, die sich im quantischen Maßstab abspielen, sobald man sie mit den Worten der Umgangssprache zu beschreiben versucht, den gesunden Menschenverstand weitaus heftiger als die ausgefallensten mythischen Erfindungen. Wie ein zeitgenössischer Physiker schreibt, unterscheidet sich die Welt der Quantenmechanik nicht nur quantitativ, sondern auch qualitativ von der alltäglichen Lebenswelt: »Die Umgangssprache hat keine Worte für sie (...). Die quantische Welt ist nicht weniger real als die klassische Welt, aber die Realität der Alltags-

---

* Die französischen Abkürzungen für die im Deutschen gebräuchlichen Siglen RNS (Ribonukleinsäure) und DNS (Desoxyribonukleinsäure) als Träger des genetischen Codes (A. d. Übers.).

erfahrung in der klassischen Welt ist nur ein kleiner Teil dessen, was ist« (Rohrlich: 1253, 1255).

Erneut existiert für den Menschen also eine übernatürliche Welt. Die Berechnungen und Experimente der Physiker erweisen zweifelsfrei ihre Realität. Aber diese Experimente werden erst sinnvoll, wenn sie in eine mathematische Sprache übersetzt werden. In den Augen von Laien (und das heißt für nahezu die gesamte Menschheit) bietet diese übernatürliche Welt beinahe dieselben Eigenschaften wie die der Mythen: Alles spielt sich dort ganz anders ab als in der gewöhnlichen Welt und häufig genug genau umgekehrt. Für den Mann auf der Straße – für uns alle – bleibt diese Welt außer Reichweite, wird sie zugänglich nur auf dem Umweg über alte Denkweisen, die der Gelehrte für unseren Hausgebrauch wiedereinzusetzen einwilligt (und bedauerlicherweise manchmal auch für seinen eigenen). Auf eine am allerwenigsten erwartete Weise erneuert also gerade der Dialog mit der Naturwissenschaft die Aktualität des mythischen Denkens.

*
* *

Mehrere Leser, die Interesse an Büchern wie dem *Weg der Masken* oder der *Eifersüchtigen Töpferin* gefunden zu haben schienen, haben sich mir gegenüber darüber beklagt, daß sie schwierig seien. Ich hätte diesen Vorwurf für die *Mythologica* gelten lassen, im Blick auf jene beiden anderen Bücher aber (und das hier vorliegende liegt auf derselben Ebene) hat er mich überrascht, denn ich glaubte sie auf halbem Wege zwischen Märchen und Kriminalroman beheimatet, Genres, mit denen man ja keine besonderen Schwierigkeiten verbindet.

Bei genauerer Überlegung habe ich mich gefragt, ob das Unbehagen der Leser nicht vor allem von den Namen der ethnischen Stämme herrühren mochte, die den Text durchzogen und, weil sie für sie nichts bedeuteten, denselben Eindruck vermittelten, wie wenn sie in einem französischen Text über hebräische oder chinesische Wörter gestolpert wären. An diesen Namen muß ich nun aber durchaus festhalten, denn diejenigen meiner Kollegen, die sich ebensolchen Studien widmen, sind darauf angewiesen. Der Leser, der kein Amerikanist ist, darf es sich erlassen, ihnen dieselbe Aufmerksamkeit zu schenken. Ihm mag es genügen, wenn er merkt, daß von einem Volk zu einem anderen, von einer Sprachfamilie zur benachbarten übergegangen wird. Die Namen an sich haben nur selten eine wesenseigene Bedeutung. In der Mehrzahl der Fälle resultieren sie aus einem historischen Zufall oder einer Konvention.

Zweifellos sind diese Namen manchmal eben diejenigen, die sich die Völker selbst geben: so etwa Sanpoil (trotz des französischen Anklangs), Kalispel, Lilloet usw. Manche schwer auszusprechenden haben selbst die Spezialisten ermüdet, die, um nicht Seite um Seite Namen wie Ntlakyapamux, Utamqtamux usw. wiederholen zu müssen, es vorgezogen haben, ihnen Namen zu geben, mit denen sie von Dritten bezeichnet werden, etwa »Indianer vom Thompson River« (nach einem zu Beginn des 19. Jahrhunderts bekannten Händler) oder kurz »Thompson-Indianer«, bei Bedarf mit Zusätzen wie »vom Oberlauf« oder »vom Unterlauf«. Ein (zu -ish oder -mish anglisiertes) Suffix in der Bedeutung »Leute« findet sich in manchen Namen, deren Sinn im übrigen dunkel geblieben ist: Salish (in englischer Schreibweise: ausgesprochen Sèlish), ein Name, den sich die Flathead gegeben haben und der als Allgemeinbegriff auf alle Völker derselben Sprachfamilie ausgedehnt worden ist; weiter Skitswish, der wirkliche Name der Cœur d'Alêne. Man erkennt dasselbe Suffix in den Namen wieder, die die Mehrzahl der Gruppen in der Gegend des Puget Sound trägt oder von ihren Nachbarn beigelegt bekommt. So Skokomish (eine Untergruppe der Twana), die »Leute vom Fluß«, Skyomish, »die Leute stromauf«.

Andere – englische oder französische – Namen sind Spitznamen oder übersetzen sie: Tête Plate oder Flathead (nicht weil ihre Anatomie anormal gewesen wäre, sondern weil sie sich nicht, wie mehrere ihrer Nachbarn, den Schädel zu einer Art Zuckerhut verunstalteten); Blackfoot (wegen der Farbe ihrer Mokassins); Pend d'Oreille, Nez Percé usw. Den Indianern mit dem französischen Namen Cœur d'Alêne, den auch die Anglophonen übernahmen, unterstellte man die Überzeugung, daß ein kleines spitzes Herz ein Zeichen von Zähigkeit sei: vielleicht sogar von Mut, wie ihn die Indianer für sich selbst in Anspruch nahmen; oder eine Anklage, die sie angeblich gegen die weißen Händler richteten, mit denen sie Geschäfte machten. Dieses letztgenannte Beispiel zeigt deutlich den anekdotischen Charakter, wie ihn Stammesnamen häufig haben. Nichts davon sollte den Leser blenden oder geistig einnebeln.

*
* *

Dieses wenig umfangreiche Buch hat dennoch eine ziemlich lange Geschichte. Es geht von zwei Fragen aus, die ich mir im Abstand von mehreren Jahren gestellt habe, ohne übrigens die Beziehung zu bemerken, in der sie zueinander stehen. Seit 1944 ging ich mit mir über das Wesen der dualistischen Organisationen in Südamerika zu Rate (vgl. unten, S. 257f.). Damals schrieb ich *Die elementaren Strukturen der Verwandtschaft*, und die Vergleichsbefunde, auf die ich mich bezog (Kap. VII), legten die Vermutung nahe, daß die dualistischen Organisationen in anderen Weltregionen dieselben Problemtypen aufwarfen. In den Jahren 1956 und 1960 erschienene Aufsätze (L.-S., *3*: Kap. VIII; *9*: Kap. VI) und meine Vorlesungen aus den Jahren 1957 bis 1959 an der École Pratique des Hautes Études (L.-S., *12*: 262–267 [dt. 1984: 273–278]) markieren die Einzeletappen dieses Reflexionsstranges.

Später, als ich den *Nackten Menschen* in Angriff nahm, stieß ich auf eine Schwierigkeit, die ich anfangs für eine Eigenart der im Nordwesten Nordamerikas beheimateten Mythologie der Völker hielt, die die Salish-Sprachfamilie bilden. Das Problem schien so spezieller Natur zu sein, daß ich mich zunächst damit beschied, es beiseite zu lassen. Dennoch kam ich in verschiedenen Anläufen darauf zurück (vgl. den Index zum *Nackten Menschen* unter den Stichworten Nebel und Wind), wobei ich mir vornahm, eines Tages gesondert darauf einzugehen. In den Jahren 1968/1969 hatte ich mein Lehrprogramm unterbrochen, um die großen Umrisse dieses Problems in Gestalt eines Intermezzos (ich sagte: Zwischenspiels) in einer meiner Vorlesungen am Collège de France zu entwerfen (L.-S., *12*: 78–83 [dt. 1984: 86–91]). Bei dieser Gelegenheit wurde ich mir bewußt, daß die beiden Probleme – das des südamerikanischen Dualismus und das andere, nämlich die Mythologie von Nebel und Wind in einem abgegrenzten Teil Nordamerikas – in Wirklichkeit nur eines waren und daß das zweite einen Erfahrungskomplex bildete, der an einem besonderen Fall die Lösung veranschaulichte und verifizierte, die ich am ersten gewonnen hatte.

Noch immer auf ebendieser Spur, glaube ich, daß es heute möglich ist, die philosophischen und ethischen Aspekte des amerikanisch-indianischen Dualismus bis zu ihren Quellen zurückzuverfolgen. Er bezieht seine Inspiration, wie mir scheint, aus einer Öffnung zum Anderen hin, die sich auf demonstrative Weise bei den ersten Kontakten mit den Weißen äußerte, obwohl diese Weißen von gänzlich anderen Neigungen angetrieben wurden. Ihn anzuerkennen, wenn man sich anschickt, dessen zu gedenken, was ich eher die Eroberung als die Entdeckung der Neuen Welt nennen möchte, die Vernichtung ihrer Völker und Werte, bedeutet, einen Akt der Reue und der Pietät zu leisten.

Als Synthese über viele Jahre verstreuter Reflexionen war die Niederschrift dieses Buches überaus anstrengend. Ich danke vor allem Eva Kempinski, die, vor und während der Abschrift des Manuskripts, mich auf zahlreiche Fehler und Inkonsequenzen in dem verworrenen Palimpsest hinwies, das ich ihr überlassen hatte und in dem sich so viele sukzessive Fassungen überschnitten, daß es mir nicht mehr gelang, das Ganze erneut zu lesen.

ERSTER TEIL

I<small>M</small> N<small>EBELREICH</small>

ERSTES KAPITEL

Eine Schwangerschaft zur Unzeit

Aus der schematischen Darstellung in Schachbrettform, auf der die Spielsteine verschoben werden, wählt man, um den ersten Bauernzug zu tun, ein unteres Feld etwa in der Mitte. Eine Wahl, die ihrem Prinzip nach zwar willkürlich ist, sich aber teilweise rechtfertigen läßt. Die Nez Percé-Indianer nämlich, die dieses Feld besetzen und deren Sprache mit der ihrer Nachbarn, der Sahaptin, verwandt ist, erzählen zwei ganz unterschiedliche Versionen des Mythos, der im gesamten weiteren Verlauf des vorliegenden Buches erörtert werden wird: eine verkürzte und, wie man sogar sagen könnte, Minimalfassung; und eine andere, die bis zu dem Grade entfaltet ist, daß sie sich in zwei Geschichten auseinanderlegt, die, obwohl ineinander verschachtelt, doch unterschiedliche ätiologische Funktionen erfüllen. In ein und derselben Population präsent, erlauben diese beiden Aggregatzustände des Mythos – der eine kontrahiert, der andere weitschweifig – ein augenblickliches Verständnis des beiden Versionen gemeinsamen Grundmotivs und damit auch die Einschätzung der Ausdehnung und der Eigenarten des semantischen Feldes, in dessen Rahmen sich der Mythos entfaltet.

Hier zunächst die Kurzfassung.

Einst lebte in einem Dorf mit lauter Tiergeschöpfen Wildkatze (ein anderer Name für Luchs). Er war alt, räudig und kratzte sich beständig mit seinem Wanderstock. Von Zeit zu Zeit bemächtigte sich ein in derselben Hütte wie Wildkatze hausendes junges Mädchen des Wanderstocks, um sich ebenfalls damit zu kratzen. Wildkatze versuchte vergeblich, ihr das auszureden. Eines schönen Tages fand sich die junge Dame schwanger; sie brachte einen Knaben zur Welt. Coyote, ein anderer Dorfbewohner, beschwatzte die gesamte Einwohnerschaft, sich anderswo anzusiedeln und den alten Wildkatze, seine Frau und ihr Kind ihrem Schicksal zu überlassen. Wildkatze, stets be-

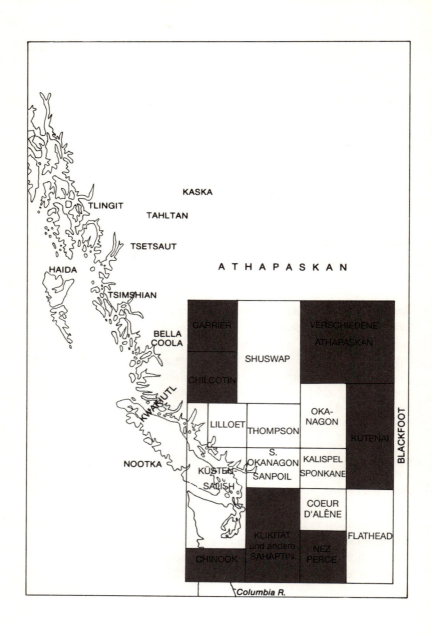

Abb. 1 »Schachbrett«. Die eingedunkelten Felder sind von Stämmen besetzt, die nicht zur Salish-Sprachfamilie gehören.

deckten Hauptes, rührte sich nicht aus seiner Hütte; es fehlte an Nahrung. Schließlich tat die junge Frau Wildkatze leid. Er bat sie, ganz in der Nähe ein Loch auszuheben und es mit kochendem Wasser zu füllen, das mit heißen Steinen erwärmt worden war; er badete darin und stürzte sich dann ins kalte Wasser eines Baches. Alle Krusten, die seinen Körper bedeckt hatten, platzten auf. Er stand da als zur Jagd gerüsteter schöner junger Mann. Von diesem Tage an herrschte Überfluß in der Hütte.

Ungefähr einen Monat später wollte Elster, ein anderer Dorfbewohner, wissen, was aus den Leidgeprüften geworden war. An der Stelle, wo das alte Dorf gelegen hatte, bemerkte er ein Kind, das an einem Stück Speck lutschte. Der ausgehungerte Elster stahl es ihm, das Kind begann zu weinen, und seine Mutter forderte ihn auf, bei ihnen neue Kräfte zu sammeln. Sie gab ihm sogar Vorräte mit und schlug ihm vor, mitsamt seiner Familie wiederzukommen, unter der Bedingung, daß er das Geheimnis wahrte. Seit nämlich Wildkatze sich das Haupt entblößt hatte, war ein dichter Nebel über das neue Dorf gefallen, der die Jagd unmöglich machte, und es begann Hunger zu herrschen. Deshalb vermerkte man mit Erstaunen, daß die Familie von Elster in Saus und Braus lebte: Also mußte er sich offenbaren. Wildkatze nahm seine alten Gefährten gnädig auf, verfügte, daß fortan kein Nebel mehr herrschen sollte, und wurde Häuptling des Dorfes.[1]

Der in dieser Version lediglich stillschweigend unterstellte Antagonismus von Luchs und Coyote tritt in einer anderen deutlich in den Vordergrund. Und das ist nicht ihr einziger Unterschied. Die Heldin der eben zusammengefaßten Version hat keinerlei Lebensart. Die der ausführlicheren Fassung ist ein bescheidenes und wohlerzogenes junges Mädchen; anstatt mit einem kranken und abstoßenden Greis in derselben Hütte zusammenzuleben, wohnt sie im Haus der jungen Mädchen. Als sie eines Nachts ausgegangen ist, um zu urinieren, bemerkt Luchs sie und uriniert seinerseits an derselben Stelle. Ohne zu wissen wie, wird das junge Mädchen schwanger. Sie gebiert einen Sohn, der aber unaufhörlich weint. Und zwar deshalb, weil er, wie man glaubt, nach seinem Vater verlangt. Coyote ordnet an, daß alle männlichen Dorfbewohner das Baby der Reihe nach in die Arme nehmen sollen. Er hofft darauf, das Kind zu beruhigen, indem er ihm heimlich Knochenmark in den Mund steckt, und sich damit die Anerkennung seiner Vaterschaft zu erringen: vergebliche Liebesmühe. Die Männer scheitern einer nach dem anderen. Luchs, der durchaus kein ruhiges Gewissen hat, hält sich vorsichtig abseits. Man nötigt ihn, sich ebenfalls der Prüfung zu stellen, und alsbald beruhigt sich das Kind.

Coyote, der Luchs nicht ausstehen kann, verlangt eine neue Prüfung: ein von ihm geleitetes Wettjagen. Er macht sich seine Funktionen als Schiedsrichter zunutze, um zu betrügen, tötet sein Wild im voraus und versteckt es in einem hohlen Baum. Aber als die Morgendämmerung anbricht, reißt sich Luchs ein Schnurrhaar aus und sticht es in die Erde ein; dichter Nebel senkt sich herab, man sieht nichts mehr, und Coyote sucht sein Versteck vergebens. Das Wetter klärt sich erst auf, als Luchs als erster sein Wild erlegt und heimgebracht hat.

Die Frau aber war ein Laubwürger, ein Vogel aus der Familie der *Vireonidae*. Coyote reizt ihre Familie voller Rachsucht gegen Luchs auf. Die Vögel greifen Luchs an und reißen ihn in Stücke. In Vorahnung seines verhängnisvollen Geschicks hatte er seiner Frau empfohlen, ein – und sei es noch so kleines – Stück seines Körpers zu retten und aufzubewahren. Wieder zum Vogel geworden, wird sie, auf einem Baum sitzend, gewahr, daß Coyote und die anderen Dorfbewohner den Schauplatz ihres Verbrechens verlassen haben. Sie findet ein winziges Knochenstück, hüllt es sorgfältig ein und baut ein Nest, um sich mit ihrem Kind darin zu verstecken.

Tag für Tag hört sie schwache Laute, die aus dem Hirschfell dringen, mit dem sie den Knochen umwickelt hatte. Endlich taucht Luchs daraus hervor, mit ganz zerschundenem, wundenbedecktem Körper. Heiße Dampfbäder heilen ihn bald. Daraufhin erscheint auch Coyote wieder auf der Bildfläche. Er stößt im verlassenen Dorf auf Luchs, beteuert seine Unschuld, klagt Bär als den eigentlichen Schuldigen an, fordert Luchs auf, sich zu rächen, und verspricht ihm dabei seine Hilfe. Luchs nimmt an; Coyote begibt sich zu Bär, gibt ihm abgefeimte Ratschläge und lockt Bärs fünf Söhne in einen Hinterhalt. Luchs tötet sie mit einem einzigen Pfeil, der aus einem seiner Schnurrhaare gefertigt ist und sie alle fünf durchbohrt.

Als er begreift, daß sein Bruder Coyote ihn verraten hat, macht sich Bär auf die Verfolgung und verletzt ihn. Coyote verwandelt sich in einen abstoßenden, ungezieferverseuchten alten Mann in Begleitung eines wundenbedeckten Hundes, beide so scheußlich, daß niemand sich ihnen zu nähern wagt. Bär kommt hinzu, erkennt Coyote aber nicht, der ihn anstachelt, sich auf eine schwankende Hängebrücke zu wagen. Sie stürzt ein, und Bär ertrinkt im darunter fließenden Strom.

Coyote und sein Spießgeselle Fuchs braten ihn daraufhin in einem Backofen aus gebrannter Erde. Bärs Frau, die ihren Mann und ihre Söhne verloren hat, lebt von da an im Verborgenen.[2]

Für die Neue Welt bezeichnend, zählen die *Vireonidae* in der nördlichen Hemisphäre etwa ein Dutzend Gattungen, die einen seßhaft, die anderen Zugvögel. Es sind kleine, insektenfressende, langsame und wenig mißtrauische Vögel von variabler, aber stets diskreter Färbung. Die Elster der anderen Version dagegen ist ein unruhiger Vogel, dem es, wie man gesehen hat, bei manchen Gelegenheiten besonders an Zurückhaltung fehlt.

In beiden Fassungen tritt Luchs als Herr des Nebels in Erscheinung: Er läßt ihn nach Belieben aufwallen und zerstreut ihn auch wieder. Und es gibt da eine andere Art von Nebel, wohltätig statt verderbenbringend, heiß statt kalt: das Dampfbad, das Luchs heilt und ihm Jugend und Schönheit zurückgibt. Diesem Paar von Termen fügt die zweite Version noch den im Erdreich ausgehobenen und mit heißen Steinen beheizten Backofen hinzu (wie das die Schwitzkammer ersetzende Dampfbad, auf das diese Version ebenfalls anspielt). Nebel, Dampfbad und Backofen bilden also ein Dreieck, bei dem der Nebel, was den Bereich der Natur betrifft, dem Dampfbad und dem Backofen im Bereich der Kultur entspricht.

Daß die zweite Version das Motiv des Backofens nicht zufällig einführt, geht aus dem Text selbst hervor: Noch bevor sie ihn getötet haben, verabreden sich Coyote und Fuchs, Bär auf diese Weise zuzubereiten. Mehr noch: Lewis und Clark, ganz zu Anfang des 19. Jahrhunderts die ersten weißen Besucher bei den Nez Percé, berichten, daß es bei den Indianern Brauch war, Bären auf einem Bett von glühendheißen Steinen zu garen. Man legte abwechselnd Schichten von Fleisch und Kiefernzweigen übereinander. Dann bedeckte man das Ganze mit einer Lage von Kiefernzweigen, die mit Wasser angefeuchtet worden waren, und einer etwa zehn Zentimeter dicken Erdschicht. Die Garzeit betrug ungefähr drei Stunden und machte das Fleisch zarter, als wenn es gekocht oder gebraten worden wäre; es behielt jedoch einen leichten Harz-Geschmack.[3]

Ein Mythos der Nez Percé erzählt, daß Waschbär eines Tages einen Erdbackofen aushob, um Bärenfleisch zuzubereiten.[4] Dieselbe kulinarische Technik ist bei den ebenfalls zur Sahaptin-Sprachgruppe zählenden Klikitat bezeugt, und zwar in einem Mythos, den sie bei ihren Nachbarn, den Cowlitz, entlehnt haben und in dem ein alter Mann namens Auf-heißen-Steinen-gegart drei Bären nacheinander in die

Glut legt und zu jedem davon sagt: »So wird es auch in Zukunft sein. Man wird dich auf am Feuer erhitzten Steinen garen.«[5]

Dieser obligate Gebrauch von Kiefernzweigen, die dem Fleisch »einen besonderen, für die Mehrzahl der Weißen unangenehmen Geschmack«[6] verlieh, wirft ein Problem auf, das ich vorläufig beiseite lassen möchte (vgl. unten, S. 135 ff.).

Bleibt nur noch auf die anderen Divergenzen zwischen den beiden Fassungen hinzuweisen. Warum bewohnen in der einen Version Luchs und die Heldin die gleiche Hütte und in der anderen verschiedene, zwischen denen Brauch und Herkommen eine sehr strenge Trennlinie ziehen? Warum ist die Heldin hier bescheiden und einsichtig und da das genaue Gegenteil (weil sie sich ja trotz der Verweise von Luchs seines Wanderstocks bedient, um sich zu kratzen)? Die Erzählerin der zweiten Fassung liefert eine indirekte Antwort darauf, wenn sie die Moral des Mythos folgendermaßen zusammenfaßt: »Diejenige, die in der Ehe als überlegen und schwer zu erringen gilt und die sich selbst für wertvoller hält als die anderen Frauen, wird letztlich einen armen Mann ohne jede Schönheit als Gatten bekommen.«[7] Und tatsächlich erwacht in dieser Fassung Luchs zu neuem Leben und wird wieder gesund, aber dem ähnlich, was er zu Anfang war: arm und häßlich; überdies verschwindet er aus zwei Dritteln der Handlung. Das Interesse richtet sich daraufhin auf seinen Feind Coyote, der von Erfolg zu Erfolg eilt; am Schluß triumphiert er persönlich über Bär, obwohl der Bär als Raubtier gewöhnlich Gegenstand einer kollektiven Jagd ist – der Grund, aus dem man auch sein Fleisch gemeinschaftlich verzehrte.[8] Hier ist es also Coyote, der die Hauptrolle spielt, im Gegensatz zur ersten Fassung, in der die unpassende Ehe mit Luchs der Heldin letztlich zum Vorteil ausschlägt: physisch, weil Luchs sich in einen schönen jungen Mann verwandelt; ökonomisch, denn er wird später zu einem großen Jäger; und sozial, weil er ja zum Häuptling des Dorfes aufsteigt.

Die in dieser Fassung aufgebotenen Mittel stehen auf seiten der Kultur: der Wanderstock als Zeugungsmittel, die Kopfbedeckung oder der Kleiderzipfel als Mittel des Nebels sind hergestellte Gegenstände, die in der zweiten Fassung in Gegensatz zum Urin als Mittel zur Schwängerung und zum Schnurrhaar als Mittel zum Nebelmachen treten, beides organische Produkte. Und so wie die zweite Version ein Dreieck-System mit Nebel, Schwitzkammer und Erdbackofen an den Ecken konstruiert, entwirft sie auch ein weiteres aus dem Urin, dem in die Erde gesteckten und dem als Pfeil abgeschossenen

Schnurrhaar. Diese Opposition zwischen vertikaler und horizontaler Achse wird durch den Umstand verstärkt, daß das Schnurrhaar beim zweiten Einsatz die fünf kleinen Bären durchbohrt: das horizontale Mittel einer überlegenen Jagd, während das vertikal eingestochene Schnurrhaar den Nebel aufwallen läßt, dem der Mythos die explizite Funktion zuordnet, die Jagd zu vereiteln.

Die Beziehung zwischen Kopfbedeckung und Nebel fesselt die Aufmerksamkeit in erster Linie. Erneut tritt sie am anderen Ende dieser Region des amerikanischen Nordwestens in Erscheinung, wo sehr viele mythologische Motive, die verschiedenen Populationen gemeinsam sind, zirkulieren (vielleicht sollte man sagen: stagnieren). Die Tlingit in Alaska und die Tsimshian in Britisch-Kolumbien stellen dem Demiurgen einen Bruder zur Seite, der den Nebel aufwallen läßt, wenn er das Haupt entblößt und seine Kopfbedeckung verkehrt herum in das Kanu legt.[9] Ihre Nachbarn, die Kwakiutl, halten die Zwillinge für fähig, sich den Nebel einzuverleiben, indem sie ihn mit ihrer Kopfbedeckung einfangen und sie sich an die Brust drücken.[10] Im Denken der Indianer Amerikas und zweifellos auch anderswo erfüllt die Kopfbedeckung nun aber die Funktion eines Mittelgliedes zwischen Oben und Unten, Himmel und Erde, zwischen Außenwelt und Körper. Sie spielt die Rolle eines Vermittlers zwischen diesen Polen; sie eint oder trennt sie je nach den besonderen Umständen. Eben das ist, wie ich bereits früher schrieb, die abwechselnd disjunktive oder konjunktive Rolle des Nebels zwischen Oben und Unten, Himmel und Erde: »ein mittlerer Terminus, der die Extreme vereint und sie ununterscheidbar macht oder sich zwischen sie schiebt, so daß sie sich einander nicht mehr annähern können«.[11] Und zwar in Gestalt des »Wasserschlüssels«, eine Rolle, die identisch ist mit der, wie sie andere, anhand des »Feuerschlüssels« operierende Mythen dem Hausherd zuschreiben: »Durch seine Gegenwart verhindert das Küchenfeuer eine totale Trennung, es vereint die Sonne mit der Erde und bewahrt den Menschen vor der *verfaulten Welt*, die sein Schicksal wäre, wenn die Sonne wirklich verschwände; doch diese Gegenwart liegt auch *dazwischen*, was bedeutet, daß sie das Risiko einer totalen Vereinigung beseitigt, aus der eine *verbrannte Welt* hervorgehen würde.«[12]

In der Region Nordamerikas, die uns hier besonders interessiert, herrscht die Konzeption einer Welt vor, die aus vier Stockwerken besteht. Der Nebel wallt und besetzt die Etage, die unmittelbar über der unseren liegt.[13] Zu Anbeginn war die irdische Welt, wenn wir auch weiterhin den Thompson-Indianern folgen, heiß und windig; es herrschte dort ein sehr trockenes Klima.[14] Den Tsetsaut zufolge war sie flach und heiß, ohne Wasser, Schnee, Wind oder Nebel. Man litt Hunger in dieser Welt. Diese Situation währte so lange, bis die Tiere das Himmelsgewölbe durchlöchert und den Regen und den Schnee befreit hatten.[15] In den mythischen Zeiten, sagen die Cœur d'Alêne, war das Klima nicht das gleiche wie heute: es war windig, heiß und trocken; es gab weder Regen noch Schnee.[16] Keinerlei Schnee auch den Kutenai zufolge.[17]

Wenn sie auch in bezug auf die Existenz des Windes nicht übereinstimmen, vergegenwärtigen diese Erzählungen doch eine Zeit, in der der Nebel unbekannt war: ein Nebel, den andere Mythen in Gestalt eines »Nebel-Mannes« und großen Jägers personifizieren.[18] Alle diese Glaubensinhalte scheinen dem Nebel eine positive Konnotation beizulegen. Man kann zahlreiche Mythen miteinander vergleichen, in denen der Himmel und Erde miteinander verschmelzende Nebel es diesem oder jenem Protagonisten ermöglicht, seinen Verfolgern zu entkommen (in *L'Homme nu* die Mythen mit den Indexzahlen M_{349}, M_{557a}, M_{598a-g}, $M_{644a,b}$, M_{667a}, M_{668b} usw.). Die keltischen Legenden schreiben dem Nebel dieselbe Ambiguität zu: bald eröffnet, bald versagt er den Zugang zur anderen Welt.[19]

*
* *

Die beiden Fassungen der Luchsgeschichte, die uns bisher beschäftigt haben, stammen von den Nez Percé, Bewohnern des östlichen Raumes des Sahaptin-Sprachfeldes. Und was geht auf der anderen Seite vor sich? Dort grenzen die Klikitat an die Cowlitz, Vertreter der großen Salish-Sprachfamilie, die sich in nördlicher Richtung an der Küste entlang und bis ins Innere von Britisch-Kolumbien hinein erstreckt. Die beiden Völker erzählen die Luchsgeschichte in beinahe denselben Wendungen, weichen aber in zwei bedeutsamen Aspekten von den Maximen der Nez Percé ab. Zunächst schwängert Luchs (hier Wildkatze genannt), häßlich und mit Ungeziefer und verschorften Wunden bedeckt, die Tochter des Häuptlings, indem er ihr von oben in den Mund spuckt, als sie gerade einen rituellen Hymnus anstimmt. Zweitens aber und vor allem weist nichts darauf hin, wenn er wie anderswo auch ins Dampfbad steigt, um sich zu heilen und sogar Schönheit und Jugend wiederzugewinnen, daß er der Herr des Nebels ist: Der Hunger, der im Dorf seiner Verfolger herrscht, bleibt unbegründet.[20]

Wie die Cowlitz Angehörige der Salish-Familie, erzählen die Cœur d'Alêne als nördliche Nachbarn der Nez Percé, daß Luchs die Tochter des Häuptlings durch einen Akt des Denkens schwängerte oder daß er (eine andere Version) sie ohne die Zustimmung ihres Vaters zur Frau nahm. Das körperliche Schwängerungsinstrument (Wunden, Urin, Speichel) verschwindet also. Auch die Schwitzkammer verschwindet, denn in den Cœur d'Alêne-Fassungen setzt Luchs, zertrampelt, einzig auf sein Fell reduziert und von den feindseligen Dorfbewohnern begraben, sich selbst wieder zusammen und verschönt sich. An dieser Stelle der Erzählung tritt ein neues Motiv in Erscheinung, dem die anderen Salish-Versionen, wie man sehen wird, besondere Bedeutung zuschreiben: Die Frau unterbricht auf ungeschickte Weise die Behandlung, der Luchs sich unterzieht; sein Gesicht bleibt gerunzelt und behält einen Rest von Häßlichkeit.

Auch das Motiv des Nebels fehlt hier; der Mythos unterläßt es, den im Dorf herrschenden Hunger zu erklären. Gleichwohl – und zwar aufgrund eines Effekts, der sich häufig konstatieren läßt, wenn man eine Sprachgrenze überquert – fehlt das Motiv nicht einfach: es verkehrt sich ins Gegenteil. Die Tochter des Häuptlings willigt ein, ihren reumütigen Vater wieder aufzunehmen und zu neuem Leben zu erwecken; als Gegenleistung fordert sie, daß er ihr, einer Version zufolge, den »blauen Umhang von Blauvogel« und, nach einer anderen, den »schönen und blauen Halsring« ebendieses Vogels schenkt.[21] In Kanada Blaumerle genannt, ist dieser Vogel ein Vertreter der Familie der *Turdidae*, und zwar der Gattung *Sialia* (Blaukehl-Hüttensänger), die, wie die Küsten-Salish sagen, singt, wenn es regnet[22] – vielleicht aber auch nur, um die Wiederkehr des schönen Wetters anzukündigen? Denn dieser Umhang oder dieser Halsring, schön und blau wie der wolkenlose Himmel, ist nicht sehr weit entfernt von dem Mantel, den manche Mythen der Küsten-Salish beschreiben (ein Mantel, der die »Mittagssonne stolz und glanzvoll« macht).[23] Wenn dieser Vergleich statthaft ist, so ergibt sich daraus, daß der blaue Umhang des Cœur d'Alêne-Mythos und der Nebel der Nez Percé-Mythen zueinander in einer Symmetrie-Beziehung stehen und daß die Mythen, durch die komplementären Mittel des zerstreuten Nebels oder des aufgeklarten blauen Himmels, überall mit der Wiederkehr des schönen Wetters zu Ende gehen (vgl. unten, S. 185–188).

Der Unterschied der beiden Formeln steht in genauer Übereinstimmung mit Teit, der sich dahingehend äußert, er habe bei den Cœur d'Alêne keinerlei Spur einer mythischen Vorstellung zum Ursprung von Licht und Dunkelheit oder über den von Wolken und Nebel gefunden.[24] Derselbe Autor glaubt aus den Erzählungen dieser Indianer schließen zu können, daß die Welt ehedem im Dunkel versunken war und die Menschen sich darin nur tastend vorwärts bewegten; und da er den Ursprung von Sonne und Mond miteinander verknüpft, könnte man daraus schließen, daß das Denken der Eingeborenen die (nächtliche) Dunkelheit und den (tagsüber herrschenden) Nebel einerseits und Sonne und Mond andererseits zueinander in Beziehung setzt: eine Hypothese, die die Folge der mythischen Transformationen bestätigen wird.

Das Schwitzbad, wenn auch nicht der Nebel, tritt im Nordwesten der Cœur d'Alêne erneut in Erscheinung, und zwar bei den Sanpoil. Sie erzählen, daß Luchs, alt, häßlich und mit eitrigen Wunden bedeckt, ganz für sich allein lebte. Eines Tages überraschte er die Tochter des Häuptlings – die alle Bewerber um ihre Hand abwies – schlafend und in eine kleine, halb ins Erdreich eingelassene Hütte gekuschelt. Er spuckte ihr in den Mund – mit dem bereits bekannten Ergebnis. Todwund, von den Bewohnern des Dorfes verletzt, schloß sich Luchs in der Trockenkammer eines Schwitzbades ein, aber seine Frau gesellte sich zu früh dazu: »Sein Körper war bereits seidenweich, zart und schön geworden. Die Wunden waren verschwunden. Aber das Gesicht blieb um die Augen herum runzlig.«

Luchs sperrte alle anderen Tiere als Gefangene ein, und großer Hunger verbreitete sich im Dorf der Schuldigen. Einer von ihnen, Rabe, machte sich als Kundschafter zum Lager von Luchs auf, dessen Kind dort mit einer Talgscheibe spielte. Rabe versuchte sie ihm wegzunehmen. Von der Mutter niedergeschlagen, büßte er bei dem Schock einen Teil seines Dickdarms ein. Die Frau nahm sich dieses Darmstück, füllte es mit Schmalz und briet es. Rabe kam wieder zu Bewußtsein, und die Frau bot ihm diese Wurst an; wieder in sein Dorf heimgekehrt, mußte er zugrunde gehen, als seine Kinder sich daranmachten, sie zu verspeisen.[25]

Den Flathead im Osten der Cœur d'Alêne, auch sie Angehörige der Salish-Sprachfamilie, ist das Motiv des Nebels unbekannt; das des Schwitzbades tritt bei ihnen nur in der sehr abgeschwächten Gestalt der Hüllen in Erscheinung, in die die Frau die Überreste ihres Gatten einwickelt, »damit er es warm hat«. Derselben Version zufolge schwängert Luchs die Heldin zufällig, indem er einen Speichelfaden auf sie fallen läßt.[26]

Die Präsenz oder Absenz des Motivs des Schwitzbades ruft einige

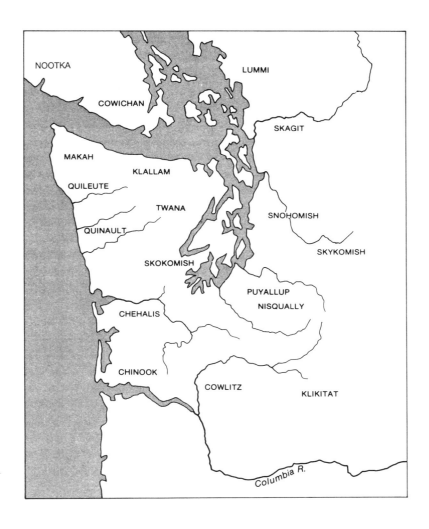

Abb. 2 Die Stämme in der Region des Puget Sound und des Unterlaufs des Columbia River.

Bemerkungen auf den Plan. Verschiedene einander benachbarte Stämme mitten im Salish-Sprachgebiet vergöttlichten das Schwitzbad. Kwilsten, »Schwitzbad«, war der Name des Demiurgen der Sanpoil und der Okanagon. Als er die Vorfahren der Indianer verließ, sagte er zu ihnen: »Ich werde weder Körper noch Kopf und auch kein Augenlicht haben. Wer will, kann mich erbauen. Er wird mich aber bitten müssen, um Schönheit oder irgendeine Gunst zu erhalten. (...) Ich bin Schwitzbad, um den Menschenwesen zu helfen.«[27] Die Thompson beteten zu Schwitzbad, dem Herrn, der für sie auch der Wind war, eine ihrer Stammesgottheiten.[28] Die Shuswap nannten den Geist des Schwitzbades Swalús, ein Wort, das möglicherweise »mit bedecktem Gesicht« oder »mit entblößtem Gesicht« bedeutet.[29] Bei den Lilloet war Quaílus, der Geist der Berge, auch der Gott des Schwitzbades.[30]

Umgekehrt hat es nicht den Anschein, daß das Dampfbad bei den an der Küste und in der Gegend des Puget Sound heimischen Völkern der Salish-Sprachfamilie große Bedeutung gehabt hätte.[31] Die Twana hielten wenig davon; in ihren Augen war das eine »weltliche, laizistische, ohne Zutun der Schamanen verlaufende Kur«.[32] Die Puyallup-Nisqually sahen im Schwitzbad keine Verpflichtung noch gar eine soziale Zweckmäßigkeit, sondern eine einfache individuelle Geschmackssache.[33] Die Lilloet weiter im Norden übten die Praxis des Schwitzbades weniger aus als ihre Nachbarn im Landesinnern, die Thompson und die Shuswap.[34] Bei den Nootka, einem an der Westküste der Vancouver-Insel ansässigen Volk der Wakashan-Sprache, war sie sogar unbekannt.[35] Beim Durchgang durch den Salish-Sprachraum von Osten nach Westen sieht man also, wie der Brauch des Schwitzbades sich abschwächt, bis er jenseits davon wahrscheinlich ganz verschwindet.

Dennoch haben die Snohomish im Zentrum des Küstenstreifens eine Version des Mythos, die sehr idealisiert ist, und zwar auf verschiedene Weisen. Sie ebnet alle Ecken und Kanten ein. Wenn Luchs (hier Wildkatze genannt), ein abstoßender und wundenbedeckter Greis, auch mit seinem Speichel die Tochter des Häuptlings geschwängert hat, so doch nur unwillentlich und aus Versehen. Überdies sorgt er bei der Vaterschaftsprüfung dafür, daß eine Daunendecke zur Hand ist, um das Kind nicht anzustecken, wenn er es in die Arme nimmt. Als die Dorfbewohner das Paar verlassen, versteckt Krähe heimlich eine glühende Holzkohle – ein Mittel, um das Feuer wiederanzufachen. Der alte Luchs möchte seiner Frau seine Gegenwart ersparen und entfernt sich; von Mitleid ergriffen, macht sie sich auf die Suche nach ihm (obwohl er ihr aufgetragen hat, nichts dergleichen zu tun) und findet ihn mehrere Tage später in einem Schwitzbad wieder, wo er schön und jung geworden ist. Da sie sich dabei übereilt hat, behält Luchs auf der Stirn eine Wunde zurück.

Anstatt im Dorf seiner Verfolger eine Hungersnot auszulösen (durch den Nebel laut den Nez Percé; durch Einsperrung der Tiere laut den Sanpoil), vollbringt Luchs eine schöpferische Tat: Er verwandelt den Unrat des alten Dorfes in menschliche Wesen aller Lebensalter und Stände, die Hütten bauen, Kanus aus Baumstämmen fertigen, Körbe flechten und Decken weben: der Ursprung der Künste der Zivilisation. Infolgedessen löst sich das Dorf der Verfolger auf, und das nötigt sie, in ihr altes zurückzukehren.

Die Snohomish-Version präsentiert sich schließlich sogar als der Ursprungsmythos des Schwitzbades: »Wildkatze verfügte, daß das Schwitzbad zu den für sein Volk nützlichsten Dingen gehörte. Jeder konnte sehen, was das Dampfbad an ihm bewirkt hatte. Und so wird es auch in Zukunft sein: Das Dampfbad wird die Leute reinigen und

Abb. 3   Der kanadische Luchs (*Lynx canadensis*)

ihnen ihre alten Kräfte zurückgeben.« Schlußfolgerung: Man muß die Alten ehren.[36]

Als Ganzes betrachtet, scheint dieses mythische Feld also der Schauplatz eines doppelten Pendelschlages zu sein. Der eine betrifft das Schwitzbad, das bald übernatürlicher Mittler mit gesichertem Platz im Götter-Pantheon ist, bald hygienische Praxis, deren legendären Ursprung die eine Version berichtet. Der andere Pendelschlag betrifft die Person von Luchs, dessen Konnotationen vom Negativen (wenn er durch den die Jagd vereitelnden Nebel den Hunger auslöst; oder wenn er, was aufs gleiche hinausläuft, alle Tiere einsperrt) bis zum Positiven reichen und variieren (als Schöpfer einer neuen Menschheit und der Künste der Zivilisation). In dieser letztgenannten Eigenschaft koinzidiert seine Persönlichkeit beinahe mit der von Mond, der für die Küsten-Salish der Kulturheros par excellence ist. Später wird man die ganze Bedeutung dieser Annäherung ermessen können (vgl. unten, S. 159ff.). In nahezu allen Versionen aus anderen Gegenden ist Luchs ein Doppelwesen eigen: Er ist zu Beginn alt, häßlich und krank, aber schön und jung am Schluß*, während sein Gesicht von einer verbleibenden Häßlichkeit entstellt wird, die anscheinend dem ästhetischen Urteil entspricht, das die Indianer über das Tier selbst fällen (die Kutenai nennen den Luchs »Kurzgesicht«[37]). Ein weiterer Aspekt ebendieser Ambiguität: Zeugnisse, die von Südkalifornien bis zu den Athapaskan des Nordens reichen, stellen das im allgemeinen geringgeschätzte Fleisch des Luchses seinem Pelz gegenüber, der als der kostbarste aller Tierarten gilt.[38]

---

* »Man behandelt Geschwüre oder offene Wunden mit einem Pflaster oder einer Salbe aus einer Mischung von Fett und Asche von zuvor verbrannten Luchshaaren. Mir ist nicht bekannt geworden, daß diese Luchshaare eine besondere Heilkraft haben, die sie über alle anderen Arzneien erheben; aber sie (die Indianer) sind davon überzeugt und glauben, daß das Fell des Luchses oder der Wildkatze bemerkenswerte medizinische Eigenschaften hat« (Swan, *The Northwest Coast*: 178). Steht dieser Glaube wo nicht am Ursprung des Mythos, so doch an dem des Namens, der dem Haupthelden verliehen wurde, oder resultiert er daraus? Man zögert mit dem Urteil (Plinius [XXVIII, VIII] schreibt der Asche von Luchskrallen sedative Eigenschaften zu).

Im Zusammenhang mit dem doppeldeutigen Ausdruck von Swan: »*a wild cat or a lynx skin*« ist der Hinweis geboten, daß in Nordamerika zwei Arten der Gattung Luchs existieren: *Lynx canadensis* (im Englischen eher *lynx* oder *wildcat*, der kanadische oder Polarluchs) und *Lynx rufus* (eher *bobcat*, der Rotluchs); eher: denn die Informanten scheinen diese landessprachlichen Ausdrücke auf recht vage Art und Weise zu benutzen. In Anbetracht des deutlich südlicheren Verbreitungsgebietes von *Lynx rufus* (vom äußersten Süden Kaliforniens bis nach Mexiko) ist es wahrscheinlich, daß der Held unserer Mythen im allgemeinen *Lynx canadensis* ist.

ZWEITES KAPITEL

Coyote, Vater und Sohn

Ein auf die Person von Luchs konzentrierter Mythos kann, wie ersichtlich geworden ist, erweitert werden, um einer anderen Hauptgestalt, Coyote, Raum zu geben und ihre Händel zu entfalten. Die Dualität der beiden Protagonisten kommt noch deutlicher bei den Thompson zur Geltung, und zwar insofern, als diese Indianer den Mythos manchmal in zwei Geschichten auseinanderlegen, die jeweils »vom Luchs« und »von Coyotes Sohn« heißen. Beginnen wir damit, den ganzen Mythos zu untersuchen, dessen einzelne Episoden ich durchnumerieren will, um sie später leichter der einen oder der anderen Geschichte zuordnen zu können, die hier zu einer einzigen Erzählung zusammengezogen worden sind.

1. In einem Dorf schlug ein junges und hübsches Mädchen alle Bewerber um seine Hand aus. Ihrer Zudringlichkeiten müde, brach sie eines Tages mit ihrer jüngeren Schwester auf, um bei ihrer Großmutter Bergschaf (*Ovis canadensis*) Zuflucht zu suchen.

2. Nach mehreren Tagen Fußmarsch kommen sie an der Hütte Coyotes vorbei, der eine heftige Kälte hereinbrechen läßt, damit sie sich bei ihm aufwärmen. Er bietet ihnen etwas zu essen an, das, wie er selbst behauptet, Schmalz, in Wirklichkeit aber sein getrocknetes Sperma ist. Die Ältere wird mißtrauisch, wirft diese Substanz ins Feuer und wird gewahr, daß sie knistert und raucht, anstatt sich zu entzünden; sie weigert sich, davon zu kosten. Die Jüngere läßt sich in Versuchung führen und wird schwanger... Die Schwestern machen sich wieder auf den Weg, Coyote eilt ihnen voran und greift viermal nacheinander immer wieder zur selben List. Schließlich ist die Jüngere der Niederkunft nahe. Coyote kündigt an, daß er das Kind töten, wenn es ein Mädchen, und es großziehen werde, wenn es ein Junge sei. Die Ältere verläßt ihre Schwester, die Coyotes Frau geworden ist, und setzt ihren Weg allein fort.

3. Von ihren magischen Kräften darüber in Kenntnis gesetzt, daß

das junge Mädchen nicht mehr fern ist, schickt ihre Großmutter Hase mit einigen Wegzehrungen los. Hase versteckt sich hinter einem quer über den Pfad gestürzten Baum, über den die Reisende strauchelt. Darunter im Hinterhalt liegend, sieht Hase ihre rote Vulva und macht sich darüber lustig. Sie schlägt ihn mit ihrem Stock und spaltet ihm dabei die Nase, wobei sie der Schnauze die Form verleiht, die sie sich seither bewahrt hat.

4. Sobald das Mädchen in Sichtweite ist, ruft die Großmutter die verschiedenen Tiere, die im Dorf wohnen (darunter Luchs), zu einem Wettkampf auf; der Sieger soll sie zur Frau bekommen. Kolibri sieht schon wie der sichere Sieger aus, als die Großmutter ihn im letzten Augenblick überholt; sie nimmt das junge Mädchen mit sich und sperrt es in ihrer Hütte ein.

5. Luchs, der hier (im Unterschied zu den bereits resümierten Fassungen) jung und schön ist, bohrt ein Loch ins Dach über dem Bett des Mädchens. Er schwängert sie, indem er ihr auf den Nabel spuckt. Sie gebiert einen schönen Jungen, von dem niemand weiß, wer sein Vater ist. Man faßt also den Entschluß, daß alle männlichen Dorfbewohner dem Baby ihre Pfeile und ihren Bogen vorweisen sollen. Das Baby aber interessiert sich nicht einmal für die herrlichen Waffen, die Coyote zu diesem Anlaß gefertigt hat. Luchs hält sich abseits, man zerrt ihn nach vorn, und obwohl seine Waffen grob geschnitzt sind, nimmt das Kind sie und erkennt ihn damit als seinen Vater an.

6. Wütend über ihren Mißerfolg, stürzen sich Coyote und die anderen Dorfbewohner auf Luchs, verunstalten ihn und trampeln auf ihm herum. Man läßt ihn mit der Mutter und dem Kind allein. Die Mutter umsorgt Luchs und heilt seine Wunden – bis auf das Gesicht, das häßlich und zusammengeschrumpft bleibt.*

Bevor sie dem Dorf den Rücken kehrten, hatten einige mitleidige Einwohner etwas getrockneten Fisch an Ort und Stelle zurückgelassen. Später wird ihnen der Sohn von Luchs, wie sein Vater ein großer Jäger, dafür danken, indem er sie mit Fett versorgt.

7. Die jüngere Schwester, Coyotes Frau, schenkte vier Söhnen das Leben, die gemeinsam »die Tsamû'xei« (Bedeutung unbekannt)** ge-

---

* »Geschlossen wie eine Faust«, sagt Jules Renard vom Kopf der Katze. Ich verdanke dieses Zitat Jean Dutourd, als wir eines Tages über Katzen sprachen.
** In einer anderen Gruppe von Mythen, die Coyote und Antilope einander gegenüberstellen (vgl. unten, S. 179), tragen die Kinder von Coyote einen individuellen Namen, die von Antilope dagegen nicht. Vgl. zu diesem Aspekt *L'Homme nu*, 1971: 356 (dt. 1975: 460f.).

nannt wurden. Einzig der Jüngste, der von seinem Vater mit magischen Kräften ausgestattet wurde, trug einen besonderen Namen zur Unterscheidung, dessen Bedeutung »Starkfuß« gewesen sein könnte – denn er war es auch, der, mit den Füßen Baumstümpfe traktierend, daraus Feuer schlug, damit seine Gefährten sich wärmen konnten.

8. Der älteste der vier Brüder wollte eines Tages die Tochter eines schrecklichen Zauberers namens Menschenfresser heiraten. Unter dem Vorwand, ihn damit den Fluß überqueren zu lassen, forderte Menschenfresser, der am anderen Ufer wohnte, den jungen Mann auf, sein Kanu zu benutzen. Es kenterte, er ertrank. Zwei andere Brüder erlitten dasselbe Geschick. Daraufhin erbot sich der Jüngste, das Abenteuer zu bestehen, diesmal mit Hilfe seines Vaters. Beiden gelang es, sich in der Mitte des Kanus zu halten, ohne daß es umschlug.

9. Indem sie sich mit Eisschollen bedeckten, schützten sie sich vor der Glut des Feuers, das Menschenfresser zu ihrem Untergang entzündet hatte. Später stimmte Menschenfresser der Ehe zu; mit seinem Freund und Helfershelfer Kwalum schmiedete er jedoch Ränke gegen seinen Schwiegersohn.

10. Dank der Ratschläge der Kurzschwanzmaus entkam der junge Mann zunächst einer Feuersbrunst, die Kwalum entfacht hatte, und später dann einem Baum, dessen Äste sich um ihn geschlungen hatten, als er ihn fällen wollte; endlich sogar einem aquatischen Monstrum, das halb Mensch, halb Fisch war (eine vierte Prüfung fehlt, wohl vom Erzähler vergessen).

11. Am folgenden Tag forderten Menschenfresser und Coyote einander heraus. Beide widerstanden sie dem Feuer, dem Wasser und dem Wind. Schließlich triumphierte Coyote, indem er eine große Kälte heraufbeschwor, die Menschenfresser, seine Tochter, Kwalum und alle Einwohner ihres Dorfes erfrieren ließ. Coyote und sein Sohn kehrten gerächt nach Hause zurück.[39]

*
* *

Obwohl die Verwicklungen in doppelter Wiederholung miteinander verschmelzen (die beiden Schwestern sind den Nachstellungen Coyotes ausgesetzt, und Coyote steht an der Spitze der Feinde von Luchs im Dorf von Bergschaf), wird doch deutlich, daß die mit 2 und 7 bis 11 und die von 3 bis 6 numerierten Sequenzen separate Geschichten bilden, denen die Sequenz 1 als gemeinsamer Einsatzpunkt dient. Die den Abenteuern von Coyote gewidmete ist die am weitesten entwickelte dieser beiden Geschichten. Die unterschiedlichen Erzählstile heben dieses Ungleichgewicht noch besonders hervor. Die Luchsgeschichte im eigentlichen Sinne entfaltet sich frei. Von bestimmten formalen Zwängen abgesehen, schlägt sie die Gangart eines kleinen Romans ein. Ich habe andernorts bereits auf diese Affinität der Luchsgeschichte zum Genre des Romans verwiesen und gezeigt, daß und wie sich der Mythos, wenn man mehrere Versionen kollationiert, als Verwandlung in Legende, in pseudohistorischen Bericht und schließlich gar in episch breiten Roman sehen ließ.[40]

Umgekehrt bietet die Geschichte von Coyote narrative Verfahren auf, die für mythische Erzählungen und, noch allgemeiner, für die orale Literatur insgesamt bezeichnend sind. Sie schlagen das an, was die Musikwissenschaftler eine Taktart *(carrure)* nennen würden: ein regelmäßiges Zeitmaß, das dem Hörer durch das Bewußtsein einer Periodizität vermittelt wird. Hier äußert sie sich anhand stereotyper Formeln. Etwa die aufeinanderfolgenden Vierergruppen: vier identische Manöver Coyotes, um die Heldinnen zu becircen; vier Söhne; ihre vier Versuche, die Tochter von Menschenfresser zu heiraten; dessen vier Mittel, seinen Schwiegersohn zu töten; vier Prüfungen, denen sich die Gegner unterziehen und aus denen Coyote als Sieger hervorgeht, zusammen mit seinem Sohn ... Eine bruchstückhafte Version desselben Mythos erzählt, daß die ältere der beiden Schwestern, die die Schwangerschaft der jüngeren ahnt, sie auffordert, viermal in die Höhe zu springen: beim vierten Sprung entbindet sie.[41]

In der Mehrzahl der Versionen spricht Coyote überdies eine stereotype Formel aus: »Wenn es ein Mädchen wird, töte ich es; wenn es ein Junge wird, behalte ich ihn«; man wird jedoch später sehen, daß er sie manchmal auch umkehrt. Diese Formel wirft komplexe Probleme auf, sowohl hinsichtlich ihrer geographischen Streuung als auch in bezug auf ihre Bedeutung in den Mythen beider Amerika. Wir werden später darauf zurückkommen (vgl. unten, S. 76ff.).

Sogar im Verhältnis zu den Versionen der Luchsgeschichte, die ich Minimalfassungen genannt habe, erscheint die gerade resümierte Variante, was diese Hauptperson betrifft, sehr summarisch. Mehrere Episoden fallen weg, namentlich die im Zusammenhang mit Schwitzbad und Nebel. Die Ereignisse, die sich, wenn man so sagen kann, in der Welt von Luchs abspielen und die hier fehlen, werden in sehr viel umfangreicheren Versionen des Mythos wiederhergestellt, deren Untersuchung im folgenden Kapitel in Angriff genommen werden soll. Wenn die vorliegende Fassung den Hauptakzent auf Coyote (und des-

Abb. 4 Der Coyote (*Canis latrans*)

sen Sohn) legt, so deshalb, weil sie sich darum bemüht, die meteorologischen Konnotationen nicht von Luchs, sondern von Coyote hervorzuheben, der als der Herr der Kälte präsentiert wird: Er bedeckt sich mit Eisschollen, um die von Menschenfresser entfachte Feuersglut zu überleben; er triumphiert über ebendiesen Menschenfresser dank der ungeheuren Kälte, die er als einziger zu ertragen fähig ist. Coyotes Sohn hat dasselbe Talent ererbt, weil er ja, wenn er mit den Füßen Baumstümpfe traktiert, das Feuer entfacht, und zwar nicht als Küchenfeuer, sondern, wie der Mythos präzisiert, um seine Gefährten zu erwärmen.[42] Es handelt sich also weniger um den Ursprung des Urfeuers als um die Erzeugung einer wiederbelebenden Wärme, die in Gegensatz zum von Menschenfresser entzündeten mörderischen Feuer tritt. Jeweils terrestrisch, stehen diese beiden Feuer also in einer Symmetriebeziehung zu zwei himmlischen Arten von Feuer, denn die früher ausschweifende und (durch Übermaß oder Mangel) zerstörerische Sonne ließ sich, laut anderen Mythen der Region, dazu überreden, fortan eine gemäßigte Hitze auszustrahlen, die die Menschenwesen erwärmt, ohne sie zu töten.[43]

Diese Verbindung wird von zwei Versionen direkt gestützt. Als nördliche Nachbarn der Thompson bleiben die Shuswap bei der Luchsgeschichte *strictu senso*: Coyote ist nicht in die Handlung verwickelt. Die Heldin ist ein Hirsch-Mädchen (*Cervus canadensis*). Weil ihre Eltern alle Bewerber um ihre Hand abweisen oder sie selbst sich (je nach den Versionen) gegen die Ehe auflehnt, macht sie sich zu ihrer Großmutter auf, die vorgibt, einen Kandidatenwettbewerb zu organisieren, und ihre Enkelin mit Hilfe des Nebels oder der Nacht unsichtbar macht, die sie am hellen Mittag sich herabsenken läßt. Man glaubt, wie eine bestimmte Version sagt, daß die Sonne die junge Dame aufgesogen hat.[44] Dieses Detail kommt auch in einer anderen, auf die Luchsgeschichte reduzierten Thompson-Version vor, dessen Heldin ebenfalls zur Familie der Hirschtiere zählt.[45] Diese Version stammt von den Thompson am Oberlauf, den nächsten Nachbarn der Shuswap; es handelt sich wahrscheinlich um dieselbe Fassung, die nur von verschiedenen Forschern transkribiert worden ist (zum Ersatz der Bergschafe durch die Hirschtiere vgl. unten, S. 91).

Wie man im weiteren Verlauf des vorliegenden Buches sehen wird (vgl. unten, 8. Kap.), willigt die Sonne, häufig im Tausch gegen eine menschliche Gattin, ein, fortan eine wohltätige Hitze auszustrahlen. Das Motiv wird bereits im Kern der Luchsgeschichte angedeutet und entworfen.

*
* *

Die Leser von *L'Homme nu* werden sich wahrscheinlich daran erinnern, daß die Thompson-Versionen des Mythos vom sogenannten »Vogelnestausheber«, dessen Ergiebigkeit ich nachdrücklich hervorgehoben habe[46], ebenfalls Coyote und seinen Sohn als Protagonisten ins Spiel bringen. In jenem Mythos aber entzweit sie ein Konflikt, während sie hier solidarisch handeln: Weit davon entfernt, sich die Frauen seines Sohnes aneignen zu wollen, hilft Coyote ihm, sich eine Gattin zu erringen.

In dieser Region Amerikas und besonders bei den Thompson schließt der Mythos vom Vogelnestausheber nun aber mit einer langen und komplexen Episode. Sie gibt eine Erklärung dafür, warum Stämme, die unterhalb der Wasserfälle und des Kaskadengebirges ansässig sind, den Lachs zur Grundlage ihrer Ernährung machen, im Unterschied zu den Stämmen stromauf, die auf den Lachs verzichten und sich von Bergschafen ernähren müssen. Um sich an Coyote zu rächen, hat ihn sein Sohn in den Fluß gestürzt. Coyote, von der Strömung fortgetragen, entdeckt und befreit die in der Flußmündung eingeschlossenen Lachse. Seither schwimmen die Fische die Flüsse und Wasserläufe hinauf. Coyote, der sie auf ihrer ersten Reise als Führer begleitet, bemerkt junge Mädchen beim Baden, ruft sie herbei und bietet ihnen Lachsrücken an. Mit denen, die diese Speise annehmen, kopuliert er dank seines langen Penis quer durch den ganzen Fluß; als andere Mädchen sich später für das Fleisch der Bergschafe als bevorzugte Speise aussprechen, durchsetzt Coyote den Fluß mit Wasserfällen, die von den Fischen nicht im Sprung bezwungen werden können, und vermehrt die Zahl der Bergschafe.[47]

Der Mythos setzt also den »Umlauf« der Lachse und den der Frauen zueinander in Beziehung: Lachse werden einzig die Stämme haben, die in exogame Ehen einwilligen. Der symmetrisch dazu stehende Mythos über die Abenteuer Coyotes und seines Sohnes kehrt diesen Leitsatz um, wenn auch auf implizite Weise. Denn im letztgenannten Mythos flüchtet ein sich gegen die Ehe sträubendes Mädchen (das diese Abneigung auch weiterhin äußert, wenn es sich weigert, vom getrockneten Sperma Coyotes zu essen, das, auf der Ebene des Trockenen, seinem langen geilen Schwanz entspricht) zu seiner Großmutter. Die aber ist nun eben ein Bergschaf, das, unter dem Vorwand, seine Enkelin verehelichen zu wollen, zu einer List greift: einem Wettstreit zwischen Tieren aller Arten, an dem sie vorgeblich nicht teilnehmen will, den zu gewinnen sie aber sicher ist, um nämlich ihre Enkelin vor solchen exogamen Eheschließungen zu schützen, »denn das Bergschaf kann in hügeligem Gelände jedes beliebige Tier im Wettlauf schlagen«[48] – ein Bodenprofil, wie es auch die Wasserfälle darstellen, die die Flüsse und Wasserläufe durchsetzen und die Wanderung der Lachse unterbinden.

Zur Stützung dieser Deutung läßt sich ein Mythos zitieren, der in der gesamten Region vom Unterlauf des Columbia River im Süden bis zum Oberlauf des Fraser River im Norden und in west-östlicher Richtung von der Pazifikküste bis ins Vorland der Rocky Mountains verbreitet ist. Ich habe diesen Mythos mit dem Titel »Geschichte des Lachses« andernorts diskutiert und gezeigt, daß er zu einem weitläufigen Komplex von Mythen gehört, die man ökologische Mythen nennen könnte, von Mythen über die ungleichmäßige Verteilung der Tierarten in bestimmten Bereichen des Territoriums. Gleichwohl verfahren diese Mythen genau umgekehrt wie die vorigen. Anstatt zu erklären, warum man Lachse und Bergschafe nicht in denselben Gegenden antrifft, malt die Geschichte des Lachses die Bedingungen aus, unter denen man zu bestimmten Jahreszeiten Lachse und Wölfe (wie die Bergschafe Gebirgsbewohner) vereint finden kann. Unter diesem Vorbehalt läßt sich zwischen Lachs- und Luchsgeschichte ein bemerkenswerter Parallelismus beobachten. Offen im einen Falle, verstohlen im anderen, erringt sich der Held im Wettstreit mit anderen Tieren eine Gattin. In beiden Fällen rächen sich die betrogenen Rivalen, indem sie den Sieger heimsuchen und plagen. Der erholt sich von seinen Wunden oder erliegt ihnen, aber nicht ohne zuvor einem Sohn das Leben geschenkt zu haben (der, im Lachs-Mythos, seine von den Wölfen geraubte Mutter befreit).[49]

Andere Aspekte werden sich ergeben, wenn man sich komplexeren Versionen zuwendet. Im Augenblick möchte ich mich darauf beschränken, auf die in den bereits analysierten Fassungen zutage tretende Existenz einer Kombinatorik zu verweisen, die sich scheinbar nur auf Details bezieht, aber den *modus operandi* des mythischen Denkens doch deutlich erhellt.

Auf dem Wege zum Dorf ihrer Großmutter stolpert die Heldin über einen quer auf dem Pfad liegenden Baum. Eine bereits erwähnte bruchstückhafte Variante (vgl. oben, S. 34) ersetzt diesen Zwischenfall durch einen anderen. Im Dorf angekommen, setzt sich die Heldin unbemerkt auf das eine Ende eines Holzstumpfes, den ihre Großmutter zu spalten im Begriff ist; mit ihrem Gewicht bringt sie ihn zum Kippen und verrät damit ihre Gegenwart. Im weiteren Verlauf der Erzählung wollen die Söhne von Coyote in ein Kanu springen. Sie rutschen jedoch ins eine Ende des Bootes zurück (und bleiben nicht, wie erforderlich, genau in der Mitte), bringen es damit zum Kentern und ertrinken. Der letzte Sohn schützt sich schließlich vor einem Waldbrand, indem er sich auf einer abgeholzten Schneise vorantastet, an der das Feuer mangels brennbaren Nachschubs zum Erliegen kommt (oder die es, laut den Kutenai-Versionen[50], überquert, ohne sich aufhalten zu lassen).

Wenn man mit dem Schluß anfängt, kann man von einem Hauptgegensatz zwischen der Absenz von Bäumen (die feuerfeste Schneise) und ihrer Präsenz ausgehen (alle anderen Fälle). Als präsenter ist der Baum entweder konkav (das schwankende Kanu)* oder konvex. Als

---

* Eine Grenze zwischen dem monoxylen (d. h. aus *einem* Stamm geschnittenen) Einbaum und dem Rindenkanu durchquert die Region, aus der unsere Mythen stammen, in schräger Richtung. Die Thompson-Indianer kannten und benutzten beide Typen. Jedenfalls ruft ein Kanu und sogar ein Rindenkanu das Bild eines hohlen Baumes herauf, obwohl es sich dabei um einen wiederhergestellten Baum handelt.

konvexer vergegenständlicht sich der Baum in zwei Gestalten, zwischen denen eine Korrelations- und eine Oppositionsbeziehung besteht: dem Holzstumpf, an dessen einem Ende das Mädchen Platz nimmt und ihn damit zum Umkippen bringt, und dem über den Weg gestürzten Baum, den sie ungeschickt überklettert und der sie ins Straucheln bringt (diesmal ist sie es, die »kentert«).

Man käme noch weiter in Richtung der Schließung des Systems voran, wenn man zeigen könnte (aber das sind dann nur Hypothesen), 1. daß eine feuersichere Schneise das genaue Gegenteil eines Erdbackofens ist, denn es handelt sich im einen Fall um Erde, die brennt, und im anderen um Erde, die nicht brennt; 2. daß ein über den Weg gestürzter Baum das genaue Gegenstück eines heimtückischen Kanus ist, wenn er als konvexer Stamm ein Hindernis für den Fuß des Reisenden bildet – oder als konkaver Stamm, der sich seinen Füßen entzieht. Absent oder präsent, konvex oder konkav, längs oder quer gelegt bzw. gestürzt usw., alle diese Aspekte des Baumes finden Eingang in eine Kombinatorik, die die Mythen methodisch ausbeuten.

I   Muscheln der Gattung *Dentalium* L. (mit derselben allgemeinen Form, wenn auch einer anderen Art als der angehörend, die von den Indianern im Meeressand der Pazifikküste gesammelt wird).

DRITTES KAPITEL
Die Zahnschnecken-Diebinnen

Man hat gesehen, daß und wie die auf ihre wesentlichen Züge reduzierte »Luchsgeschichte« sich in einen längeren Bericht einfügt, in dem Coyote als Gegner von Luchs die Rolle der Hauptfigur übernimmt. Wir wollen jetzt einen dritten Aggregatzustand des Mythos in Angriff nehmen, der von den früheren auf doppelte Weise abweicht. Zunächst stellt er das Gleichgewicht zwischen den beiden Protagonisten wieder her, indem er alles das wiedereinfügt, was, »in der Welt von Luchs«, der Handlung im zweiten Zustand fehlte. Dann und vor allem, wenn der erste Zustand bereits im zweiten enthalten war, verschachtelt sich dieser zweite Zustand seinerseits in jenem mit neuen Episoden angereicherten dritten. Das Bild der ineinander verkapselten russischen Puppen veranschaulicht diese Disposition aufs genaueste.

Bezeichnen wir diese neue Gruppe also der Einfachheit halber mit einem Codenamen: die »Zahnschnecken-Diebinnen«. Auch diesmal wieder sind die typischen Formen bei den Thompson-Indianern zu finden.

In den Bergen, fern jeder menschlichen Ansiedlung und ohne Familie, lebten einst ein Mann und seine beiden Schwestern. Dieser Mann war ein großer Jäger; er brachte reichlich fettes Fleisch und Felle heim. Jeden Tag badete er in einem kleinen Bach in der Nähe und rieb sich den Körper mit Fichtenzweigen ab. Die herabgefallenen Nadeln verwandelten sich in Muscheln der Gattung *dentalium*, die er seinen

---

II Gliederpuppe mit Zahnschnecken-Halsband und Tracht eines Thompson-Häuptlings; die Zahnschnecken wurden 1903 gesammelt. *Royal British Columbia Museum*, Victoria. Katalog-Nr. 1267 (Halsband). Mit freundlicher Genehmigung des Museums.

Schwestern übergab; er verbot ihnen jedoch, seinen Badeort zu besuchen. Neugierig geworden, nahm die jüngere ihre ältere Schwester dorthin mit, und gemeinsam sammelten sie ganze Hände voll Muscheln, die auf dem Grund des Wassers lagen. Ihr beunruhigter Bruder beschloß, sich von ihnen zu trennen. Er hob die Herdplatte auf, die eine Öffnung verdeckte, und stieg in die untere Welt hinab (eine andere Version siedelt die Szene in der oberen Welt an, und hier steigt der Held dann in die unsere hinab). Vom Verhalten des Hundes des großen Jägers neugierig gemacht, beugten die Frauen sich über die Öffnung, aus der ein starker Wind wehte. Sie bemerkten ihren Bruder, der mit den Leuten der Welt da unten Ball spielte. Die ältere der beiden Schwestern überhäufte die andere mit Vorwürfen; sie weinten heiße Tränen, die, durch das Loch fallend, ihren Bruder benetzten. Das setzte ihn in Erstaunen, denn in jenen mythischen Zeiten existierte der Regen noch nicht (vgl. oben, S. 25 f.). Er stieg wieder herauf, um die jungen Mädchen zu trösten; sie baten ihn, ihm folgen zu dürfen. Er willigte ein, aber sie konnten beim Abstieg die Augen dreimal hintereinander nicht geschlossen halten, und das hatte ihre Rückkehr in die obere Welt zur Folge. Der entmutigte Mann riet ihnen, doch lieber ihre Tante Hirschkuh aufzusuchen (das englische *elk* bezeichnet in Nordamerika den Wapiti-Hirsch, *Cervus canadensis*). Und er empfahl ihnen, auf dem Wege nicht innezuhalten.

Von da an – und abgesehen von winzigen Details – stoßen wir wieder auf den Thompson-Mythos, der das Hauptthema des vorhergehenden Kapitels gebildet hat: vier sukzessive Aufenthalte bei Coyote; die jüngere Schwester schwanger (»Wenn es ein Mädchen ist«, sagte Coyote, »ziehe ich es auf; wenn es aber ein Junge wird, setze ich ihn auf einem Baum aus«); die Episode mit Hase; die Ankunft bei der Tante; der Wettlauf um den Ehepreis, an dem alle Vierfüßler und Vögel teilnehmen, mit Ausnahme von Coyote, Luchs, Hase und einem der *Cervidae* (*Odocoileus*; die Art bleibt unspezifiziert). Tante Hirschkuh übertrifft sie alle, nimmt ihre Nichte mit und schließt sie in einem über ihrem Bett aufgehängten Weidenkorb ein.

Der weitere Verlauf bleibt unverändert, abgesehen davon, daß Luchs, von seiner Frau umhegt und gesundgepflegt, für seine kleine Familie jagt, aber alle anderen Tiere auf einem Hügel zusammentreibt und einsperrt: »Puma, Wolf, alle besseren Jäger des Dorfes (...) fanden kein Wild mehr. Es begann Hunger zu herrschen.« Eine Schlußsequenz, die sich bereits bei den Sanpoil findet (vgl. oben, S. 28) und in dieser Version wiederhergestellt wird, berichtet vom Besuch Rabes und der Rückkehr der reumütigen Dorfbewohner, die Luchs reichlich mit Wild versorgt: »Das größte Stück Fleisch und Fett gab er denen, die ihn zuvor gut behandelt hatten; aber Rabe, Coyote und all den anderen gab er so gut wie nichts.«[51]

Die Thompson haben überdies einige Varianten, von denen hier aber nur die »springenden« Punkte zur Sprache kommen sollen. In einer dieser Varianten ermutigt der Held seine Schwestern, in der unteren Welt mit ihm zusammenzutreffen: einem »schönen Land, wo weder Schnee noch Regen fällt; dort ist es weder heiß noch kalt«. Aber die Schwestern haben Angst hinabzusteigen, und der von Mitleid ergriffene Held kehrt zu ihnen zurück.[52]

Eine sehr stark abweichende Version aber (vgl. unten, S. 219f.) erzählt, daß ein Held namens Tcîskíkik (wahrscheinlich eine Meise, *Parus* sp.) eine Schwester hatte, die ihn bei der Jagd begleitete und sich, trotz seines Verbotes, auf das eben erst getötete Wild stürzte, um davon zu essen. Aufgebracht über dieses Verhalten, verwundete er das junge Mädchen, das die Flucht ergriff und sich in einen *kaqwā*-Vogel verwandelte, vielleicht den Goldregenpfeifer (*Pluvialis* sp.). Der Bruder wehklagte laut, und seither scheint der Gesang des Vogels *tcîskíkik* »Oh! meine ältere Schwester!« zu besagen.[53]

Eine noch stärker abweichende dritte Version setzt zwei Brüder in Szene. Der eine verschwand eines Tages in der heiteren chthonischen Welt der Ameisen, wo von morgens bis abends Ball gespielt wird. Dem anderen Bruder gelang es, durch das Loch des Herdes wieder mit ihm zusammenzutreffen. Fortan lebten sie vereint und glücklich in der Welt der Ameisen.[54]

*
*   *

Die Okanagon, östliche Nachbarn der Thompson, beginnen die Erzählung auf dieselbe Weise wie ihre Anrainer, setzen sie dann aber anders fort.

Nachdem die beiden Schwestern den Helden ausspioniert und ihm seine Muscheln gestohlen haben (und zwar hier, um ihre Puppen damit zu schmücken), überredet der empörte Jäger seine Eltern, die Schuldigen zu verlassen (diese Version umfaßt eine vollständige Familie). Zurück bleibt nur der Hund, der das Erdreich in der Nähe eines Felsens aufscharrt. Die jungen Mädchen heben ihn hoch und bemerken durch das Loch ihre Eltern in der unteren Welt; sie weinen und flehen sie an; die gerührte Mutter bittet ihren Sohn, sie zu holen. Er versucht, mit einem Mädchen unter jedem Arm wieder herabzusteigen, aber sie vermögen die Augen nicht geschlossen zu halten, wie sie es eigentlich sollten, und so mißlingen ihm drei Versuche hintereinander. Er rät ihnen daraufhin, bei ihrer Großmutter zu leben, und empfiehlt ihnen, nicht von der ranzigen Speise zu kosten, die ihnen unterwegs angeboten wird. Die Mädchen machen sich auf den Weg, kommen an einen Fluß und rufen nach einem Fährmann. Es gibt einen, der aber behauptet, sein Kanu sei leck, und ihnen stromab eine Furt zeigt.* Sie erreichen seinen Lagerplatz, wo er ihnen eine Schale mit Schmalz anbietet, von dem einzig die Jüngere kostet. »Wenn es ein Junge wird«, ruft alsbald der Mann, »wollen wir ihn verschonen; aber wenn es ein Mädchen wird, ertränken wir es!« Bei diesen Worten begreift die Ältere, daß ihre Schwester schwanger ist. Sie springt vier- oder fünfmal in die Höhe und fordert ihre Schwester auf, es ihr nachzutun, wobei sie genau darauf achten soll, exakt in ihre Fußspuren zu treten. Der Jüngeren mißlingt das, und sie gebiert einen Jungen; sie bleibt mit dem Kind bei ihrem Verführer.

Die Ältere setzt ihre Reise fort, verbringt die Nacht in einer Hütte und findet dort das Schmalz, das Hase zurückgelassen hat, der von Luchs ausgeschickt worden war, um sie abzuholen; sie hält sich jedoch an ihre eigene Wegzehrung. Hase sieht, unter einem umgestürzten Baum versteckt, das Geschlecht des Mädchens, als sie den Stamm überklettert; er macht sich über ihre Vulva lustig, die hier weiß ist (und nicht rot wie oben, S. 34). Das Mädchen spaltet ihm die Nase mit einem Schlag ihres Wanderstockes.

Schließlich kommt sie bei ihrer Großmutter an, die Holz spaltet, und setzt sich unbemerkt auf das Scheit. Die Alte spürt ihre Gegenwart, weil ihre Axtschläge nicht mehr so wie früher klingen. Sie versteckt ihre Enkelin und sperrt sie ein, aber das Geheimnis wird bald gelüftet: Alle jungen Männer des Dorfes wollen sie heiraten. Als die Großmutter eines Tages abwesend ist, klettert der listige Luchs auf das Dach und uriniert an den Dachsparren entlang. Ein Tropfen seines Harns fällt in den Mund des eingeschlafenen jungen Mädchens. Bald darauf gebiert sie einen Jungen. Die Dorfbewohner, die geistig aufgeschlossener sind als die der anderen Versionen, versammeln sich, um das Ereignis zu feiern. Das Baby wird von Hand zu Hand gereicht.

* Sein Name bedeutet Sturmschwalbe oder vielleicht auch Möwe. Dieser Zug paßte besser zur Wasseramsel, die in den Kutenai- und Cœur d'Alêne-Versionen dieselbe Rolle spielt, denn dieser Vogel ist in der Lage, sich auf dem Grund des Wassers fortzubewegen.

Eule stiehlt es, nimmt es mit sich und zieht es groß, ohne daß jemand Einwände erhebt, denn Eule war damals eine mächtige Persönlichkeit, die jedermann fürchtete.

Das Kind wuchs heran und wurde zu einem guten Jäger. Eines Tages gelang es, seiner habhaft zu werden und es zu überreden, zu den Seinen zurückzukehren. Eule machte sich auf die Suche nach ihm, aber die flüchtigen Dorfbewohner, die einen Fluß überquert hatten, und zwar auf einem quer darüber gestürzten Baumstamm, baten die Holzwürmer, ihn zu zernagen. Der Stamm barst, Eule fiel ins Wasser, die Krebse stürzten sich auf sie und hielten sie fest. Also ertrank Eule.

Die Flüchtigen kommen, ganz vergnügt, an einem See an; es ist sehr heiß. Der junge Mann – wie wir nicht vergessen wollen, der Sohn von Luchs, dessen hier erzählte Geschichte das Gegenstück zu der von Coyotes Sohn bildet – möchte baden und entfernt sich trotz der Warnungen seiner Mutter vom Ufer. Man ruft nach ihm, er stellt sich taub, taucht unter Wasser und kommt, in einen Tauchervogel verwandelt (*Gavia* sp.), wieder zum Vorschein.[55]

Die Kutenai im Osten der Okanagon, die eine linguistische Enklave* bilden, haben mehrere davon ganz verschiedene Varianten. Ich fasse sie zusammen.

Hirsch (frz. *daim*, d.h. Damhirsch) befahl seinen Schwestern Hirschkuh (*daine*) und Rehkalb (*faon*)**, die knorpeligen Teile des Wildbrets, das er von der Jagd heimbrachte, ins Wasser zu werfen: dort verwandelten sie sich in Muscheln der Gattung *dentalia* (Meerzähne bzw. Zahnschnecken). Eines Tages stahlen die jungen Mädchen sie. Ihr Bruder und die anderen Dorfbewohner beschlossen, darüber beunruhigt, in die untere Welt auszuwandern, ohne den Schuldigen zu erlauben, sie zu begleiten. Sie brachen also aufs Geratewohl auf, überquerten auf Stelzen einen Fluß und nahmen die Gastfreundschaft von Wasseramsel an. Er schwängerte Rehkalb, die jüngere der beiden, indem er ihr gekochtes Blut zu essen gab. Rehkalb, der ihre ältere Schwester eingeschärft hatte, in ihren Fußspuren zu gehen, beging

---

* Infolge eines mir unerklärlichen herstellerischen Irrtums ist in *La Voie des masques* der Édition Skira (Verteilungskarte der Stämme, I, 79 [dt. 43]) die mit gekreuzten Schrägstrichen schraffierte Zone im rechten Bildteil mit der Legende »Sahaptin« statt »Kutenai« markiert. Dieser unbemerkt gebliebene Irrtum wiederholt sich in den späteren Ausgaben (Paris: Plon, 1979, S. 44, und Presses Pocket, 1988, S. 38), weil die Karte als Ganzes weiter reproduziert worden ist.

** Diese Ausdrücke sind sinnentstellend. Ich benutze sie der Einfachheit halber, aus Mangel an genauerer Information über die Art der Gattung *Odocoileus*, die deren zwei umfaßt, beide kleiner als der Hirsch.

einen Fehltritt und gebar einen Sohn. Hirschkuh schickte sie zu Wasseramsel zurück, dessen Kopf Rehkalb unter Wasser drückte, um sich zu rächen.

Hirschkuh setzt ihre Reise allein fort. Sie begegnet Hase, der sich weigert, sie zu ihrer Großmutter Frosch zu begleiten, wenn sie nicht einwilligt, ihn zum Gatten zu nehmen. Frosch versteckt ihre Enkelin, die Luchs heimlich schwängert (eine andere Fassung erzählt, auf welche Weise: Luchs steckt vier seiner Haare in die Erde, und zwar da, wo das Mädchen urinieren wird). Hirschkuh schenkt einem Jungen das Leben. Alle drei werden verlassen. Luchs bringt viel Wildbret heim, während die Dörfler an ihrem neuen Wohnort eine Beute des Hungers werden; also kehren sie zurück. Man läßt das Kind von Hand zu Hand gehen, Kröte und Eule schaffen es beiseite. Hirschkuh verfolgt sie, bemächtigt sich ihres Sohnes, versteckt sich mit ihm in einem Baum und hetzt ihren Hund auf die Räuber, der hier ein Grizzlybär ist. Später bekommen Hirschkuh und Luchs einen weiteren Sohn (eine bestimmte Version schreibt ihnen sogar Zwillinge zu). Die beiden Jungen werden zu Sonne und Mond, die, einer anderen Version zufolge, Rabe und Coyote sich einzuverleiben versuchen, wenn auch – weil zu kalt oder zu heiß, zu langsam oder zu schnell – ohne Erfolg.[56]

Mit den Cœur d'Alêne, den südlichen Nachbarn der Kutenai, stoßen wir wieder in den Salish-Sprachbereich vor, den wir vorübergehend verlassen hatten. Diese Indianer machen aus der Geschichte von Luchs und der von den Zahnschnecken-Diebinnen zwei getrennte Erzählungen. Ich will nicht mehr auf die verschiedenen, bereits resümierten Fassungen (vgl. oben, S. 26) des Mythos zurückkommen, es sei denn, um daran zu erinnern, daß das Motiv des Nebels und des so hervorgerufenen Hungers hier dem des Ursprungs oder der Wiederkehr des schönen Wetters weicht. Was die Cœur d'Alêne-Version der Zahnschnecken-Diebinnen betrifft, so hängt sie zu einem Teil von der der Kutenai ab (Produktionsweise der Muscheln), zu einem anderen von der der Okanagon (Verwandlung des Helden in einen Vogel). Hier ihr Wortlaut.

Der Häuptling des Dorfes der Adler forderte allen Familien die Knochen des verzehrten Wildbrets ab. Seinen beiden Töchtern (wie er Adler) befahl er, ein Loch ins Eis zu hacken, das den Fluß bedeckte, und die Knochen da hineinzuwerfen, ohne sie anzuschauen. Von einem Geräusch beunruhigt – »mu, mu, mu« –, verweigerte eine der beiden ihm den Gehorsam und sah auf dem Grund des Stromes die in

Zahnschnecken verwandelten Knochen. Sie setzte ihre Schwester davon in Kenntnis. Die beiden erbauten insgeheim eine Hütte im Wald und horteten dort die Muscheln. Tag für Tag fädelten sie sie auf Schnüren aus Pflanzenfasern auf, von denen eine der beiden Schwestern, die im Namen des Häuptlings, ihres Vaters, zu handeln vorgab, sich von jedem Haus gewaltige Mengen liefern ließ. Von plötzlichem Argwohn erfaßt, spionierte der Vater ihnen nach. Als er ihnen auf die Schliche gekommen war, rief er die gesamte Dorfbevölkerung zusammen: »Nicht zu meinem, sondern zu Eurem Wohl habe ich Euch gebeten, mir die Knochen zu bringen. Und jetzt werde ich gewahr, daß meine eigenen Töchter sie gestohlen haben.« Auf sein Geheiß sagte man sich von den Schuldigen los. Als sie am Abend aus ihrem Schlupfwinkel zurückkamen, fanden sie niemanden mehr vor: alle Wohnstätten waren zerstört, das Dorf verlassen. Sie brachen aufs Geratewohl auf, kamen am Ufer eines Flusses an, der sich in zwei Arme gabelte, und riefen nach einem Fährmann (wahrscheinlich eine Wasseramsel wie in der Kutenai-Version). Er gab vor, kein Kanu zur Verfügung zu haben, und zeigte ihnen eine Furt.

In der Behausung des Fährmanns wird den beiden Schwestern eine Suppe aus gekochtem Blut angeboten. Die Ältere stellt sich, als äße sie davon, speit sie aber durch eine Zahnschnecke aus, die sie sich wie einen kleinen Trichter am Kinn befestigt hat. Die Jüngere, weniger vorsichtig, hat nach beendeter Mahlzeit Mühe, ihrer Schwester zu folgen. Sie streiten sich und kehren wieder um. Ein Fährmann lädt sie ein, in sein Kanu zu steigen, macht sich aber nicht die Mühe, direkt am Ufer anzulegen. Die Ältere weigert sich, sich die Füße naß zu machen, und stößt und zerrt den Fährmann; er fällt ins Wasser und ertrinkt. Daraufhin verläßt sie ihre Schwester und bricht mit allen Muscheln auf, die sie mitgenommen hatten.

Sie begegnet Sumpfhuhn und macht ihm eine Zahnschnecke zum Geschenk (daher die Schnabelform dieses Vogels). Sumpfhuhn setzt den Schwarm, mit dem es umherzieht, davon in Kenntnis, daß eine Fremde nicht weit ist. Der Häuptling verspricht das Mädchen dem, der es haben will. Sumpfhuhn setzt alle Hebel in Bewegung, damit sein Enkel Buntkopfspecht, trotz seiner Schüchternheit, der Auserwählte wird. Das Mädchen schenkt einem Jungen das Leben, den jedermann hätschelt. Die vier Menschenfresser-Schwestern machen sich das zunutze, um ihn zu entführen.

Mit einer Wegzehrung von Zahnschnecken ausgestattet, macht sich die junge Mutter auf die Suche nach ihrem Sohn. *Sturnella*, der Wiesenstärling, weist ihr die Richtung und erhält zum Dank den Halsring von Blaumerle. Das Kind ist inzwischen erwachsen und ein großer Jäger geworden. Seine Mutter überrascht es im Dampfbad, gibt sich ihm zu erkennen und überredet es, seine Entführerinnen zu verlassen. Die Menschenfresser-Schwestern haben die Angewohnheit, das Wild zu umzingeln und sich unsichtbar zu machen, indem sie sich in Rauch einhüllen. Der Held täuscht sie, indem er an seiner Stelle eine Gliederpuppe hinterläßt, und entflieht mit seiner Mutter.

Gemeinsam überqueren sie auf dem entrollten und gespannten Gürtel der Frau einen Fluß. Aufgefordert, es ihnen nachzutun, ertrinken die Menschenfresser-Schwestern, als sie diese Behelfsbrücke jäh einzieht. Die vier Schwestern sehen sich in Seeschwalben verwandelt: »Nicht mehr Menschenfresser«, verkündet die Frau, »sondern Vögel, die am Meeresufer leben. Beim Herannahen des Menschen werdet ihr nicht davonfliegen.« Als sie Durst hat, schickt sie ihren Sohn zum Wasserschöpfen; er trödelt und vergnügt sich mit Baden. Seine in Verzweiflung geratende Mutter beschließt, sich von ihm zu trennen: »Steißfuß wirst du sein (englisch *hell-diver*: der in Nordamerika gebräuchliche Name für alle Tauchervögel, besonders aber für den Horntaucher, *Podiceps auritus*, und den Bindentaucher, *Podilymbus*

Abb. 5   Der Horntaucher (*Podiceps auritus*).

podiceps, wobei letzterer im Landesinneren von Britisch-Kolumbien weniger verbreitet ist; es handelt sich wahrscheinlich also um den anderen. Die beiden Arten verbringen den Sommer an den Seen und in den Sümpfen und überwintern an der Küste); ich werde Amsel sein (*Turdus migratorius*). Du liebst das Wasser zu sehr, als daß wir zusammenleben könnten. Wenn der Wind weht, wirst du auffliegen und *yaxa yaxa* rufen (der Schrei des Steißfußes ist ein Vorzeichen des Windes). Was mich betrifft, so werde ich ein Gespenst sein. Ich werde in einem Baum nahe den Wohnhäusern nisten und meinen Schrei ausstoßen, wenn jemand stirbt. Da du das Wasser ja so sehr liebst, wirst du im Wasser leben. Ich dagegen werde im Dickicht heimisch sein.«[57]

*
* *

In lockerer Form liegt hier also ein ganzes Bündel von Mythen ausgebreitet, deren Häufung langweilig erscheinen mochte. Aber wie anders vorgehen? Sie bilden die Substanz dieses Buches. Der Leser wird nicht ohne Grund glauben, daß es nunmehr an der Zeit ist, einen Gesamtüberblick zu geben und die Aufmerksamkeit zu rechtfertigen, die wir ihnen bisher geschenkt haben.

Diese Mythen haben einen Einblick in die Art und Weise vermittelt, wie die Luchsgeschichte in reduzierter Form allmählich in ein umfassenderes Handlungsgefüge Eingang findet, dessen anfängliche Hauptperson zwei Schwestern sind, deren eine die Frau von Coyote und deren andere die von Luchs wird. Die Geschichte kann da zum Schluß kommen oder wird mit der Erzählung der Abenteuer sei es von Coyotes Sohn, sei es von Luchs' Sohn (der manchmal zu Zwillingen verdoppelt wird) oder aller beider fortgesetzt.

Gleichwohl erscheint dieser Komplex nur dann homogen, wenn er gewissermaßen von oben, aus der Vogelperspektive ins Auge gefaßt wird. Aus der Nähe und im Detail gesehen, erkennt man darin bereits eine erste Trennlinie. In einer Gruppe von Mythen sind die beiden Schwestern (oder genauer die ältere: die jüngere folgt ihr) unnahbare Mädchen, die sich gegen die Ehe sträuben. In einer anderen Gruppe sind die beiden Schwestern (oder genauer die jüngere: die ältere folgt ihr) indiskret: sie spionieren ihrem Bruder nach, während der sich, allen Blicken und vor allem denen der Frauen entzogen, Initiationsprüfungen auferlegt, nach deren Ende er seinen oder seine Schutzgeister um sich sammelt. Denn mit ebendiesem Hinweis leitet uns die Ethnographie der nach Sprache und Kultur zur Salish-Gruppe zählenden

Stämme zum Verständnis der Episode des Bades an, auf das Abreibungen mit Fichtenzweigen folgen. In diesem Sinne kann man sagen, daß das Verhalten der beiden Schwestern an Inzest grenzt.* Daraus folgt der Verlust der Zahnschnecken. Es sei daran erinnert, daß die Salish des Landesinneren über die wirkliche Herkunft dieser univalven, etwa 3 bis 6 Zentimeter langen und miniaturisierten Elefantenstoßzähnen ähnelnden Muscheln durchaus nicht im Bilde waren. Sie besorgten sie sich bei den Chilcotin, die sie ihrerseits von den Küstenstämmen erhielten.[58] Zahnschnecken wurden vom Puget Sound ab und dann weiter im Norden ausgegraben. Sie waren jedoch im ganzen Süden bis nach Kalifornien sehr gefragt, wo sie Gegenstand derselben mythischen Vorstellungen waren, mit einem entscheidenden Unterschied: Die Salish des Landesinnern sahen in den Zahnschnecken kostbare Kleinodien, während die kalifornischen Stämme sie vor allem als Kleingeld sammelten, das gehortet wurde und bei den Prestigekämpfen und ökonomischen und gesellschaftlichen Tauschwettbewerben eine ausschlaggebende Rolle spielte.** Dennoch kann man sich keinen besseren Kommentar zu den Thompson-Mythen vorstellen als das folgende Zeugnis in bezug auf die Yurok in Kalifornien, einige tausend Kilometer weiter südlich: »Wenn er (der Yurok-Indianer) an einen Wasserlauf kommt, betrachtet er mit starrem Blick das Bachbett, und wahrscheinlich sieht er schließlich eine Muschel so groß wie ein Lachs, mit Kiemen, die sich bewegen wie die der Fische. Man empfahl den jungen Burschen, sich dieser Übung zehn Tage hintereinander zu widmen, dabei zu fasten, sich die härtesten körperlichen Prüfungen aufzuerlegen und ihren Geist zu sammeln, ohne sich durch den Umgang mit irgend jemandem ablenken zu lassen, vor allem nicht mit den Frauen. Auf diese Weise wurden sie in reifem Alter

---

* Noch deutlicher würde das, wenn man Beobachtungen aus dem Umfeld des Salish-Sprachbereiches verallgemeinern könnte. Bei den Carrier im Norden und den Hupa im Süden, beide Angehörige der Athapaskan-Gruppe, wurden die Zahnschnecken von den Männern, das Perlmutt der Seeschnecke (Meerohr) dagegen von den Frauen getragen – eine Opposition, die auch bei den Salish bezeugt ist, aber nur für die Ohrgehänge (bei den Nasenstäbchen kehrt sich das Verhältnis wieder um). Folglich tritt in allen diesen Fällen die sexuelle Polarität der Muscheln, die zum Körperschmuck verwendet werden, stark ausgeprägt in Erscheinung (vgl. Morice: 725–726; Goddard: 19–20; Hill-Tout 6: 86–87).

** Diese leidenschaftliche Vorliebe für Zahnschnecken war nicht nur der Neuen Welt eigen. Man hat in Bulgarien, an der Küste des Schwarzen Meeres, in der ins 5. vorchristliche Jahrtausend zurückreichenden Nekropole von Varna mehrere Funde von 1400, 2200, 2100 und 4500 Zahnschnecken gemacht.[59]

reich (...). Die Yurok sind zutiefst davon überzeugt, daß zwischen der Zahnschnecken-Währung und dem Geschlechtsverkehr eine wesenseigene Antithese besteht.«[60]

Durch diese Annäherung der Geschlechter (und sei es aus der Ferne, aber dadurch verschärft, daß sie zwischen Bruder und Schwester und in einer Konjunktur stattfindet, die sie im höchsten Maße zum Sakrileg macht) erklären die Thompson-, Cœur d'Alêne- und Kutenai-Versionen des Mythos von den Zahnschnecken-Diebinnen auch, warum die Indianer dieser kostbaren Muscheln verlustig gingen oder warum zumindest ihre »Produktion« versiegt ist.

Gleichwohl liegen die Dinge nicht so einfach, denn die Cœur d'Alêne und die Kutenai im Osten der Thompson, also weiter im Landesinnern, ersetzen ein Verbot durch ein anderes: Die Familien dürfen bestimmte Reste (knorpelige Teile der Rippen oder, unbestimmter, Wildbretknochen) nicht wegwerfen, sondern müssen sie dem Häuptling bringen. Dennoch erheben die in Rede stehenden Mythen die Jagd nicht zur rituellen Tätigkeit, im Unterschied zu den Initiationsübungen, von denen die anderen Versionen sprechen. Aus der Gegenüberstellung der verschiedenen Versionen scheint sich also eine dreifache Opposition zu ergeben:

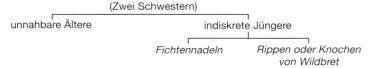

Die letztgenannte Opposition wirft ein Problem auf, das ich beim gegenwärtigen Stand der Beweisführung nicht zu lösen imstande bin. Sind die Wildbretknochen die Inversion der Zahnschnecken, die ihrerseits »Knochen« sind, die Fleisch enthalten (zuwenig für den menschlichen Verzehr, aber es gibt mythische Wesen mit winzigem Mund, die sich davon ernähren; vgl. etwa *La Potière jalouse*, S. 138 [dt. S. 167]), während das Wildbret Fleisch ist, das Knochen enthält? Kein Aspekt der Mythen bestätigt diese Hypothese, die überdies die Knorpel unerklärt ließe. Oder muß man von der Geschichte ausgehen? Die Formel Rippen oder Wildbretknochen könnte von den Kutenai stammen. Man ist versucht, das gelten zu lassen, zumal die Cœur d'Alêne als Nachbarn der Kutenai ja die einzigen Salish-Vertreter sind, die sie übernommen haben. Das Problem wäre deshalb aber nicht gelöst, denn die Kutenai sind schon an sich selbst ein Rätsel. Sie bilden eine isolierte Sprachinsel, die zwischen die beiden großen Familien eingezwängt liegt, die Salish im Westen und die Algonkin im Osten. Vielleicht waren sie einst im Osten der Rocky Mountains heimisch, in der Nähe der Blackfoot (der Sprache nach ein Algonkin-Volk, der Kultur nach ein Plains-Stamm), zu denen sie noch im 19. Jahrhundert bald feindselige, bald matrimoniale und Handelsbeziehungen unterhielten? Wenn das der Fall wäre, ließen sich dann in der Formel Rippen oder Wildbretknochen als fernes Echo Glaubensinhalte wiedererkennen, wie sie bei den Algonkin-Völkern der Atlantikküste bezeugt sind, denen zufolge die zur Herstellung der sogenannten *wampum*-Perlen dienenden Muscheln fleischfressende und sogar anthropophage Wesen waren? Die Hypothese erscheint um so verführerischer, als man denselben Glauben im Norden Kaliforniens antrifft, diesmal auf die *dentalia* bezogen, und zwar bei den Yurok, deren Sprache wie die ihrer Nachbarn, der Wiyot, zur Algonkin-Familie zu gehören scheint.[61] Hinzugefügt sei, daß einzig die Version mit Wildbretknochen den oder die Räuber des Helden als Menschenfresser charakterisieren.

Über dieses Problem hinaus stellt sich ein weiteres im Zusammenhang mit den Wasservögeln, die in mehreren Versionen des Mythos einen abgekarteten Auftritt zu haben scheinen. Eine Person namens Sturmschwalbe oder Möwe – oder sogar Wasseramsel – tritt in den Okanagon-, Cœur d'Alêne- und Kutenai-Versionen an die Stelle von Coyote. Bei den Okanagon und Cœur d'Alêne erlebt der Sohn von Luchs eine Verwandlung in einen Steißfuß oder Tauchervogel; laut den Cœur d'Alêne werden seine Entführer zu Seeschwalben. Eine Gruppe von Versionen mit »Wasservögeln« überschneidet sich also mit den Gruppen mit »Fichtennadeln« und mit »Wildbretknochen«, ohne mit einer davon zu koinzidieren:

Im am weitesten links gelegenen Teil des Schemas, das heißt bei den Thompson, verknüpft der Mythos die Abenteuer des Sohnes von Coyote (der ein großer Zauberer ist) und gibt lediglich zu verstehen, daß der Sohn von Luchs seinerseits ein großer Jäger wird. Im äußersten rechten Teil des Schemas, das heißt bei den Kutenai, wird der Sohn oder werden die Zwillingssöhne von Luchs zu Sonne und Mond. Aber sowohl bei den Okanagon (Fichtennadeln + Wasservögel) als auch bei den Cœur d'Alêne (Wildbretknochen + Wasservögel) und den Kutenai tritt die Verwandlung des Sohnes von Luchs in Steißfuß oder Tauchervogel im Gefolge und als Konsequenz der Kindesentführung durch Eule (Okanagon), durch Kröte und Eule (Kutenai) oder die vier Menschenfresser-Schwestern (Cœur d'Alêne) ein; daraus ergibt sich eine neue Trennlinie, die die Mythen voneinander scheidet. Ich werde das Motiv des geraubten Kindes später behandeln (vgl. unten, 7. und 8. Kap.) und es hier vorläufig beiseite lassen.

III Nisqually-Indianerin (aus der Gegend des Puget Sound) mit reichem Zahnschnecken-Schmuck, photographiert im Jahre 1868 mit einem ihrer Obhut anvertrauten weißen Kind. *Thomas Burke Museum*, Seattle. Kat.-Nr. L 4233. Mit freundlicher Genehmigung des Museums.

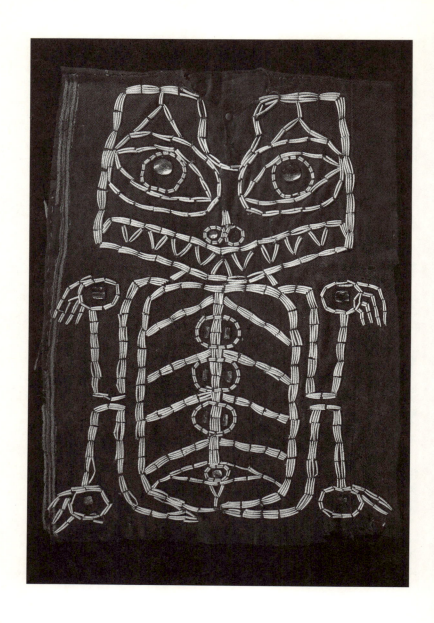

IV Ärmelloses Hemd der Haida-Indianer in handelsüblicher Webart, hauptsächlich bestickt mit Zahnschnecken-Muscheln, die einen Bären darstellen; erworben im Jahre 1979. *Royal British Columbia Museum*, Victoria. Kat.-Nr. 16537. Mit freundlicher Genehmigung des Museums.

VIERTES KAPITEL

Ein Mythos zum Abstieg in die Tiefe der Zeiten

Die Mythenfamilie, die ich unter den beiden Rubriken »Geschichte vom Luchs« und »Geschichte der Zahnschnecken-Diebinnen« zusammengefaßt habe – wobei diese jene einschließt –, veranschaulicht im Nordwesten des nördlichen Amerika einen mythischen Komplex, der sich auf beide Hemisphären erstreckt und von dem einander besonders nahestehende Formen, wie man seit langem weiß, in Nordamerika, in Brasilien und in Peru existieren. Manche Versionen wurden im 16. und 17. Jahrhundert gesammelt, andere im 19. oder sogar noch im 20. Jahrhundert. Trotz dieser zeitlichen Abstände bleibt der Mythos leicht identifizierbar, und es ist beeindruckend festzustellen, wie wenig ihn diese zeitlichen und räumlichen Intervalle beeinträchtigt haben.

Um das zu demonstrieren, werde ich mich auf eine Fassung beziehen, die auch den ersten Mythos der Indianer Brasiliens darstellt, von dem Europa Kenntnis bekommen hat, weil ihn Thevet zwischen 1550 und 1555 bei den Tupinambá der Umgebung von Rio de Janeiro gesammelt und 1575 veröffentlicht hat. Eine kommentierte Neuausgabe dieses Mythos im Verein mit vielen aus einem unveröffentlichten Manuskript edierten Varianten ist Alfred Métraux zu verdanken.[62] Von dieser wirklichen Genesis der amerikanischen Indianer bilden die Motive, die uns bisher beschäftigt haben, nur eine Episode oder genauer eine Sequenz, die im Mittelpunkt des Berichts steht. Man wird jedoch sehen, daß diese Sequenz sich mit den anderen verbindet, die ihr vorausgehen oder ihr folgen, und zwar so, daß der Bericht ein Ganzes bildet, selbst wenn Thevet zugibt, nur einige wenige Vorfälle von dem, was man ihm erzählt hatte, zurückbehalten und andere ganz ausgelassen zu haben.

Ich glaube also nicht, daß Thevet »verschiedene Mythen und sogar verschiedene Versionen ein und desselben Mythos zu einem einzigen verschmolzen«[63] hat. Jeder Mythos hat eine Struktur, die die Aufmerksamkeit fesselt und im Gedächtnis des Hörers nachklingt. Das ist übrigens auch der Grund, weswegen die Mythen durch orale Tradition weitervermittelt werden können. Was für den eingeborenen Hörer Bedeutung hat und ihn befähigt, den Mythos zu wiederholen, gilt ebenso, wenn auch in geringerem Maße, für einen derart schlecht vorbereiteten Hörer, wie das im 16. Jahrhundert ein französischer Franziskanermönch gewesen sein mag: Thevet war nicht gewillt, sich alles Beliebige anzuhören und aufzuzeichnen. Es sind eher die im 19. und 20. Jahrhundert gesammelten Mythen, in denen man häufig die Trümmer einer kohärenteren Mythologie wiedererkennen kann, die noch hier und da bezeugt ist (so die in unseren Tagen von Nimuendajú bei den Apapocuva und von Cadogan bei den Guaraní gesammelte – zwei Völker, die nahe Verwandte der alten Tupinambá sind).

In den Urzeiten der Welt, so erzählt Thevet, lebte der Gott Monan, dessen Name »der Alte« bedeutet, unter den Menschen und überhäufte sie mit seinen Wohltaten. Aber die Menschen zeigten sich undankbar, und der Gott ließ sie durch eine Feuersbrunst himmlischen Ursprungs zugrunde gehen. Er arbeitete überdies das Bodenprofil heraus, denn in jenen Zeiten war die Erde noch eben und flach; es gab weder Regen noch Meer. Ein einziger Mensch wurde gerettet, den Monan in den Himmel versetzte. Den flehentlichen Bitten des Überlebenden nachgebend, erstickte der Gott den Brand mit einem Wolkenbruch von Regen – der Ursprung des Meeres und des Netzes der Gewässer. Für den Mann schuf Monan eine Frau, damit das Paar sich fortpflanzen konnte. So entstand eine zweite Rasse und vor allem der Demiurg Maire-Monan, »Alter Verwandler«, der Herr und Meister aller Künste, dessen »wahre Kinder« die – den Indianern an Kultur überlegenen – Weißen sind. Es war Maire-Monan, der allen Lebewesen ihr gegenwärtiges Aussehen und ihre unterschiedlichen Merkmale verlieh.*

Gegen ihre Verwandlung aufbegehrend, bekämpften seine Zeitge-

---

* Der wenig deutliche Text von Thevet legt die Vermutung nahe, daß die Menschen und die Tiere in den mythischen Zeiten eine einzige Familie bildeten; die Rolle des »Verwandlers« bestand darin, Gattungsunterschiede in diesen verworrenen Komplex einzuführen. Ich habe andernorts gezeigt, daß diese auf Südamerika bezogene Tat des Verwandlers (dem alle Lebewesen, denen er im Laufe seiner Wanderungen begegnet, den Tod wünschen, weil sie von ihm nicht in Hirsche, Affen, Tapire oder diese oder jene Baum- und Pflanzenart verwandelt werden wollen) sich mit allen Details im Nordwesten Nordamerikas wiederfindet, besonders bei den Chinook und den Salish.[64]

nossen Maire-Monan*, indem sie ihn auf einem Scheiterhaufen verbrannten. Er stieg zum Himmel auf und wurde zum Gewitter, allerdings nicht ohne Nachkommen auf Erden hinterlassen zu haben. Einer von ihnen, Sommay (= Sumé), hatte zwei Söhne namens Tamendonaré und Aricouté. Der eine war friedlich gesonnen, der andere legte ein aggressives Temperament an den Tag. Ein Konflikt zwischen den beiden Brüdern hatte eine Sintflut zur Folge, die diesmal irdischen Ursprungs war. Die beiden Brüder flüchteten sich mit ihren Frauen auf den Gipfel eines Berges; alle anderen Menschen und alle Tiere gingen zugrunde. Vom einen der beiden Brüder und seiner Frau stammen die Tupinambá ab, vom anderen Paar ihre Erbfeinde. Jeder Bruder konnte seinen Herd dank des Feuers wiederanzünden, für das Monan gesorgt hatte, indem er es dem Faultier zwischen die Schulterblätter legte (*Bradypus tridactylus*, in Brasilien wegen des gelben Flecks zwischen den Schultern das »Skapulier-Faultier« genannt[65]).

Das alles scheint keinerlei Beziehung zu den nordamerikanischen Mythen zu haben, denen unsere vorhergehenden Kapitel gewidmet waren. Die Verbindung wird jedoch bald ersichtlich werden. Hier überdies das Bindeglied, das zu ihnen zurückführt.

Im Dorf lebte ein gewisser Maire-Pochy, ein »Vertrauter des großen Monan«, obwohl er nur Diener- oder gar Sklavenrang hatte. Er war häßlich und entstellt, verfügte aber über magische Kräfte. Eines Tages brachte er einen Fisch heim, und die Tochter seines Herrn wollte davon kosten; alsbald fühlte sie sich schwanger und gebar rasch einen schönen Jungen. Man versammelte alle Männer des Dorfes, um zu sehen, wessen Bogen und Pfeile das Kind annehmen und ihn damit als seinen Vater anerkennen würde: es war Maire-Pochy. »Man murrte und begehrte gegen ihn auf«, und alle Dorfbewohner ließen ihn mit Frau und Kind zurück. »Aber der Ort, an dem jener Maire weilte, brachte Überfluß an allen Dingen hervor, und derjenige, wo die anderen wohnten, war unfruchtbar und ohne jeden Ertrag, dergestalt, daß die armen Leute Hungers starben.«

Von Mitleid ergriffen, ließ Maire-Pochy sie von seiner Frau mit Le-

---

* Ehrenreich (1905: 41, Anm. 1) spricht von der »dunklen, noch sehr strittigen Etymologie dieses Wortes«, während Suzanne Lussagnet, die Herausgeberin einer Neuausgabe von Thevets *Cosmographie universelle* (1575; hier Paris: P.U.F., 1953: 40, Fußn.) auf die Herkunft von *maira* in Tupí verweist, dem Sammelnamen der Kultur-Heroen, der z. B. in der Kombination Maire-Monan »Gott-Schöpfer« bedeute. Trotz des Anklangs an das frz. *maire* (Bürgermeister) ist hier also an Maire festgehalten worden (A. d. Übers.).

bensmitteln versorgen und lud sie ein, ihn zu besuchen. Die fruchtbaren Äcker und Gärten ihres Gastgebers flößten ihnen solche Begehrlichkeit ein, daß sie sie plünderten; Maire-Pochy verwandelte sie auf der Stelle in verschiedene Tiere. Dieser Vorfall nahm ihn endgültig gegen seine ganze Verwandten-Sippschaft und sogar gegen seine Frau ein: »Er streifte seine gewöhnliche und häßliche Gestalt ab, wodurch er zum schönsten aller Menschen wurde, und machte sich gen Himmel auf, um dort nach seiner Lust und Laune zu leben.«

Der Sohn von Maire-Pochy, der ebenfalls Maire genannt wurde und wie sein Vater ein großer Zauberer war, wollte ihn in den Himmel begleiten. Er verwandelte sich vorübergehend in einen Felsen, der Meer und Erde voneinander schied, um zu verhindern, daß man ihm folgte.* Dann nahm er wieder Menschengestalt an und blieb bei den Indianern. Unter anderen Wunderwerken fertigte er ein Flammendiadem an, das ihm ein allzu voreiliger Gefährte entriß, um es an sich selbst zu probieren: Der Unvorsichtige fing Feuer, stürzte sich ins Wasser und wurde in Ralle verwandelt, einen kleinen Stelzvogel mit roten Läufen und rotem Schnabel. Schließlich fand dieser Maire seinen Vater (den Thevet hier Caroubsouz nennt; vgl. *coaracy* in Lingua geral; *quaraçi, kuarahy,* »Sonne«, auf Guaraní; *ko'ar-apo-har,* »Weltenschöpfer«, auf Tembé-Tenetehara); auf Erden hinterließ er einen Sohn namens Maire-Ata, der eine Einheimische heiratete. Diese Einheimische, die von etwas unstetem Geist war, hatte, obwohl schwanger, Lust, andere Länder zu sehen. Ihr Kind sprach im Mutterleib mit ihr und wies ihr den Weg; aber da sie sich weigerte, ihm bestimmte »kleine Gemüse« zu sammeln, verstummte es: Die Frau verirrte sich, stieß auf Beutelratte, Sarigue (die südamerikanische Form des Opossums), der sie zu sich einlud und sie, ihren Schlaf ausnutzend, mit einem weiteren Sohn schwängerte, »der dem ersten im Mutterleib Gesellschaft leistete«.

Ich kürze den Schluß des Mythos ab, der in beiden Hemisphären zahlreiche Parallelen hat, für uns aber nur von indirektem Interesse ist. Die Frau verläßt Sarigue und verirrt sich zu wilden Indianern, die

---

* In der peruanischen Version, die ebenfalls aus dem 16. Jahrhundert stammt und in der Provinz Huarochiri gesammelt wurde, handelt es sich um eine Frau – deren Platz dem der Mutter von Maire in der Tupinambá-Version entspricht –, die, angewidert von ihrem Gatten (wie Maire-Pochy von seiner eigenen Frau), sich zusammen mit ihrer Tochter in einen Felsen auf dem Meeresgrund verwandelte.[66] Zur »Halbleiter«-Rolle des Felsens mitten im Wasser vgl. *L'Homme nu,* 1971: 388, 398–400 (dt. 502, 515–518).

sie töten und, bevor sie sie verspeisen, die beiden ihr aus dem Leib geschnittenen Embryonen auf den Abfallhaufen werfen. Eine Frau findet sie und zieht sie auf. Sie rächen ihre Mutter, indem sie deren Mörder ertränken, die zu den wilden Tieren von heute werden. Danach machen sie sich auf die Suche nach Maira-Ata, den sie beide für ihren Vater halten. Dieser erlegt ihnen, bevor er sie als seine Söhne anerkennt, Prüfungen auf, in deren Verlauf der Sohn von Sarigue sich als verletzlich, der von Ata dagegen als unverletzlich und fähig erweist, seinen Bruder immer dann, wenn er stirbt, zu neuem Leben zu erwecken.[67] Andere, in unseren Tagen in Paraguay und sowohl in Süd- als auch in Nordostbrasilien gesammelte Versionen bezeugen die außerordentliche Beständigkeit des Mythos. In den der Tupí-Sprache angehörenden Gruppen hat er sich seit Jahrhunderten unversehrt erhalten, und auch die Distanzen, die diese Gruppen voneinander trennen, haben ihm nichts anhaben können.[68] Er ist sogar von Stämmen übernommen worden, die nach Sprache und Kultur von den Tupí verschieden sind. So findet sich die Episode mit dem Feuerdiadem auch bei den Gê (*Le Cru et le cuit*, 1964: 297–298 [dt. 376–377]; zu den Gê vgl. unten: 5. Kap. und S. 256–260).

*
* *

Wie man bereits seit langem bemerkt hat, nimmt die Geschichte von Maire-Pochy aufs genaueste Mythen vorweg, die drei oder vier Jahrhunderte später in Nordamerika gesammelt wurden, und zwar in Tausenden von Kilometern Entfernung von Südbrasilien. Die Salish-Versionen der Luchsgeschichte bieten dafür ein eindrucksvolles Beispiel: alles ist darin enthalten. »Häßlich und entstellt« (sagt Thevet) zu Beginn oder im Verlauf der Handlung, verwandelt sich der Held in der Mitte oder am Schluß der Erzählung in einen schönen jungen Mann. Die vom Vater veranstaltete Prüfung zur Anerkennung greift zum selben Verfahren: Jeder Mann bietet dem Kind seinen Bogen und seine Pfeile dar. Die unterlegenen Konkurrenten verlassen den Helden, seine Frau und sein Kind. Das schlägt ihnen nicht zum Guten aus, denn sie werden nur zu bald eine Beute des Hungers, während ihre Opfer im Überfluß leben. Der von Mitleid ergriffene Held nimmt sie auf und speist sie, ohne jedoch seinen Anlaß zur Klage zu vergessen: Er verwandelt seine Verfolger (oder manche davon) in Tiere oder macht, manchen nordamerikanischen Versionen zufolge, Coyote und Rabe zu Aasfressern.[69]

Nicht weniger beweiskräftig erscheint jene Episode des Tupinambá-Mythos, in der Sarigue, ein stinkendes Tier (das an die Stelle des Coyoten der nordamerikanischen Versionen tritt), eine Frau verführt, die sich verirrt hat. Als Mahlzeit setzt ihr Coyote sein getrocknetes Sperma vor. Eine südamerikanische Version aus dem Chaco greift zu derselben List: Der Betrüger, hier ein Vogel, legt der Frau sein Sperma auf den Weg, das so hart getrocknet ist, daß sie es für Salz hält, es aufliest und daran leckt. Diese Version enthält auch die väterliche Prüfung zur Anerkennung durch das Vorweisen von Pfeil und Bogen.[70]

In den nordamerikanischen Versionen werden die Söhne von Luchs als Zwillinge zu Sonne und Mond. Als einziger Sohn verwandelt sich der Luchs-Sprößling in einen Wasservogel. In der Tupinambá-Version wird der Sohn von Maire-Pochy in Kongruenz zum Sohn von Luchs zur Sonne, während einer seiner Gefährten in einen Wasservogel verwandelt wird.* Alle südamerikanischen Versionen setzen übrigens die Zwillinge in enge Beziehung zu den beiden Gestirnen. Die Guarayu in Bolivien[71] drücken sich diesbezüglich in nahezu denselben Wendungen aus wie die Kutenai als Bewohner der nördlichen Rocky Mountains (vgl. oben, S. 50). Diese Versionen betreffen, wie die der Tupinambá, weniger den Ursprung von Sonne und Mond als ihre Steuerung und Lenkung: entweder, um wie in den nordamerikanischen Versionen ihren regelmäßigen Wechsel sicherzustellen, oder darum, wie im Tupinambá-Mythos die Sonne in angemessener Entfernung zu halten, damit sie die Indianer nicht verzehrt, wie das jenem Gefährten des Sohnes von Maire-Pochy zustieß, der allzu ungeduldig war. Der existiert noch heute unter seinem Namen (Mbae-Pochy) bei den Mbya-Guaraní in Paraguay. Sie weisen ihm die Funktion zu, die Paare zu bestrafen, die die Götter beleidigt haben. Wie? Indem er sie Zwillinge gebären läßt...

Zwischen den nordamerikanischen und den seit dem 16. Jahrhundert in Südamerika gesammelten Versionen gibt es zwar einen Unterschied: die ersteren bringen zwei Schwestern ins Spiel, deren eine von

---

* Noch heute kennen die Mbya-Guaraní in Paraguay eine Version des Mythos, in der ein Dämon, Opfer derselben Art wie der Gefährte von Maire, zu Asche verbrannt, bis auf ein Stück Eingeweide, das zum Feld- bzw. Rebhuhn *tataupa* wird, der Herrin des Feuers (*Crypturus tataupa* – ein Vogel, der vom Rebhuhn der Alten Welt durchaus verschieden ist – hat einen leuchtendroten Schnabel und hellrote Läufe[72]). Das Wörterbuch des Guaraní-Spanischen von Montoya (1640) besagt: Tataupa = *fogon*, das heißt: Feuerstelle, Herd.

Coyote, deren andere dagegen von Luchs geschwängert worden ist. Jede schenkt einem Jungen das Leben; die beiden Kinder sind also Parallelvettern. Die letzteren, so der Tupinambá-Mythos, lassen Sarigue eine Frau schwängern, die bereits ein Kind von ihrem Mann bekommt, und die beiden Leibesfrüchte kommen als Zwillinge zur Welt:

$$\begin{bmatrix} \triangle = \bigcirc = \triangle \\ \triangle \quad \triangle \end{bmatrix} \Rightarrow \begin{bmatrix} \triangle = \overbrace{\bigcirc \quad \bigcirc} = \triangle \\ \triangle \quad \quad \triangle \end{bmatrix}$$

Dennoch sind diese beiden Kinder keine Zwillinge im eigentlichen Sinne, weil sie ja von verschiedenen Vätern gezeugt wurden. Halten wir gleichwohl fest, daß die nordamerikanische Mythologie zwischen den beiden Vätern eine Beziehung stiftet, die ein wenig an der Zwillingspaarigkeit teilhat. Ursprünglich einander wahrscheinlich gleich – nämlich Zwillige aus anatomischer Sicht –, beschlossen sie, unterschiedlich zu werden: Luchs verlängerte die Schnauze und die Tatzen von Coyote, Coyote drückte die Schnauze von Luchs zusammen und verkürzte seinen Schwanz.[73] Man begegnet diesem Motiv beinahe überall in Nordamerika; sein Verbreitungsgebiet erstreckt sich zumindest von den Shuswap im Norden von Britisch-Kolumbien bis zu den Pueblo in Arizona und Neumexiko (vgl. unten, S. 251). Deutlich ist, daß Luchs und Coyote in Nordamerika und Maire und Sarigue in Südamerika komplementäre, wenn auch entgegengesetzte Funktionen erfüllen. Die eine scheidet die positiven und negativen Aspekte des Realen voneinander und ordnet sie getrennten Kategorien zu. Die andere verfährt im entgegengesetzten Sinne: sie eint das Gute und das Böse. Der Demiurg hat die lebendigen und die leblosen Geschöpfe verwandelt, und zwar aus dem, was sie zu Zeiten der Mythen waren, in das, was sie fortan sein werden. Der Betrüger beharrt darauf, die Kreaturen in der Form nachzuahmen, wie sie noch in den mythischen Zeiten waren, aber so nicht bleiben können. Er handelt so, als könnten Privilegien, Ausnahmen oder Anomalien zur Regel werden, während dem Demiurgen die Rolle zufällt, den Singularitäten ein Ende zu setzen und die Regeln zu verkünden, die universell, d. h. auf jede Art und jede Kategorie anwendbar sind. So erklärt sich die metaphysische Bedeutung, die die Mythen dem Betrüger verleihen; denn er bleibt stets seiner Rolle treu, sei es daß er das weniger Gute vom Besten scheidet, sei es daß er ihm das Schlimmste zu- oder überordnet (vgl. *Le Cru et le cuit*, S. 180 und 298, Anm. 1 [dt. S. 228 und 368]; *Du Miel* *aux cendres*, S. 68–69 [dt. S. 90–91]; *L'Homme nu*, S. 343 [dt. S. 443]).*

Alfred Métraux, der sich sehr für die Geschichte von Maire-Pochy interessiert und die geographische Karte von deren Verbreitung in Südamerika aufgezeichnet hat, hält sie für peruanischen Ursprungs. Auch Ehrenreich ist dieser Meinung.[74] Und in der Tat kennt man sehr ähnliche Versionen, die im 16. Jahrhundert von spanischen Missionaren in den Provinzen Huamachuco und Huarochiri[75] gesammelt worden sind (wobei diese letztgenannte Version der Luchsgeschichte am nächsten steht). Man verfügt über andere Hinweise, aus denen hervorgeht, daß peruanische Einflüsse quer durch Bolivien und den Chaco bis zu den Tupí der Südküste Brasiliens gewirkt haben. Aber selbst wenn man diesen entlegenen Ursprung gelten läßt, müßte man doch anerkennen, daß die Tupinambá in ihrer Genesis der Geschichte von Maire-Pochy eben den Platz vorbehalten haben, an dem sie sich auf organische Weise am besten integrieren und sich mit dem Rest verknüpfen konnte. Viele Episoden dieser Genesis fehlen uns. Es hat jedoch so viel davon überdauert, daß man ihre allgemeine Ökonomie erfassen und sich davon überzeugen kann, daß der Gesamtkomplex solide verfugt war (und bleibt, soweit wir ihn kennen). So sind die beiden Sintfluten, die Ehrenreich und Métraux auf seinen Spuren[76] zu einer einzigen zu verschmelzen vorschlagen, ganz verschieden geartet: Die eine ist ein wiedergutmachendes himmlisches Wasser (das dem zerstörerischen himmlischen Feuer ein Ende bereitet); die andere ein zerstörerisches terrestrisches Wasser (vgl. oben, S. 62f.). Und während das erste zerstörerische Feuer, von dem der Mythos spricht, himmlischen Ursprungs ist, ist das zweite (der Scheiterhaufen, auf dem der Demiurg stirbt) irdischer Herkunft. In der

---

* Man müßte einen Vergleich zwischen den Fehlgriffen des Betrügers und dem Sündenfall Adams anstellen. Beide bereiten die Möglichkeit von Erkenntnis vor und setzen dem Stande ursprünglicher Unschuld ein Ende. Im einen Fall aber ist derjenige, der »fällt«, der letzte der Götter; im anderen ist er der erste der Menschen. Überdies fällt Adam in einem Zug: sein Sündenfall hat den Charakter einer Katastrophe. Der Betrüger dagegen fällt graduell, er begeht keine »sintflutartigen« Fehler (wie sie der Zyklus vom ungeschickten Gast darstellt, im Englischen *bungling host*; daher rührt die hochheilige Bedeutung, die diesem Zyklus von den Indianern zugeschrieben wird und die die Kommentatoren häufig verwirrt hat). Der Betrüger wird sich allmählich darüber klar, daß er nicht mehr dieselben Wunder wirken kann wie andere übernatürliche Wesen. Der Grund dafür ist der, daß er sein Geschick mit dem der Menschen verknüpft hat; aber das würde dazu führen, den Vergleich weiterzutreiben.

Reihenfolge ihres Auftretens in der Erzählung lassen sich also unterscheiden:
1. das zerstörerische himmlische Feuer (das die erste Menschheit zugrunde gehen läßt);
2. das wiedergutmachende himmlische Wasser (Ursprung des Meeres und der Wasserläufe);
3. das zerstörerische irdische Feuer (der Scheiterhaufen);
4. das zerstörerische irdische Wasser (das aus dem Boden aufschießt);
5. das Wiederanzünden der Herdfeuer (domestiziertes irdisches Feuer);
6. die auf Distanz gehaltene Sonne (domestiziertes himmlisches Feuer).
Wie ersichtlich, wertet der Mythos auf methodische Weise ein System von Oppositionen auf mehreren Ebenen aus: Feuer/Wasser; himmlisch/irdisch; Zerstörung/Wiedergutmachung; Extrem/Mittelglied; und den Umstand, daß sich am Schluß ein befriedigendes Gleichgewicht zwischen allen diesen Termen einstellt.

Ehrenreich – und mit ihm Métraux[77] – glaubt wahrscheinlich zu Recht, daß die Gottheiten, die einander im Verlauf der Erzählung folgen und einander ersetzen, nur eine einzige bilden; daß sie, wie Métraux sagt, Verdopplungen voneinander sind; und daß auch die beiden Zwillingspaare (die jeweils von Sumé und Maire-Ata abstammen; vgl. oben, S. 63, 65) auf ein einziges reduziert werden müssen. Vielleicht; aber das Faktum ihrer Abweichung voneinander ist nicht weniger real, denn jede dieser Hypostasen erfüllt eine besondere Funktion. Die Zwillinge des ersten Paares sind fortgesetzt miteinander im Konflikt liegende Antagonisten; die des zweiten Paares sind Freunde, die, ungeachtet ihrer ungleichen Begabungen, bei allen ihren Unternehmungen Verbündete sind. Was die sich auf der Szene des Mythos abwechselnden Demiurgen betrifft, so vollbringen sie sämtlich eine Tat, die Terme voneinander scheidet, deren Ausdehnung und Inhalt sich mindert oder deren Wesen sich ändert. Indem er den ersten Menschen erschafft (vorausgesetzt, daß das Wort auf eine Epoche paßt, in der das Tier- und das Menschengeschlecht noch miteinander verquickt waren), führt Monan eine uranfängliche Trennung zwischen himmlischen Gottheiten und irdischen Geschöpfen ein. Der ihm folgende Maire-Monan lebt unter diesen irdischen Geschöpfen, aber ihre Undankbarkeit beschwört eine neue Trennung herauf: die zwischen Weißen und Indianern. Sumé, der Sohn von Maire-Monan, und

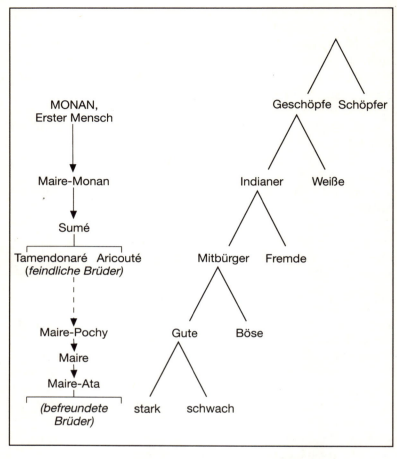

Abb. 6 Zweiteilungen des Tupinambá-Mythos.

seine Kinder, die ersten Zwillinge, teilen die Indianer in Mitbrüder (die Tupinambá) und Fremde ein (die Timiminó, von den Tupinambá für Feinde gehalten). Mit der Aufsicht über die Zwillingsgeburten beauftragt (vgl. oben, S. 66), führt Maire-Pochy eine neue Trennung unter seinen Mitbrüdern ein: hier die guten, die im Überfluß leben; dort die bösen, die mit Hunger bestraft werden. Der fünfte Demiurg, Maire, gewährleistet die Scheidung von Himmel und Erde, indem er sich von ihr lossagt und in sicherer Entfernung von ihr einrichtet. Sein Sohn Maire-Ata, der sechste und letzte Demiurg, zeugt den intelligentesten und stärksten Zwilling eines Paares, während der andere Zwilling, Sohn von Sarigue, den Makel seiner Unehelichkeit trägt. Überdies hatte sich Maire-Ata als Gattin eine Einheimische gewählt, bei der er die Phantasie entwickelte, »sich in ferne Regionen aufzumachen«. Sie hatte aber selbst ein mehrdeutiges Wesen, eine Präfiguration der Verschiedenheit, die ihre Kinder entzweien wird.

So äußert sich im Laufe der ganzen Kette das Prinzip einer Dichotomie, die das invariante Element des Systems bildet und die der Mythos in der Form, wie wir ihn kennen, unter Beweis zu stellen fortfährt, obwohl er nur in verstümmelter Gestalt auf uns gekommen ist.

FÜNFTES KAPITEL

Der prophetische Ausspruch

Verweilen wir kurz auf einer Sprosse dieser dichotomischen Leiter: dort, wo die Geschöpfe des Demiurgen sich in Weiße und Indianer scheiden. Die Indianer der Gê-Sprachfamilie in Brasilien stellen wahrscheinlich eine archaische Bevölkerungsschicht dar, die die Tupí, als sie die Küste in Besitz nahmen, ins Landesinnere verdrängten. Nun haben die Gê aber einen Mythos, der ebenfalls darauf abzielt, den Ursprung der Trennung der beiden Rassen zu erklären. Man verfügt über mehrere Versionen davon, die leicht zugänglich von Johannes Wilbert in *Folk Literature of the Gê Indians*[78] zusammengestellt worden sind.

Eine Frau (deren sozialer Status von einer Version zur anderen variiert; ich werde darauf zurückkommen) geht mit einem Kind schwanger, das, obwohl noch im Mutterleib, mit ihr Zwiesprache hält oder sogar den mütterlichen Bauch verläßt und nach Belieben wieder dorthin zurückkehrt. Während dieser Ausflüge – oder, je nach den Versionen, nach der Geburt – stellt das Auké genannte Kind magische Kräfte unter Beweis: Es verwandelt sich in Personen verschiedener Altersstufen oder gar in häufig schreckenerregende Tiere. Die eingeschüchterten Dorfbewohner – in erster Linie der Großvater oder Onkel mütterlicherseits des Kindes – verbrennen es auf einem Scheiterhaufen. Als die Mutter seine Asche einsammeln will, sieht sie, daß ihr Sohn noch ganz wohlauf und Besitzer aller Schätze der Weißen geworden ist. Er bietet den Einwohner des Dorfes an, sie mit ihm zu teilen. Je nach den Versionen schlagen sie ihm das ab – daher die Überlegenheit der Weißen – oder zivilisieren sich allmählich in der Gesellschaft von Auké. Zwei Fassungen verschmelzen Auké mit dem brasilianischen Kaiser Pedro II. (1831–1889). Die eingeborenen Erzähler wiederholen also im 20. Jahrhundert den Mythos in der Form, die er im 19. angenommen hatte.

Diesem Mythos von Auké sind bereits substantielle Studien gewidmet worden. In einer davon hat R. da Matta zwei Versionen miteinander verglichen und ihre Abweichungen im Verhältnis zur sozialen Organisation der Gruppen interpretiert, aus denen sie stammen, nämlich Kraho und Canela. In einer anderen hat sich M. Carneiro da Cunha an eine genaue Analyse der transformierten und angeblich wiederbelebten Versionen des Mythos gemacht, den die Canela dem Ursprung der messianischen Bewegung zugrunde legen, die sie 1963 erfaßte. Ich verweise den Leser darauf[79] und werde mich dem Mythos hier aus einer anderen Perspektive nähern. Man wird gewahr, daß zwischen dem Tupí- und dem Gê-Mythos Ähnlichkeiten bestehen. Worin genau bestehen sie? Die Antwort springt ins Auge, wenn man Thevets Version in der Form, wie er sie transkribiert hat, Episode für Episode mit den Versionen des Auké-Mythos konfrontiert, über die wir verfügen: Die Gê erzählen dieselbe Geschichte wie die Tupí, aber sie erzählen sie umgekehrt.

Die beiden Völker stellen eine Frau in den Vordergrund, deren Schwangerschaft einen problematischen Ursprung hat: eine Vergewaltigung durch Sarigue in der Tupinambá-Version; in der Gê-Version (Kraho) eine Offenbarung der Praxis des Koitus, wie sie dem ersten Menschenpaar, das auf Erden lebte, von Schlange gemacht wurde; oder gar in noch anderen Versionen Ungewißheit in bezug auf die Vaterschaft, weil die Frau eine Dorfprostituierte war. Alle diese Versionen verweilen übrigens beim wunderbaren Aspekt einer Schwangerschaft, während deren das Kind im Leibe der Mutter mit ihr Zwiesprache hält wie der Sohn von Maire-Ata bei den Tupinambá (vgl. oben, S. 64) oder gar nach Belieben den mütterlichen Körper verläßt und wieder aufsucht.

Ob nun vor der Geburt (dank seiner Verwandlungskünste) oder unmittelbar danach, das Kind schüchtert die Dorfbewohner ein, vor allem die Familie seiner Mutter, weil es die Gestalt verschiedener Tierarten annimmt. Man verbrennt es auf einem Scheiterhaufen. Wenn man den Handlungsverlauf des Tupinambá-Mythos zurückverfolgt, stößt man also wieder auf die entsprechende Episode, in der der Demiurg Maire-Monan seinerseits auf einem Scheiterhaufen verbrannt wird, nicht weil er sich in verschiedene Tiere verwandelte, sondern weil er die Indianer in solche Tiere verwandelte, die ja Gefährten anstelle von Angehörigen sind. Um sie zu bestrafen, entzog er ihnen alle Kulturgüter und behielt sie den Weißen vor. Auké seinerseits wird selbst zu einem Weißen: der Weiße *par excellence*, Herr und Verteiler ihrer Reichtümer. Das ergibt zwei doppelt inverse Sequenzen, sowohl in

bezug auf die Folge der Erzählung als auch auf den Inhalt der Schlußfolgerung:

TUPÍ	GÊ
Der Demiurg verweigert die Schätze der Weißen den Indianern,	Auké bietet die Schätze der Weißen den Indianern an.
weil seine Gefährten ihn auf einem Scheiterhaufen verbrannt haben,	... seine Eltern verbrennen ihn auf einem Scheiter- haufen,
entsetzt darüber, daß er sie in verschiedene Tiere verwandelt.	entsetzt darüber, daß er sich in verschiedene Tiere verwandelt ...
Sein letzter Nachkomme hält noch im Leibe der Mutter Zwiesprache mit ihr.	Auké hält noch im Leibe der Mutter Zwiesprache mit ihr.

Läßt sich zwischen diesen invertierten Versionen ein und desselben Handlungsverlaufes eine Priorität herausarbeiten? Ist die eine Version früher und die andere davon abgeleitet? Im Unterschied zum Tupinambá-Demiurgen bringt der Gê-Held weder die Weißen noch die Indianer hervor und ist auch nicht der Anstifter zu ihrer Scheidung. Dank seiner magischen Kräfte, deren Ursprung wir nicht kennen, tritt der zu neuem Leben erweckte oder, wie es scheint, unverletzt dem Scheiterhaufen entronnene Auké als Herr der Schätze der Weißen in Erscheinung. Je nach den verschiedenen Fassungen gelingt es ihm, die Indianer davon zu überzeugen, sie sich zunutze zu machen und sich damit, wie man im ethnologischen Jargon sagt, zu akkulturieren. In diesem Sinne erscheint der Auké-Mythos, im 20. Jahrhundert in einer Gestalt gesammelt, die aus dem 19. stammt, weniger radikal als der im 16. Jahrhundert bei den Tupinambá gesammelte. Der Grund ist leicht zu erraten: Die Gê traten erst im 18. Jahrhundert in dauerhaften Kontakt zu den Weißen, zweihundert Jahre nach den Küsten-Tupí, zu einer Zeit, da die portugiesischen Siedler bereits alle erdenkliche Zeit gehabt hatten, sich niederzulassen, und auf die Indianer einen stärkeren und brutaleren Druck ausüben konnten als im 16. Jahrhundert, als die noch wenig zahlreichen Weißen sich mühsam Zugang verschaffen mußten. Ein Mythos, der die Existenz der Weißen und ihre technische Überlegenheit in Rechnung stellte, war bereits in Umlauf, als die Gê Gelegenheit fanden, sich davon beeinflussen zu lassen. Gleichwohl – und wie das häufig der Fall ist, wenn man eine kulturelle und sprachliche Grenze überschreitet – schlägt der

Mythos um: Das Ende wird Anfang, der Anfang Ende, und der Tenor der Botschaft verkehrt sich ins Gegenteil. Beispiele für dieses von den Komparatisten lange verkannte Phänomen habe ich im Gesamtverlauf der *Mythologiques* und bei mehreren Gelegenheiten gehäuft angeführt.[80]

*
* *

Ebensowenig ist man überrascht, in dieser Schlußphase der Transformation einen Ausspruch wiederauftauchen zu sehen, auf den man bereits in mehreren Versionen der Geschichte von Luchs und der Zahnschnecken-Diebinnen gestoßen war. Coyote, der eine der beiden Schwestern geschwängert hat, ruft aus: »Wenn es ein Junge wird, werde ich ihn behalten; wenn es aber ein Mädchen wird, töte ich es«, abgesehen von einer Version, in der er die beiden Geschlechter vertauscht.[81] In dieser letzteren Form tritt der Ausspruch nun aber in einer (Canela-)Version des Auké-Mythos in Erscheinung. Im Augenblick der Niederkunft ruft die Mutter (die eine Dorfprostituierte ist: diesen Berufsstand gab es bei den Canela): »Wenn du ein Junge bist, töte ich dich; wenn du ein Mädchen bist, ziehe ich dich groß.«[82] Das Kind ist ein Junge, erwirkt aber von der Mutter die Gunst, daß sie ihn verschont. Also stellt sich ein doppeltes Problem: Läßt sich die in sehr weit voneinander entfernten Regionen der Neuen Welt auftretende Rekurrenz ein und desselben Motivs erklären, das im zeitlichen Abstand von mehreren Jahrhunderten gesammelt worden ist? Und wie ist es zu verstehen, daß der Tenor dieses Motivs sich in einer einzigen von sechs Versionen umkehrt, über die man in Britisch-Kolumbien verfügt, und daß diese Version gerade in dieser invertierten Form in Ostbrasilien erneut in Erscheinung tritt?

Beginnen wir mit diesem letztgenannten Aspekt.

Von den Thompson stammen zwei Versionen, in denen der Ausspruch vorkommt, die eine in »richtiger« Form (Junge wird großgezogen, Mädchen getötet), die andere in invertierter (Mädchen großgezogen, Junge getötet). Worin weichen sie voneinander ab? Jedesmal wird der Ausspruch von Coyote getan, nur eine einzige Version legt ihn seinem Sohn in den Mund.[83] Es könnte durchaus sein, daß der Erzähler derjenigen Version, in der der Sohn fehlt, im Bewußtsein, daß der weitere Handlungsverlauf dieser männlichen Person keinen Platz einräumen wird, es für bequemer gehalten hat, sich seiner, kaum geboren, zu entledigen. Bedauerlicherweise trägt die andere Version, die den Ausspruch unbegründet läßt, keinerlei Element zur Stützung dieser Deutung bei. Wenn man überdies die erste Thompson-Version, die zur Gruppe der Zahnschnecken-Diebinnen gehört, mit der ihrer Okanagon-Nachbarn vergleicht, wird man gewahr, daß in dieser letzteren der Sohn von Luchs – und nicht der von Coyote – den Vordergrund der Szene beherrscht.[84] Die vorgebrachte Deutung der Divergenz zwischen den beiden Thompson-Versionen kann also, wie das die Hypothese möchte, nicht auch gleichzeitig Rechenschaft über die Divergenz zwischen einer dieser Versionen und der der Okanagon ablegen.

Nicht mehr Glück werden wir mit dem Mythos von Auké haben. Der Ausspruch kommt dort nur in einer Version von zweien vor, die die Mutter zur Prostituierten machen (die anderen Versionen präsentieren sie als verheiratete Frau; oder sie präzisieren ihren Personenstand gar nicht). Man kann also keinerlei Hinweis aus der gesellschaftlichen Stellung der Mutter gewinnen, in der gleichwohl der Hauptunterschied zwischen den Versionen liegt.

Versuchen wir das Feld der Untersuchung zu erweitern. Der Ausspruch, den ich prophetisch nennen werde, gehört nicht eigentlich zu den bisher ins Auge gefaßten Mythen. Man begegnet ihm in manchen aus derselben Region Nordamerikas stammen Mythen, die ihn unzweideutig motivieren und ihm andere Rollen geben. Bald tut diesen Ausspruch ein Vater, aus Angst, daß seine Frau einen Jungen zur Welt bringt, der später einen besonderen Grund haben wird, ihn zu hassen. Bald ist er, bei den Matrilinearen, von einem Onkel mütterlicherseits zu hören, der fürchtet, daß sein Neffe, zum Rivalen geworden, ihn bei seiner Frau ausstechen oder ihm seine Autorität rauben wird. Das Motiv zeigt im Westen Nordamerikas kontinuierliche Verbreitung, und zwar von den Eskimo über die Tlingit, Tsimshian, Kutenai, Sahaptin und Chinook bis zu den Shoshone.[85] Man begegnet ihm auch im Osten bei den Irokesen und den Algonkin.

Eine Chinook-Version verweist direkt auf die Zahnschnecken-Diebinnen. Ein Häuptling tötete alle seine männlichen Kinder und verschonte nur die Mädchen. Eine seiner Frauen hatte einen Jungen, den es ihr zu retten gelang, indem sie ihn in Frauenkleider steckte. Sie vertraute ihn ihrer Mutter an, die mit ihrem Enkel aufbrach, um anderswo, in weiter Ferne zu leben. Jedesmal, wenn dieser Enkel ein Bad im See nahm (wie das seine Gewohnheit war), füllte sich das Wasser mit Zahnschnecken. Die Großmutter bewahrte sie heimlich auf, und um sie auffädeln zu können, ging sie von Haus zu Haus und bat um tierische Flechsen (vgl. oben, S. 51). Diese Bettelei brachte die Dorfbewohner auf. Der junge Held versammelte sie und teilte die kostbaren Muscheln an sie aus. Der Donnervogel hatte ihm magische Kräfte verliehen und ihm sogar einen Walfisch anvertraut. Er wurde ein großer Häuptling und nahm die Stelle seines Vaters ein.

Daß der Mythos den Helden zum Ahnherrn eines Athapaskan-Stammes macht, der damals in unmittelbarer Nachbarschaft der Chinook lebte, hat um so größere Bedeutung, als die Zahnschnecken nördlicher Herkunft waren und gerade Athapaskan, im vorliegenden Falle die Chilcotin, sie den Salish des Landesinneren lieferten (vgl. oben, S. 54). Der Chinook-Mythos könnte also ein Echo des Mythos von den Zahnschnecken-Diebinnen sein, der dann nach Süden ausgestrahlt wäre. Ich habe andernorts die Aufmerksamkeit auf den Synkretismus der Chinook-Traditionen gelenkt. Als Herren der großen Märkte am Unterlauf des Columbia River empfingen sie dort Stämme, die von weit her kamen, und lebten in einer kosmopolitischen Atmosphäre, die auch ihre Mythologie prägte.[86]

Nach allen diesen Bemerkungen wäre man versucht, ein einziges Mal die Grundregel der strukturalen Analyse außer Kraft zu setzen, die besagt, daß jedes Detail, gleichgültig wie unbedeutend, eine Funktion erfüllt. Dem Betrüger in den Mund gelegt, wäre der prophetische Ausspruch also nur eine Anspielung und erinnerte auf humoristische Weise an Mythen von tragischer Größe, in denen schreckenerregende Personen – Menschenfresser oder grausame Häuptlinge – ihn verkünden oder gar in die Tat umsetzen? Man schriebe ihn Coyote also nur zum Spott zu.

Ohne diese Hypothese völlig auszuschließen, neige ich zu der Annahme, daß der Ausspruch in unseren Mythen eine genaue Bedeutung hat. Um das zu zeigen, will ich damit beginnen, etwas einzuführen, was durchaus eine Phase derselben Transformation zusein scheint. Ein Mythos, der von den Kutenai stammt, Bewohnern des Vorlandes der Rocky Mountains, bietet nämlich, trotz der Entfernung, eine beeindruckende Ähnlichkeit mit dem südamerikanischen Mythos von Auké.

Yaukekam, der Kulturheros der Kutenai, ist nicht, wie Auké, Herr der Schätze der Weißen. Dennoch spielt er eine analoge Rolle, denn er ist der Erfinder und Verteiler von Elementen, die für die materielle Kultur der Eingeborenen wesentlich sind: von Pfeilschäften, Federkielen, Feuersteinmeißeln, Seilen aus tierischen Flechsen usw. Alle diese Dinge waren damals noch lebendig. Yaukekam machte sie zu technischen Gegenständen und verwandelte die Wesen, die sie ehedem personifizierten, in die Tiere von heute. Wie die Geburt von Auké hatte auch die von Yaukekam etwas Übernatürliches an sich, worüber sich die nahen Verwandten erregten (vor allem ein voller böser Ränke steckender Onkel väterlicherseits). In beiden Mythen übernahm und beschützte die Großmutter das Kind. Erwachsen geworden und jetzt ein mächtiger Zauberer, verbreitete Yaukekam Angst und Schrecken um sich. Man tötete ihn und warf seinen Leichnam ins Wasser (aus demselben Grunde also, aus dem die Angehörigen von Auké ihn auf einem Scheiterhaufen verbrannten); wie Auké erwachte er zu neuem Leben, wurde jedoch zu einem großen Häuptling unter den Seinen (während Auké, der ebenfalls ein großer Häuptling wurde, das nur fern den Seinen gelang, weil er ja einem Weißen gleichgestellt wurde).

Als nun aber Yaukekams Mutter den Jungen, der ja noch ein Kind war, zu seiner Großmutter schickte, lag die in tiefem Schlaf. Als sie erwachte, merkte sie an verschiedenen Hinweisen, daß ein Kind in ihre Behausung eingedrungen war, und das machte sie ratlos: »Niemand weiß, wer das war, mein Enkel oder meine Enkelin.« Um diesen Zweifel auszuräumen, legte sie zwei Spielzeuge zurecht, einen kleinen Bogen und einen kleinen Korb; dann ging sie wieder zu Bett und schlief ein. Aus der Wahl, die das während ihres Schlafes zurückgekehrte Kind traf, zog sie die entsprechenden Schlüsse.[87]

Eine merkwürdige Episode (man hätte eher erwartet, daß die Alte auf die Rückkehr des Kindes lauert, so wie sie das in anderen Mythen tut), die schwer zu rechtfertigen wäre, würde man darin nicht eine Transformation des prophetischen Ausspruchs erkennen, der ganz auf der Linie der bereits von uns festgehaltenen liegt. Ein noch nicht geborenes Wesen – oder ein bereits geborenes, das aber noch nicht wahrgenommen oder bestimmt worden ist – hat nur virtuelle Existenz, die sein Geschlecht unentschieden läßt. Es hat also eine Doppelnatur; erst sein Übergang in die tatsächliche Existenz erlaubt die Beseitigung dieser Ambiguität. Von sich aus zwillingshaft, muß es geboren werden oder sich zeigen, um Individualität zu erwerben.

Ein Salish-Mythos (wie diejenigen, in denen der Ausspruch vorkommt; der hier aber stammt von der Küste) erzählt, daß Blaumerle, der Betrüger, siamesische Zwillinge voneinander trennte: »Wenn er sich nicht eingemischt hätte«, so schließt der Mythos, »würden die Zwillinge noch heute zusammengewachsen geboren.« Umgekehrt bringt ein kalifornischer Mythos ein postum geborenes Kind ins

Spiel, das auf eigenen Wunsch in zwei Hälften – im vertikalen Sinne – geschnitten wird, und dieses Verfahren verwandelt es in ein Paar Zwillinge.[88] Der prophetische Ausspruch und die von der Großmutter angestellte Prüfung trennen nicht zwei Wesen, die nur eines waren, sondern machen das Geschlecht eines einzigen Kindes unterscheidbar, das in seinem ursprünglichen Zustand virtuell alle beiden Geschlechter umfaßte.

Ein großer, vom Atlantik bis zum Pazifik bezeugter mythologischer Zyklus, den die amerikanischen Mythographen mit dem Codenamen *Lodge Boy and Thrown-away* bezeichnen, hat als Helden Zwillinge, die, wie die bei ihrer Geburt herrschenden Umstände vorausahnen lassen, entgegengesetzte Temperamente haben werden. Dieser Mythos steht dem der Tupinambá nahe: Hier wie da tötet ein Menschenfresser eine schwangere Frau und zieht Zwillinge aus ihrem Leib (vgl. oben, S. 64). In der nordamerikanischen Vulgata läßt er den einen in der Hütte und wirft den anderen in den Bach; dort entdeckt man ihn dann. Zusammen aufgezogen, erleben die beiden Jungen mancherlei Abenteuer, in deren Verlauf ihre ursprüngliche Verschiedenheit – wie bei den Zwillingssöhnen von Maire-Ata im Tupinambá-Mythos – sich auch weiterhin äußert.

Vom Bild der virtuell identischen Zwillinge, die, wenn sie in die tatsächliche Existenz eintreten, ihre Disparität unter Beweis stellen, findet man leicht den Übergang zu einem anderen Bild: und zwar dem eines Kindes, in dem die beiden Geschlechter sich mischen, bis die Geburt (oder die Anerkennung) eine genaue Bestimmung erlaubt und offenbart, wer von den beiden, denen entgegengesetzte Geschicke verheißen sind, wer ist. Bei den Kutenai, deren Yaukekam-Mythos von dem der Zahnschnecken-Diebinnen untrennbar ist, versuchen der Kulturheros und sein Freund Coyote sich im Laufe ihrer Abenteuer auch in der Rolle der Sonne, die die Tiere hervorbringen wollen. Man weist sie ab, weil Yaukekam, der ein rotes Licht ausstrahlt, nicht heiß genug ist; Coyote jedoch aus dem entgegengesetzten Grund. In der Kutenai-Version der Zahnschnecken-Diebinnen sind es nun aber, wie man sich erinnern wird, die Zwillingssöhne von Luchs, denen es als einzigen gelingt, zur Zufriedenheit aller die Rollen von Sonne und Mond zu spielen (vgl. oben, S. 50). Auf diesem Umweg stößt man wieder auf die Mythologie der Tupí, in der die himmlischen Zwillinge die beiden Gestirne personifizieren.

*
* *

León Cadogan hat in Paraguay eine Genesis der Mbya-Guaraní-Indianer im Urtext der Eingeborenen gesammelt, ins Spanische übersetzt und veröffentlicht, in der man, vollkommen deutlich wiedererkennbar, Elemente jener anderen findet, die vier Jahrhunderte zuvor von Thevet bei den Tupinambá gesammelt wurde. In seinem Kommentar macht Cadogan eine sehr sachdienliche Bemerkung: Es gelingt einem nicht, den herausragenden Rang zu verstehen, den die Tupí-Guaraní und zahlreiche andere südamerikanische Völker in ihrer Mythologie den Zwillingen einräumen – Kindern, die von einem einzigen Vater gezeugt wurden und mit denen die Mutter beinahe gleichzeitig niederkommt. Die Mbya und die Tupí im allgemeinen hielten Zwillingsgeburten nämlich für unheilvoll: Zwillinge wurden bei ihnen unmittelbar nach der Geburt getötet.[89]

Ohne jedoch gleich derart weit zu gehen, fürchteten alle Völker Südamerikas die Geburt von Zwillingen, mit Ausnahme der alten Peruaner und einiger Gruppen unter der Lehnsherrschaft der andinen Hochkulturen (Aymara, Mojo). Die Inka empfanden angesichts von Zwillingen eine Art heilige Scheu, die bis zur Verehrung reichte.[90] In den Populationen, die man nach allgemeiner Übereinkunft primitive Kulturen des tropischen Regenwaldes nennt, beschränkte man sich in den meisten Fällen darauf, einen der Zwillinge zu töten: und zwar das Mädchen, wenn die Kinder verschiedenen Geschlechts waren; andernfalls das »ältere« oder »jüngere« der beiden. In diesem Sinne könnte man sagen, daß der prophetische Ausspruch in diachronischer Hinsicht zum Ausdruck bringt, was das unterschiedliche Geschick, das Zwillingen verschiedenen Geschlechts vorherbestimmt bleibt, in synchronischer Hinsicht leistet. Man versteht also, daß der Tupinambá- und der Gê-Mythos, deren einer das Gegenteil des anderen ist (vgl. oben, S. 75), auf das Motiv der ungleichen Zwillinge (Tupinambá) und auf den prophetischen Ausspruch (Gê) zurückgreifen.

Der im allgemeinen vorgebrachte Grund zur Rechtfertigung der Tötung des einen Zwillings war der, daß eine Frau nur ein Kind auf einmal gebären kann, es sei denn, daß, neben ihrem Gatten, ein weiterer Mann sie geschwängert hat: eine Theorie, die, wie man gesehen hat, durch die Mythen veranschaulicht wird, obwohl keiner davon die Tötung eines der Zwillinge empfiehlt, die beide berufen sind, eine wesentliche Rolle zu spielen, wenn es darum geht, Ordnung ins Weltgefüge zu bringen.

Aber diese Zwillinge sind, wie Cadogan hervorhebt, keine wirklichen Zwillinge. In der Schöpfungsgeschichte der Mbya-Guaraní legt sich ein einziger Sohn, die künftige Sonne, anhand seiner himmlischen Macht einen jüngeren Bruder zu, der zum Mond wird.[91] Die Tupinambá-Genesis betraut verschiedene Väter damit, Zwillinge zu zeugen, die als solche nur aufgrund der bei ihrer Geburt herrschenden Umstände erscheinen, es jedoch um so weniger sind, als die alten Tupí dem Vater eine exklusive Rolle bei der Zeugung zuschrieben. Und wenn die Mythen schließlich wirkliche Zwillinge ins Spiel bringen, dann beeilen sie sich, sie wieder zu vereinzeln, indem sie ihnen entgegengesetzte Gaben und Charaktere zuweisen: der eine aggressiv, der andere friedlich; der eine stark, der andere schwach; der eine intelligent und geschickt, der andere dumm, linkisch oder leichtsinnig...

Welches ist nun wirklich die in der Tiefe wirkende Inspiration dieser Mythen? Unser Schema auf S. 70 erhellt es. Sie stellen die allmähliche Organisation der Welt und der Gesellschaft in Gestalt einer Reihe von Zweiteilungen dar; aber ohne daß sich zwischen den nach jeder Etappe ergebenden Teilen je wirkliche Gleichheit einstellte: Auf irgendeine Weise ist ein Teilbereich dem anderen immer überlegen. Von diesem dynamischen Ungleichgewicht hängt das reibungslose Funktionieren des Systems ab, das ohne es zu jedem Zeitpunkt davon bedroht wäre, in einen Zustand der Trägheit zu verfallen. Was diese Mythen implizit verkünden, ist, daß die Pole, zwischen denen sich die Phänomene der Natur und das Leben-in-Gesellschaft einordnen – Himmel und Erde, Feuer und Wasser, Oben und Unten, Nähe und Ferne, Indianer und Nicht-Indianer, Mitbürger und Fremde usw. –, keine Zwillinge sein können. Der menschliche Geist müht sich ab, sie zu paaren, ohne daß es ihm gelänge, Parität zwischen ihnen herzustellen. Denn es sind ebendiese gestuft-differentiellen Abstände in der Form, wie sie das mythische Denken entwirft, die die Maschine des Universums in Schwung setzen.

Und das gilt bis in die Details hinein. Eine zeitgenössische, im Jahre 1912 in Südbrasilien gesammelte Version der Tupí-Genesis erzählt, daß einer der Zwillinge, allzu gierig darauf bedacht zu saugen, die Brust seiner Mutter verunstaltete. Seither haben die Frauen einen asymmetrischen Busen[92]: nicht einmal die Brüste können Zwillinge sein! In Nordamerika erhebt die bereits resümierte Nez Percé-Version der Luchsgeschichte (vgl. oben, S. 24) den Anspruch auf eine Erklärung des Ursprungs unpassender Ehen: Es sind die, in denen die körperlich oder gesellschaftlich ungleichen Gatten keine Zwillinge sind.

In der Sequenz von Zweiteilungen, die der Mythos aufzählt, verdient die in Weiße und Indianer besondere Aufmerksamkeit. Denn es ist bemerkenswert, daß die Eingeborenen-Mythologie die Weißen bereits genau ein halbes Jahrhundert nach ihrer Ankunft in Brasilien am geeigneten Platz integriert hat, und zwar in einer Genesis, in der gleichwohl alles von den Operationen des Demiurgen ausgeht.

Mehr noch. Anläßlich eines Mythos der Toba-Pilaga-Indianer, Einwohnern des Chaco (deren Asin genannter Held aufs genaueste dem Gê-Helden Auké entspricht), hält Métraux zu Recht fest: »In diesem Mythos erklären die Indianer den Unterschied zwischen der Kultur der Indianer und der der Weißen. Ein ähnlicher Mythos entstand in vielen indianischen Stämmen nach der Eroberung, und er ist von großem Interesse, weil man die Ähnlichkeiten zwischen diesen vielen Versionen nicht Anleihen zuschreiben kann.«[93]

Wenn die Mythen amerikanisch-indianischen Ursprungs auf dem Gerüst beruhen, das ich herauszuarbeiten versucht habe, erhellt sich auch das von Métraux gestellte Problem. Die Mythen, sagte ich, ordnen die Wesen und Dinge anhand einer Serie von Zweiteilungen; *idealiter* auf jeder Stufe Zwillinge, erweisen sich die Teilbereiche doch stets als ungleich. Nun konnte aber den Indianern kein Ungleichgewicht stärker ins Auge fallen als das zwischen den Weißen und ihnen selbst. Aber sie verfügten über ein dichotomisches Modell, das ihnen erlaubte, diesen Gegensatz und seine Folgereihe in Bausch und Bogen in ein Gedankensystem zu übertragen, in dem sie einen gewissermaßen reservierten Platz innehatten, dergestalt, daß der Gegensatz, einmal eingeführt, auch sofort wirksam zu werden begann.

Zwillinge nehmen in der amerikanisch-indianischen Mythologie einen bevorzugten Platz ein. Dennoch ist das bloßer Schein, denn der Grund ihrer Bedeutung und der Rolle, die die Mythen ihnen zuschreiben, ist eben der, daß sie keine wirklichen Zwillinge sind; oder ihre nicht miteinander zu vereinbarenden Temperamente widersprechen ihrem angeblichen Personenstand. Der prophetische Ausspruch, von dem diese Erörterung ausgegangen ist, läßt sich letztlich auf die implizite Behauptung zurückführen, daß jede Einheit eine Dualität verbirgt und daß, wenn diese Dualität sich in der Wirklichkeit manifestiert, was immer man wünscht und tut, es doch keine wirkliche Gleichheit zwischen den beiden Hälften geben kann.

SECHSTES KAPITEL

Besuch bei den Bergziegen

Der Vergleich zwischen Mythen aus Nord- und Südamerika hat es ermöglicht, die Auseinandersetzung über die Stellung wiederaufzunehmen, die in den Mythen beider Hemisphären Zwillingen zugeschrieben wird. Er ermutigt überdies dazu, eines jener Experimente zu wagen, die ausschlaggebende Bedeutung für die Analyse von Mythen haben. Kann man, wenn man von einem Komplex von Transformationen ausgeht, deren Existenz man für Südamerika bereits nachgewiesen hat, in Nordamerika einen Mythos ausfindig machen, der zu verifizieren erlaubt, daß dort derselbe Komplex von Transformationen vorkommt?

Die Geschichte von den Zahnschnecken-Diebinnen bietet schlagende Analogien zu einem südamerikanischen, von den Boróro stammenden Mythos. In *Le Cru et le cuit* mit der Indexzahl M_{20} versehen, handelt dieser Mythos, wie der obige, vom Ursprung des Schmucks. Er bringt eine indiskrete Frau ins Spiel, die ihren Brüdern nachspioniert, während sie die Schmuckgegenstände erfinden, indem sie Muscheln mit einem spitzen Stein durchbohren, den sie auf dem Grund des Wassers gefunden haben. Der Mythos präzisiert, daß diese Aktivität rituellen Charakter hat und daß die Brüder ein lustiges Leben in Hütten führen, deren Auspolsterung mit Federn an einen himmlischen Aufenthaltsort gemahnt. Es sei daran erinnert, daß der Held des nordamerikanischen Mythos, dem von seinen Schwestern nachspioniert wird, sich ebenfalls einer rituellen Aktivität widmet. Er findet Muscheln, die er nicht mehr zu durchbohren braucht, weil diese *dentalia* von Natur aus offene Röhren sind.

In beiden Fällen trennt der Bruder oder trennen sich die Brüder von ihrer Familie: laut dem Boróro-Mythos, indem sie sich in einen Scheiterhaufen stürzen, aus dem sie aber, kaum von den Flammen verzehrt, in Vögel verwandelt zum Himmel auffahren, und laut dem nordamerikanischen Mythos, indem der Held in eine untere Welt hinabsteigt, wo er ein lustiges Leben führt und wo seine Schwestern, die ihn mit ihren Tränen benetzen (das Wasser als Folge der Trennung tritt hier an die Stelle des Feuers als Mittel), sich nicht wieder mit ihm vereinen können.

In *Le Cru et le cuit* (S. 92–98 [dt. S. 117–124] – der Nachweis wird wiederholt in *Du Miel aux cendres*, S. 14–20 [dt. S. 20–31]) – habe ich festgestellt,

1. daß der Mythos, dessen Gerüst auf der Disjunktion von Brüdern und Schwestern nebst deren Gatten beruht:

$$\overset{\frown\!\!/\!\!/\!\!\frown}{\triangle \quad \bigcirc} = \triangle$$

eine Gruppe von Mythen (mit den Indexzahlen M_{15}, M_{16} und M_{18}) transformiert, die bei den Nachbarvölkern der Boróro präsent sind und den Ursprung des Fleisches und besonders jenes Fleisches betreffen, das als das beste gilt und den wichtigsten Platz in der ganzen Nahrungskette innehat: das der Wildschweine;

2. daß, wenn bei identischem Gerüst die Botschaft sich ins Gegenteil verkehrt, wenn man von M_{15} und M_{16} zu M_{20} übergeht (Nahrung ⇒ Schmuckgegenstände), der Grund dafür der ist, daß die beiden Mythen von patrilinearen Stämmen herrühren, der andere dagegen von den Boróro, deren Deszendenzweise im matrilinearen Sinne verläuft.

Tatsächlich werden nämlich direkte Verwandte im einen Fall zu Anverwandten im anderen: Im matrilinearen Regime ist der Vater ein Anverwandter seines Sohnes, so wie es die Mutter in einem patrilinearen System ist. Die Analyse der Mythen verifiziert, daß bei einer invarianten Botschaft sich eine Spaltung im Verhältnis zur Deszendenzweise sei es unter Verwandten ersten Grades, sei es unter Blutsverwandten ergibt. Umgekehrt ist es bei einem invarianten Gerüst die Botschaft, die sich ins Gegenteil verkehrt. Ein Mythos mit der Indexzahl M_{18}, der von den matrilokalen Kayapo-Kubenkranken stammt, bestätigte in diesem besonderen Fall die Regel: Der Mythos erhält die Botschaft von M_{15} und M_{16} aufrecht (Ursprung des Fleisches), aber um den Preis einer Inversion des Gerüstes (*Le Cru et le cuit*, S. 96–97 [dt. S. 124 bis 125]):

$$M_{16} \left[\overset{\frown\!\!/\!\!/\!\!\frown}{\triangle \quad \bigcirc} = \triangle \right] \Rightarrow M_{18} \left[\overset{\frown\quad\frown}{\triangle \quad \bigcirc} \# \triangle \right]$$

Nachdem all das in Erinnerung gerufen worden ist, darf man mit Fug und Recht eine Hypothese vorbringen, die lediglich zwei Bedingungen unterworfen ist:

Wenn der nordamerikanische Mythos über die Zahnschnecken-Diebinnen und der Boróro-Mythos M_{20}, die beide den Ursprung der Schmuckgegenstände behandeln, homolog sind; und wenn der Boróro-Mythos den Mythos eines Nachbarvolkes über den Ursprung des Fleisches transformiert: dann muß in Nordamerika, ganz in der Nähe des Mythos über die Zahnschnecken-Diebinnen, ein Mythos über den Ursprung des Fleisches existieren, der ihm unter dem Vorbehalt einer Inversion des Gerüstes homolog ist:

$$\text{Ursprung der Schmuckgegenstände} \left[\overset{\frown\!\!/\!\!/\!\!\frown}{\triangle \quad \bigcirc} = \triangle \right] \Rightarrow \text{Ursprung des Fleisches} \left[\overset{\frown\quad\frown}{\triangle \quad \bigcirc} \# \triangle \right]$$

Man hat herausgefunden, daß dieser Mythos, mit allen von der Hypothese geforderten charakteristischen Merkmalen, bei ebenden Völkern existiert, die uns die Luchsgeschichte und die der Zahnschnecken-Diebinnen geliefert haben. Gleichwohl wäre es beim hypothetisch-deduktiven Verfahren, das wir angewendet haben, schwierig und vielleicht sogar unmöglich gewesen, auf den Gedanken zu verfallen, daß dieser Mythos und die anderen, eben vorgestellten, die Phasen ein und derselben Transformation bilden. Auf die Vermutung hätte einen höchstens der hier mit größerer Bedeutung als anderswo ausgestattete Rang gebracht, den diese Mythen den großen Huftieren zuerkennen: Hirschen oder Bergschafen (vgl. oben, S. 33, 38 ff.), denen sich jetzt noch die Bergziegen hinzugesellen (*Oreamnos americanus*).

Wie die Wildschweine in Südamerika hatten diese Ziegen große alimentäre Bedeutung und bildeten den Gegenstand zahlreicher mythischer Glaubensinhalte: sehr listig, schwer zu erlegen, aber eine bevorzugte Nahrung, sagten die Kutenai.[94] Die Thompson der Hochebene und die Küsten-Salish befolgten bei der Jagd auf Bergziegen und Bären dieselben Riten.[95] Die Squamish, Küsten-Salish, deren Mythos wir untersuchen wollen, hielten die Jagd auf Bergziegen für gefährlich und glaubten, sie erfordere auf seiten der Jäger und ihrer Hunde spezielle, sowohl körperliche als auch übernatürliche Begabungen. Das sehr geschätzte Fell diente als voreheliche Morgengabe: Der Bewerber brachte es den Eltern seiner Verlobten als Geschenk dar. Als Wohlstandssymbole wurden die aus Ziegenhaar gewebten Umhänge nur bei großen Anlässen getragen.[96] Alle diese Hinweise stimmen mit den

Zeugnissen der Naturforscher überein: Die Ziegen leben oberhalb der Baumgrenze in felsigen Gebieten, die allen anderen Tieren von vergleichbarer Größe unzugänglich bleiben.[97]

Vielleicht verabscheuen die Shuswap-Indianer in der Mehrzahl oder teilweise das Fleisch der Bergziege, es sei denn, sie hatten nichts anderes zu essen.[98] Dennoch poetisieren auch ihre Mythen diese Jagd[99], wenn sie auch gleichzeitig bestimmte Anomalien im Verhältnis zu denen ihrer Nachbarn bieten, auf die ich zurückkommen werde (vgl. unten, S. 92). Sie rechtfertigen es also, daß man ihnen in einem Komplex von Versionen, die übrigens sehr homogen sind und die es jetzt zu präsentieren an der Zeit ist, einen Platz *à part* zuweist. Hier beispielsweise eine Thompson-Version, die von der Gruppe Utāmqt am Unterlauf des Fraser River stammt.

*
* *

Einst waren die Ziegen Wesen von derselben Art wie die Indianer; sie nahmen nach Belieben das Aussehen von Tieren oder Menschen an. Die Indianer wußten das – und ebendas ist der Grund, weshalb sie besondere Riten zu befolgen fortfahren, wenn sie eine Ziege oder gar einen Schwarz- oder Grizzlybären töten, die ebenfalls jenes Doppelwesen haben.

Ein mit zwei Gattinnen versehener Mann – die eine bereits junge Mutter, die andere schwanger – brach eines Tages zur Jagd auf. Er verfolgte Ziegen, verlor sie aus den Augen und war erstaunt, zwei jungen Frauen zu begegnen, die leugneten, die Ziegen gesehen zu haben (denn sie waren selbst welche). Sie forderten den Mann auf, ihnen zu folgen, verliehen ihm die Fähigkeit, an einer steil abfallenden Felswand emporzuklettern (indem sie ihm die Fußsohlen mit Speichel bestrichen), und ließen ihn in eine Höhle unterhalb des Gipfels eintreten; dort lebten viele Leute. Er heiratete die beiden jungen Frauen, aber sie verweigerten sich ihm: »Wir haben sexuelle Beziehungen nur während einer ganz kurzen Phase, zu einer bestimmten Jahreszeit.« Seine Schwiegereltern schickten ihn zur Jagd; er durfte aber jedesmal nur eine einzige Ziege töten, von der sich alle Einwohner ernährten. Das dauerte mehrere Monate. Der Mann begann sich schließlich zu fragen, ob die Ziegen, die er tötete, in Wirklichkeit nicht seine Schwäger waren, von denen einzig der »Ziegen-Teil« starb, während der »Menschen-Teil« abends nach Hause kam. Um sich Ge-

Abb. 7 Die Bergziege (*Oreamnos americanus*).

wißheit zu verschaffen, schnitt er eines Tages das Maul einer toten Ziege auf: einer seiner Schwäger kam denn auch abends mit blutender Nase heim.

Die Brunftzeit kommt, angekündigt durch den flußaufwärts gerichteten Zug einer Lachsart (englisch *dog salmon: Onchorynchus keta*), der von Mitte August bis Ende November dauert. Die Brunftzeit der Ziegen fällt in den November[100]; aber der Mythos »spielt« in den Bergen, wo die Lachse erst am Ende ihrer Reise ankommen. Unter der Last des dicken Felles, mit dem man ihn behängt hat, gelingt es dem Helden nicht, an der Brunft teilzunehmen. Seine Frauen geben ihm also ein leichtes Fell, und daraufhin kann er mit allen Weibchen kopulieren.

Die Monate gehen dahin; eine der Frauen kommt mit einem Kind nieder, das, obwohl noch klein, seine menschlichen Großeltern zu besuchen verlangt. Der Held macht sich mit seiner Frau, seinem Sohn und einem seiner Schwäger namens Komús (»zweijährige Ziege«) auf den Weg. Er nimmt ganze Fäustlinge voller Fett und Fleisch mit.

Der Mann war beinahe zwei Jahre abwesend gewesen, und man hielt ihn schon für tot. Zunächst unsichtbar, gibt er sich später den Seinen zu erkennen. Man feiert ein Fest mit dem Fett und dem Fleisch, die sich auf magische Weise vermehren. Der Ziegen-Frau und ihrem Bruder bietet man ihre gewöhnliche Nahrung an: eine Suppe aus schwarzen und weißen Moosflechten. Aber der junge Komús überfrißt sich, schwillt an und macht sich beim Ballspiel lächerlich. Man verspottet ihn, trampelt auf ihm herum und furzt ihm ins Gesicht. Als Komús fertig verdaut hat, greift er sich den Ball und entflieht ins Gebirge. Man macht Jagd auf ihn, er läßt einen eisigen Wind losbrechen, der die Verfolger tötet. Die Ziegen tadeln Komús, der sich bereit erklärt, seine Opfer zu neuem Leben zu erwecken, ihnen aber, um sich zu rächen, ins Gesicht furzt. Schließlich kehrt er mit seiner Schwester zu den Ziegen zurück. Der Held bleibt mit seinem Sohn im Dorf.[101]

Durch seinen Aufbau gibt dieser Mythos eine eindrucksvolle Ähnlichkeit mit denen aus Südamerika zu erkennen, die ebenfalls den Ursprung des Fleisches behandeln oder genauer: den Ursprung der Jagd nach dem besten Wild. Dieses Wild war ehedem nicht nur menschlich oder den Menschen gleich; die Mythen identifizieren es auch mit Schwägern, eine Verwandtschaftsbeziehung, auf der eine andere Thompson-Version besteht. Bevor die Ziegen den Helden zu den Seinen zurückschicken, versprechen sie ihm, daß er ein großer Jäger werden wird, der in der Lage ist, auch die tiefsten Abgründe zu überwinden, aber nur unter der Bedingung, daß er peinlich genau bestimmte Regeln beachtet: »Wenn du Ziegen tötest, dann behandle ihre Leichname mit Respekt, denn es sind Personen. Schieß nicht auf Weibchen: sie waren deine Gattinnen und werden dir Kinder schenken. Ziele lediglich auf die Männchen, deine Schwäger. Habe keine Bedenken, sie zu töten, denn sie sterben nicht, sondern kehren zu sich nach Hause zurück. Das Fleisch und das Fell (der Ziegen-Teil) fallen dir zu; ihr wahres Ich aber (der Menschen-Teil) wird weiterleben wie zuvor, als es das Fleisch und das Fell der Ziege umhüllten.«[102]

Daß das Gerüst in den beiden Versionen vom Typ

$$\triangle \quad \bigcirc \quad \# \quad \triangle$$

ist, ergibt sich aus der Art und Weise, wie die erste Version schließt: Die Frau und ihr Bruder kehren zu den Ziegen zurück, der Held und sein Sohn bleiben bei den Menschen. In etwas anderer Form weist auch die Schlußepisode der zweiten Version in dieselbe Richtung: Allein zu den Seinen zurückgekehrt, bricht der Held erneut zur Jagd auf und will ein Weibchen und ihr Junges töten, die in Wirklichkeit seine Ziegen-Frau und sein Sohn sind. Sie schilt ihn aus und ermahnt ihn zur Beachtung der Regeln. Daraufhin tötet er ein Männchen und behauptet, ins Dorf zurückgekehrt, daß das Weibchen ihm entwischt sei.[103]

Eine dritte Version ersetzt die Ziegen durch Hirsche, und eine Okanagon-Version macht keinen deutlichen Unterschied zwischen den Familien.[104] Wir sind bereits auf Mythen gestoßen, in denen ein Hirsch-Volk an die Stelle eines Volkes von Bergschafen tritt (vgl. oben, S. 38). Diese Substitutionen erklären sich aus dem bei dem Lilloet bezeugten Glauben, daß Hirsche in mythischen Zeiten so wild und schnell waren, daß man sie nicht jagen konnte; das Volk der Hirsche umfaßte neben allen Arten dieser Familie auch Bergschafe, Bergziegen, Pferde, Bisons usw.[105] Es nimmt also nicht wunder, wenn die Hirsch-Version der Thompson ihre Jagd denselben Regeln unterwirft wie die Jagd auf Ziegen. Der Held hat seine Hirsch-Frau und ihr Kind getötet und dann zu neuem Leben erweckt: »Du darfst«, erinnert sie ihn, »nur deine Schwäger töten.«[106] Eine Version der Lilloet, der unmittelbaren Nachbarn der Thompson, präzisiert, warum die Ziegen-Frauen dem Helden nicht folgen können, wenn er mit den beiden Söhnen, die sie ihm geschenkt haben, zu den Seinen zurückkehren möchte: »Wir werden dich nicht zurückhalten, sagen sie. Du kannst deine Söhne mitnehmen, wir aber müssen hierbleiben; wir können dich nicht begleiten, denn wir sind nicht so wie du; die Jungen sind von deinem Blut, sie können mit dir gehen, aber wir, wir können das nicht.«[107] Es wird also deutlich, daß die Disjunktion in allen diesen Mythen Anverwandte betrifft: Gatten oder Schwäger.

Schließlich ein Wort zur Komús-Episode am Schluß der ersten, oben resümierten Thompson-Version. Diese dickbäuchige Person verweist auf eine andere, mit einem regelrechten Magenhöcker ausgestattete, die in einem Mythos der Küsten-Salish einen dichten Nebel aufwallen läßt.[108] Komús dagegen läßt einen eisigen und mörderischen Wind losbrechen und stößt Darmgase aus wie die, deren Zielscheibe er zuvor gewesen ist. Auf der meteorologischen Ebene tritt der Wind in Gegensatz zum Nebel, dessen Gegenstück auf physiologischer Ebene die Fürze sind, denn auch der Nebel stinkt (vgl. unten, S. 112). Ein anderes Volk der Küsten-Salish, die Skykomish, haben eine ätiologische Version des Mythos von den Bergziegen, die erklärt, warum allein sie bei dieser Jagd eine bestimmte Art von Fallen benutzen. Diesem Mythos zufolge wurde die Tochter des Qē'qē-Vogels (eine in den Bergen lebende nicht-identifizierte Art) dem Sieger eines Wettkampfs zu Fuß als Ehepreis ausgesetzt. Der jüngste der zehn Ziegen-Brüder gewann trotz seines dicken Bauches und trat die Frau dem ältesten Bruder ab. Die Nachbarn der Skykomish, die Skagit, kennen den Qē'qē-Vogel ebenfalls und stellen ihm einen Sohn zur

Seite, der, in Gestalt eines Hundes, die Tochter eines Häuptlings verführte. Von seiner Frau und seinem Sohn verlassen, schuf er eine neue Menschheit, erfand das *lacrosse*-Spiel* und bevölkerte die Wälder mit Wild und das Meer mit Stinten, während seine Verfolger Hunger litten.[109] Diese Mythen der Küsten-Salish verweisen also – und zwar der erste und der dritte – auf die Luchsgeschichte, während der zweite (durch das Motiv des Wettlaufs um die Braut) auf die Zahnschnecken-Diebinnen anspielt und damit verifiziert, daß diese Mythen und die von den Bergziegen, wie bereits von mir postuliert, in Nordamerika aus ein und derselben Transformation herrühren.

*
* *

Ich habe angemerkt (vgl. oben, S. 88), daß die Mythen der Shuswap im Verhältnis zu den anderen Versionen des Mythos über die Ziegenjagd bestimmte Anomalien bieten. Eine Version ersetzt den jungen Helden durch einen Greis, der die Weisung erhält, nur alte Ziegen zu schießen, keine jungen.[110] Eine andere vertauscht die Geschlechter: Es ist ein Bock, der die Indianer besucht, eine Menschenfrau heiratet und sie mit sich nimmt. Sie haben einen Sohn; die Frau kehrt mit dem Kind zu ihren Eltern zurück. Sie bringt in komprimierter Form Fleisch und Ziegenfelle mit, die sich nach ihrer Ankunft auf magische Weise vermehren. Dann kehren die Frau und das Kind, jetzt allen Ernstes in Ziegen verwandelt, endgültig heim.[111] Wahrscheinlich hängen diese Veränderungen wenigstens teilweise mit der geographischen Situation der Shuswap zusammen: Sie bewohnten ein Hochplateau zwischen der Küstenkette und der des Columbia River, wo die Ziegen selten waren, wenn nicht sogar ganz fehlten (vgl. Abb. 8). Die Kwakiutl von Vancouver Island und die Tlingit als Bewohner des Küstenstreifens in Alaska hatten analoge Schwierigkeiten: Zur Ziegenjagd mußten sich die Tlingit, wie ihre Nachbarn, die Tsimshian[112], in die Berge wagen, deren Gefahren sie fürchteten. Nun beobachtet man aber in den Mythen dieser Völker Veränderungen, die (im Verhältnis zu den Versionen des Landesinneren) den bei den Shuswap gesammelten vergleichbar sind.

Ein Kwakiutl-Mythos invertiert das Motiv der sexuellen Vereini-

---

* Dem Originaltext der Skagit zufolge (Haeberlin 1: 419): »*he originated the game of shinny for his sons to play*«, das heißt (eine Art) Hockey, das mit (einer Art) Ball und gekrümmten Holzschlägern gespielt wird (A. d. Übers.).

gung (und sogar der Promiskuität) mit den Ziegen: Um Erfolg bei der Jagd zu haben, mußte der Held – auf Geheiß der Ziegen – vier Jahre lang sexuelle Enthaltsamkeit üben. Eines Tages gibt er den Annäherungsversuchen seiner Freundin nach, büßt seine magische Macht ein und verschwindet, in einen Grizzlybären verwandelt, im Erdinneren.[113]

Die Tlingit-Version erzählt, unter welchen Umständen ein Jäger ein großer Schamane wurde. Die Leute im Dorf betrieben die Jagd im Übermaß und machten sich über die Riten lustig. Um sie zu bestrafen, fingen die (hier an die Stelle der Ziegen tretenden) Bergschafe einen von ihnen ein. Sie lehrten ihn, wie man Respekt vor den Überresten getöteter Tiere zeigt, ohne ihre Köpfe am Ende einer Stange aufzuspießen – eine Behandlung, wie sie den Köpfen der Grizzlybären vorbehalten blieb. Dann befreiten sie den Indianer, der, wieder daheim und im Banne der erhaltenen Weisungen, Befehl gab, die Felle der Bergschafe, unter denen seine Gefährten ein Blutbad angerichtet hatten, nicht zu berühren. Die Felle füllten sich mit Fleischstücken, und zwar jeweils am vorgesehenen Platz; die Bergschafe erwachten zu neuem Leben und kehrten wieder in die Berge zurück: »Aber sie hatten so lange unter den Indianern verweilt, daß sie, unmittelbar bevor sie ihren alten Aufenthaltsort auf dem höchsten Gipfel erreichten, sich verirrten und sich über alle Berge verstreuten. Und weil die Bergschafe einen Menschen retteten (oder raubten), haben sie einen Bart und ähneln den Menschen auch in anderen Zügen.« Umgekehrt hatten die Bergschafe dem Helden ihren besonderen Geruch mitgegeben[114] (die Salish des Landesinneren sagen dagegen, daß die großen Huftiere – Hirsche und Ziegen – vom Geruch des Menschen abgestoßen werden[115]). Die Versionen, die ich der Einfachheit halber »anormale« genannt habe, unterscheiden sich von den anderen also durch eine Reihe von Oppositionen: junger oder alter Held; alte Tiere oder junge Ziegen-Schwäger, die allein getötet werden dürfen; Menschen-Gatte oder Ziegen-Gatte; statthafte Promiskuität mit den tierischen Weibchen oder obligate Enthaltsamkeit in bezug auf die Menschen-Frauen. Und wenn beispielsweise die Thompson-Versionen genüßlich die (allerdings nur vorübergehende) Verwandlung einer Menschen-Frau in ein Tier ausmalen, ist es eindrucksvoll zu sehen, daß die Tlingit-Version erklärt, wie es kommt, daß die Bergschafe Menschen ähneln.

*

* *

In *Le Cru et le cuit* (S. 99–100 [dt. S. 126–127]) und in *Du Miel aux cendres* (S. 14–15 [dt. S. 20–21]) habe ich gezeigt, daß man eine vereinfachte Darstellung des Komplexes geben konnte, die die Gê-Mythen über den Ursprung der Küche und die über den Ursprung des Fleisches umfaßte. Das Gegenstück zum Jaguar als Schwager und Frauennehmer (denn er hat eine Indianerin geheiratet), der dem Helden (als Repräsentanten des Menschengeschlechts) sein Wohlwollen bezeugt, indem er ihm das Küchenfeuer und die gekochte Nahrung überläßt, bilden Schwäger als Frauengeber, die sich durchaus bösartig verhalten, indem sie dem Helden die Nahrung verweigern, mit ihm

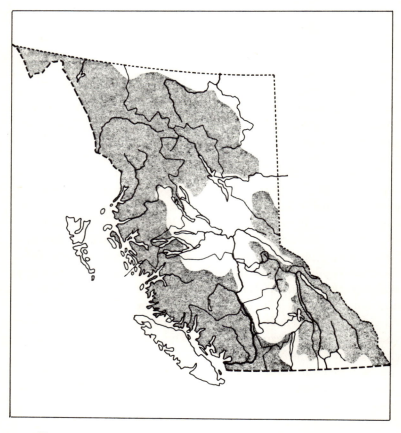

Abb. 8 Verbreitungsgebiete der Bergziegen in Britisch-Kolumbien.

darum feilschen oder sie ihm nur anmaßend überlassen. Diese Schwäger werden in Wildschweine verwandelt, mit anderen Worten: in lebendes und rohes Fleisch als Rohstoff der Küche, so wie das Feuer ihr Mittel ist.

Die vorhergehenden Erwägungen berechtigen dazu, auf ebendiese Weise den Komplex zu vereinfachen, den die nordamerikanischen Mythen über den Ursprung der Schmuckgegenstände und den Ursprung des Fleisches bilden. Sie lassen sich in folgendem Schema verdichten:

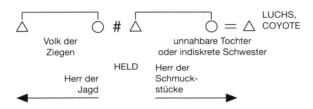

Dieses reduzierte Modell bedarf mehrerer Anmerkungen:
 1. In dieser Region Nordamerikas büßt die Filiation, die man zur Deutung der südamerikanischen Transformation in Rechnung zu stellen hatte, viel von ihrer Sachdienlichkeit ein. Die Salish-Völker im allgemeinen und die aus dem Landesinnern im besonderen, von denen die hier betrachteten Mythen stammen, hatten nämlich ein System undifferenzierter Filiation. Aus diesem Grunde unterliegt das soziologische Gerüst weniger Zwängen; die Mythen können freier damit umgehen. Aber selbst wenn es weniger rigide geworden ist (ist es das übrigens je, es sei denn der bloßen Vorstellung nach?), läuft das soziologische Gerüst durchaus keine Gefahr zusammenzubrechen: Welche Filiations- oder Deszendenzweise auch vorherrschen mag, die grundlegenden Unterschiede, so die zwischen Angehörigen und Anverwandten, bleiben erhalten. Zwischen diesen Angehörigen und Anverwandten stiften die Mythen verschiedene Beziehungstypen und stellen sie eventuell sogar nebeneinander, um den Inhalt von Botschaften zu variieren und Bedeutungen scharf voneinander abzuheben.
 2. So umfaßt die Gruppe (Luchs + Zahnschnecken-Diebinnen-Geschichte) zwei dem Anschein nach antithetische Varianten. Die Luchsgeschichte hat als Heldin ein Mädchen, das sich der Ehe widersetzt: $\Delta \neq \mathrm{o}$; in der Geschichte der Zahnschnecken-Diebinnen wird ihre Rolle von einem indiskreten Mädchen übernommen, dessen Vater

oder Bruder sich von ihr zu trennen beschließt: △―○; in beiden Fällen also eine Disjunktion, die in Begriffen der Allianz oder der Nähe des Verwandtschaftsgrades formuliert wird.

3. Das Modell ist gleichermaßen mehrdeutig, wenn man es von der anderen Seite her sieht. Der Held, so präzisieren die Mythen, hat zwei Frauen, die er um zweier Ziegen-Frauen willen verläßt, die ihn später ihrerseits abweisen. Das Motiv der Disjunktion der Gatten läßt also zwei entgegengesetzte Deutungen zu, je nachdem ob der Held sich von seinen Menschen-Frauen oder ob seine Ziegen-Frauen sich vom Helden entfernen.

4. Eindrucksvoller noch erscheint der Chiasmus, der sich, im Verhältnis zu den südamerikanischen Mythen, auf symmetrische Weise an den Endpunkten des Modells entwickelt. Zur Linken sind die Ziegen, wohlwollende Schwäger wie der Jaguar der Gê-Mythen, die jedoch Frauengeber statt Frauennehmer sind, den Wildschweinen gleichzustellen (den bösartigen Schwägern derselben Mythen), und zwar in dem Sinne, daß auch sie zur Ernährung bestimmtes Fleisch sind. Zur Rechten benehmen sich die bösartigen Schwäger (Coyote der Betrüger, Luchs, der seine Mitbürger hungern läßt) wie die künftigen Wildschweine der Gê-Mythen; aber Nehmer anstelle von Gebern, gewinnt jeder nach Art des Jaguars bei diesem Spiel eine Gattin.

5. In der Luchsgeschichte wie in der von den Zahnschnecken-Diebinnen spielt der Nebel eine Rolle: Indem er den Nebel aufwallen läßt, beraubt Luchs seine Mitbürger des Fleisches; mit demselben Mittel enthält Großmutter Hirschkuh oder Bergschaf den Ihren eine Gattin vor. Diesem Nebel als meteorologischem und natürlichem Phänomen entsprechen die künstlichen Nebel in den südamerikanischen Mythen über den Ursprung des Fleisches: der Rauch von verbrannten Federn oder der Tabakrauch, die die Verwandlung der bösen Schwäger in Schweine bewirken.[116]

6. Schließlich wird man gewahr, daß das Thema der großen Huftiere vom einen Ende des Diagramms zum anderen die Funktion des Generalbasses (im musikalischen Sinne des Ausdrucks) übernimmt: Wenn sich der Held, auf der linken Seite, zu den Ziegen begibt und eine von ihnen wird, so begibt sich die Heldin auf der rechten – unnahbares Mädchen oder indiskrete Schwester – zur Großmutter, die, wie sie, der Familie der Hirschtiere oder Bergschafe angehört (vgl. oben, S. 33, 38, 46). Die Kontinuität des Komplexes wird so auf indirekte Weise bezeugt, so wie die Homologie der beiden großen, je-

weils nord- oder südamerikanischen Mythenkomplexe durch die vorhergehenden Erwägungen bezeugt wird.

Für diese Homologie lassen sich ergänzende Beweise vorbringen.

Die südamerikanischen Tenetehara, Angehörige der Tupí-Guaraní-Sprachfamilie, erzählten ihren Ursprungsmythos vor fünfzig Jahren – oder erzählen ihn vielleicht immer noch – mit denselben Wendungen wie den vierhundert Jahre zuvor von Thevet aufgezeichneten. In ihrem Mythos vom Ursprung der Wildschweine (mit der Indexzahl M_{15} in *Le Cru et le cuit*, S. 92–93 [dt. S. 117–118]) wird das »Patenkind« oder der Neffe mütterlicherseits des Demiurgen Tupan, Marana-ywa geheißen, zum Herrn des Waldes und zum Beschützer des Wildes vor den Übergriffen der Jäger. Die Indianer schildern ihn als sehr kleinen Menschen mit struppigem Haarschopf und gewaltig großen Testikeln. Die Tenetehara glauben überdies, daß eines der Kinder im Falle von Zwillingsgeburten von Marana-ywa gezeugt wurde, der insgeheim mit der Mutter kopuliert hat[117]; also wie Sarigue bei den Tupinambá und Coyote bei den Salish Vater eines Kindes, dem der prophetische Ausspruch ein Doppelwesen verleiht, solange es noch nicht geboren ist (vgl. oben, S. 76–83). Auf diesem Umweg läßt sich in den mythischen Glaubensinhalten eines südamerikanischen Volkes, das einer archaischen Tradition treu geblieben ist, die Einheit des Systems verifizieren, das auch in Nordamerika den Respekt vor Jagdriten und das Problem der Zwillingshaftigkeit umfaßt.

Ein zweites Argument läßt sich aus dem Umstand gewinnen, daß die Salish in Nordamerika einen Mythos über den Ursprung der Lachse haben, der demjenigen sehr nahe kommt, mit dem die Boróro, Nachbarn der Gê, auf ihre – von der der Gê verschiedene – Weise den Ursprung der Wildschweine erklären. Rufen wir uns diesen Mythos in Erinnerung (M_{21} in *Le Cru et le cuit*, S. 102–103 [dt. S. 130–131]). Tag für Tag kamen die Männer mit leeren Händen vom Fischfang heim. Ihre Frauen kündigten an, daß sie selbst fischen gehen würden. In Wirklichkeit begnügten sie sich damit, die Otter zu Hilfe zu rufen, denen sie sich gegen Bezahlung in Naturalien, nämlich Fischen, hingaben. Mißtrauisch geworden, ließen die Männer, die auch weiterhin nichts fingen, die Frauen durch einen Vogel ausspionieren. So überraschten sie die Otter und erdrosselten sie. Um sich zu rächen, flößten die Frauen ihren Männern einen magischen Trank ein, der sie in Schweine verwandelte.

Von einer kleinen Salish-Gruppe an der Mündung des Fraser River, den Tcilqéuk (ein Name, der gewöhnlich mit Chilliwack transkribiert wird), stammt nun aber ein Mythos, dessen Ähnlichkeit mit dem der Boróro trotz seiner Dunkelheit und seiner Lücken ins Auge fällt.

Früher gab es einmal eine Hungersnot. Die Männer entfernten sich weit weg vom Dorf und hatten das Glück, einige Lachse zu fangen. Statt sie den Frauen und Kindern heimzubringen, beschlossen sie, sie allein aufzuessen und ihre Familien im Stich zu lassen. Ein Junge, der die Fischer begleitet hatte, benachrichtigte seine Mutter davon. Enttäuscht und wütend vollzogen die Frauen eine magische Operation an den Betten, den Decken und den anderen Besitztümern ihrer Männer, die deren Verwandlung in Vögel zur Folge hatte. Sie flogen davon, und der Schwarm ließ sich in einiger Entfernung auf dem Fluß nieder. Biber, der dort heimisch war, offenbarte ihnen, wo das Land der Lachse war, und half ihnen, sich wieder mit ihren Frauen zu versöhnen.[118]

Ich habe bereits (*L'Homme nu*, S. 46, 485–486 [dt. S. 54, 628–629]) auf die Bedeutung verwiesen, die dem Boróro-Mythos über den Ursprung der Wildschweine für das Verständnis der Homologie-Beziehungen zwischen den Mythen Zentralbrasiliens und denen aus dem Nordwesten Nordamerikas zukommt. Und in *Le Cru et le cuit* (S. 100–103 [dt. S. 126–129]) hatte ich auf denselben Mythos zurückgegriffen, um zu zeigen, daß sich das Gerüst beim Übergang von den Gê zu den Boróro bei invarianter Botschaft verzerrt: Ein Konflikt zwischen Eheleuten tritt an die Stelle eines Konflikts zwischen Anverwandten.

Dasselbe Phänomen beobachtet man in Nordamerika, wenn man von den Salish des Landesinnern zu einer Küstengruppe und von einem Mythos über den Ursprung der Ziegenjagd zu einem Mythos über den Ursprung des Lachsfangs übergeht. Ein kompliziertes Gerüst, das menschliche Gattinnen und tierische Gattinnen und Schwäger einbezieht, schwindet dahin und nimmt die sehr viel einfachere Gestalt eines Konflikts zwischen Eheleuten an. Vor allem aber erweisen sich Tcilqéuk- und Boróro-Mythos als eng miteinander verwandt. Zwischen Erde und Wasser vermittelnde Tiere, Otter und Biber, beschaffen hier den Frauen und dort den Männern die Fische. Im einen Fall zieht ihr jähes Verschwinden einen endgültigen Bruch zwischen Männern und Frauen nach sich; im anderen ermöglicht ihr glückliches Wiederauftauchen die allgemeine Versöhnung. Die folgende Abbildung macht die Symmetrie der beiden nord- bzw. südamerikanischen Mythen deutlich:

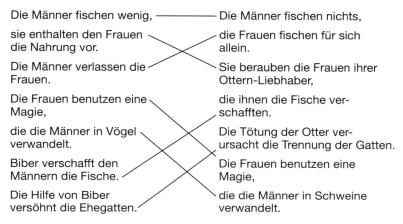

TCILQÉUK	BORÓRO
Die Männer fischen wenig,	Die Männer fischen nichts,
sie enthalten den Frauen die Nahrung vor.	die Frauen fischen für sich allein.
Die Männer verlassen die Frauen.	Sie berauben die Frauen ihrer Ottern-Liebhaber,
Die Frauen benutzen eine Magie,	die ihnen die Fische verschafften.
die die Männer in Vögel verwandelt.	Die Tötung der Otter verursacht die Trennung der Gatten.
Biber verschafft den Männern die Fische.	Die Frauen benutzen eine Magie,
Die Hilfe von Biber versöhnt die Ehegatten.	die die Männer in Schweine verwandelt.

Ich habe mehrfach hervorgehoben, daß, wie die Wildschweine in Zentralbrasilien, in Nordamerika, wo der Bison fehlte (mit Ausnahme des östlichen Teiles, und selbst da war er sehr selten), die Bergziegen die Kategorie des Großwildes konnotierten (eine Rolle, die an der Küste von den Lachsen übernommen wurde). Das reduzierte Modell von S. 95 läßt nun aber einen zweiten Unterschied zwischen diesem bevorzugten Wild und allen anderen Arten hervortreten: Im linken Teil des Schemas bildet das Volk der Ziegen eine einzige Tierfamilie (dasselbe ist der Fall beim Volk der Hirsche oder der Bergschafe, das manche Varianten an seine Stelle setzen); jedes dieser Völker bildet also eine geschlossene Gruppe. Dagegen stellt sich im rechten Teil des Schemas, wo eine Heldin in enger Affinität zum Großwild vorkommt – denn sie begibt sich ja zu ihrer Großmutter Hirschkuh oder Bergschaf –, diese Großmutter, als schlüge sie ihre Enkelin einer unbestimmten Reihe von tierischen Bewerbern verschiedener Arten zur Ehe vor, von denen es keinem gelingt, sie zu heiraten und die also einen offenen Komplex bilden. Die so verdichteten Mythen bieten die Merkmale eines Halbleiters: in der einen Richtung möglich, ist die Ehe in der anderen unmöglich.

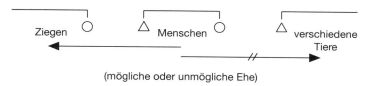

Man erinnert sich, daß eine südliche Version der Luchsgeschichte den Ursprung der unpassenden Ehen zu erklären vorgibt (vgl. oben S. 24). Im zentralen Mittelteil des Verbreitungsgebietes des Mythos von den Bergziegen, in dem diese Tiere seltener sind (vgl. oben, S. 92), haben die Shuswap einen aus ätiologischer Sicht symmetrischen Mythos dazu. Die beiden Frauen von Ziegenbock, Ziege und Bergschaf, waren eifersüchtig aufeinander; sie stritten und bekämpften sich. Bergschaf behielt die Oberhand, und Ziege räumte das Feld. Sie lebte zunächst allein, später verheiratete sie sich erneut, und zwar mit einem Männchen ihrer Art. Früher lebten die Schafe und die Ziegen zusammen und heirateten untereinander; heute begegnet man ihnen zwar in denselben Gebieten, wo sie aber streng getrennt leben.[119] Zu den manchmal unpassenden Ehen unter Menschen bilden Tierehen einen deutlichen Kontrast: sie passen gut zusammen, sofern die Familien oder zoologischen Arten nur einwilligen, jede auf ihrer Seite zu leben. Auf diese endlose Schlichtung zwischen dem Ähnlichen und dem Verschiedenen, bei der das eine immer der für das andere zu entrichtende Preis ist, reagiert der Traum von einer unmöglichen Zwillingshaftigkeit, der die Mythen in Nord- wie in Südamerika (vgl. oben, S. 81 f.) an- und umtreibt, für die der rechte Teil des Schemas der vorhergehenden Seite den theoretischen Ort markiert.

Wenn ich diese synkretistische Sicht vorschlage, versuche ich nicht zu beweisen, daß ein Mythos oder ein Mythenkomplex sich von einer Hemisphäre zur anderen verbreitet hat. Der von äußeren Zwängen relativ freie Geist – relativ frei, wie das der Fall ist, wenn er Mythen ausspinnt – überläßt sich einem Automatismus, der, wenn ihm ein Anfangsmotiv gleich welcher Herkunft vorgelegt wird, daraus der Reihe nach alle Transformationen entwickelt. Ein und derselbe Keim reicht hier wie da hin, damit möglicherweise ganz unterschiedliche mythische Inhalte daraus hervorgehen, wenn man sie an der Oberfläche in Augenschein nimmt, zwischen deren jeweiliger Struktur die Analyse jedoch invariante Beziehungen freilegt.

*
* *

Der Mythos der Bergziegen fesselt uns noch durch einen letzten Aspekt. Er hat die offenkundige Funktion, den Ursprung der Riten zu erklären, von denen der Erfolg des Jägers abhängt. Der Mythos setzt also eine Theorie des Rituals voraus, selbst wenn er diese Theorie nicht eigens expliziert. Läßt sie sich formulieren? Sie läuft anscheinend auf die Behauptung hinaus, daß dem Ritual als Ursprung und Bedingung eine Rückkehr des Menschen zur Natur zugrunde liegt. Um sich die Jagdriten zum Wohle aller Seinen zu eigen zu machen, hat der Held seinen menschlichen Status abschwören müssen, hat er *more animalium* leben lernen müssen, und war auf zweierlei Art. Einerseits konnte er mit seinen Ziegen-Frauen nur auf natürliche, also asoziale Weise verkehren, nämlich lediglich zur Brunftzeit (vgl. oben, S. 89): »Unsere Paarungszeit kommt nur einmal im Jahr und dauert nur etwa einen Monat. Für den Rest des Jahres haben wir keine sexuellen Beziehungen.«[120] Wenn aber andererseits die Paarungszeit kommt, herrscht Promiskuität: »Er (der Held) verkehrte mit allen Weibchen, jung und alt, darunter auch seine Frau und seine Schwiegermutter«[121] (der gegenüber die Salish des Landesinnern sich ein sehr strenges Tabu auferlegten und befolgten). »Du kannst, sagen seine Ziegen-Frauen zum Helden, jede beliebige Frau verfolgen und mit ihr kopulieren; wenn die Paarungszeit zu Ende geht, kommen wir wieder zu dir zurück und werden erneut deine Frauen sein.«[122] Gleichwohl liebte es der Held nicht, »daß die Jungen ihm seine Frau nahmen; das bekümmerte ihn«.[123] Es ist amüsant festzuhalten, daß die Shuswap des Westens (Nachbarn der Chilcotin und der Carrier, bei denen sie eine Organisation in Gesellschaften und Bruderschaften entlehnt hatten, von denen die meisten Tiernamen trugen) in ihren Tänzen die Brunft eponymer Tiere mit einem solchen Realismus nachahmten, daß bei einem Besuch, den sie den Thompson abstatteten, ihre Gastgeber davon geradezu hingerissen waren; aber sie baten die Shuswap, die unanständigen Stellen bei einer zweiten Darbietung wegzulassen, um ihre Frauen nicht zu schockieren.[124]

»Schön und reizend«, wie die Mythen sagen, kümmert sich das Volk der Ziegen kaum um die Regeln, anhand derer die menschlichen Gesellschaften ihre Fortpflanzung kontrollieren. Umgekehrt zeigen sich die Ziegen unglaublich kleinlich, wenn es darum geht, sich Respekt für die Regeln zu verschaffen, von denen ihre eigene Arterhaltung abhängt. Der Jäger muß die Knochen des Wildes einen nach dem anderen einsammeln und eintauchen, damit es zu neuem Leben erwachen kann; außer wenn er sie verbrennt: dann sterben die Tiere wirklich, tragen ihm aber nichts nach. Aber das sind nur Nebenaspekte; lassen wir die Ziegen lieber selbst den Helden instruieren: »Sage deinem Volk, daß man sich das Gesicht bemalen muß, bevor man eine Ziege enthäutet und zerlegt; man verteilt geweihten Federflaum auf der Zunge, dem Herzen und den Lungen; und man läßt das Ganze trocknen, indem man es über dem Herd der Hütte aufhängt, denn das ist für uns eine gute Medizin. Die Leute sollen auch die Knochen und die anderen Abfälle sorgfältig sammeln und sie ins Wasser legen, so wie du es uns tun gesehen hast. Um das Fleisch zuzubereiten, beginne damit, die Leber am Spieß zu braten, nachdem du sie mit Federflaum bedeckt hast; das ist für uns eine gute Medizin. Wenn die Leber gar ist, nimm grüne Zypressenzweige und lege sie darauf; zerschneide sie in kleine Stücke und gib jedem der Teilnehmer an der Mahlzeit eines davon. Wenn du den Kopf benutzen und zubereiten willst, markiere das Gesicht zunächst mit roter Farbe, verteile dann Federflaum darauf und setze ihn mit der Schnauze voraus dem Feuer aus. Halte ihn einen Augenblick lang so, dann enthäute ihn. Der Mann, der das tut, muß sich das Gesicht bemalen und Federflaum auf seinem Kopf verteilen; alle Anwesenden müssen Stillschweigen wahren und dürfen nicht das kleinste Geräusch machen. Wenn der Kopf enthäutet ist, setze ihn erneut dem Feuer aus und achte darauf, zuerst die rechte Seite den Flammen zuzukehren. Während der ganzen Zeit der Zubereitung des Kopfes müssen die Anwesenden Stillschweigen wahren; man darf nicht das kleinste Hüsteln oder Niesen hören, sonst bekommt der ›Geist‹ der Ziege Angst, und du wirst bei der Ziegenjad kein Glück mehr haben. Laß den Kopf am Feuer, bis das rechte Auge platzt und unter der Hitzeeinwirkung Flüssigkeit von sich gibt, dann setze die linke Seite dem Feuer aus. Jetzt kann der ›Geist‹ nicht mehr sehen, wer von den Anwesenden sich schlecht benimmt: jetzt hat es keine Bedeutung mehr, ob jemand spricht oder ein Geräusch macht. Wenn der ›Geist‹ den Koch fragt, was das für ein Geräusch ist, kann er antworten: ›Das ist ein Geräusch, das von deinem Volk stammt, nicht von meinem.‹ Wenn der Kopf gar ist, gib jedem der Alten ein kleines Stück davon. Es ist den Frauen und den jungen Männern untersagt, ihn zu berühren. Das alles muß bei Sonnenuntergang vor sich gehen, am selben Tag, an dem das Tier getötet worden ist.«[125]

Diese Liste von Vorschriften und Verboten, die ausführlich zitiert zu haben ich bedaure, so unnütz sie ist, hat dennoch eine gewisse Bedeutung. Sie könnte erneut eine Unterscheidung ins Spiel bringen, die ich bereits in *L'Homme nu* (S. 597–598 [dt. S. 785–786]) aufgestellt hatte, und zwar zwischen zwei Arten von Mythologie: einer expliziten Mythologie, aus Erzählungen bestehend, deren Bedeutung und innere Organisation eigenständige Werke ergeben; und einer impliziten Mythologie, die sich darauf beschränkt, den Ablauf des Rituals zu begleiten, um dessen Einzelaspekte zu kommentieren oder zu erklären.

Nun ist aber der eben erörterte Text doppelbödig. Er entwickelt parallel zueinander zwei Reihen, die eine mythisch, die andere rituell, aber beide explizit. Gerade innerhalb eines Mythos, der als solcher sehr ergiebig ist, findet man also eine sorgfältig geführte Liste von Ritualen. Aber davon abgesehen, stößt man auf keinerlei Entsprechung zwischen der vom Mythos erzählten Geschichte und den vorgeschriebenen Handlungen. Für sich genommen, bleibt jede dieser Handlungen unmotiviert. Die mythische Erzählung gibt keinerlei Hinweis darauf, warum diese oder jene Handlung vollzogen, diese oder jene Substanz benutzt, warum in einer bestimmten Ordnung verfahren werden muß usw. Der Mythos und das Ritual schreiten gemeinsam voran, halten sich aber auf Distanz und stehen nicht miteinander in Verbindung.

Folglich bleibt das Ritual selbst in einem Fall, den man für außerordentlich günstig gelagert halten möchte, wenn man die Verbindung zwischen Mythologie und Ritual verstehen will, der Erzählung äußerlich, ohne erkennbare Beziehung zu den berichteten Ereignissen. Es besteht aus Worten (oder der Absenz von Worten: dem Schweigen), aus vollzogenen Gesten, aus gehandhabten Gegenständen oder Substanzen fern jeder Exegese, wie sie von diesen drei Arten von Aktivität gefordert oder gar erlaubt wird.

Die Verbindung zwischen Mythologie und Ritual existiert zwar, aber man muß sie auf einer tieferen Ebene suchen. Diese an sich zweckfreie Arbeit der Zerstückelung und Wiederholung, der sich die Rituale mit einer Sorgfalt widmen, für die der oben zitierte Text ein Beispiel gibt, vollzieht sich, wie man sagen könnte, als Ersatz für die Rückkehr zum Naturzustand, die dem Helden des Mythos auferlegt wird, der ihn in eine flüssige Umwelt eintauchen läßt, wo die klaren und deutlichen Vorstellungen und die Regeln des sozialen Lebens sich auflösen.

Wie detailliert sie an sich bereits sein mögen, ließen sich die Rituale der Jagd und der kulinarischen Zubereitung der Ziegen doch sicher noch mehren. So wenig wie die eines nach dem anderen untersuchten Bilder eines Kinofilms rekonstituieren sie allerdings die nicht (es sei denn in Gedanken) leb- und nachvollziehbare Erfahrung eines zur Ziege gewordenen Menschen. Es sei denn, daß ein frommer Eifer die Rituale, wie die Bilder des Films, in so großer Zahl hervorbringt und sie so rasch vorüberziehen läßt, daß sie kraft ebendieses Wirrwarrs die

Illusion einer unmöglichen Lebenswahrheit erzeugen, unmöglich, weil keinerlei reale Erfahrung ihr entsprochen hat, noch je entsprechen wird.

ZWEITER TEIL

LICHTBLICKE

SIEBENTES KAPITEL

Das von der Eule geraubte Kind

Kommen wir überein, »Zelle« einen Komplex von Vorfällen zu nennen, die ein Ganzes bilden, einen Komplex, der von dem besonderen mythischen Kontext, in dem er zuerst ausfindig gemacht worden ist, abtrennbar und geschlossen in andere Kontexte übertragbar ist. Die am weitesten entwickelte Nez Percé-Version der Luchsgeschichte ganz zu Anfang unserer Studie umfaßte einen solchen Komplex: In dieser Version tauchte gegen Ende des Berichts der Bär als neuer Protagonist und als Opfer verschiedener Mißgeschicke auf, ohne daß irgendein Aspekt der vorhergehenden Episoden ihn je angekündigt hätte (vgl. oben, S. 22).

Diese »Bärenzelle« warf ein Problem auf. Sie schien um so schwieriger in die Luchsgeschichte integriert werden zu können, als die anderen Versionen des Mythos sie nicht enthalten und man ihr nur in völlig anderen Mythen wiederbegegnet. Deshalb hatte ich sie vorläufig beiseite gelassen. Diese »Bärenzelle« erwies sich jedoch im weiteren Verlauf der Untersuchungen als Element, das sich einem anderen überlagern ließ, nämlich einer »Eulenzelle«, die in verschiedenen Versionen der Luchsgeschichte (Okanagon, Cœur d'Alêne, Kutenai) auf ebenfalls unerwartete Weise auftauchte, während sich gleichzeitig ein dreifacher Übergang vollzog: vom unnahbaren Mädchen zur indiskreten Schwester (ein Übergang, der einen anderen Übergang markiert, nämlich den von der Luchsgeschichte zu der der Zahnschnecken-Diebinnen); vom abgelehnten Vater zum freudig akzeptierten Kind; und vom sich selbst überlassenen Paar zum geraubten Kind.

Die Sequenz des geraubten und später wiedergefundenen Kindes schließt mit seiner Verwandlung in einen Wasservogel, in Steißfuß (Okanagon) oder Haubentaucher (Cœur d'Alêne). Diese Transformation in einen Wasservogel und besonders in einen Steißfuß ruft einen ausladenden mythologischen Zyklus in Erinnerung, den

»Dame Taucher«-Zyklus, dem der ganze zweite und die erste Hälfte des dritten Teils von *L'Homme nu* gewidmet waren. Das zentrale Motiv dieses Komplexes ist die Verwandlung einer inzestuösen Schwester in einen Tauchervogel. In den Versionen des Mythos von den Zahnschnecken-Diebinnen, denen wir uns jetzt zuwenden wollen, ist es ein mehrdeutiges, an Inzest grenzendes Verhalten, mit dem die Schwester des in einen Vogel verwandelten Helden, über ihn hingestreckt, ihn in die Arme nehmend, seine menschliche Gestalt wiederherstellt. Er heiratet später eine junge Frau, je nach den Versionen eine Einheimische oder eine Fremde, in Wirklichkeit aber ein Double seiner Schwester oder, in manchen Versionen, ihre Helfershelferin (vgl. unten, S. 110, 113).

Gleichzeitig mit dem Motiv des geraubten und später wiedergefundenen Kindes, das aus der mythischen Serie auftaucht, beobachtet man auch eine Transformation ätiologischer Natur. Die Luchsgeschichte bezieht sich direkt oder indirekt auf die Entstehung des Nebels. Die Versionen der Zahnschnecken-Diebinnen, in denen der Held sich in einen Wasservogel verwandelt, verweisen auf den Wind, dessen Vorboten die Vögel sind (vgl. oben, S. 53; *L'Homme nu*, S. 181–182 [dt. S. 233–234]): Sie erfüllen also eine mit der jahreszeitlichen Periodizität verknüpfte Funktion.

Ein anderer Vogel spielt eine Hauptrolle in ebendiesen Mythen: die Eule. Die gesamte nordamerikanische Mythologie assoziiert Käuze und Eulen mit periodischen Phänomenen: mit dem Wechsel von Tag und Nacht einerseits und der bemessenen Dauer des Menschenlebens andererseits – Phänomenen, zwischen denen eine enge Beziehung besteht, weil die in den Nachtraubvögeln inkarnierten Seelen tagsüber die Welt der Toten bewohnen und nachts zu den Lebenden zurückkehren. Es ist nicht immer leicht festzulegen, auf welche Gattung oder Art die Texte verweisen. In Kalifornien glaubte man, daß die guten Indianer sich nach dem Tode in den Eulen inkarnierten, die bösen dagegen in den Käuzen. Ein Mythos der Quinault, einer Gruppe von Küsten-Salish im heutigen Staat Washington, erzählt, daß ein junges Mädchen, das aufgebrochen war, um den Sohn des Großen Herzogs zu heiraten, sich zum Kleinen Herzog verirrte, der ein richtiger Taugenichts war. Nach der Kwakiutl-Version eines Salish-Mythos vom Unterlauf des Fraser River (vgl. unten, S. 112f.) war der Räuber eines unausstehlichen Mädchens die Schnee-Eule (wahrscheinlich *Nyctea* sp., eine arktische Eule, die in der Gegend überwintert[126]).

Die Salish des Landesinnern schreiben dem Kleinen Herzog (*Otus*

Abb. 9 Der »Große Herzog«
(*Bubo virginianus*, der amerikanische Uhu).

asio, der »Schreieule«) die Hauptrolle als Verkünder des nahen Todes zu. Der Große Herzog (*Bubo virginianus*, der amerikanische Uhu) erscheint in den Mythen vor allem in seiner Eigenschaft als Kinderdieb. Der Name des Großen Herzogs, *skelula* im Dialekt der Thompson und Lilloet, *snina* in dem der Shuswap und Okanagon*, ähnelt dem Namen des menschlichen Helden dieser Mythen, und zwar je nach der Version Snánaz, Ntsaâ'z, Tsa'au'z. Die Version der Thompson-Indianer, mit der ich beginnen will, ist von Boas mit »Eule und Ntsaâ'z« betitelt worden, und Boas gibt zu bedenken, daß manchen Informanten zufolge der Name Ntsaâ'z mit Snánaz verwandt sei, dem Helden in einer kurzen Variante desselben Mythos; ein Name, der auch bei den Shuswap bezeugt ist.[127] Ich werde auf diesen Punkt zurückkommen (vgl. unten, S. 191).

Ein kleiner Junge weinte ohne Unterlaß. Um ihn zum Aufhören zu veranlassen, drohte man ihm mit Eule, und zwar so sehr und so eindringlich, daß sie kam und ihn mitnahm. Sie ließ ihn auf magische

---

* Ich danke Dorothy I. D. Kennedy vom *British Columbia Indian Language Project*, die mir diese Ausdrücke freundlicherweise verifiziert und bestätigt hat. Zur Verbreitung der Eulen in Kanada vgl. Godfrey.

Weise größer werden; in einigen wenigen Tagen war das Kind erwachsen. Eule nahm ihn mit auf die Jagd, konnte ihn aber kaum ernähren. Glücklicherweise machte der Held die Bekanntschaft von Krähe und seiner Frau, die sich gastfreundlicher zeigten. Und da Eule sich nicht damit begnügte, ihn Hunger leiden zu lassen, sondern ihn auch noch kränkte, indem sie ihn ihren Sklaven nannte, entschloß sich der Held, sie zu töten: Er verbrannte Eules Herz, das sie, bevor sie ausging, in ihrer Hütte aufgehängt zurückgelassen hatte. Krähe forschte nach, ob der Held eine Familie habe und ob er, das Kind, »getrockneten Spielzeug-Lachs, getrocknete Spielzeug-Beeren, Spielzeug-Fischöl und Spielzeug-Hirschtalg« habe – also das, was wir eine Puppenmahlzeit nennen würden –, und schlug vor, das alles zu holen. Krähe flog los, kam im Dorf an und setzte die Mutter und die Schwester des Helden davon in Kenntnis, daß er noch lebte. Er forderte sie auf, seinem Flug mit den Augen zu folgen und eine Rauchsäule ausfindig zu machen, die ihnen einen Hinweis geben würde, wohin sie zu gehen hätten. Ein einziger Dorfbewohner hatte einen hinreichend scharfen Blick, um die Prüfung mit Erfolg zu bestehen; allerdings wurde er, von der Anstrengung erschöpft, ohnmächtig.

Die beiden Frauen kamen am Bestimmungsort an, gaben sich zu erkennen und traten den Heimweg in Begleitung des Helden an, der etwas später, von der Hitze ermattet, gegen den Rat von Mutter und Schwester ein Bad nehmen wollte. Er sprang in einen See und verwandelte sich in einen Tauchervogel. »Ich bleibe hier, sagte er zu seiner Schwester. Wenn du mich sehen willst, komm her und rufe mich«, was sie etwas später auch tat. Der Held erschien, gab ihr kostbare Muscheln und auch sein eigenes Zahnschnecken-Halsband (vgl. etwa *L'Homme nu*, S. 178–179 [dt. S. 230–231]), wobei er ihr einschärfte, sie niemandem zu zeigen. Aber ein junges Mädchen des Dorfes sah sie und begriff, woher diese Kleinodien stammten (hier räumt der Informant eine Gedächtnislücke ein). Sie bat die Schwester des Helden um die Erlaubnis, sie begleiten zu dürfen. Als die ihren Bruder rief, erschien er in seinem vollen Glanz, den Körper mit prächtigen Muscheln bedeckt. Sie forderte ihn auf, sich ganz nah zu ihr zu setzen und schmiegte ihre Arme um seinen Hals, während das andere junge Mädchen ihm magische Kräuter streute, die ihm seine menschliche Gestalt zurückgaben.

Alle drei machten sich auf den Heimweg und kamen dabei an der Hütte eines Individuums namens Ntsaâ'z vorbei. Der Held (dem es in einer früheren Sequenz zu warm geworden war) beklagte sich jetzt darüber, daß ihm kalt sei. Er möchte in die Hütte eintreten, um sich zu wärmen, obwohl man ihm das auszureden versucht: »Niemand geht da hinein. Ntsaâ'z riecht nämlich zu schlecht.« Die Frauen setzen ihren Weg fort; der Held bleibt zurück, faßt Ntsaâ'z bei der Nase und schüttelt ihn so heftig, daß der Körper aus der Haut fährt, mit der sich der Held bekleidet: *er* wird jetzt Ntsaâ'z.

Das junge Mädchen mit den magischen Kräutern aber erteilte allen Bewerbern um seine Hand eine Abfuhr. Ihre Eltern machten ihr Vorhaltungen: »Du weist jedermann ab. Heirate doch Ntsaâ'z!« Also ging sie zu dem übelriechenden alten Krüppel, wickelte ihn in eine Decke und brachte ihn zu sich nach Hause, ohne auf die Witzeleien zu hören. Um ihre Tochter noch mehr zu demütigen, forderten ihre Eltern, daß sie ihren Gatten Holz fällen schickte. Sie trug ihn in den Wald, der Held fuhr aus seiner Haut und fällte mit einem Fußtritt vier abgestorbene und trockene Bäume, die sich selbst in Scheite spalteten, die wiederum zusammenschrumpften, so daß die Frau sie ohne Schwierigkeiten heimschaffen konnte.

Als sie nach Hause zurückkehrte, lud sie ihre Last ab, die Holzscheite nahmen ihre alte Größe an und füllten vier Hütten bis zum Dach, darunter die von Mond, der, zu langsam, um sich in Sicherheit zu bringen, an seinen gewaltig großen Testikeln verletzt wurde. Dem Helden gelang es in der Folge, zur Winterszeit viel Wild zu erbeuten, während die anderen Jäger, darunter Luchs, mit leeren Händen heimkamen. Seine Frau machte sich die Zeit zunutze, in der er sich entfernte und dem Wild auflauerte, um die alte Haut zu verbrennen, deren er sich vorübergehend entledigt hatte. Der Held war gezwungen, jung und schön zu bleiben, so wie er es in Wirklichkeit ja auch war. Jedermann bewunderte seine Frau, und zwar um so mehr, als er, der ein großer Jäger geworden war, das ganze Dorf mit Fleisch versorgte.[128]

Hier mit gewaltigen Testikeln ausgestattet (wie der Herr der Tiere der Tenetehara, vgl. oben, S. 97; und wie der Tanuki der japanischen Folklore), tritt Mond anderswo als Kannibale und Fresser von Testikeln auf. Ich werde dieses Motiv später diskutieren (vgl. unten, S. 155 ff.) und mich im Augenblick damit begnügen, im Zusammenhang der Mond-Affinitäten von Personen mit großen Testikeln auf *L'Origine des manières de table*, S. 66–67 [dt. S. 83–84] zu verweisen; ebenso auf *L'Homme nu*, S. 507 [dt. S. 663] und *La Potière jalouse*, S. 221–223 [dt. S. 268–270].

Eine Version von unmittelbarerem Interesse stammt ebenfalls von den Thompson, aber von den Thompson stromabwärts. Teit hat sie gesammelt und unter dem Titel »Eule und Tsa'au'z« veröffentlicht; ein Eigenname, der, wie er präzisiert, in der Lytton-Schar von einigen berühmten Schamanen und Kriegern vergangener Zeiten getragen wurde.

Diese Version beginnt wie die andere. Eule ernährt ihren Gefangenen mit Insekten (in einer anderen Version mit Schlangen). Der Held beklagt sich bei Krähe nicht darüber, daß man ihn Hunger leiden läßt, sondern daß ihm Eule Fleisch und Insekten vorsetzt und nicht, wie er möchte, Gemüse. Krähe sucht danach im Geburtsdorf des Helden. Der einzige Einwohner, der in der Lage ist, Krähes Flug mit den Augen zu folgen, heißt wie in der anderen Version Ska'kuk, die »kleine Eule, deren Augen nicht rollen«. Mythen desselben Herkunftsgebietes zufolge wäre das der Kleine Herzog.[129] Anstelle des aufgehängten Herzens von Eule verbrennt der Held ihr Haus. Eule verwandelt sich in einen Vogel, der fortan unfähig ist, kleine Kinder zu rauben.

Tsa'au'z, jetzt verheiratet, legt jede Nacht seine stinkende Haut ab und zeigt sich seiner Frau so, wie er in Wirklichkeit ist: jung, schön, mit Zahnschnecken geschmückt. Ein weiterer Unterschied im Verhältnis zur ersten Version: nicht mehr die Frau des Helden, sondern seine Schwäger entdecken während der Jagd die Haut, die er abgelegt hat. Es gelingt ihnen nicht, sie vollständig zu verbrennen, und indem sie darauf pusten und blasen, verwandeln sie sie schließlich in Nebel: »Aus diesem Grunde hat der Nebel immer einen üblen Geruch: den von Wunden und verbrannter Haut. Als Tsa'au'z seine Haut wieder anlegen wollte, sah er, daß sie sich in Nebel verwandelt hatte. Vergeblich versuchte er, ihn zusammenzuballen, aber der Nebel stieg und fiel in der Ferne über den Bergen. Deshalb mußte er bleiben, wie er war, in seiner wirklichen Gestalt als schöner junger Mensch.«[130]

Man sollte seine ganze Aufmerksamkeit auf ein Detail dieser Version richten. Immer, wenn er sich morgens erhebt, läßt der Held im Ehebett einen Vorrat an Zahnschnecken zurück. Seine Schwäger sammeln sie ein und werden dadurch sehr reich. Die Episode steht in vollkommener Symmetrie zu derjenigen, mit der der Mythos von den Zahnschnecken-Diebinnen einsetzt, in dem eine Schwester (statt einer Ehefrau) von den Muscheln profitiert, wie sie ihr Bruder unter Umständen herbeischafft, die die Annäherung der Geschlechter untersagen (vgl. oben, S. 45 ff.). Hier ist das Gegenteil der Fall, weil die Muscheln sich im Ehebett bilden.

Die Symmetrie geht noch deutlicher aus einer Chehalis-Version vom Unterlauf des Fraser River hervor. Das geraubte Kind ist ein unausstehliches kleines Mädchen, das Eule zu seiner Frau macht. Später will dieses Mädchen sich retten, entfernt sich unter dem Vorwand eines dringenden Bedürfnisses und überläßt es ihrem Urin, Eule zu täuschen, indem sie fliehend ruft, sie sei noch nicht fertig. Sie kommt in ihr Dorf zurück, aber die Eltern finden ihre Tochter ganz und gar unerträglich; sie schicken sie zu ihrem Mann zurück. Eines Tages kommt ihr Bruder zu Besuch und findet einen solchen Gefallen an ihren Lebensumständen, daß er sich bei seinem Schwager Eule niederläßt und seine andere Schwester auffordert, zu ihnen zu stoßen. Diese andere Schwester läßt sich von einer schönen Freundin begleiten, in die sich ihr Bruder, wie sie hofft, verlieben wird und die ihn zur Heimkehr überreden soll. Ebendas passiert auch wirklich. Der Bruder schickt Eule mit einer List fort. Seine beiden Schwestern, das schöne Mädchen und er stecken die Hütte in Brand. Eules Kind kommt darin um.

Folgt die Episode des Sees, aus dem der Bruder trinken will; er fällt jedoch ins Wasser und verwandelt sich in einen Tauchervogel. Später gibt ihm eine schöne Verlassene seine Menschengestalt zurück. Denn, so erklärt der Mythos, »er war nicht ertrunken und war auch nicht von einem Wassergeist entführt worden, wie das seine Frau und seine Schwester glaubten. Eine Taucher-Frau war erschienen, die ihm ein Taucher-Gefieder anbot und ihn überredete, ihr auf den Grund des Sees zu folgen. Er hatte eingewilligt und war bei ihr geblieben.«

Der Held begleitete seine Befreierin. Vor der Ankunft in seinem Dorf zog er, bestrebt, sein Inkognito zu wahren, einem Leprakranken die Haut ab und legte sie sich um. Das Mädchen hatte bis dahin alle Bewerber um seine Hand abgewiesen; man verspottete sie, weil sie sich diesen abstoßenden Ehemann gewählt hatte. Sie lebten abseits von den anderen. Der Held ging sich insgeheim in einem nahen Bach waschen und »benutzte dabei Tannen- und Fichtenzweige, um sich abzureiben. Die Nadeln fielen zu Boden und verwandelten sich in *ts'ákwes*. Er brachte einen Vorrat davon heim, gebot seiner Frau, den Rest vom Grunde des Sees zu holen und ihrer jüngeren Schwester einige davon für die Eltern mitzugeben. Der Vater bewunderte die Geschenke und sagte zu seiner Frau: ›Du tätest besser daran, da unten hinzugehen und unsere Tochter und ihren Mann zu uns nach Hause zu holen.‹«[131]

Man sieht, daß die Schlußepisode dieser Version bis in die kleinsten

Details die Symmetrie mit der Anfangsepisode der Zahnschnecken-Diebinnen wahrt.

Dennoch scheinen die *ts'ākwes* ganz andere Kleinodien zu sein. Laut Hill-Tout, dem wir diesen Mythos verdanken, handelt es sich um »Gegenstände von großem Wert, um eine Art Schatz, wie man ihn gewöhnlich nur an der Küste findet, so kostbar, daß ein einziger dieser Gegenstände an Wert eine große Zahl von Decken aufwog. Was dieser Schatz war, habe ich nicht verstehen können: ›etwas Weißes, mit einem Loch durchbohrt‹, aber keine Muschel irgendeiner Art.«[132]

ACHTES KAPITEL

Schmuckstücke, Wunden

Jenseits der Thompson wandeln die Shuswap als letzte Vertreter des Salish-Komplexes in Richtung Norden den Mythos des geraubten Kindes auf zweierlei Weise ab. Einerseits scheiden sie einen Teil davon aus, den sie in einen anderen Kontext stellen (der Mythos mit der Indexzahl M_{738} in *L'Homme nu*, S. 424–425 [dt. S. 549–551]); andererseits erzählen sie eine verarmte Fassung des Originals, das sie einzig und allein auf die Episoden der Entführung und der Befreiung des Helden reduzieren. In einen Vogel verwandelt, erfüllt Eule die Funktion, die gewöhnlich den Nachtraubvögeln übertragen wird: die Ankündigung eines nahen Todes. Und anstatt als Tyrann aufzutreten wie bei den Thompson oder als Menschenfresser wie bei den Kutenai, ist die Eule der Shuswap-Version ein weiser und mächtiger Zauberer; Eule knechtet den Helden nicht, sondern teilt sein magisches Wissen mit ihm und macht ihn schließlich sogar sich selbst überlegen.

Die Chilcotin gehören als Nachbarn der Shuswap zur Athapaskan-Sprachfamilie. Dennoch findet der Mythos vom geraubten Kind bei ihnen zu seinem ganzen Reichtum zurück, während er gleichzeitig bedeutsame Transformationen durchmacht. Auf dieses Zwillingsphänomen, das sich häufig beobachten läßt, wenn man eine linguistische oder kulturelle Schwelle, beide zusammen oder gar eine ökologische Grenze überschreitet, habe ich wiederholt die Aufmerksamkeit gelenkt (vgl. oben, S. 27).[133]

Hier die Chilcotin-Version.

Unter dem Vorwand, ihm Leckereien anbieten zu wollen, lockte eine Eule einen unausstehlichen kleinen Jungen nach draußen. Sie raubte ihn, zog ihn auf, ließ ihn durch magische Mittel schneller wachsen und überschüttete ihn mit Geschenken, darunter ein Zahnschnecken-Halsband. Die Eltern machten sich auf die Suche nach ihrem Sohn. Der Junge, endlich wiedergefunden, hatte wenig Eile, die

Eule zu verlassen, bei der er sich wohl fühlte. Schließlich gelang es den Eltern, ihn zu überreden, und sie steckten Eules Hütte an, indem sie sich deren vorübergehende Abwesenheit zunutze machten. Eule jagte den Flüchtigen nach, die sich unter dem Bogen einer Brücke in den Hinterhalt legten. Eule betrat die Brücke, der Held zeigte sich am gegenüberliegenden Flußufer und schwenkte seine Hände, wobei er sich die Fingerspitzen mit Ziegenhörnern bestückt hatte. Die entsetzte Eule fiel ins Wasser, erreichte aber wieder die Uferböschung und gab die Verfolgung auf. Im Dorf feierte man die Rückkehr des Helden, der mit Muscheln geschmückt auftrat, die er mitgebracht hatte und reihum verteilte. »Und bei dieser Gelegenheit bekamen die Indianer zum ersten Mal Zahnschnecken-Muscheln.«

Eines Tages fand die Mutter des Helden ihn schmutzig und schickte ihn baden. Anfangs weigerte er sich; aber sie beharrte darauf. Er tauchte ins Wasser und verschwand. Die bekümmerte Mutter harrte am Ufer des Sees aus, von wo sie sich nicht mehr wegrühren wollte.

Bald zog der Winter ein. Die Frauen des Dorfes gingen zum See und hackten Löcher ins Eis, um Wasser zu schöpfen. Der Held, der auf dem Grund des Sees lebte, machte sich einen Spaß daraus, ihre Wasserkübel zu zerbrechen. Zwei Schwestern gelang es, ihn ans Ufer zu ziehen, indem sie ihn mit einem besonders schön geschmückten Kübel lockten. Der Held war über und über mit Schlamm bedeckt, seine Haut war ganz weich geworden, und sein langer Aufenthalt im Wasser hatte ihn dermaßen geschwächt, daß er nicht mehr gehen konnte. Die beiden Frauen versuchten vergeblich, den Schlamm von ihm abzukratzen; sie brachten ihn in ihre Hütte, damit er sich wieder erwärmte, und umsorgten ihn.

Die Kälte wurde immer strenger, der Schnee verhüllte das ganze Land. Es gelang einem nicht einmal mehr, Holz zur Anfertigung der Schneeschuhe zu finden, ohne die man nicht jagen konnte. Der Held schleppte sich nach draußen und fand gerade genug Holz für ein einziges Paar Schneeschuhe. Er gebot einer der Frauen, das Holz heimzubringen und es bis zur halben Höhe der Leiter aufzustapeln, mittels derer man in die Winterhütte hinabstieg (diese Winterhütten waren halb ins Erdreich eingelassen; man fand Zugang durch das Rauchabzugsloch und stieg mittels einer Leiter hinab, die aus einem mit Kerben versehenen Baumstamm gefertigt war; vgl. Abb. 10). Das aufgestapelte Holz vermehrte sich und füllte die Hütte, man konnte also Schneeschuhe machen; aber Tag für Tag kamen die Jäger mit leeren Händen heim. Bald hatte man nichts mehr zu essen.

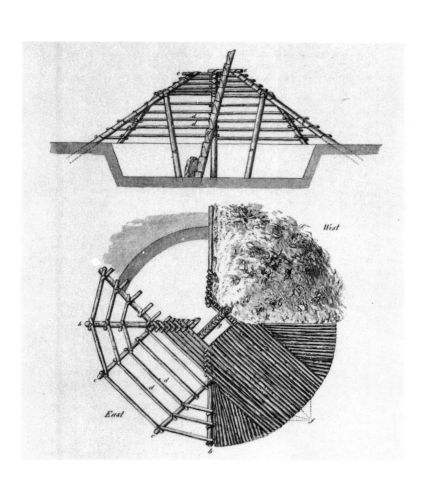

Abb. 10   Die halb ins Erdreich eingelassene Winterhütte.

Obwohl noch immer schwach und schlammbedeckt, verkündete der Held, er werde sich auf die Jagd nach dem Karibu machen, wenn jeder Mann des Dorfes ihm einen Pfeil gäbe. Der Pfeil, den er von Rabe erhielt, war aus Leder, also weich. Der Held machte sich auf, zog seine Schlammhaut »wie ein Hemd« aus und versteckte sie. Mit jedem guten Pfeil tötete er ein Karibu; mit dem schlechten aber einen Coyoten. Er legte seine Schlammhaut wieder an und schickte jeden Mann auf die Suche nach dem Tier, das ihm zukam.

Der Held jagte jetzt jeden Tag mit Erfolg. Rabe spionierte ihm nach und entdeckte die Schlammhaut zwischen zwei nahe beieinander stehenden Bäumen. Rabe zerriß sie und verstreute die Stücke, aber es gelang dem Helden, sie wieder zusammenzuflicken. Beim nächsten Mal zog Rabe es vor, den Helden ohne seine Haut zu überraschen: Er fand ihn schön, jung, kräftig und mit Muscheln geschmückt. Von da an trat der Held in seiner natürlichen Gestalt auf und heiratete die beiden Schwestern.[134]

Über die besonderen Gründe, die die Chilcotin hatten, die Herkunft der Zahnschnecken möglichst geheimnisumwittert erscheinen zu lassen, habe ich mich in *Anthropologie structurale deux* (S. 307 [dt. S. 293]) und in *Le Regard éloigné* (S. 149–152, 182–184 [dt. S. 166–169, 204–207]) verbreitet. Es sind andere Aspekte des Chilcotin-Mythos, die wir jetzt ins Auge fassen müssen. Aufgrund der Zwänge, die ich soeben veranschaulicht habe, kann das Motiv der Zahnschnecken-Diebinnen, wenn es denn bei den Chilcotin ein Echo findet, nur in verdeckter Gestalt auftreten: Anstatt daß Frauen die von ihrem *Bruder* hervorgebrachten Muscheln aus dem Wasser *ziehen*, als der *baden will*, ziehen hier Frauen einen Nicht-Angehörigen aus dem Wasser, einen künftigen *Gatten*, der *nicht hatte baden wollen*, indem sie einen reichverzierten Kübel ins Wasser *tauchen*. Dieser Kübel führt ihn in Versuchung, und er gibt seiner Begehrlichkeit nach wie die Zahnschnecken-Diebinnen, die ebenfalls unfähig waren, der Begehrlichkeit zu widerstehen, die die Muscheln, andere kostbare Gegenstände, in ihnen weckten.

Der Thompson-Mythos erklärte den Ursprung des Nebels (vgl. oben, S. 112), eines meteorologischen Phänomens, das Himmel und Erde miteinander verbindet. In der Chilcotin-Version weicht die »Nebelhaut« einer »Schlammhaut«; der Schlamm aber verquickt Erde und Wasser miteinander. Der Nebel entstammt der kranken Haut eines Greises – Symptom einer inneren Pathologie. Die Schlammhaut des Chilcotin-Helden hat dagegen einen äußeren Ursprung: das aquatische Milieu, in dem der Held lebte, wie es die vergeblichen Versuche der Frauen hervorheben, sie ihm abzukratzen – was eben, im Vorbeigehen sei's gesagt, nur allzu deutlich zeigt, daß auch das geringfügigste Detail in einem mythischen Bericht einen Sinn haben und eine Funktion erfüllen kann.

*
* *

Die bemerkenswerteste Transformation betrifft die Beziehung des Helden und seiner Mutter (oder der Frau, die ihm seine Menschengestalt zurückgegeben hat) zum Wasser. Ich habe fünf Versionen des Mythos angeführt. Vier stammen von Völkern, die der Salish-Sprachfamilie angehören: Shuswap, Cœur d'Alêne, Thompson, Chehalis; eine von den Chilcotin, die Athapaskan sind.

In der Cœur d'Alêne-Version hat die Mutter des Helden Durst. Sie bittet ihren Sohn um Wasser, das er ihr zu bringen zögert oder in einer Okanagon-Version sogar verweigert.[135] Eine Thompson-Version ersetzt dieses Motiv durch ein Bad, das der erhitzte Held nehmen will, obwohl seine Mutter ihm das auszureden versucht. Die Chehalis-Version vom Unterlauf des Fraser River enthält eine Einschränkung, die den Umstand ergänzt, daß das von der Eule geraubte Kind ein Mädchen ist. Man muß also eine männliche Person in die Handlung einführen und ihr eine Gattin geben, die versucht, ihrem Gatten auszureden, trinken zu gehen: sie zöge es vor, ihm selbst etwas zu bringen, mit dem er seinen Durst löschen könne.

In allen drei Fällen sind die Protagonisten also ein Mann und eine ihm nahestehende Frau: die Mutter oder die Ehefrau. Einer dieser beiden Protagonisten – bald der Mann, bald die Frau – arbeitet der Befriedigung des vom anderen vorgebrachten Wunsches nach Wasser entgegen. Dieser Wunsch kann schließlich zwei Formen annehmen: sei es die nach einem Getränk, also nach einem im Körper enthaltenen Wasser; sei es die nach einem Bad, also nach einem Wasser, das den Körper enthält.

Über die drei jeweils von den Cœur d'Alêne-, Thompson- und Chehalis-Versionen vergegenständlichten Permutationen hinaus:

Von der Frau gewünschtes Getränk, vom Mann aufgestelltes Hindernis;
– – Mann   –   – , – Frau   –   – ;
– – –   –   Bad –   –   –   – ;

wird deutlich, daß man eine vierte zu finden erwartete:

Von der Frau gewünschtes Bad, vom Mann aufgestelltes Hindernis.

Nichts erlaubt die Behauptung, daß diese Formel in Versionen, die den Forschern unbekannt geblieben sind, nicht vorkommt. Man sollte nie die Tatsache aus den Augen verlieren, daß wir, was diese Region Amerikas wie alle anderen betrifft, nur über einen Bruchteil des mythischen Gesamtkorpus verfügen. Zu der Zeit, als die großen Forschungsreisen stattfanden – in groben Zügen also in der zweiten Hälfte des 19. und in der ersten des 20. Jahrhunderts –, waren die Eingeborenenkulturen bereits moribund. Die alten Informanten wurden rar, die Erinnerung an manche Mythen oder Versionen von Mythen war wahrscheinlich bereits verblaßt.

Dennoch bleibt es eindrucksvoll, daß man, wenn man die Sprachgrenze überschreitet, die die Thompson und die Chehalis von den Chilcotin trennt, nicht die erwartete, sondern eine andere Permutation findet, wie sie die bereits angeführten nicht voraussehen ließen. Anstatt daß die Frau sich ein Bad für sich selbst wünscht, möchte sie es ihrem Sohn aufdrängen (unter dem Vorwand, daß er schmutzig ist – ein Vorwurf, der durch nichts in der ganzen Erzählung erklärt wird), und er ist es, der sich weigert. Von der Rolle des Subjekts geht die Frau zu der des Agenten über, und die Weigerung des Partners zielt nicht mehr auf die Befriedigung eines selbstempfundenen Bedürfnisses ab: Sie bringt die Absenz eines vom anderen empfundenen Bedürfnisses zum Ausdruck. Nun ist aber ein von und für sich selbst gewünschtes Bad, trotz des anderen, das Gegenteil eines nicht von und für sich selbst, sondern für den anderen gewünschten Bades, der es aber gar nicht will.

Wenn man aus den von mir bereits genannten Gründen übereinkommt, den Identitätswechsel der Frau in der Chehalis-Version als nicht-relevant außer acht zu lassen, dann läßt sich die doppelte Drehung, die man beobachtet, wenn man von den Salish- zur Athapaskan-Version übergeht, in folgender Form schematisieren:

$$\frac{F_{Mann}}{\text{(gewünschtes Bad)}} : \frac{F_{Frau}}{\text{(gewünschtes Getränk)}} :: \frac{F_{Mann}}{\text{(gewünschtes Getränk)}} : \frac{F_{\text{gewünschtes Bad-I}}}{(Frau)}$$

deren vier Terme von links nach rechts den Thompson-, Cœur d'Alêne-, Chehalis- und Chilcotin-Versionen entsprechen.

Der mythische Komplex verschwindet jenseits seines Hauptverbreitungsgebietes nicht einfach. In nordwestlicher Richtung verwandelt er sich bei den Tsimshian in legendenhafte Tradition, bei den Carrier auf das Genre Roman hin; während die Cree im Osten ihn in ihre jüngste Geschichte integrieren. Ich habe andernorts (*Anthropologie structurale deux*, Kap. XIV) anhand dieses Beispiels gezeigt, »wie die Mythen sterben«, und möchte hier nicht mehr darauf zurückkommen.

*   *
     *

Wer also noch daran zweifelt, daß die amerikanischen Mythen von Norden bis Süden aus derselben Gußform stammen, kann sich an die Mythen mit der Indexzahl M$_{245}$ und M$_{273}$ in *Du Miel aux cendres* und S. 326 ff. ebenda [dt. S. 430 ff.] halten. Zwar bietet die Mythologie des Erdballs einen wahren Überfluß an Werwölfen, die kleine Kinder rauben. Wenn wir uns aber mit einem Beispiel begnügen: M$_{273}$, ein guayanischer Mythos, bietet Analogien zu den soeben resümierten, die allzu genau sind, als daß sie zufällig sein könnten: so die Streifzüge des Räubers durch das Dorf seiner Gefangenen, um ihr das zu bringen, was ihr fehlt: Kochtöpfe, Haushaltsgeräte, Gemüse (denn er ernährt sie nur mit Fleisch); und in den nordamerikanischen Mythen die Reise einer hilfsbereiten Person ins Dorf eines ausgehungerten Gefangenen, um ihm die Lebensmittel zu bringen, von denen er sich in seiner Kindheit ernährte; oder in einer anderen Version Gemüse, um Abwechslung in einen ausschließlich aus Wildbret bestehenden Speiseplan zu bringen.

Zwei Sequenzen der nordamerikanischen Mythen haben einen manifesten jahreszeitlichen Charakter. Nach der Flucht aus der Behausung seines Räubers und auf dem Rückweg in sein Dorf wird es dem Helden zu heiß; er verspürt das gebieterische Bedürfnis nach einem Bad oder der Erquickung im Wasser eines Sees. Er verwandelt sich in einen Tauchervogel und wird so zum Herrn der Zahnschnecken-Muscheln, dem natürlichen Schmuck dieses Vogels.* Nun sammeln sich diese Vögel aber gerade im Sommer an den Seen des Landesinnern; sie überwintern an der Küste, weil die Seen dann ja zugefroren sind. Umgekehrt beklagt sich der Held, als er im Dorf seiner jungen Gattin ankommt, über die Kälte und tritt in die Hütte eines Greises ein, um sich dort aufzuwärmen. Ebendort hängt er sich eine mit Wunden und Geschwüren bedeckte Haut um, die ein Gegensatzpaar zur reinen und mit kostbaren Muscheln geschmückten Haut bilden, mit der er in

---

* »Der Taucher war ein großer Schamane, der die Angewohnheit hatte, seine Freunde zu töten und zu verspeisen. Er markierte sich den Körper weindem er sich ihn während seiner Initiationsübungen mit den Fingerspitzen betupfte. Manche Indianer unter den Utāmqt sagen, daß die weißen Flecken auf seinem Körper am Ursprung der Zahnschnecken beteiligt sind.«[136]

Wirklichkeit ausgestattet ist. Der ganze weitere Verlauf des Mythos vollzieht sich in einem winterlichen Klima: Mangel an Holz zum Heizen, Schnee, der die Jagd unmöglich macht usw. Der Taucher als erste Gestalt des Helden kündigt den Wind an. Die kranke Haut, seine zweite Gestalt, wird den Nebel aufwallen lassen. Der Mythos bringt also explizit oder implizit eine Reihe von Oppositionen ins Spiel – Sommer/Winter; Wasser/Feuer; Wind/Nebel; Schmuckstücke/Wunden –, die, einander angenähert, ein vertrautes Gerüst reproduzieren.

Es brachte nämlich, in *Le Cru et le cuit*, Transformationsbeziehungen zwischen manchen Boróro-Mythen zur Geltung. Wie bereits im Zusammenhang mit dem Problem der Zwillingshaftigkeit ersichtlich geworden ist (vgl. oben, Kap. IV), verweisen die Mythen aus Nord- und die aus Südamerika häufig wechselseitig aufeinander. Im vorliegenden Fall darf der Bezug auf die Boróro nicht wundernehmen, denn wie ich bereits 1964 schrieb: »Das Boróro-Denken ist mit Tupí-Mythologie geradezu durchsetzt. Hier wie da hat ein und derselbe Mythos einen entscheidenden Platz inne: nämlich der der Menschenfrau des Jaguars, der Mutter der beiden Kulturhelden. Und die modernen Boróro-Versionen bleiben den von Thevet im 16. Jahrhundert gesammelten erstaunlich nahe« (*Le Cru et le cuit*, S. 151 [dt. S. 190]).

Fassen wir jetzt die beiden anderen Boróro-Mythen ins Auge, deren einer sich auf den Ursprung des Wassers und der Wunden (M_2, S. 56–58 [dt. S. 71–73]) und deren anderer sich auf den Ursprung der Krankheiten bezieht (M_5, S. 67–68 [dt. S. 86–87]) und bei denen ich bereits gezeigt hatte, daß sie aus ein und derselben Transformation hervorgegangen sind. Beide haben als Protagonisten eine männliche oder weibliche Figur, deren Name Birimoddo lautet und »schöne Haut« bedeutet (dieser Name erinnert bereits auf merkwürdige Weise an den nordamerikanischen Helden, der seine schöne Haut versteckt, die »ebenso glatt und weich wie die seiner Frau« war[137], und zwar unter der eines stinkenden Greises). Im Boróro-Mythos M_5 schwitzt eine Frau namens Schöne Haut die Krankheiten aus. Diese Boróro-Heldin mit dem infizierten Körper verwandelt sich nach einem in ganz Südamerika, von Guayana bis in den Chaco bezeugten Volksglauben in einen Regenbogen und verursacht die Krankheiten (*Le Cru et le cuit*, S. 252–256 [dt. S. 317–322]).

Das Denken der amerikanischen Indianer, das das Fieber häufig mit einem warmen Kleidungsstück vergleicht, setzt die Wunden und andere Hautaffektionen, die eine natürliche Hülle sind, und die

Schmuckstücke, auch sie von außen sichtbar und eine kulturelle Hülle, in Korrelation und Opposition zueinander.* Diese Schmuckstücke haben magische Kräfte, die die Vitalität des Trägers steigern; die Wunden dagegen schwächen sie. Obwohl sie aber in entgegengesetztem Sinne wirken, sind beide Vermittler zwischen Leben und Tod. Sie nehmen also eine mittlere Position zwischen Himmel und Erde ein, in formaler Sicht dem Regenbogen und dem Nebel vergleichbar.

Gleichwohl muß auf einen Unterschied zwischen den Mythen dieser beiden Hemisphären hingewiesen werden. Um von den Schmuckstücken zu den Krankheiten überzugehen (oder umgekehrt), braucht die südamerikanische Transformation zwei getrennte Mythen, wenigstens dem Anschein nach. Die homologe Transformation in Nordamerika erfordert dagegen nur einen Mythos, der Wunden und Schmuckstücke in ein und dasselbe Gerüst integriert. Ebendiese Ambiguität vermittelt ein Verständnis dafür, warum die Persönlichkeit der Heldin – oder beider Heldinnen – im Rahmen des ganzen mythischen Komplexes oszilliert, der den Gegenstand des vorliegenden Buches bildet. Ein unnahbares junges Mädchen, das sich der Verheiratung widersetzt, verwandelt sich darin in eine freche Schwester, deren Mangel an Zurückhaltung an Inzest grenzt. Nun assoziieren aber die Mythen, in denen diese beiden Typen von Heldinnen auftreten, sie jeweils mit den Wunden oder mit den Schmuckstücken. Gegen ihren Willen mit Luchs verheiratet, umsorgt das unnahbare Mädchen ihn und heilt ihn von den Wunden, die er erlitten hat. Die indiskrete Schwester ihrerseits beraubt den Helden der Schmuckstücke, die er hervorbringt.

---

* Unsere Alltagssprache verfährt ebenso. Unter dem Stichwort *Rubis* führt Littré die Bedeutung »rote Knötchen oder Pickel« an, »die auf der Nase oder im Gesicht zum Vorschein kommen«; und unter *Perle*: »einer der umgangssprachlichen Namen der Albugo oder des weißen Flecks der Hornhaut«. Das medizinische Vokabular verfügt über einen wahren Überfluß von aus der Juwelierkunst abgeleiteten Metaphern: *vésicules perlées* [perlenförmige Bläschen], *douleur en bracelet* [Armband- bzw. Phantomschmerz], *lésion en médaillon* [Medaillon-Wunde bzw. Wundherd], *éruption en collier* [Ketten-Ausschlag bzw. ausstrahlender Ausschlag] usw. Der Chirurg *sertit une plaie* [faßt eine Wunde ein].
  Eine bereits resümierte Version eines Thompson-Mythos (vgl. oben, S. 112) macht die Äquivalenz besonders deutlich: »Tsa'au'z entledigte sich seiner Wunden und Pusteln und erschien mit Zahnschnecken geschmückt, die an ihre Stelle getreten waren. Am folgenden Tag fielen die Zahnschnecken herab, und bevor die Leute noch erwachten, war er erneut mit Wunden bedeckt. Das geschah vier Nächte hintereinander, und die Schwiegereltern von Tsa'au'z häuften ein Vermögen an Zahnschnecken zusammen.«

Die Dialektik der Mythen hält da aber nicht inne: In einem letzten Transformationsstadium gibt eine Schwester dem Helden durch allzu freizügige Taten die menschliche Gestalt zurück, die er eingebüßt hatte – oder erlaubt, daß ihr Double sie ihm zurückgibt; in diesem Sinne heilt sie ihn. Ebenso wählt ein junges Mädchen, das alle Bewerber um seine Hand abgewiesen hatte, indem es sein eigenes Gegenteil wird, den schäbigsten und stinkendsten; aufgrund dessen erhält sie reiche Schmuckstücke, nicht für ihren persönlichen Gebrauch und gegen den Willen ihrer Eltern, sondern zu deren Nutzen und ohne deren Wissen:

$$F_{Wunden}(unnahbares\ Mädchen) : F_{Schmuckstücke}(indiskrete\ Schwester) :: F_{Wunden}(indiskrete\ Schwester) : F_{unnahbares\ Mädchen-1}(Schmuckstücke)\ *$$

* * *

Die Transformation, bei der wir gerade angelangt sind, konsolidiert einen mythischen Komplex, den die Bedürfnisse der Analyse in sukzessive Phasen auseinanderzulegen gezwungen hatten. Versuchen wir uns einen Überblick aus der Vogelperspektive zu verschaffen. Er bietet den Aspekt eines Netzes, das die mythische Einbildungskraft in all seinen Verzweigungen erkundet. Man wird bemerken, daß die zu Coyote führende sich bald verliert. Der Grund dafür wird sofort offensichtlich: Das ganze Netz ordnet sich um die Person von Luchs, gleichgültig ob in Gestalt des bresthaften Greises oder in der des verkleideten Helden; Coyote wird die Hauptrolle in einer Parallelreihe

---

* Früher lediglich mit einem Achselzucken aufgenommen, lenkt diese erstmals 1955 aufgestellte Formel (*Anthropologie structurale*, S. 252 [dt. S. 251f.]) seit einiger Zeit die Aufmerksamkeit auf sich, und man hat sie in sehr verschiedenen Gebieten angewendet, die von der ruralen Architektur bis zum cartesianischen *Cogito* reichen. Vgl. R. Bucaille et al., *Pigeons de Limagne*, Université populaire de Clermont-Ferrand, 1987, 140 Seiten; J.-F. Bordon, *Descartes. Recherches sur les contraintes sémiotiques de la pensée discursive*, Paris: P.U.F., 1987, S. 80–82; J. Petitot, »Approche morphodynamique de la formule canonique du mythe«, in: *L'Homme*, Nr. 106–107, 1988, S. 24–50; Mark S. Mosko, *Quadripartite Structures*, Cambridge University Press, 1985, S. 3–7; »The Canonic Formula of Myth and Non-Myth«, in: *American Ethnologist*, 18/1, 1991, S. 126–151; A. Côté, »L'Instauration sociale. Du schème canonique à la formule canonique«, in: *Anthropologie et sociétés*, Bd. 13, Nr. 3, 1989, S. 25 bis 36.
Zu anderen Verwendungen der Formel im vorliegenden Band, ohne daß ich es immer nötig gefunden hätte, sie mit Hilfe von Symbolen zu transkribieren, vgl. unten, S. 127, 152, 159f., 159 Fußn., 175ff.

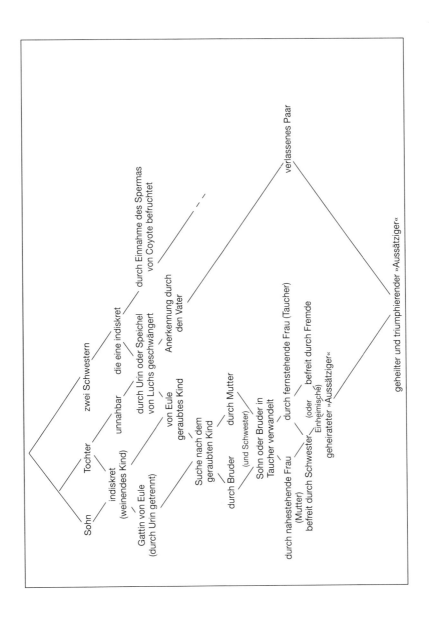

Abb. 11 Netzstruktur eines Mythenkomplexes.

über die Eroberung des Windes zufallen (anstatt über den Ursprung des Nebels, von dem ja bis zum gegenwärtigen Zeitpunkt vor allem die Rede war).

Mit einer sehr einfachen Geschichte – der von Luchs – als Ausgangspunkt haben wir gesehen, daß sie sich allmählich entfaltete, so als bemühte sich die mythische Einbildungskraft auf jeder Etappe, neue Motive hervorzubringen, um die Leerstellen eines unvollständigen Schemas zu besetzen. Die Geschichte von Luchs transformiert sich zunächst in die von Luchs und Coyote. Dann treten zwei Entwicklungstypen in Erscheinung, denen zufolge die Heldin oder die beiden Heldinnen unnahbare Mädchen oder indiskrete Schwestern sind. Der daraus resultierende Komplex geht daraufhin in einem noch weitläufigeren auf: dem Mythos des von Eule geraubten Kindes. Das Schema auf der vorangehenden Seite veranschaulicht die Art und Weise, wie die komplexen Formen zur, wenn man so sagen kann, einfachsten hinzutreten: diese einfachste nimmt den rechten »Zweig«, die komplexen den linken »Zweig« des Schemas ein.

Schließlich wird man gewahr, daß das hier in zwei Dimensionen gezeichnete Netz mehrere erforderte, so wie es der Rückgriff auf die kanonische Formel gezeigt hat. Die Zahnschnecken-Muscheln auf der linken Seite des Schemas haben als Konjunktionsfaktor eine positive Funktion. Auf der rechten Seite, wo die indiskreten Schwestern in Erscheinung treten, erfüllen die Zahnschnecken eine negative Funktion: Sie trennen die Diebinnen von ihren Eltern. Wenn man das Schema weiter analysierte, gelänge es einem ohne Mühe, andere Dimensionen freizulegen, die die graphischen Beschränkungen hier nicht darzustellen erlauben.

NEUNTES KAPITEL

Der Sohn der Wurzel

Im am dichtesten verwobenen Teil des Netzes macht der Held zwei Transformationen durch, die aufeinander reagieren. Zunächst verwandelt er sich oder wird er in einen Taucher verwandelt, einen Vogel, der um seiner Schönheit willen geschätzt wurde und dessen Halsgefieder einem Halsband aus Zahnschnecken ähnelt. Diese Gestalt erklärt, daß er später zu einem Herrn und Verteiler von Schmuckgegenständen wird; bevor es aber soweit ist, hat er sich in einen bresthaften und wundenbedeckten Greis verwandelt: Wunden, die, wie man gesehen hat, ein in Opposition und Korrelation zueinander stehendes Paar mit den Schmuckstücken bilden.

Verweilen wir bei der ersten Transformation. In den Mythen kann sie auf zwei Weisen eintreten: sei es, daß eine dem Helden nahestehende Frau – seine Mutter – ihn von sich entfernt, den sie in einen Wasservogel verwandelt (während sie selbst sich in einen terrestrischen Vogel verwandelt); sei es umgekehrt, daß eine ihm fernstehende Frau – ein Tauchervogel – sich ihn näherbringt, indem sie ihn zu einem Artgenossen macht.

Diese beiden gegensätzlichen Formeln gehören in der Tat zu einem triangulären System; es ist angebracht, in Erinnerung zu rufen, warum. Im Süden unserer Region bringt ein von Nordkalifornien bis zum südlichen Oregon verbreiteter Mythos eine Schwester ins Spiel, die von inzestuöser Leidenschaft erfüllt ist und sich schließlich in einen Taucher verwandelt; im vorliegenden Fall eine nahe(stehende) Frau, die sich selbst vom Helden entfernt, anstatt ihn von sich fernzuhalten, und deren Position der inzestuösen Schwester und Agentin ihrer eigenen Verwandlung einen dreifachen Kontrast zu den Positionen einer disjunktiven Mutter und einer konjunktiven Fremden bildet, die beide Agentinnen der Verwandlung eines anderen sind.

In *L'Homme nu* (S. 40–131 [dt. S. 62–178]) ausführlich untersucht, reicht dieser Mythos der Dame Taucher mit seinen Verlängerungen bis zu den Thompson und den Lilloet. Einer ihrer Mythen, dessen Protagonisten zu Beginn Tauchervögel sind (anstatt daß einer von ihnen es zum Schluß wird), reproduziert und invertiert den Mythos von der Dame Taucher: den Blicken entzogene Tochter und nicht Sohn (der in der Mehrzahl der Versionen Luchs heißt); Flucht der inzestuösen Geschwister in die Ferne anstelle der Flucht der Familie gen Himmel; Selbstmord der Schuldigen, die sich in den Flammen opfert, anstelle der Feuersbrunst, die die Schuldige entfacht, um die Ihrigen zugrunde gehen zu lassen.[138] Wir werden auf diesen Mythos zurückkommen (vgl. unten, S. 181 ff.).

Einer der verbreitetsten Mythen beider Amerika[*] hat als Heldin eine Frau, die sich unter verschiedenen Vorwänden entfernt und sich mit einem tierischen Verführer trifft: Schlange oder Tapir in den südamerikanischen Versionen; Schlange, Bär, Wassergeist usw. in den Versionen aus Nordamerika und bis nach Sibirien. Der Mann entdeckt die Wahrheit, legt die Kleider seiner Frau an, ruft das Tier so, wie sie es gewöhnlich nennt, tötet es ...; zahlreiche Versionen präzisieren, daß er die Geschlechtsorgane des Tieres kochte und seine Frau zwang, sie zu essen. In bezug auf diese bedeutsame Gruppe verweise ich den Leser auf *Le Cru et le cuit*, S. 272–274 [dt. S. 345–346], und auf *Du Miel aux cendres*, S. 253–263 [dt. S. 334–344]. Die Völker der Salish-Sprachfamilie kennen den Mythos sehr gut.[139] Nun weisen aber die Lilloet als Nachbarn der Thompson die Rolle des Verführer-Tieres dem Tauchervogel zu und lassen ihn unter zumindest merkwürdigen Bedingungen eingreifen. Die Frau ging jeden Tag ans Seeufer, um Wurzeln von *skemtc (Erythronium grandiflorum)* zu sammeln. Diese Pflanzen, die sie faszinierten, riefen eines Tages bei ihr erotische Gedanken wach. Sie streckte sich auf einem in den See hineinragenden Felsplateau aus und gab Rufe von sich, damit einer der Wasserbewohner sie befriedigen käme. Ein Tauchervogel bot seine Dienste an.[140]

In Europa nur durch eine einzige Art vertreten, in der Neuen Welt dagegen durch etwa fünfzehn, gehört die Gattung *Erythronium*, Hundszahn, zur Familie der Liliazeen. Die französischen und englischen Namen, *dent-de-chien* (Hundszahn), *dog-tooth violet* (auch *adder-tongue*, »Schlangenzunge«, oder *deer-tongue*, »Hirsch-

---

[*] Die folgenden Seiten greifen auf einen Text zurück und entwickeln ihn weiter, der für eine Festschrift zu Ehren von E. Meletinsky geschrieben wurde.

zunge«), erklären sich aus der Form und der weißen Farbe der Knollen.* *Erythronium grandiflorum* wächst im Überfluß in den lichten Wäldern und den grasbewachsenen Prärien von Britisch-Kolumbien und Oregon. Obwohl die Knollen, wie man sagt, sehr klein sind, sammelten die Indianer sie wegen ihrer Frühreife. Sie verzehrten sie roh oder gekocht; in roher Form den Kwakiutl zufolge vor allem bei heißer Witterung, und zwar wegen ihrer erfrischenden Wirkung und ihrem milchartigen Geschmack.[141]

In dem Lilloet-Mythos übt eine Pflanze auf eine Frau einen verführerischen Reiz aus, der sich schließlich in einem Wasservogel verkörpert. Wie ist diese Vorstellung eines pflanzlichen Verführers zu deuten, die auf den ersten Blick doch so wenig intelligibel erscheint? Natürlich möchte man die Knollen von *Erythronium* und die Zahnschnecken-Muscheln, denen sie nach Form, Farbe und Größe ähneln, einander gleichstellen. In Sachen *Erythronium* gänzlich stumm, nimmt die ethnographische Literatur auf diese Ähnlichkeit jedoch im Zusammenhang mit einer anderen Wurzel Bezug, die im Englischen *bitter-root* heißt, weil ihre Schale bitter ist: *Lewisia rediviva*, eine Portulazee, die ebenfalls im Frühjahr geerntet und wegen ihres Nährwertes geschätzt wird. Wie die Nez Percé sagen, »genügte eine Unze getrockneter Wurzel für eine Mahlzeit«.[143] Und das war nicht ihre einzige gute Eigenschaft: »Die Bitterwurzel enthält einen herzförmigen Teil, und die Flathead (die östlichsten Vertreter der Salish-Sprachgruppe) glaubten, daß dieses ›Herz‹ die Bitterwurzel über alle anderen Pflanzen erhebt und daß sie vielleicht sogar eine Seele und Sensibilität hat.«[144] Den Okanagon zufolge die Königin aller Wurzeln, »ähnelt sie getrocknet nach Form und Größe den Zahnschnecken-Muscheln«.[145]

Zurück zu *Erythronium*, einer Pflanze, zu der wir keine vergleichbaren Hinweise haben. Deutlich ist jedenfalls, daß der Lilloet-My-

---

* »Die Knollen (…) sind zu klein, als daß die Weißen sie verwendeten, (…) und kaum größer als eine Erdnuß«, sagt Teit; aber manchmal »daumengroß« laut den Thompson-Informantinnen von Turner. Vielleicht haben die frisch extrahierten Knollen eine toxische Wirkung; manchen Hinweisen zufolge muß man sie einige Tage ruhen lassen, eben die Zeit, in der das Inulin, das sie enthalten, sich in Fruktose umwandelt. Sie haben dann einen süßlichen Geschmack; die Kinder der Thompson nannten sie auf englisch »Bonbons« (*candies*). Bouchard und Kennedy verweisen auf die frühere Existenz einer Zeremonie für die erste Ernte von *Erythronium* bei den Shuswap.[142] Mme Kennedy war so freundlich, mir Photokopien von neueren oder schwer zugänglichen Quellen zur Ethnobotanik von *Erythronium* zur Verfügung zu stellen. Ich danke ihr erneut dafür.

thos mit seinem Motiv des pflanzlichen Verführers das Bindeglied zwischen der panamerikanischen Gruppe des tierischen Verführers und einer begrenzteren – den Völkern der Salish-Familie eigenen – Gruppe bildet, dem die amerikanischen Mythographen den Codenamen *Child of the Root*, das »Kind der Wurzel«, gegeben haben.

Dieser bei den Lilloet, Thompson, Shuswap und Cœur d'Alêne gut bezeugte Mythos erzählt, daß ein junges Mädchen, das alle Bewerber um seine Hand abgewiesen hatte, sich mit einer Wurzel zufriedengeben mußte, als es sich verheiraten wollte; oder daß eine mit dem Sammeln dieser Wurzeln beschäftigte Frau Lust bekam, mit einer von ihnen zu kopulieren; oder daß sie sich schließlich, in den Wäldern verloren und ein einsiedlerisches Leben führend, mit einer solchen Verbindung abfand. Sie bekam einen Sohn, der bei ihr aufwuchs. Erstaunt darüber, keinen Vater zu haben, stellte er seine Mutter zur Rede, die ihm zunächst irreführende Antworten gab. Schließlich aber doch (durch einen Traum oder die Spöttereien seiner Spielkameraden) aufgeklärt, ertränkte er seine Mutter in einem See oder verwandelte sie in Stein oder verließ sie ganz einfach: »Fortan kopulieren die Frauen nicht mehr mit Wurzeln und schenken ihnen auch keine Kinder.«[146] Anfangs allein, später in Begleitung großer Verwandler, wie er selbst einer war, trug der Sohn der Wurzel dazu bei, das Weltgefüge zu ordnen und den Dingen und Wesen ihre jetzige Gestalt zu verleihen. Unter anderen Wundertaten hielt er einmal die Sonne in ihrem Lauf an und löste damit beinahe einen Brand kosmischen Ursprungs aus; dann setzte er das Gestirn wieder in Bewegung, und das Klima wurde erneut mild. Überdies brachte er es fertig, eine Quelle aus dem Boden entspringen zu lassen, indem er mit dem Fuß auf die Erde stampfte. In manchen Versionen wurde er zum Mond, nachdem ein Frosch ihm ins Gesicht gesprungen war und ihn damit für immer entstellt hatte.

Zwei Bemerkungen zu diesen Heldentaten. Die Fähigkeit, eine Quelle aus dem Boden entspringen zu lassen, um den Durst seiner Gefährten zu stillen, erinnert an die von Coyotes Sohn, der in einem ebenfalls von den Thompson stammenden Mythos das Feuer entfacht, indem er Baumstümpfe mit den Füßen traktiert, um seinen Gefährten Wärme zu spenden (vgl. oben, S. 35): also zwei inverse Sequenzen, die eine sommerlich, die andere winterlich, die – wobei die zweite auf Coyote verweist – den Sohn der Wurzel an die Seite von Luchs stellen.

Die andere Episode des Mythos weist in dieselbe Richtung: Der Sohn der Wurzel wird zum Mond, nachdem Coyote in dieser Rolle versagt hat, weil er zu geschwätzig ist. Die Kutenai-Versionen aber (vgl. oben, S. 80) schließen mit einer analogen Episode: Coyote wird als Sonne abgelehnt, zum Teil wegen seiner Indiskretion; und laut einer abweichenden Version wird der eine der beiden Zwillingssöhne von Luchs zur Sonne, der andere zum Mond.[147]

Die Mythen bezeichnen den Helden häufig mit dem Namen der väterlichen Pflanze, dem *Peucedanum*, L. = *Lomatium*, Raf., von einem griechischen Wort, das »Rand«, »Saum« bezeichnet, eine Anspielung auf die Form der Samen. Diese Umbelliferen-Gattung hatte bei den Völkern der Region einen hohen Rang. Zunächst als Nährpflanze, die in den alten Texten *kouse* genannt wird (nach *kowish*, dem Namen, den sie in der Sprache der Nez Percé und verwandten Dialekten trägt); im Englischen *biscuit root*, weil die Nez Percé die Wurzeln im Mörser zerstampften, um daraus lange und dünne Kuchen zu formen, die bei mildem Feuer auf dem Herd gebacken wurden. In der Zeit von März bis Mai gesammelt, lieferten diese Wurzeln eines der pflanzlichen Hauptnahrungsmittel vor der Ernte der *Camassia* (einer Zwiebel-Liliazee).

Man schrieb dem *Peucedanum* auch alle Arten medizinischer Heilwirkungen zu: als Mittel gegen Unfruchtbarkeit, Husten, Migräne, die Schlaflosigkeit von Kleinkindern usw.* Aber die Wirkungen der Pflanze müssen wohl vor allem magischer Art gewesen sein. Einem Thompson-Mythos zufolge schenkt sie dem- oder derjenigen, der

---

* In den Versionen des Mythos handelt es sich genauer um *Peucedanum macrocarpum* = *Lomatium macrocarpum*, dessen landessprachlicher Name *Hog-Fennel* denen von *Peucedanum* im Französischen entspricht: *Fenouil de Porc* (dt. entsprechend »Saufenchel«), *Queue de Pourceau* (»Sauschwanz«) usw. Obwohl diese Pfahlwurzel auch für die Thompson eine wichtige Nahrungsquelle darstellte, glaubten diese Indianer, daß ihr Mißbrauch, wie der von *Balsamorhiza sagittata*, die Schlafsucht auslösen könne (Turner, Thompson, Thompson, Young: 115).

Das *Peucedanum* scheint in den Volksvorstellungen im alten Europa einen ebenso hohen Rang eingenommen zu haben wie bei den Indianern. Das Register der Plinius-Übersetzung von A. du Pinet (1584) enthält annähernd dreißig Verweise, und zwar in einem Grade, daß man sich schließlich fragt, wozu Peucedanum-Öl nicht alles gut war!

Ich verkürze den Haupttext: »Es hat einen langen, dünnen, dem Fenchel ähnlichen (...) Stengel, eine dunkle, dicke, saftreiche, unangenehm riechende Wurzel (...); diese (Wurzeln) schneidet man mit einem beinernen Messer in vier Finger breite Stücke und läßt im Schatten den Saft daraus fließen, doch muß man sich Kopf und Nase zuvor mit Rosenöl einreiben, weil man sonst leicht schwindelig wird.«[148]

Manche amerikanischen Arten von *Lomatium* sind ebenfalls giftig: vor allem *Lomatium dissectum*, das von den Indianern des mittleren Columbia River als Fischgift benutzt wird, um die Fische zu betäuben (Hunn: 113).

sich ausschließlich davon ernährt, wunderbare Kräfte.[149] Die gekaute und ausgespuckte Wurzel vertreibt den Wind und den Sturm.[150] Das *Peucedanum* spielte in den Riten der Völker vom unteren Fraser River und von Vancouver Island aber auch noch andere Rollen. Die Songish, nahe Nachbarn der Thompson und der Lilloet, verbrannten es als Opferspende bei den ersten Lachsfängen des Jahres. Es war eines der mächtigsten magischen Zaubermittel; man verbrannte es auch, um Geister zu vertreiben.[151] Die Kwakiutl im Norden von Vancouver Island, die *Peucedanum* zu verschiedenen medizinischen Zwecken benutzten, brachten ihm auch für jeden speziellen Fall angemessene Gebete dar; sie kauten die Samenkörner und spuckten sie aus, um die Wassergeister in die Flucht zu schlagen.[152]

Die Sanpoil und die Nespelem scheinen diejenigen Salish-Völker gewesen zu sein, die zu weit im Landesinnern wohnten, als daß sie Rituale für den ersten Lachs hätten feiern können. Wahrscheinlich aufgrund der Seltenheit oder des völligen Fehlens von *Peucedanum* auf ihrem Gebiet ersetzten sie es durch eine andere Pflanze, durch die Sonnenblume, die von einem Forschungsreisenden als *Helianthus annuus* identifiziert worden ist, anscheinend fälschlich. In Wirklichkeit handelte es sich um eine Gattung, die derselben Familie nahesteht: *Balzamorhiza*, englisch *balsam root*.[153]

Diese Gattung hatte große Bedeutung für die Indianer, als seit März gesammelte Nahrungspflanze, aber auch als Heilpflanze und vor allem als Trägerin magischer Kräfte. Bei den Thompson »mußten sich die Frauen jedes sexuellen Verkehrs enthalten, wenn sie diese Wurzeln ernteten oder kochten. Im letztgenannten Fall war es den Männern verboten, sich dem Herd zu nähern. Vor dem Aufbruch zur Lese bemalten sich die Frauen das ganze Gesicht rot, oder sie malten sich ein großes rotes oder schwarzes Zeichen auf jede Wange. (…) Wenn man das Glück hatte, eine gute Fuhre einzubringen, schrieb man das Verdienst daran manchmal Coyote zu, der, wie man sagte, darauf uriniert hatte.« Die Thompson hielten *Balzamorhiza* – nach den Sanpoil die »Pflanze des Lachses« – für das »größte aller Geheimnisse«. Wenn die Heranwachsenden zum ersten Mal von der oder jener Frucht oder Wurzel kosteten, wurden die entsprechenden Gebete stets an *Balzamorhiza* gerichtet.[154]

Wir haben hier also zwei Pflanzenarten vor uns, die von den mythischen Vorstellungen in den höchsten Rang erhoben werden, denen sie magische Kräfte zuschreiben, die Gegenstand intensiver Verehrung sind und in den Riten zur Feier des ersten Lachses durcheinander ersetzt werden können.* Haben sie etwas miteinander gemeinsam? Und wenn ja, was?

Das Wort *Peucedanum* kommt vom griechischen πευκεδανός, »bitter«, das seinerseits von πευκή abgeleitet ist, »Harz«, »Fichte«. Bitter sind der Geruch und der Geschmack dieser Pflanze, die in der Enzyklopädie von Diderot-d'Alembert genau beschrieben werden, allerdings wirklich: eine »dicke, lange, behaarte, innen schwarze Wurzel voller Saft, die bei Einschnitten eine gelbe Flüssigkeit und einen starken Pechgeschmack von sich gibt; (...) Samen (...) von scharfem und bitterem Geschmack«. Gegen Ende des 19. Jahrhunderts hielt ein Missionar bei den Indianern am Puget Sound den starken, seiner Meinung nach pfefferartigen Geschmack der Körner fest.[155] Der grünen Pflanze schrieb ein Beobachter der Shuswap eine Art Lakritzen-Geschmack zu.[156] Die amerikanischen Arten von *Peucedanum* ähneln in dieser Hinsicht also dem *Peucedanum officinale* L. der Alten Welt. Und der wissenschaftliche Name von *Helianthus*, dessen wörtliche Übersetzung ja das englische *balsam root* ist, bezieht sich ebenfalls auf einen charakteristischen Geschmack oder Geruch.

Bringen wir jetzt eine andere Pflanze ins Spiel, die ebenfalls einen starken und bitteren Geschmack besitzt und vom Denken der Eingeborenen wie *Lewisia rediviva* den Zahnschnecken-Muscheln gleichgestellt wird, eine Pflanze, die wie *Peucedanum* und *Helianthus* einen entscheidenden Rang bei den Ritualen des ersten Lachses zugewiesen bekommt. Ich habe bereits (vgl. oben, S. 54) auf die Bedeutung hingewiesen, die der Vergleich der Glaubensinhalte und Rituale der Völker der Salish-Sprache mit denen der Yurok bietet, einem Küstenstamm in Nordkalifornien. Ich schließe mich hier übrigens nur dem berühmten Beispiel von Kroeber an.[157]

---

* In seinem Werk *The Squamish Language* (Den Haag/Paris: Mouton, 1967) verweist A. E. Kuipers auf S. 356 darauf, daß ein und dasselbe Wort – g'ex.mi'n – in Squamish eine »Pflanze, die einer Sonnenblume ähnelt« bezeichnet und in Cowichan ein *Peucedanum* (vgl. das Thompson-Wort /q'áqm? = *Peucedanum leiocarpum*). Eine Thompson-Informantin, die bei neueren Forschungsreisen befragt wurde, »war der Meinung, daß *balsam root* (*Balzamorhiza sagittata*) mit *Lomatium dissectum* verwandt sei, das ebenfalls eine dicke Pfahlwurzel und einen bitteren Geschmack hat und als Mittel gegen den Husten dient.

Noch immer im Zusammenhang mit *Balzamorhiza sagittata* merkte sie an: »Das ist der Häuptling (*the boss*): sie hat viele Verwandte, die ihr ähneln.« Eine andere Informantin, die *Lomatium dissectum* nicht kannte, meinte, der Indianername für diese Art bezeichne die Wurzel der Sonnenblume (Turner, Thompson, Thompson, Young: 154, 156, 176).

Die Yurok nämlich weisen in ihren Mythen und Ritualen den obersten Rang der wilden Angelika zu (*Angelica*, sp.). Verbrannte man sie, verströmte die Pflanze einen mit einer besonderen Eigenschaft ausgestatteten Geruch: nämlich der Eigenschaft, die Indianer im Übermaß mit Zahnschnecken-Muscheln auszustatten, für die sie eine geradezu maßlose Leidenschaft hatten. Folgendermaßen verbreitet sich ein Schamane über seine beruflichen Erinnerungen: »Ich verteilte die Angelikawurzeln auf die vier Ecken des Herdes, warf sie in die Flammen und sagte dabei: diese Angelika kommt geradewegs vom Himmel; da essen die Zahnschnecken und die Bälge der Spechte (ein von den Indianern ebenfalls begehrter Schatz) ihre Blätter, deshalb sind sie so verwelkt (von der Hitze des Herdes). Ich atmete den Rauch der Wurzeln, die verbrannten, ein, um die Zahnschnecken in das Haus zu locken, in dem ich praktizierte.«[158] Wie ein Thompson-Mythos demjenigen, der sich ausschließlich von *Peucedanum* ernährt (vgl. oben, S. 131f.), übernatürliche Kräfte verheißt, schreibt der Yurok-Mythos ebendiese Kräfte demjenigen zu, der statt jeder anderen Nahrung nur Angelikawurzeln zu sich nimmt.[159]

Die Yurok vergleichen die großen Dentalien, die sie für die kostbarsten aller Schätze halten, mit Fischen, die sich fangen lassen. Die Rituale des ersten Lachses erfordern es, daß man die Fische auf einem Feuer aus Angelikawurzeln gart; und Angelika liefert überdies auch die großen Körner für die Glücksspiele. Es besteht also eine Verbindung zwischen Zahnschnecken, Fischen und der Angelika (Forellen, die einen Geruch nach Angelika verströmen, sagen Ereignisse übernatürlicher Herkunft voraus[160]). Gleichwohl verliehen die Angelikawurzeln im Verein mit den Holzkohlen, auf denen die Fische garten, ihnen einen abscheulichen Geschmack, der den Verzehr des ersten Lachses zu einer wahren Prüfung machte.[161] Einem Informanten zufolge, der sich seiner Kindheit erinnert, »sagt man, daß man reich wird, wenn es einem gelingt, seine Portion in drei Bissen zu verschlingen. (…) Mein Vater aber brachte nur einen Mundvoll davon hinunter. Er hatte Mühe, damit fertig zu werden. Es war einfach zu stark, weil nicht auf einem Holzkohlen-, sondern auf einem Feuer aus Angelikawurzeln zubereitet; und ich vermute, daß es gerade deshalb so schwierig ist, sich viel davon auf einmal einzuverleiben, weil das Gelingen einen so großen Vorteil bedeutete.«[162]

*
* *

Greifen wir noch einmal weit zurück, weil es ja auch die Präsenz einer »Bärenzelle« in einem unserer ersten Mythen war, die zu botanischen Erörterungen geführt hat, in denen man zu Unrecht eine bloße Abschweifung sähe. In Übereinstimmung mit dem Mythos hob ich hervor, daß der Bär obligatorisch in einem Erdbackofen zubereitet zu werden hatte, geschürt mit einem Feuer aus Nadelhölzern, das dem Fleisch einen harzigen, für die Mehrzahl der Weißen abscheulichen Geschmack verlieh, wie das die frühen Reisenden bezeugen (vgl. oben, S. 23 f.). Diese Praxis scheint in allen nördlichen Regionen von Nordamerika die Regel gewesen zu sein. Über die Montagnais, ein im Osten Kanadas ansässiges Volk der Algonkin-Sprachfamilie, schrieb im Jahre 1643 Pater Le Jeune: »Wenn sie ein Bärengelage feierten, ließ derjenige, der ihn erledigt hatte, seine Eingeweide auf Kiefernzweigen garen.«[163] In der westlichen Region, die uns hier interessiert, führen zahlreiche Mythen die Zubereitung des Bären und ihre Regeln auf den Stiftungsakt eines Greises namens Auf-heißen-Steinen-gegart zurück.[164] Andere Mythen kehren das Motiv um: Man tötet den Bären, indem man ihm kochendheißes Harz und rotglühende Steine einflößte[165], indem man ihn also behandelt, als ob er ein Erdbackofen wäre, dessen von den darin verteilten Steinen gespeicherte Hitze von einem harzigen Holzfeuer stammt.

Analoge Regeln sind auch in Sibirien beobachtet worden. Beim großen Bärenfest fielen Tannen und Tannenzweigen bei den Nivx in Sachalin vielfache rituelle Verwendungsarten zu. Die Ghiliak heizten den »Bärenofen« mit Tannenzweigen, also Zweigen von einem Baum, dessen immergrüne Nadeln eine Vitalität konnotierten, die sich, wie man hoffte, auch der Tierart mitteilen würde. Die Ket garten den Bären im ganz ähnlich mit Tannenzweigen unterhaltenen »Feuer des Berges«.[166]

Gerade in Amerika könnte ein Nez Percé-Mythos uns auf die Spur einer Deutung führen. In den fernen Zeiten, als die Tiere und die Bäume noch sprachen, verfügten allein die Nadelbäume über das Feuer; sie verweigerten es allen anderen Lebewesen mit Ausnahme ihrer Artgenossen. Es brach ein strenger Winter herein, alle Wesen drohten an Wärmemangel zugrunde zu gehen. Als die Kiefern alle um ein gutes Feuer versammelt saßen, stahl Biber ein Stück Holzkohle und verteilte das Feuer an die anderen Bäume. Deshalb kann man heute Feuer aus zwei Stücken Holz schlagen, die aneinandergerieben werden.[167]

Das mit Nadelhölzern entfachte Feuer erscheint hier also als das

Urfeuer.* Damit erklärt sich auch, daß es sich nur bei derart feierlichen Anlässen wie der Zubereitung des Bären verwenden läßt, und zwar überall da, wo das Opfer dieses Tieres oder auch nur sein einfacher Verzehr eine Hauptrolle im Ritual und im religiösen Denken spielen.** Im Nordwesten von Nordamerika liefern die Rituale zur Feier des ersten Lachses das einzige Vergleichsglied. Die beiden können übrigens koexistieren. Der Rückgriff auf das Urfeuer zur rituellen Zubereitung des Bären hätte damit sein Analogon in den Ritualen zur Feier des ersten Lachses, die den Gebrauch präkultureller Werkzeuge vorschreiben – eine Miesmuschel anstelle des hergestellten Messers – und ein aus archaischen Worten bestehendes Vokabular vorsehen.

Wenn es aber für die Zubereitung des Bären auf einem Feuer aus Nadelhölzern eine plausible Erklärung gibt: Warum treten die *Peucedanum-*, die *Helianthus-* und die Angelikawurzeln bei der Zubereitung des ersten Lachses dann an die Stelle dieses Holzes? Ich habe bereits darauf hingewiesen, daß diese Pflanzen einen harzigen Geschmack gemeinsam haben, den sie auch dem gegarten Fleisch verleihen – das ist das relevante Merkmal. In den Ritualen des ersten Lachses spielen sie also dieselbe Rolle wie die Nadelholzzweige, die, von Sibirien bis in den Osten Amerikas, das vorgeschriebene Brennmate-

---

* Die Azteken legten in den letzten fünf Tagen jedes Monats Tannenzweige in den Heiligtümern Tezcatlipocas an den Wegkreuzungen aus. Unter anderen Umständen konnten die rituellen Opfergaben von Tannenzweigen durch reichere – Quetzalfedern – oder bescheidenere – Binsen – ersetzt werden (Sahagún, *Historia general*..., Buch III, Kap. II; Buch VII, Kap. II). In der koreanischen Folklore finden sich der Bruder und die Schwester, die zur Wiederbevölkerung der Menschheit aufgerufen sind, nach dem Vorbild des Rauches zweier entfernt stehender Tannen zusammen, die sie selbst entflammt haben (In-Hak Choi, *A Type Index of Korean Tales*, Seoul: Myong Ji University, 1979, Nr. 725). Und Plutarch fragt sich, warum im Tempel zu Delphi, der dem Apoll geweiht war, »für den Unterhalt des ewigen Feuers nur Tannenholz verbrannt worden« sei (*De E apud Delphos*..., in *Œuvres morales*, übers. von Amyot, Paris 1584, Bd. I, Supplement, S. 162) (vgl. *Moralia*, 2 [385C], hrsg. von W.R. Paton, M. Pohlenz und W. Sieveking, Leipzig: Teubner, 1924; Anm. d. Übers.).

** Bemerkenswert ist, daß im Südosten der Vereinigten Staaten, also in weiter Entfernung vom Verbreitungsgebiet des Bärenfestes, die Vaterschaft des ersten Feuers den Sohlengängern zugeschrieben wird. Früher besaßen nur die Bären das Feuer. Sie trugen es stets bei sich. Eines Tages legten sie es zur Erde nieder und entfernten sich, um Eicheln zu essen. Das Feuer drohte schon zu erlöschen und rief um Hilfe. Menschliche Wesen kamen herbei und schürten es erneut. Das Feuer lebte wieder auf. Als die Bären es sich zurückholen wollten, sagte es zu ihnen, es habe nichts mehr mit ihnen zu schaffen. Seither gehört das Feuer den Menschen.[168]

rial sind, um den Bären auf rituelle Weise zuzubereiten. Zu den Nadelholzzweigen unterhalten die drei Pflanzenarten eine metaphorische Beziehung. Wenn man aber im *Peucedanum*, im *Helianthus* und in der Angelika vergegenständlichte Bilder des Kiefern- oder Tannenholzes* sehen muß, folgen daraus zwei Konsequenzen.

Erstens erscheinen die Rituale des ersten Lachses dann nämlich selbst als metaphorische Transposition der Bärenrituale: Sie bilden ihr Äquivalent oder Substitut bei Völkern, deren Ökonomie im wesentlichen auf dem Fischfang beruht. Zwar existieren die beiden Rituale im Nordwesten Nordamerikas nebeneinander; aber diejenigen des ersten Lachses finden sich selbst nur in einem sehr kleinen Teilbereich des ganzen Gebietes, in dem der Lachsfang die Hauptrolle in der Ökonomie spielt. Zur Erklärung der gleichzeitigen Präsenz der beiden Rituale in einem begrenzten Territorium hat Gunther die Hypothese vorgetragen, daß da – und nur da – zwei Glaubensinhalte, die in den anderen Kulturen der Region getrennt voneinander bezeugt sind, sich miteinander vermischt hätten: der Glaube, daß das getötete Wild wiederaufersteht; und der, daß die Tiere allesamt zur Nahrung des Menschen ausersehen sind.[169] Die Besonderheiten der geographischen Verteilung der beiden Rituale regen eher dazu an, denjenigen des Bären eine logische und wohl auch historische Priorität vor denen des ersten Lachses zuzuerkennen.

Die zweite Konsequenz: Der Vergleich zwischen Lachs- und Bärenritualen, den uns botanische Erwägungen anzustellen bewogen haben, führt, wie man sehen wird, zum Problem der Zwillinge zurück, der im ersten Teil der vorliegenden Studie (4. und 5. Kap.) großen Raum einnahm. Hier müssen wir jetzt wieder anknüpfen, indem wir uns den Standpunkt der Kulturen der Nordwestküste und der benachbarten Regionen zu eigen machen.

---

* Dennoch behielt bei den Lilloet der ursprüngliche Sinn die Oberhand, der verbindlich vorschrieb, daß der erste Lachs auf einer Schicht von frischen Zweigen der Rottanne (*Abies magnifica*, Murr.) zubereitet werden mußte, die von Hill-Tout aufgrund ihrer Stellung im Ritual als »mystische Tanne« bezeichnet wurde (Hill-Tout 3, S. 295–297, 137–138).
  Zur mutmaßlichen Archaik der Riten und der Zubereitung des Bären vgl. Rémi Mathieu, »La Patte de l'ours«, in: *L'Homme*, XXIX (1), 1984, S. 5–42.

ZEHNTES KAPITEL

Zwillinge: Lachse, Bären, Wölfe

Nahezu überall auf der Welt glaubt man oder hat man geglaubt, daß eine Verbindung zwischen Zwillingen und meteorologischen Phänomenen besteht: Zwillinge sagen das Wetter voraus und bestimmen es sogar, sie lassen Regen, Wind und Sturm losbrechen oder aufhören. Gleichwohl bleibt herauszufinden, ob es sich da um eine privilegierte Beziehung handelt oder ob dieser Glaube Bestandteil eines Komplexes ist, aus dem ihn herauszulösen willkürlich wäre. Bei den Menschen ist die Geburt von Zwillingen ein relativ seltenes Phänomen; ebenso ist es (oder war es zumindest) unvorhersehbar. Der Volksglaube assoziierte es also mit anderen unvorhersehbaren Phänomenen, die nicht zwangsläufig in den Bereich der Meteorologie fallen. Zwillinge sind etwa, so die volkstümliche Einstellung, mit hellseherischen Kräften begabt, sie haben die Macht, Menschen zu verhexen, sich in übernatürliche Wesen zu verwandeln, Epidemien und andere Übel fernzuhalten, die Vieh und Äcker befallen können, und bestimmte Krankheiten zu heilen; sie sind unempfindlich gegen Bisse und Stiche giftiger Tiere und verleihen Erfolg bei der Jagd, beim Fischfang usw.

Dennoch hat es den Anschein, daß die Verbindung zwischen Zwillingen und meteorologischen Phänomenen im Nordwesten Nordamerikas alles andere in den Schatten stellt; sie ist so deutlich, sie äußert sich in so detaillierten Glaubensvorstellungen und rituellen Praktiken, daß man das Gefühl hat, sich mit einem unausweichlichen Problem konfrontiert zu sehen. Ebendas war auch die Meinung früherer Autoren, wie es der Raum veranschaulicht, der dieser Region der Welt sowohl von Frazer in *The Golden Bough* (Bd. I, S. 262 ff.) als auch von Sydney Hartland vorbehalten wird, dem Autor des Artikels »Twins« in *Hasting's Encyclopaedia of Religion and Ethics*. Wenn diese Autoren aber auch vor allem auf Befunde aus dem amerikanischen Nordwesten zurückgriffen, um die Verbindung zwischen Zwillingen und meteorologischen Phänomenen zu verdeutlichen, so beschränkten sie sich doch darauf, diese Befunde aufzulisten, ohne die Ursachen und das Wesen dieser Verbindung in Frage zu stellen.

Die besonderen Kräfte von Zwillingen in bezug auf das Wetter (Kräfte, die sie manchmal mit ihren Eltern teilen) verleihen ihnen Macht über Regen, Nebel und Wind. Wenn die Kwakiutl sich schönes Wetter wünschten, bemalten sie die Körper der Zwillinge mit roter Farbe, kleideten sie besonders kunstvoll und ließen sie öffentlich umhergehen. Wenn sie Regen wollten (damit die Flußläufe anschwollen und die Lachse leichter stromaufwärts schwimmen konnten), wuschen sie die Zwillinge, salbten ihnen das Haar mit Öl und bemalten ihre Körper mit schwarzen und weißen Farbstreifen.[170] Auch die Küsten-Salish erhofften sich durch die Salbung des Haares eines oder beider Zwillinge mit Öl oder Fett, daß sich der Wind erhob; damit der Sturm und das Meer sich beruhigten, wuschen sie den Kopf eines Zwillings, dessen Haare sie auf ähnliche Weise geölt hatten.[171] Die Kwakiutl glaubten, daß der Einfluß von Zwillingen auf das Wetter mit wachsendem Alter zunähme. »Wenn dichter Nebel herrschte, sagten sie überdies, konnte ein Zwilling so tun, als ob er den Nebel in seiner Kopfbedeckung einfing, die er sich dann an den Körper drückte. Man glaubte, daß er sich den Nebel einverleibte und der Himmel wieder aufklarte.«* Zwillinge konnten auch die Winde herbeirufen, und zwar gleichgültig aus welcher Richtung, indem sie mit ihnen durch einen hohlen Algenstengel sprachen, der ihnen als eine Art akustisches Sprachrohr diente. Ein Zwilling brauchte nur sein Haar ins Wasser hängen zu lassen, damit die Fische sich, wie beim Angeln, daran festbissen.[172]

Unzählige Bräuche und Glaubensinhalte, die von Alaska und vom Norden bis zum Süden von Britisch-Kolumbien, vom Landesinnern bis zur Küste bezeugt sind, bestätigen diese gebieterische Macht über das gute wie das schlechte Wetter, den Nebel, den klaren Himmel oder Wind und Sturm, die Zwillingen zugeschrieben werden.

Umgekehrt hat es nicht den Anschein, als ob die in diesem weitläu-

---

* Der Vater und die Mutter von Zwillingen haben dieselbe Macht. Die Tsimshian und die Tlingit erzählen in einem Mythos, daß der Bruder des Demiurgen den Nebel aufsteigen ließ, indem er sein Haupt entblößte und seine Kopfbedeckung umgekehrt in das Kanu legte, in dem sie beide fuhren.[174] Auf der Ebene der Kleidung ist die Kopfbedeckung zugleich Isolator und Mittler zwischen Oben und Unten, so wie auf der meteorologischen Ebene der Nebel Isolator und Mittler zwischen Himmel und Erde ist (vgl. oben, S. 25).

figen Territorium heimischen Völker Zwillingsgeburten alle auf die gleiche Weise aufgenommen und verstanden hätten. Die Tlingit in Alaska fürchteten sie so sehr, daß ein Mann seine Frau verstoßen konnte, wenn sie Zwillingen das Leben schenkte; und die wurden dann auch alsbald zu Tode gebracht.[173]

Dieselbe Einstellung im Süden. Die Skagit im heutigen Staat Washington »sahen in Zwillingsgeburten ein schreckliches Zeichen des Zornes übernatürlicher Mächte. Man hielt die Mutter von Zwillingen für eine Art wildes Tier (›ein beunruhigendes Geschöpf‹ im Sinne der Tlingit[175]). Das Beste, was man tun konnte, war, die Zwillinge auszusetzen und sterben zu lassen. Waren sie verschiedenen Geschlechts, fürchtete man den Jungen sogar noch mehr als das Mädchen.«[176]

Ein und derselbe Schrecken vor Zwillingen herrschte also an den beiden entgegengesetzten Enden des geographischen Bereiches. Im dazwischenliegenden Raum beobachtet man dagegen sehr variable Einstellungen: Zwillinge, die beispielsweise bei den Squamish wohlgelitten waren, weil ihre Geburt die jägerischen Fähigkeiten ihres Vaters mehrte[177]; Zwillingsgeburten, die von den Alsea gefürchtet wurden[178]; Zwillinge, die von manchen Stämmen des Puget Sound sogar als Ungeheuer betrachtet und zu Tode gebracht wurden.[179] Umgekehrt schrieben die Lummi in unmittelbarer Nachbarschaft den Zwillingen die Macht zu, ihre Mitbürger zu bereichern; denn bei der Jagd oder beim Fischfang verstehen die Zwillinge die Elemente zu kontrollieren und den Wind zu veranlassen, in die richtige Richtung zu blasen. Die Eltern von Zwillingen einerlei Geschlechts sahen alle ihre Wünsche erfüllt.[180] Einige Völker des Landesinnern schließlich (übrigens sogar benachbarte wie die Okanagon und die Cœur d'Alêne) scheinen Zwillingsgeburten halbwegs gleichgültig hingenommen zu haben; so als wäre, im Verhältnis zu den positiven oder negativen Einstellungen ihrer Nachbarn, ihre eigene schwächer ausgeprägt gewesen.[181]

Schon ein früher Beobachter war über diese Divergenzen verwundert: Myron Eells, der als Missionar im letzten Viertel des 19. Jahrhunderts bei den Indianern am Puget Sound lebte, vermerkte ihre (gegenläufig zu den anderswo vorherrschenden Vorstellungen gelagerte) Angst, daß die Geburt von Zwillingen die Fische vertreiben könnte. Sie verstießen die Eltern des Zwillingspaares aus dem Dorf, untersagten ihnen den Fischfang und ließen lediglich zu, daß sie sich von am Strand ausgegrabenen Muscheln ernährten. Ehedem verurteilte man die Eltern von Zwillingspaaren sogar dazu, in den Wäldern zu leben, und verbot ihnen die Rückkehr an die Küste, solange nicht einer der beiden Zwillinge tot war. Eells fügt als Kommentar hinzu: »Die Stämme der Pazifikküste hatten mehr oder weniger ähnliche Bräuche, andere aber erwiesen den Zwillingen große Ehren.«[182]

*
* *

Wie lassen sich diese Diskordanzen verstehen? Sie waren zweifellos real, hingen aber vor allem mit der Komplexität der Glaubensinhalte in bezug auf Zwillinge und die daraus resultierenden Verhaltensweisen zusammen. Scheinbar widersprüchliche oder unausgewogene Einstellungen geben Anlaß zu der Vermutung, daß diese Gesellschaften sich untereinander deutlicher unterschieden, als das in der Wirklichkeit zum Ausdruck kam. Wie Barnett[183] zu Recht angemerkt hat, wurden Zwillingsgeburten überall für ein Wunder gehalten, aber diese Feststellung gibt keinerlei genauen Aufschluß über die Art und Weise, wie jede einzelne Gesellschaft sie behandelte. Ganz im Sinne ihres persönlichen Temperaments haben die Beobachter den Akzent auf diesen oder jenen Einzelaspekt ihrer Bräuche gelegt – auf Kosten anderer –, während jeweils gerade der Gesamtkomplex ins Auge zu fassen gewesen wäre.

Der Fall der Kwakiutl illustriert diese Schwierigkeiten mit besonderer Deutlichkeit. Sie sahen in Zwillingsgeburten ein wunderbares Ereignis (»*a wonderful event*«, sagt Boas[184]). Dennoch unterwarfen sie den Vater und die Mutter allen erdenklichen Vorschriften und Verboten, und zwar so zahlreichen und komplizierten, daß ihre bloße Beschreibung von George Hunt, dem unvergleichlichen Informanten von Boas, nicht weniger als 22 Seiten mit gedrängtester Typographie in einem Quartband in Anspruch nimmt.[185] Vier Jahre lang lebten die diesen Regeln unterworfenen Eltern abgeschnitten von ihrer Gemeinschaft, ganz im Banne der Unmöglichkeit, irgendeine produktive Tätigkeit auszuüben oder gar nur ihre Bedürfnisse zu bestreiten. Ihre Verwandtschaft unterstützte sie; während dieser ganzen Periode bot sie ihnen materielle und moralische Hilfe, denn die Familien der Frau und des Mannes waren stolz, diese mit übernatürlichen Fähigkeiten ausgestatteten Wesen zu den Ihren zählen zu dürfen: Zwillinge, die, neben anderen Gaben, über die Fähigkeiten verfügten, Kranke zu heilen, günstige Winde zu wecken und über Regen und Wind zu gebieten. Man wußte, daß das ungeheure Prestige der

Zwillinge auf alle ihre Angehörigen und Verwandten überströmen würde.

Das war aber nicht das einzige Motiv; denn, so präzisiert Hunt, »wenn sie so handelten, dann deshalb, weil alle Familienmitglieder, wie die Indianer glauben, sterben werden, wenn der Vater und die Mutter der Zwillinge diese Bräuche nicht befolgen. Angenommen, einer oder beide wollen sich diesen Zwängen nicht unterwerfen, dann beschwört die ganze Familie sie, sich wieder zu ermannen. (...) Wenn der Vater und die Mutter der Zwillinge eine wirklich starke Seele haben, hören sie vier Jahre lang auf zu arbeiten – wohlgemerkt, wenn diejenigen hinreichend zahlreich sind, die sich um sie kümmern und ihnen Holz für das Feuer und ihre gesamte Nahrung liefern können.«[186]

Um sich den Luxus der Aufzucht von Zwillingen leisten zu können, muß man also über hinreichende Mittel verfügen. Das können sich einzig solche Familien erlauben, die dem Kreis angehören, den wir heute die begüterte Klasse nennen würden. Wie aber geht das alles bei den einfacheren Leuten vor sich? Auch dazu äußert sich Hunt ganz explizit: »Folgendes passiert denen, die Zwillingen das Leben schenken und keine Familie (zu ihrer Unterstützung) haben, also denjenigen, die arbeiten (wohlgemerkt: mit eigenen Händen), bevor sie Zwillinge bekommen.« Unmittelbar nach der Niederkunft gebietet die Mutter der Hebamme, die durch Brauch und Herkommen zum Gehorsam verpflichtet ist, die Kinder zu erdrosseln, »damit sie dorthin zurückkehren, woher sie gekommen sind«. Der Vater gibt überall bekannt, daß seine Frau mit totgeborenen Zwillingen niedergekommen ist. Man schreitet zu ihrer Bestattung; drei Tage später ergreift vor versammeltem Volk ein Redner das Wort, und zwar anstelle der Häuptlinge – »die Häuptlinge haben nämlich Angst vor den Eltern der Zwillinge; denn jedem, dem die Eltern von Zwillingen übelwollen, mißlingen alle seine Unternehmungen« –, und er fragt die Eltern feierlich, ob sie sich den Tabus zu unterwerfen gedenken. Die Mutter antwortet mit Nein: »Schon morgen früh werden wir wieder unsere Arbeitskleidung anziehen.« Bei Anbruch der Morgendämmerung versammeln sich alle Männer; mit raschen Schlägen von Stöcken, die reihum verteilt worden sind, schlagen sie auf Bretter ein, während aus dem Haus die Eltern treten, zuerst der Vater mit seinen Arbeitsgeräten (Spaltkeil für Holz, Steinaxt, Paddel, Decke), dann die Mutter mit ihrer Kiepe für Muscheln, mit einer anderen für wilde Beeren, ihrem Wanderstab, ihrer Decke und ihrem Spaten. Sie tun einige Schritte und halten dann inne – was dem Spektakel ein Ende macht.* Dann verkündet der Sprecher, daß die Eltern der Zwillinge sich den Tabus nicht fügen werden und daß sie aus diesem Grunde wieder ihre Arbeitskleidung angelegt haben. Von da an steht es ihnen frei, wieder ihren Verrichtungen nachzugehen.[187]

Folglich können bei den Kwakiutl – und zweifellos auch anderswo – antithetische Einstellungen zu Zwillingen koexistieren. Entweder hängt man an ihnen, und zwar in einem Maße, daß die Eltern und ihre Familien, um sie am Leben zu erhalten, sich schwere Opfer auferlegen; oder man tötet sie aus Mangel an Subsistenzmitteln. Kurzum, und wie wir das bereits im Zusammenhang mit den Tupí in Südamerika festgehalten haben (vgl. oben, S. 81 ff.): Man unterscheidet hier wie da zwischen zwei Arten von Zwillingen, die eine wohltätig, die andere bösartig. In Südamerika hängt diese Unterscheidung von der Natur ab: Die wirklichen Zwillinge sind bösartig, die von verschiedenen Vätern gezeugten erfüllen dagegen eine Funktion, die für den Weltlauf und sein geregeltes Funktionieren unerläßlich ist. Bei den Kwakiutl und ihren Nachbarn hängt die Unterscheidung mit sozioökonomischen Ursachen zusammen (aber bildeten für die Völker der Nordwestküste gesellschaftlicher Rang und Vermögen nicht eine zweite Natur, wahrscheinlich sogar die bedeutsamere der beiden?). Die guten Zwillinge sind die der Reichen, die alles Erforderliche aufwenden können, um die solchen Geburten innewohnenden Gefahren zu neutralisieren und später daraus gewaltige Profite zu ziehen. Die Armen haben diesen Fundus nicht; deshalb stellen Zwillinge, die einer armen Familie geboren werden, einen Fluch dar, und zwar nicht nur für diese Familie, sondern auch für die ganze Gesellschaft.

An der Westküste von Vancouver Island erließen die Nootka ebenso strenge und ebenso lange gültige Vorschriften und Verbote. Die kleinen Salish-Völker im Süden der Kwakiutl, die die Ostküste und das gegenüberliegende Festland bewohnten, verfügten über eine demokratischere Organisation; die Unterscheidung zwischen Armen und Reichen war bei ihnen weniger ausgeprägt. Aber auch sie sahen in Zwillingsgeburten außergewöhnliche, mit Vorteilen und Risiken behaftete Ereignisse. Es bedarf also nur eines leichten Gleichgewichts-

---

* Ein Spektakel ähnlich dem Charivari bei uns auf dem Lande, das, wie ich in *Le Cru et le cuit* (S. 294–295, 343–344 [dt. S. 371–372, 432–433]) schrieb, den »Bruch einer Kette, das Auftauchen einer sozialen Diskontinuität« bezeichnet, wie sie der Altersunterschied zwischen den Ehepartnern, die Heirat eines schwangeren Mädchens, die Wiederverheiratung von Witwern usw. veranschaulicht.

verlustes zwischen den damit verknüpften Vorstellungen, damit die jeweiligen Verhaltensweisen auf die eine oder die andere Seite umschlagen.

*
* *

Wie hängen diese Erörterungen über die Behandlung von Zwillingsgeburten mit denen des vorhergehenden Kapitels über das Bärenfest und die Rituale des ersten Lachses zusammen? Auf die denkbar direkteste Weise, weil Zwillinge für die Mehrzahl der Völker der Region nämlich eine enge Affinität zu Bären oder zu Lachsen haben.

Zu Tode gebracht, kehren die Kwakiutl-Zwillinge »zu dem Wohnsitz zurück, von wo sie gekommen sind«, das heißt ins Land der Lachse. Vor der Geburt waren gleichgeschlechtliche Zwillinge nämlich Lachse – der Grund, aus dem sie Macht über diese Fische haben. Man verlieh Zwillingen besondere Namen, die der jeweiligen Lachsart entsprachen, von der sie, wie man glaubte, abstammten. Wenn Zwillinge verschiedenen Geschlechts waren oder sehr kleine Hände hatten, sah man in ihnen eher Eulachons oder Kerzenfische (*Thaleichtys* sp.). Manche Familienüberlieferungen erzählen, daß und wie die Ehe eines Vorfahren mit einem weiblichen Zwilling die Stromaufwanderung der Fische in den Flüssen auslöste, die bis dahin von diesen Bewohnern frei gewesen waren; oder wie die Vorfahren in Erfahrung brachten, daß es in Wirklichkeit die Zwillinge waren, wenn sie einen davon als Fisch aus dem Wasser zogen.[188] In im Detail variablen Formen, auf die ich mich hier nicht einlassen möchte, ist die Verbindung zwischen Lachsen und Zwillingen (und manchmal auch den Eltern der Zwillinge) in einem zusammenhängenden Territorium gut bezeugt, das die Kwakiutl, die Tsimshian, die Nootka, die Makah und die Klallam umfaßt.[189]

Die Salish-Völker des Landesinnern schrieben den Zwillingen ein ganz anderes tierisches Wesen zu. So erkannte eine schwangere Thompson-Frau, die häufig von einem Grizzlybären träumte, an diesem Traum, daß sie Zwillinge bekommen würde. Die Thompson benannten die Zwillinge mit Namen, die »Grizzly-Kinder« oder »Behaarte Tatze« bedeuteten, und glaubten, sie stünden unter dem besonderen Schutz dieses Raubtieres. Wie die Kwakiutl, aber auf anscheinend weniger strenge Weise, unterwarfen sie die Eltern vier Jahre lang verschiedenen Verpflichtungen und Verboten.[190] Die Lilloet als Nachbarn der Thompson und der Shuswap trieben ebendiese Vorstellung noch weiter. Sie hielten die Grizzlys für die wirklichen Erzeuger der Zwillinge: Der Mann der Mutter war in ihren Augen nicht der wirkliche Vater. Kurz, sie hielten die Zwillinge für Grizzlys in Menschengestalt.[191] Bei den Shuswap schließlich sieht es so aus, als habe sich die Verbindung zum Grizzlybären, wenn auch noch durch das Wort bezeugt, das die Zwillinge bezeichnet und »junger Grizzly« bedeutet[192], abgeschwächt: Diesen Indianern zufolge teilte sich der Fötus und bildete unter dem Einfluß sei es des Grizzlybären, sei es des schwarzen Bären, sei es schließlich sogar eines kleinen Hirsches zwei unterschiedliche Individuen aus[*]. Das jeweils verantwortliche Tier wurde zum Schirmherrn der Zwillinge, die später dann das Wild ebendieser Art mit Erfolg jagten.[193]

Die Twana in der Sohle des Puget Sound verabscheuten Zwillingsgeburten: »ein Unheil für die Eltern und in geringerem Maße auch für die ganze Gesellschaft«; gleichwohl töteten sie die Zwillinge nicht, sondern hielten sie lediglich für eine Gefahr für sich und andere. Sie nannten sie »Wölfe«. Diese Assoziation von Zwillingen mit einem dritten Tier wirft ein Problem auf. Vielleicht tritt dieses dritte Tier lediglich an die Stelle des zweiten bei einem Volk, dem Wölfe weniger fremd waren als Bären? Dennoch jagte man den schwarzen Bären mit Schlingen und Fallen bis hin zur Küste. Es könnte auch sein, daß die Bezeichnung »Wolf« eine geläufige und verbreitete Anwendung der Eingeborenenidee war, derzufolge es »Sache der Tiere, nicht der Menschen ist, Zwillinge zur Welt zu bringen«.[194]

Es könnte aber auch sein, daß die Äquivalenz tiefer liegende Gründe hatte. Die zur Salish-Sprachgruppe gehörenden Quinault an der Küste des heutigen Staates Washington »bezeichneten Zwillinge nie mit ihrem eigentlichen Namen, sondern nannten sie ›Wölfe‹, um sie nicht zu demütigen«[195]. Die Gleichsetzung Zwillinge = Wölfe scheint auch in Sibirien bei den Kamtschadalen und weiter westlich bei den Ket präsent gewesen zu sein. Im ganzen Nordwesten Nordamerikas herrscht ein wahrer Überfluß an Hinweisen auf den besonderen Rang der Wölfe unter den Tieren: allgemeine Jagdrituale bei den Kwakiutl in Analogie zu denen, die bei der Jagd auf diese besonderen Tiere befolgt wurden, »weil man sonst kein Wild mehr fände«.[196]

---

[*] In Nordamerika ist das Wort *deer* ein Gattungsname, der zwei Arten von kleinen *Cervidae* umfaßt, nämlich *Odocoileus hemionus* und *Odocoileus virginianus*, ersterer »Schwarzschwanz« –, letzterer »Weißschwanzhirsch« genannt. Selten nur präzisiert die Quelle, ob es sich um die eine, die andere oder gar alle beide Arten handelt.

Ähnlich bei den Nootka, in deren religiösen Ritualen die Wölfe eine bemerkenswerte Rolle spielen.[197] Die Nootka auf Vancouver Island und die Lummi an der Küste glaubten, daß Menschen und Wölfe etwas Gemeinsames hätten. Die Lummi sahen in den Wölfen Psychopompen, »Seelengeleiter«[198], und ein Nootka-Erzähler beendete einen Mythos, indem er sagte: »Jetzt weißt du, was die Toten für uns werden: wir machen sie zu Wölfen.«[199]

Ebenso müßte man Mythen der Region Aufmerksamkeit schenken, die Wölfe mit dem Thema der Verdopplung in Zusammenhang bringen (der Ursache von Zwillingsgeburten für die Indianer). Wenn es heute noch Wölfe gibt, so deshalb, weil es einem Helden nicht gelang, sie allesamt zu töten; den letzten konnte er nur noch in zwei Teile spalten, die eine Hälfte entwischte ihm und entfloh in die Berge.[200] Damit stößt man wieder auf das Motiv der gespaltenen Schnauze des Hasen aus der Mythengruppe der Zahnschnecken-Diebinnen (vgl. oben, S. 34, 48); denn ich habe in *Le Regard éloigné* gezeigt (Kap. XV), daß im Denken der amerikanischen Indianer die Hasenscharte eine körperliche Verdopplung einleitet: Mit dieser anatomischen Besonderheit tritt der Hase als ein unabhängiges Zwillingspaar in Erscheinung, daher die Bedeutung, die die Mythen ihm zuschreiben. Symmetrisch dazu erklären die Salish der Küste die heutige Existenz von Wölfen aus dem Umstand, daß es einem von ihnen gelang, der Ausrottung seiner Art zu entrinnen, weil er vier Augen hatte: zwei vorne und zwei hinten, was ihm erlaubte, die Absichten des Angreifers zu vereiteln.[201] Dieser Wolf ist also in Gestalt von zweien in einem verdoppelt und nicht, wie sein Gegenstück im anderen Mythos, in der Gestalt von einem in zwei.

Obwohl explizitere Bräuche und Glaubensvorstellungen fehlen, enthalten die Mythen doch genug Hinweise auf eine Verbindung zwischen den Wölfen einerseits und der Verdopplung oder Zwillingshaftigkeit andererseits, um die Skizzierung des folgenden Dreiecks zu erlauben:

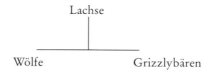

Halten wir uns an den Hauptgegensatz: den zwischen Fischen und terrestrischen Tieren. Die Salish des Landesinnern sind nicht das einzige Volk, das Zwillinge Bären gleichstellte. Die Ghiliak in Sibirien glauben, daß die Zwillinge Bären sind, die diese Gestalt angenommen haben, um unter den Menschen zur Welt zu kommen. Nach ihrem Tod begräbt man die Zwillinge in einem Bärenkäfig im Wald.[202] Die Ket sehen in Zwillingsgeburten geheimnisvolle Ereignisse. Sie richten den Zwillingen und ihrer Mutter ein Wochenbett aus Tannenzweigen her und kleiden sie in Gewänder aus frischen Hobelspänen; die Zwillinge erhalten Tiernamen. Wenn sie tot sind, kehren sie wieder zu den Bären zurück. Die Bärenjungen, deren Mutter getötet worden ist, werden zum Säugen einer Frau anvertraut, die bereits Mutter von Zwillingen ist.[203]

Der Glaube, der Zwillinge mit Bären identifiziert, hat also eine sehr weite Verbreitung. Dieser Umstand kommt jenen vorläufigen Schlüssen zu Hilfe, die ich gegen Ende des vorhergehenden Kapitels gezogen hatte (vgl. oben, S. 136f.). Da hatte ich vorgeschlagen, in den drei behandelten Pflanzen – die, je nach der Region, für die Zubereitung des ersten Lachses gesammelt werden – botanische Metaphern zu sehen, die an die Stelle der Nadelholzzweige als vorgeschriebenen Brennmaterials für die rituelle Zubereitung des Bären treten. Jetzt kann man weitergehen und die metaphorische Beziehung auch auf die Zwillingsvorstellungen ausdehnen. Jene Vorstellung, die sie Lachsen gleichstellt, ist nur in einem sehr engen Teilbereich des Territoriums bezeugt, in dem die Rituale des ersten Lachses gefeiert werden; und dieses Gebiet nimmt seinerseits wiederum nur einen kleinen Teil dessen ein, in dem der Lachsfang die ökonomische Haupttätigkeit bildet. Von sehr begrenzter räumlicher Ausdehnung, könnte die Identifikation von Zwillingen und Lachsen also nur eine Metapher der Identifikation von Zwillingen und Bären sein. Aus rhetorischer und wahrscheinlich auch historischer Sicht hätte die letztere dann Priorität vor der ersteren.

Diese Interpretation käme der These entgegen, der zufolge die ersten Besiedler der Pazifikküste bereits bei ihrer Ankunft dort im Besitz einer Ökonomie der Fluß- und Seefischerei waren.[204] Sie stimmte also besser mit der von Borden überein, der in den Kulturen der Küste, vor allem der der Haida und Tlingit, das entwickelte Produkt einer mehrere Jahrtausende alten nördlichen Tradition sah, deren Ursprung im Landesinnern gesucht werden müßte.[205]

ELFTES KAPITEL

Familienmeteorologie

Noch unpassender als die Ehe eines stolzen und hübschen Mädchens mit einem bresthaften, wundenbedeckten Greis, reicht die einer Frau mit einer Wurzel (vgl. oben, S. 130) an die Grenzen der Exogamie heran und überschreitet sie sogar. In dieser Hinsicht steht die Geschichte des Sohnes der Wurzel in diametralem Gegensatz zu einem anderen Mythos, wie er von manchen Küstenvölkern bekannt ist. Dieser Mythos kreist um den Inzest einer Mutter mit ihrem Sohn: diesmal in endogamer Gestalt, die aber ebenfalls extrem ist.

Man begegnet diesem Mythos an der Spitze von Cap Flattery, in einem kleinen Territorium, wo eine Gruppe aus der Salish-Sprachfamilie, die Klallam, und die Quileute, Vertreter einer isolierten Sprachenklave, nebeneinander leben. Hier zunächst die Quileute-Version, eine Fassung von intensivem poetischem Reiz, den die geraffte Zusammenfassung bedauerlicherweise nicht zu bewahren in der Lage ist.

Eine reizvolle junge Frau hatte einen häßlichen alten Mann. Ihr einziger Sohn, der bei ihnen lebte, war von großer Schönheit. Eines Tages, als sein Vater und er Jagd auf Meergänse machten, verirrten sie sich; der heftig wehende Wind legte sich; es fiel ein dichter Nebel, durch den hindurch sie einen Strand erblickten. Sie gingen an Land, und der Alte schickte seinen Sohn als Kundschafter aus. Der Junge gelangte zu einer Hütte, in der eine hübsche Frau mit langem Haar und reichem Schmuck wohnte. Sie lud ihn ein, zusammen mit seinem Vater bei ihr zu wohnen, solange der Nebel sich nicht gelichtet hatte; und sie machte dem jungen Mann den Vorschlag, sie zu heiraten. So lebten sie alle drei zusammen. Das dauerte sehr lange.

Der Vater ging Tag für Tag aus, um Feuerholz zu sammeln. Eines Tages wich er von seinem gewöhnlichen Weg ab und fand eine Steinaxt und einen Spaltkeil, die auf merkwürdige Weise denen ähnelten, deren er sich bei sich zu Hause bediente. Dieser Vorfall wiederholte sich auch an anderen Stellen, und der Mann fragte sich, ob die Hütte, in der er wohnte, nicht seine eigene und die Hausherrin nicht seine Gattin war.

Als er heimkehrte, lag sein Sohn mit seiner Frau im Bett. Die beiden liebten sich zärtlich. Der Vater schickte sie zum Baden und entzündete ein großes Feuer, an dem die Frau sich nach der Rückkehr mit gespreizten Beinen ausstreckte, um sich nach dem Bade aufzuwärmen. Der Alte richtete einen glühenden Holzstock auf die Frau, so als wollte er sie verbrennen; sie fuhr auf und spreizte die Beine noch weiter, wobei sie ihre Vulva sehen ließ, die der Alte als die seiner eigenen Frau erkannte. Voller Groll auf das inzestuöse Paar setzte er sich in eine Ecke, stumm, die Augen zu Boden geschlagen. Einen Augenblick später schaute ihn die Frau an und sagte: »Geh nach Süden, denn du bist ein böser Mensch. Man wird dich fortan Südwind nennen. Mein Sohn, der ein tapferer Junge ist, wird nach Norden gehen und sich Nordwind nennen.«* Bevor er aufbrach, befahl der Alte seiner Frau, sich im Wald zu verstecken, und sagte ihr, man werde sie künftig Tsuga-Knoten nennen: *Tsuga canadensis*, ein Nadelbaum mit knotigen Ästen. Seither bringt der Südwind den Sturm, der Nordwind das schöne Wetter, und die Tsuga-Knoten ergeben ein gutes Feuer.[208]

Die kürzere Klallam-Version versetzt die früheren Eheleute in die Ferne, und zwar ihn nach Osten und sie nach Westen. Der inzestuöse Sohn ging nach Norden und sein jüngerer Bruder (es gibt mehrere Brüder in dieser Version) nach Süden. Man kam überein, es sei nicht allzu gewichtig, wenn der Nordwind sehr stark blies, denn der Südwind würde ihn bald zum Aufhören zwingen.[209]

Dieser Mythos von Völkern in Ozeannähe schreibt den Winden nicht dieselben Wertigkeiten zu wie ihre Nachbarn, die in den Sohlen der Fjorde oder im Landesinnern besser davor geschützt waren. Nun haben diese Völker aber einen Mythos, der den der Klallam und der Quileute invertiert. Ehedem, sagen sie, wetteiferten der Nordwind

---

* Der im Winter an der Küste herrschende Südwind bringt den Regen. »Er bringt den auf der Erde lebenden Tieren Not und Elend und verjagt die Fische aus den nahrungsreichen Gewässern in Richtung der Watten, aus denen die Brandungswellen sie häufig in Massen auf den Strand werfen, wo sie zugrunde gehen.«[206]

Eine jüngere Version des Mythos unterscheidet vier Südwinde, deren jeder von einem Bruder der Heldin personifiziert wird: der kälteste Südwind; ein lauer Südwind, der im Frühjahr Eis und Schnee zum Schmelzen bringt; der wirkliche Südwind und schließlich der *chinook*, der warme Wind des Frühlings (vgl. unten, S. 254).[207]

und der Südwind miteinander darum, wer von beiden der stärkere sei, und die Indianer hatten unter ihrem Konflikt viel zu leiden. Schließlich erreichten sie es jedoch, daß die Widersacher Frieden schlossen, einen Frieden, der durch die Ehe einer Tochter des Südens mit einem Sohn des Nordens besiegelt wurde. Unfähig, die Kälte zu ertragen, rief das junge Mädchen seinen oder seine Brüder zu Hilfe, die es wieder in ihr Heimatland zurückbrachten. Seit dieser Zeit führen sich die Winde auf weniger gewalttätige Weise auf.[210]

Ein Inzest, aus dem einander entgegenwirkende Winde hervorgehen, hat also als symmetrisches Gegenstück eine exogame Ehe, die diese Winde als distinkte, aber miteinander versöhnte bestehen läßt. Dem Nebel des ersten Mythos entspricht in einer Version des zweiten Mythos ein Feuer aus feuchtem Holz (das der Frau des Nordwindes als einziges erlaubt ist, weil es keine Hitze erzeugt), »das dermaßen stark raucht, daß die Frau nichts mehr sehen kann«[211]; und dieses Feuer tritt in Gegensatz zum großen und schönen Feuer der Tsuga-Knoten des anderen Mythos.

Der zweite Mythos enthält eine seltsame Episode. Ohne Wissen ihrer Brüder versucht die Frau, den Eis-Sohn, den sie vom Nordwind empfangen hat, mitzunehmen; damit man ihn nicht sieht, versteckt sie ihn unter ihrem Gewand, und zwar hinten am Oberschenkel (der Grund, weshalb, wie die Informanten sagen, der hintere Teil der Oberschenkel bei den heutigen Frauen kälter ist als bei den Männern). Das Kind aber, das unter ihrem Kleid nur schlecht verborgen ist, beult darin einen Buckel aus, der seine Anwesenheit verrät. Läßt sich in diesem Buckel nicht ein transponiertes Bild der Auswüchse sehen, die die Holzknoten an einem Ast bilden? Diese Knoten sind, wie ersichtlich geworden ist, der beste Brennstoff für das Feuer. Der Eis-Sohn wird seinerseits ins Feuer geworfen, wo er schmilzt; oder er wird, analog zu den vom Ast gelösten Knoten, zum Prototyp der auf der Wasseroberfläche schwimmenden Eisschollen, wenn das Klima sich erwärmt.[212]

Man wäre sogar versucht, noch weiter zu gehen und den Quileute- und Klallam-Mythos in eine Transformationsbeziehung zu jenem anderen zu bringen, in dem der Sohn der Wurzel die Rolle des Helden spielt. Denn die Verwandlung der Quileute-Frau in Holzknoten erscheint unverständlich, wofern man nicht darauf aufmerksam macht, daß ein Stück Holz, das seine Knoten eingebüßt hat, Löcher bietet, die auf vegetabilischer Ebene das »weibliche« Gegenstück der »männlichen« Wurzel sind, deren sich eine Frau als Ehemann bedient.

Auf diesem Umweg ließe sich einmal mehr verifizieren, daß der letzte Phasenzustand einer mythischen Transformation eine doppelte Drehung präsentiert: Die Frau verwandelt sich nicht, wie man erwarten würde, in durchlöchertes Holz; sie verwandelt sich direkt in die Knoten, deren Verlust das ist, was ein Holzstück »weiblich« werden läßt.

Wenn man mir ein gewagtes Bild durchgehen lassen will, würde ich sagen, daß die Transformation mit großem Anlauf über das Gegenteil hinwegspringt und jenseits davon mit beiden Beinen wieder beim Widerspruch landet. Das Gegenteil ist dennoch präsent, zwar nicht in einer Transformation, wohl aber in einem lokalen Ableger des Ausgangsmythos – dem des Sohnes der Wurzel –, und zwar bei ebenden Völkern, von denen die Hauptversionen stammen. Die Shuswap erzählen, daß der Demiurg den Menschen die sexuellen Beziehungen zu einer Zeit nahebrachte, da die Frauen nur mit *Peucedanum*-Wurzeln zu kopulieren verstanden und die Männer nur mit durchlöcherten Ästen, weil diese Äste ihre Knoten eingebüßt hatten.[213]

Ein Lilloet-Mythos entwickelt das Motiv weiter: »Es war einmal ein Mann, der allein in einer halbvergrabenen Winterhütte lebte (...). Er hätte sich gern eine Frau genommen, wußte aber nicht wo. Schließlich beschloß er, sich aus einem Baumast selber eine Frau zu machen. Mehrere Tage lang lief er überall herum und brach Äste ab, bis er einen fand, der seinen Zwecken entgegenkam: an ebender Stelle durchlöchert, wo er sich vom Stamm gelöst hatte. Der Mann brachte ihn zu sich nach Hause und behandelte ihn wie eine Frau. Er redete mit seiner natürlichen Stimme mit ihm und ahmte dann eine Frauenstimme nach, so als antwortete sie ihm. Er schlief neben dem Ast, und wenn er ausging, versteckte er ihn unter einer Decke und ließ ihm zu essen und zu trinken da.«[214]

Man kann also folgendes Schema aufstellen:

$$F_{männlich}\text{(Höhlung)} : F_{weiblich}\text{(Ausbuchtung)} :: F_{männlich}\text{(Ausbuchtung)} : F_{Höhlung\text{-}I}(weiblich)$$

in dem der dritte Term dem Kind entspricht, das eine Ausbuchtung am Körper seiner Mutter bildet (vgl. oben, S. 151), und der vierte der Frau, die zu den personifizierten Holzknoten geworden ist.

Weitere Erwägungen erlauben es, diese Mythen mit dem Gesamtkomplex derer zu verbinden, die wir bisher durchmustert haben. Ob zwischen den Zeilen oder auf offensichtlichere Weise, alle haben sie eine meteorologische oder jahreszeitliche Konnotation, und alle beziehen sich entweder auf den Ursprung des Nebels oder auf die

Herrschaft der Winde. Das war bereits seit dem ersten Auftauchen des Tauchervogels in unseren Mythen deutlich. Denn mit seinen Wanderzügen skandiert der Tauchervogel, wenn man so sagen darf, den Wechsel der Jahreszeiten und den von Schön- und Schlechtwetter. Ich habe bereits darauf hingewiesen, daß der Taucher im Sommer an den Seen des Landesinnern heimisch ist und sich in Richtung Küste aufmacht, wenn sie zufrieren (vgl. oben, S. 121). Ebenso reagiert der Taucher auf jähe Wetterwechsel. Die Mythen ziehen dieses Verhalten sehr deutlich in Betracht: »Heute ist Donner der Großvater von Taucher. Wenn der Sturmwind bläst, zieht Taucher sich zu den Seen zurück, wo das Wetter ruhig ist. Im April bricht er in Richtung Meer auf. Taucher ist der Häuptling der Völker des Salzwassers.«[215]

Der originäre Zug des Quileute- und Klallam-Mythos liegt in seiner Verbindung des Motivs des Nebels mit dem der Winde. Zu Beginn reißt der disjunktive Nebel den Helden und seinen Vater aus ihrer normalen Existenz heraus. Weil er aber im ganzen weiteren Verlauf der Erzählung anhält, isoliert er sie in einer Traumwelt, die die Elemente miteinander verquickt und die Vereinigung von Mutter und Sohn erlaubt. Am Schluß der Erzählung betreten die Winde die Szene: als Widersacher des Nebels, weil sie ihn ja zerstreuen und damit Himmel und Meer wieder unterscheidbar machen; und als Gestalt, in der Vater und Sohn sich voneinander entfernen. Jeweils wohlwollend oder böse, treten sie fortan in Gegensatz zueinander (Quileute-Version); oder sie neutralisieren einander, trotz ihrer periodischen Konflikte (Klallam-Version). Es geht also um die Herrschaft der Winde, die die Mythen der Küstenpopulationen vor allem deshalb behandeln, weil sie den Wetterstürzen am meisten ausgesetzt sind. Die Völker im Landesinnern legen den Hauptakzent eher auf den Wechsel der Jahreszeiten. In den zuvor untersuchten Mythen war mehr die Rede vom Nebel als vom Wind. Hier nun bekommen die beiden meteorologischen Phänomene die gleiche Bedeutung und werden mit derselben Aufmerksamkeit bedacht.

ZWÖLFTES KAPITEL

Schmuckstücke, Nahrungsmittel

Als wir im siebenten Kapitel mit einer Gestalt namens Ntsaâ'z, Tsa'au'z oder Snánaz Bekanntschaft machten (die im Kindesalter von einer Eule entführt wurde), haben wir eine bestimmte Episode des Mythos absichtlich beiseite gelassen. Diese Episode kommt in einer einzigen der von den Thompson stammenden Versionen vor (vgl. oben, S. 110f.).

Dem Anschein nach bedeutungslos, verdient sie doch eine besondere Behandlung, denn man wird sehen, daß die ganze Interpretation dieses Mythenkomplexes davon abhängt.

Ein unnahbares Mädchen hat sich mit dem Helden häuslich eingerichtet, obwohl der die äußere Gestalt eines mit Geschwüren bedeckten und stinkenden Greises bietet. Zum Spott schicken die Eltern des Mädchens ihren »Schwiegersohn« zum Holzsammeln. Die geringe Ausbeute, die er zusammenträgt und seiner Gefährtin heimbringt, vermehrt sich auf magische Weise, als sie ihm die Last abnimmt: Miteins füllt sie vier Hütten. Folgen wir dem Wortlaut des Mythos: »Seine Frau trug die Stücke (Holzscheite: eines für jede Hütte) zu den (halbvergrabenen Winter-)Hütten und ließ sie am Ende eines Seiles hinab; während dieser Tätigkeit glitt ihr ein Scheit aus der Hand, das auf den Boden einer der Hütten fiel. Ein Splitter durchdrang die Testikel von Mond, der genau darunter saß. (Die Scheite vermehrten sich), bis jede Hütte so voll von gespaltenem Holz war, daß es keinen Platz mehr für die Bewohner gab.«[216]

Von der Anwesenheit von Mond in einer der Hütten, von dem Zwischenfall, dessen Opfer er wird, und von seinen – dem Mythos zufolge – gewaltigen Testikeln wird nie mehr die Rede sein. Muß der Episode dennoch eine Bedeutung zugeschrieben werden, und wenn ja, welche?

Bei der Antwort auf solche Fragen bedient sich die strukturale Analyse immer desselben Verfahrens. Man macht ausfindig, ob im selben geographischen Gebiet ein Mythos existiert, in dem sich das invertierte Bild dessen erkennen läßt, der das Problem aufwarf, als man ihm isoliert begegnete. Wenn sie zueinander in Gegensatz treten, erlauben die beiden Motive, ein semantisches Feld einzukreisen. Für sich und getrennt betrachtet, scheint keines der beiden etwas zu besagen: Der Sinn ergibt sich aus den zwischen ihnen wahrnehmbaren Beziehungen.

Im vorliegenden Fall braucht man nicht erst sehr lange zu suchen, um ein solches Motiv zu entdecken: Es ist typisch für die Mythologie der Nez Percé, einen Stamm aus der Sahaptian-Sprachfamilie*, die einen räumlichen Komplex bildet, dessen Nordflanke an die Salish-Sprachfamilie grenzt (Abb. 12).

Einst, so erzählen die Nez Percé, wohnte Mond im Osten und leuchtete tagsüber, so wie das heute die Sonne tut. Aber seine Hitze war zu stark: Sie versengte und verzehrte die Erde und tötete alle Lebewesen. Überdies hatte Mond kannibalische Gelüste; sein Sohn jagte für ihn und brachte ihm jeden Tag menschliche Leichname heim, deren Testikel Mond verspeiste (einer anderen Fassung zufolge kochte Mond die Leichname, nachdem er ihnen zuvor die Testikel entnommen hatte, die er roh aß).

Coyote, der im Westen lebte, wollte diesem verbrecherischen Tun ein Ende machen. Alte freundschaftliche oder familiäre Verbindungen vorschützend, wandte er sich an den Sohn von Mond und bot ihm an, seine Keule zu halten, während er an einer sehr kalten Quelle seinen Durst löschte; dann tötete er ihn. Er legte die Kleider des Toten an und gab sich dessen äußere Gestalt; so verkleidet, brachte er Mond den Leichnam seines Sohnes. Seiner alten Gewohnheit folgend, beeilte sich Mond, die Testikel zu verspeisen, die er sehr streng im Geschmack und sogar etwas bitter fand.

Mond war ein dicker und fetter Alter. Er bewohnte ein mit herrlichen Zieraten angefülltes Zelt. Coyote entschloß sich, sie zu stehlen. Nach Anbruch der Nacht bemächtigte er sich ihrer und brach auf; am frühen Morgen aber erwachte er vor dem Zelt von Mond, dessen »Hof er nicht einmal überschritten hatte«, wie eine Version sagt. Dieser Versuch, Mond zu bestehlen, mißlang ihm mehrmals hin-

---

* Die Sahaptian-Familie umfaßt die Sprache der Nez Percé und die sogenannten Sahaptin-Sprachen mehrerer Nachbarvölker (vgl. Hunn: 58–88).

tereinander.* Erstaunt darüber, Coyote Tag für Tag vor seiner Tür eingeschlafen zu finden, begriff Mond schließlich, daß er nicht sein Sohn war. Je nach den verschiedenen Versionen sprachen sich die beiden Personen miteinander aus und versöhnten sich manchmal sogar; oder Coyote enthauptete Mond, bevor der den Betrug bemerkte. Der Schluß aber lautet überall gleich: »Fortan, sagte Coyote zu Mond, wirst du keine Menschen mehr töten. Der Mond wird an den Himmel versetzt und soll sein Licht verbreiten, damit man auch nachts unterwegs sein kann.«[217]

Ein im vorigen Kapitel zusammengefaßter Mythos spielt in einer Zeit, als die Winde die Menschen verfolgten (vgl. oben, S. 150f.). Dem Nez Percé-Mythos zufolge, der uns hier beschäftigt, zeigte sich Mond (der damals noch die Sonne war) ebenfalls grausam. In beiden Fällen gelingt es schließlich, sei es die Winde, die fortan gemäßigter blasen werden, sei es den Mond zu disziplinieren, dem die Rolle des nächtlichen Leuchtkörpers zugewiesen wird, die er noch heute erfüllt. Im einen Falle handelt es sich gleichwohl um den Wechsel der Jahreszeiten und der Wetterlagen; und im anderen um die Tag- und Nachtperiodizität.

Die Shuswap haben einen Mythos, der die Brücke zwischen den beiden Formeln schlägt. Mond bewohnte ehedem eine entlegene,

---

* Die Okanagon aus der Salish-Sprachfamilie haben eine sehr entstellte Version des Mythos, in der Coyote als Nacht- und Schlafgast eines Riesen sich entschließt, zu flüchten und dabei die beiden wunderbaren Feuersteine mitzunehmen, die der Hausherr besitzt. Trotz seiner Anstrengungen aber gelingt es ihm nicht, sich aus der Hütte zu entfernen. Ganz verblüfft über dieses Wunder, unternimmt Coyote einen letzten Versuch, indem er es mit den Taten und Gesten verbal vergegenwärtigt: »Jetzt stehe ich auf; jetzt beginne ich zu gehen; jetzt ergreife ich die Feuersteine; jetzt bin ich am Fuße der Leiter; jetzt steige ich hinauf; jetzt bin ich oben; jetzt bin ich draußen; jetzt beginne ich zu laufen ...« In derselben Stimmung fuhr er fort, und da er die Gegend gut kannte, murmelte er: »Jetzt bin ich hier, jetzt bin ich da ...« Die ganze Nacht über sprach er so mit sich selbst, immer im Glauben, daß er sich mit seinem Diebesgut entferne. Bei Sonnenaufgang, als das Hausgesinde des Riesen sich erhob, sah man, wie Coyote immer um den Herd herumlief, dabei sein Selbstgespräch fortsetzend und völlig schweißbedeckt, so sehr hatten ihn seine vergeblichen Anstrengungen erschöpft.«[218]
Wenn ein Mythos eine Sprachgrenze überschreitet, können zwei Arten von Veränderungen sich einstellen: Entweder bleibt das Hauptmotiv des Mythos allein bestehen, wird jedoch entstellt oder invertiert (ich werde das im Falle der Thompson zeigen); oder das Gerüst des Mythos bleibt, wie hier, intakt, büßt jedoch seinen Inhalt ein und dient nur noch als Vorwand zu einem glanzvollen Stück Literatur.
Zu einem weiteren Beispiel für das erste Phänomen vgl. den Mythos der Snohomish mit der Indexzahl M_{677} in *L'Homme nu* und S. 341, Anm. 1 (dt. S. 450), wo sich die hier folgende Diskussion bereits ankündigt.

schnee- und eisbedeckte Landschaft.* Er heiratete eine Frau aus einem heißen Land und sperrte sie in einer Eishöhle ein, wo sie vor Kälte starb. Unter dem Vorwand, sie die Stelle der Verstorbenen einnehmen zu lassen, brachte er nacheinander und auf dieselbe Weise zwei ihrer Schwestern ums Leben. Einzig die Jüngste, die hinkte, hielt ihren Gatten in Schach: Sie erwärmte das Land. Die jahreszeitliche Rolle, die hier einer Hinkenden zugeschrieben wird, ist bereits in *Du Miel aux cendres*, S. 395–400 (dt. S. 508–512) im Zusammenhang mit dem Mythos mit der Indexzahl M_{347} diskutiert worden. Ich möchte hier lediglich in Erinnerung rufen, daß diese Geschichte von Mond die der Ehe von Nordwind (vgl. oben, S. 150ff.) reproduziert. Die Informanten präzisieren übrigens, daß Mond zum Volk des kalten Windes oder des Nordwindes gehörte und seine Herrschaft allen Bewohnern der Erde aufzwingen wollte.[219]

Der Nez Percé-Mythos und seine Okanagon-Variante entwickeln ein merkwürdiges Motiv weiter, das man »die unmögliche Abreise« nennen könnte. Trotz aller seiner Anstrengungen gelingt es Coyote nicht, sich vom Wohnsitz von Mond zu entfernen; er glaubt, die ganze Nacht hindurch unterwegs gewesen zu sein, und erwacht doch vor Monds Tür. Man begegnet demselben Motiv in einem Parallelmythos der Kutenai, in dem Coyote, von den Seinen durch eine Hungersnot getrennt (die eine Art umgekehrter Kannibalismus ist: gegessen werden ⇒ nichts mehr zu essen haben; auf alle Fälle stirbt man daran), seine Frau bei Sonne wiederfindet, deren Tochter sie ist. Coyote aber kennt die Bräuche des Hauses nicht, und die Schüsseln werden ihm vor der Nase weggeschnappt. Seine Frau erklärt ihm, daß er, wenn er das Zelt von Sonne abends betritt, nichts zu essen bekommen wird; um seinen Anteil zu erhalten, muß er morgens eintreten. Wie Mond bei den Nez Percé besitzt Sonne (der, daran sei ausdrücklich erinnert, der Schwager von Coyote ist) einen Schatz (je nach den verschiedenen Versionen eine Fackel oder vielleicht auch ein Gestell zum Spannen der Felle – wahrscheinlich in beiden Fällen ein Sonnensymbol). Coyote stiehlt ihn und läuft die ganze Nacht hindurch. Am frühen

---

* Mond wirkt also hier wie da verheerend: durch die Kälte; oder durch eine schreckliche Hitze wie im Mythos der Nez Percé. Aber sogar in diesem Mythos behält die Mond-Familie eine Affinität zur Kälte, weil es ja der Hinweis auf eine »äußerst kalte« Quelle oder auf eine Stelle war, »wo das Wasser am kältesten war«, mit dem Coyote den Sohn von Mond überredete, seinen Durst zu löschen. Selbst dieses scheinbar bedeutungslose Detail der syntagmatischen Kette erweist sich als relevant, wenn man es in einen paradigmatischen Komplex einordnet.

Morgen schläft er ein, von Erschöpfung überwältigt, und erwacht ebendort, wo er aufgebrochen ist. Sonne erklärt Coyote, daß er einen ganzen Tag, eine ganze Nacht und bis zum darauffolgenden Mittag laufen muß (eine andere Version: drei Tage und drei Nächte), wenn er ihm wirklich entkommen will.[220]

Ein Cœur d'Alêne-Mythos über einen Kampf zwischen Coyote und Sonne erhellt das Motiv. »Warum rennst du tagsüber herum, wenn Sonne scheint?« fragt ein wohlmeinender Vogel Coyote: »Er kann dich kommen und gehen sehen. Marschiere also nicht tagsüber; sondern nur nachts. Wenn es Tag wird, leg dich in ein Erdloch und schlafe. Steh in der Abenddämmerung auf und lauf weiter.«[221] Kurz, man kann nicht nachts reisen, wenn es keinen Mond gibt; also muß der Mond aus einem Tag- zu einem Nachtgestirn werden. Und man entrinnt der Sonne nicht, wenn man tagsüber reist: man wird gesehen; ebensowenig, wenn man am frühen Morgen Rast macht: man wird von ihr eingeholt, sobald man sich erhebt. Man muß ihr zuvorkommen oder erst mittags innehalten, in dem Augenblick, da einem die Sonne den Rücken zuwendet, wenn sie mit dem Abstieg beginnt.

*

* *

Was aber die Aufmerksamkeit vor allem fesselt, ist die Beziehung zwischen Mond und den Testikeln (vgl. bereits *L'Homme nu*, S. 507 [dt. S. 663]). Richtig ist, daß diese Beziehung von den Nez Percé bis zu den Thompson nur mittels zweier Inversionen aufrechterhalten wird: Ein *dicker* Mond als Testikelesser verwandelt sich in einen Mond als Träger von *dicken* Testikeln. Ferner ist Mond im Nez Percé-Mythos der Verüber und *Agent* einer den Testikeln seiner Opfer zugefügten Wunde: ein bevorzugtes Stück, das er herausschneidet und als erstes ißt; während der Thompson-Mythos ihn zum *Patienten* macht, zum Opfer einer zufällig seinen eigenen Testikeln beigefügten Verwundung. Im Thompson-Mythos unmotiviert, kann die Episode nur ein invertierter Reflex des Nez Percé-Mythos sein.*

---

* Diese Transformation hat dennoch nichts Willkürliches. Ein anderer Thompson-Mythos bringt eine alte Frau mit gezähnter Vagina ins Spiel (eine Penisesserin nach unten, so wie Mond bei den Nez Percé ein Testikelesser nach oben hin ist), die sich ihre Beine spitz zuschleift und sich ihrer bedient, um damit die Leute zu erdolchen, deren Herz sie ißt (eine innere Kugel, in Korrelation und Opposition zu den Testikeln als äußeren Kugeln). Sie versucht sich mit ihren zugespitzten Beinen zunächst an kleinen Bäumen, die sie durchbohrt, und dann an einem großen Stamm, in dem sie stek-

Es stellt sich also die Frage, warum Mond im Nez Percé-Mythos als Kannibale in Erscheinung tritt, nämlich als großer Liebhaber von Testikeln.

Ein Mythos der Takelma, einer kleinen, isolierten Sprachgruppe im heutigen Staat Oregon, etwa fünfhundert Kilometer südwestlich der Nez Percé, könnte eine ganz einfache Antwort geben. Er bezieht sich auf sehr alte Grizzlybären, die nur menschliche Eingeweide, Penisse und Testikel essen, »eine weiche Nahrung, die man ihnen bringt, weil sie keine Zähne mehr haben«.[222] Nun macht der Nez Percé-Mythos Mond aber zum Greis. Die Handlung des Takelma-Mythos stützt sich auf eine für das Denken der amerikanischen Indianer wichtige Unterscheidung, auf die Unterscheidung zwischen harten und weichen Körperteilen: Ohren, Nase, Geschlechtsorgane, die für anfällig und gefährdet gehalten werden, außer wenn Schmuckstücke aus Knochen, Zähnen, Holz usw. ihnen die Festigkeit verleihen, die ihnen fehlt.

Dennoch kann man den Nez Percé-Mythos nicht auf diese Weise verstehen, weil Mond, nachdem er die Testikel verspeist hat, ja die ganzen Leichname zubereitet und verzehrt und Coyote an der Mahlzeit teilnimmt. Die Testikel-Episode gehört nämlich zu einer sehr weitläufigen Transformation, deren Etappen sich von den Küsten-Salish bis zu den Kutenai in den Rocky Mountains verfolgen lassen. Nur eine aufmerksame Prüfung aller Phasenzustände wird es ermöglichen, den Gesamtkomplex aus seinen invarianten Merkmalen zu deuten.

Mythen der Küsten-Salish erzählen, daß Coyote, der für seine Mahlzeit einen männlichen Lachs säuberte, zwei weiße und runde Milch-Hoden aus ihm herauszog, so schön, daß er sich nicht entschließen konnte, sie zusammen mit dem übrigen zuzubereiten. Er legte sie zur Seite; sie verwandelten sich in zwei junge Mädchen, die

kenbleiben. Nach einer ganzen Nacht voller Anstrengungen gelingt es ihr, sich zu befreien. Andere Versionen ersetzen die Frau durch einen Mann – einen sehr dicken, sagt eine Variante, was an Mond bei den Nez Percé erinnert –, dem nicht gelingt, sich wieder loszumachen.

Anstelle einer Person, die von einem Holzsplitter durchbohrt wird, durchbohrt hier eine »Splitter«-Person (ihre zum Spieß geschärften Beine) das Holz. Wenn die Mond-Episode in der syntagmatischen Kette des isoliert betrachteten Thompson-Mythos auch unmotiviert erscheint, findet sie, mit anderen Mythen derselben Indianer in Zusammenhang gebracht, in permutierter Form doch ihren Platz in einem paradigmatischen Komplex.

anfangs mit ihm zusammenlebten, ihn dann aber verließen, als er sich ihnen gegenüber allzu draufgängerisch zeigte. Sie brachen aufs Geratewohl auf, stahlen ein Kind aus der Wiege, zogen es groß und nahmen es später zum Mann. Es war niemand anderer als Mond. Von den Seinen ausfindig gemacht, trennte sich Mond von seinen beiden Frauen und begann eine lange Reise, in deren Verlauf er die Fische und die Bäume schuf und Ordnung ins Weltgefüge brachte. Mehreren Versionen zufolge beschloß er schließlich, zum Himmel aufzusteigen, und versuchte sich als Sonne; weil er aber zu heiß war, brachte er die Wasserläufe zum Sieden. Er räumte seinen Platz also seinem Bruder und wurde selbst zum Mond.[223]

Ich habe bereits auf einen Mythos angespielt (in *L'Homme nu*, M_{615}; und hier im Zusammenhang mit dem Bären, vgl. oben, S. 135), einen Mythos der Klikitat, die als Sahaptin-Volk Nachbarn der Küsten-Salish sind. Dieser Mythos erzählt von einem Vernichtungskampf zwischen zwei Bären-Damen und später auch zwischen ihren Töchtern. Eine einzige dieser Töchter überlebte. Sie floh und verirrte sich zu einem Volk von Kannibalen, die die Testikel ihrer Feinde als Ohrgehänge trugen. Sie zwangen sie, sich ebenfalls diesem Brauch anzubequemen. Hilfsbereite junge Mädchen des Stammes befreiten sie und nahmen ihr die scheußlichen Schmuckstücke ab. Sie hängten ihr dafür ihren eigenen Zierat an die Ohren: die Schmuckstücke von Hirschjägern und Forellenanglern. Die Heldin heiratete den Bruder ihrer Befreierinnen, aber ein kannibalischer Lachs zögerte nicht, sie zu entführen. Der Gatte der Heldin verfolgte den Räuber, und es gelang ihm, ihn zu töten, indem er zu derselben List griff (und den Augenblick abwartete, bis er sich niederbeugte, um vom Wasser einer Quelle zu trinken), die bereits Coyote im Nez Percé-Mythos (vgl. oben, S. 156) gegen den Sohn von Mond angewendet hatte. Die beiden Gatten fanden wieder zueinander.[224]

Nicht nur dieses Detail führt uns wieder zu dem Nez Percé-Mythos zurück (von dem man bereits erahnt, daß er eine Phase derselben Transformation veranschaulicht): Menschenfresser, denen die Testikel als Nahrung dienen (aber als Luxusnahrung), weichen hier Kannibalen, die den Testikeln eine andere Verwendungsart zuweisen; sie tragen sie als Schmuckgegenstände.

Bei diesem Stadium angelangt, darf man bereits die folgenden drei Gleichungen für gesichert halten:

Thompson-Mythos	:	Testikel von sich	≡ Wunde;
Nez Percé-Mythos	:	– von anderen	≡ Nahrung;
Klikitat-Mythos	:	– – –	≡ Schmuck.

Ein Kutenai-Mythos, von dem ich bereits mehrere Elemente benutzt habe (vgl. oben, S. 49, 80, 131, 158), vergegenständlicht eine andere Phase der Transformation. Von seiner Frau durch die Hungersnot getrennt, irrt Coyote mit seinem jungen Sohn umher. Da bemerkt er eines Tages einige Biber, durchsticht ihre Dämme, fängt zwei Junge ein und hängt sie seinem Sohn als Schmuckstücke an die Ohren. Die anderen Biber aber, die sich totgestellt haben, springen ins Wasser, sobald Coyote ihnen den Rücken zukehrt, gefolgt von den »Ohrgehängen« des kleinen Coyote-Jungen, die jeder in ein Wasserloch springen und ihn damit zu vierteilen drohen. Er ruft um Hilfe, Coyote kehrt zurück, zieht seinen Sohn aus dem Wasser und holt damit auch die beiden kleinen Biber heraus. Er brät sie, gibt seinem Sohn das Fett, weil es sehr zart ist, und schickt sich an, selbst das Fleisch zu essen; dann besinnt er sich aber eines Besseren und vertauscht die beiden Gerichte, trotz der Tränen des Kindes.[225]

Damit also hat man eine Reihe von Mythen vor sich – auf zwei Achsen angeordnet, einer geographischen und einer logischen –, zwischen denen eine Verwandtschaft erkennbar ist: aus geographischer Sicht, weil die Populationen, von denen diese Mythen stammen, von Westen nach Osten aufeinander folgen, von der Pazifikküste bis zu den Rocky Mountains, deren Demarkationslinie die Kutenai sogar noch nach Osten überschreiten. Und auch aus logischer Sicht, und zwar auf mehrere Weisen.

Zunächst fällt ins Auge, daß die in ihrer Gesamtheit betrachtete Gruppe Schmuckstücke und Nahrungsmittel in Korrelation zueinander setzt. In den Mythen von der Küste findet Coyote die Milch-Hoden zu schön, um sie zu verspeisen: »Was könnte ich damit machen?« fragt er sich; und sorgfältig legt er jedes dieser beiden »runden Dinge« zwischen zwei Blätter, das eine oben, das andere unten: »Welche Form ihr auch annehmen werdet, ich will damit zufrieden sein. Ich wünsche mir, es möge das Schönste sein, wovon ich nur träumen kann: das mit Abstand beste Ding, das ich je gesehen habe.« Am darauffolgenden Tag haben sich die beiden Milch-Hoden in zwei entzükkende Mädchen verwandelt, »gekleidet in schöne Gewänder, zierlich, mit sehr heller Gesichtsfarbe und beinahe roten Haaren. Das ging dermaßen weit hinaus über alles, was Coyote sich gewünscht haben

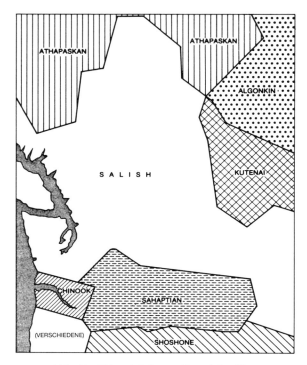

Abb. 12 Die wichtigsten Sprachfamilien.

mochte, daß er vor Stolz beinahe geplatzt wäre.« Er machte die beiden jungen Geschöpfe glauben, sie seien seine Töchter und in der Zeit vor seinem Witwerstand geboren.* Mehrere Monate vergingen. Coyote erkrankte und büßte beinahe das Augenlicht ein, was ihn aber

---

* Wenn man von den Küsten-Salish zu den ihnen benachbartenSahaptin-Sprachgruppen übergeht, werden diese frivolen »Töchter des Laichs«, die Coyote zu seinen Gattinnen machen möchte, dreifach invertiert, in Exkrement-Schwestern und wohlmeinende Ratgeberinnen, die Coyote aus seinem Körper austreten und nach Belieben auch wieder zurückkehren läßt: eine Transformation, die so radikal ist, daß sie darüber nicht mehr hinausgeht. Ich habe sie detailliert in einem anderen Kontext untersucht (*L'Homme nu*, S. 276–278 [dt. S. 355–358] und unter dem Index »Töchter des Laichs«). Die Salish des Landesinnern veranschaulichen Zwischenstufen: Man hat einigen Grund zu der Vermutung, daß die »Kräfte« von Coyote bei den Cœur d'Alêne, die er mit einem besonderen Verwandtschaftsausdruck bezeichnet, seine Exkremente, sein Penis und seine Testikel sind. Den Thompson und den Okanagon zufolge helfen die Exkremente von Coyote ihm und beraten ihn, sind aber keine »Schwestern«.

nicht daran hinderte, sich auch weiterhin lüstern zu verhalten. Die jungen Damen entzweiten sich mit ihm und setzten ihn in ein Kanu, das der Strom forttrug.[226]

Es besteht keinerlei Grund, hier die Physiologie zu Hilfe zu rufen, um den Übergang von den Milch-Hoden zu den Testikeln zu verstehen; zu seiner Erklärung genügt die Anatomie. Es sind Paare von rundlichen, vom Körper relativ unabhängigen Drüsen, die einen nach drinnen, die anderen nach draußen verlagert. Als Nahrung, die von den Indianern ebenso geschätzt wird wie der Fischrogen, haben die Milch-Hoden ein hübsches und zartes Aussehen wie Schmuckstücke. Was die Testikel betrifft, die auf einer Transformationsstufe Schmuckstücken, auf einer anderen Nahrungsmitteln* gleichgestellt werden, so partizipieren auch sie an diesem Doppelwesen. Von den Testikeln führt der Übergang zu dem Paar von jungen Bibern, die kleinen Kugeln ähneln. Die Biber als gutes Wildbret sind eine Nahrung, die Coyote wie Schmuckstücke zu behandeln gedenkt. Er macht daraus Ohrgehänge, was wiederum zu den Testikeln zurückführt, die in einem anderen Mythos von den Kannibalen zu ebendiesem Zweck benutzt werden. In einem dritten Mythos verspeist ein Greis, der ebenfalls Kannibale ist, mit Vorliebe die Testikel, die eine weiche Nahrung sind; in diesem hier schließlich sieht sich ein Kind um das Fett der kleinen Biber betrogen, eine weiche, seinem Kleinkindstadium angemessene Nahrung, wie der Mythos ausdrücklich hervorhebt. Es wird also deutlich, daß die in invarianten Funktionen permutablen Milch-Hoden, Testikel und kleinen Biber die Stufen einer und derselben Transformation darstellen.

Ein bemerkenswerter Umstand: Die Schmuckstücke kommen in den Berichten sogar dann vor, wenn dazu keine direkte Nötigung besteht. Die Töchter des Laichs sind reich gekleidet; in einer Variante des Mythos verläßt der Held als der künftige Mond sie, wobei er eine Truhe voller Zahnschnecken mitnimmt (die einzig eine bresthafte, mit Geschwüren bedeckte und stinkende Frau hochzuheben imstande sein wird, um die Schaltiere reihum zu verteilen[227]; dieser Abriß führt zur Geschichte von Snánaz zurück und verdiente eine gesonderte Untersuchung). Die Befreierinnen im Klikitat-Mythos begnügen sich ihrerseits nicht damit, die Heldin von ihren scheußlichen

---

* Eine Gleichstellung, wie sie mit wechselnden Metaphern auch unsere Umgangssprache vollzieht. Die Folklore der Alten Welt kennt ebenso auch die Verwandlung von Nahrungsmitteln in Schmuckstücke; vgl. M. Djeribi, »De la nourriture aux parures«, in: *Cendrillon. Cahiers de Littérature orale*, Nr. 25, 1989: 55–70.

Ohrgehängen zu befreien: Sie bestehen darauf, sie durch ihre eigenen zu ersetzen. Mond schließlich, der alte Kannibale des Nez Percé-Mythos, ist ein Sammler von kostbaren Gegenständen.

Die Analyse der Mythen über den Ursprung des Nebels hatte ein Gerüst bloßgelegt, das auf eine Korrelations- und Oppositionsbeziehung zwischen den Wunden und den Schmuckstücken reduzierbar war (vgl. oben, S. 122 ff.). Das Gerüst der eben betrachteten mythischen Transformation setzt die Schmuckstücke und die Nahrungsmittel in eine Korrelations- und Oppositionsbeziehung zueinander. In dieser Transformation funktionieren die Testikel, wenn ich so sagen darf, bald als Schmuckstücke und bald als Nahrungsmittel. Es ist also der Thompson-Mythos (von dem wir zu Beginn dieses Kapitels ausgegangen waren und der Testikel und Wunden in direkte Beziehung zueinander setzt), in dem sich die beiden Gerüste vereinen. Und eben darauf gilt es jetzt zurückzukommen.

DREIZEHNTES KAPITEL

Vom Mond zur Sonne

Die Thompson nämlich transformieren das Motiv der Testikel nicht auf eine, sondern auf zweierlei Weise. Die erste ist bereits bekannt: Mond wurde – vorzeiten, als er noch ein Menschenwesen war[228] – eine Wunde an den Testikeln zugefügt. Ein Mythos vergegenständlicht die andere Transformation. Ein Indianer von abstoßendem Äußeren, der Trost beim Glücksspiel suchte, ruinierte sich dabei, brach aufs Geratewohl auf und gelangte zu Sonne, die damals noch Kannibale war; aber der Sohn des Gestirns nahm ihn in seinen Schutz, machte ihm einen großen Beutel zum Geschenk und schickte ihn zu den Seinen zurück. Diesen Beutel durfte der Held vor seiner Rückkehr nicht anrühren, selbst wenn der Strick sich lockerte und der Beutel, den er auf den Schultern trug, ihm ganz weit am Rücken herunterrutschte.

In seinem Heimatdorf angekommen, öffnet der Held den Beutel und findet ihn voller kostbarer Kleidungsstücke, die er reihum verteilt. Voller Dankbarkeit bieten ihm Taucher und Wildgans ihre Töchter an; der Held führt sie zu Sonne und zu deren Sohn, damit sie sie zu ihren Gattinnen machen. Fortan tötet und verspeist die Sonne keine Menschen mehr.[229] Bestimmte Varianten, in denen ein unnahbares Mädchen an die Stelle des glücklosen Spielers tritt und seinerseits Sonnes Gattin wird, präzisieren, daß Sonne nie zuvor eine Frau gesehen hatte.[230]

Mit diesem Mythos schließen sich zwei Kreise. Statt daß der Sohn von Mond – der Herr der kostbaren Schmuckstücke – die Menschen tötet, damit sein Vater ihre Testikel verspeisen kann, beschützt im vorliegenden Fall der Sohn von Sonne einen Menschen und macht ihm einen Beutel zum Geschenk (metaphorische und invertierte Testikel: auf dem Rücken getragen), der mit Schmuckstücken gefüllt ist: was die postulierte Gleichwertigkeit von Schmuckstücken und Nahrungsmitteln bestätigt.

Man stößt in diesem Mythos auch wieder auf eine Äquivalenz von Frauen und Schmuckstücken, die bereits im ersten Transformationsstadium in Erscheinung getreten war. Zu schön, als daß Coyote sich entschließen könnte, sie zu verspeisen, verwandeln die Milch-Hoden sich in Frauen, also: Nahrungsmittel ⇒ Schmuckstücke ⇒ Frauen. Die Ethnographie der Küsten-Salish (von denen dieser Mythos der Töchter des Laichs stammt) stellt diese Besonderheit in Rechnung, zumindest was die Twana am Puget Sound betrifft, in deren Augen »die Polygynie den Reichtum und das Ansehen des Ehemannes und seiner Familie widerspiegelte. Die Nebenfrauen bildeten schon an sich eine Art Wertgegenstand (*a form of wealth article*), der von sehr reichen Männern prahlerisch zur Schau gestellt wurde (...). Die Frauen wurden für Wertgegenstände gehalten (*valuable articles*). (...) Man zahlte für die medizinischen Bemühungen der Schamanen mit einer Frau (...). Man bot auch, freilich selten, junge Mädchen zur Bezahlung einer Schuld an.«[231] Nun haben wir aber gerade gesehen, daß Frauen im Endstadium der Transformation im Gegenzug für Reichtümer gegeben werden, und der Kreis schließt sich auch auf dieser Seite.

Wie man bemerkt haben wird, ersetzt der Thompson-Mythos, der ein metaphorisches Objekt (den Beutel, der seinem Träger am Rücken herunterrutscht) an die Stelle der Testikel treten läßt, auch den Mond durch die Sonne als wichtigsten Protagonisten. Dasselbe gilt für den Fall des Kutenai-Mythos, in dem Coyote, nach der Episode mit den kleinen Bibern (dem metaphorischen Äquivalent der Testikel), seine Abenteuer bei Sonne fortsetzt, der, wie anderswo Mond und wie Sonne im Thompson-Mythos, der Besitzer eines Schatzes (vgl. oben, S. 158) ist.

Richtig ist, daß sich in dieser Region die Mythen, in denen Mond die Hauptrolle spielt, mit anderen verschachteln, die Sonne wo nicht zu einem Liebhaber von Testikeln – wie Mond im Nez Percé-Mythos –, jedenfalls aber zu einem Kannibalen machen. Nahe Nachbarn der Nez Percé und Angehörige der gleichen Sprachfamilie, kennen die Klikitat die Tat des Demiurgen Mond direkt oder durch Vermittlung ihrer Nachbarn, der Küsten-Salish, deren Töchter sie manchmal heiraten.[232] Und sie erzählen mit genauen Einzelheiten, wie ein junger Indianer, von dem Mädchen gedemütigt, das er liebte, sein Dorf verließ und in Richtung Osten aufbrach. Lange war er unterwegs und kam endlich bei Sonne an, dessen Tochter ihn als den Gatten aufnahm, den sie sich erwartete. Sonne war ein wilder Kannibale, der sich von Leichnamen ernährte. Seine Tochter erreichte es, daß er den jungen

Mann verschonte. Um ihn vor den anthropophagen Mahlzeiten zu schützen und ihn davon auszunehmen, verfertigte sie für ihn Waffen und Geräte für die Jagd und den Fischfang; und beide gemeinsam überredeten Sonne, sich fortan von Lachsen und Hirschen zu ernähren – nach Art der Menschenwesen.*

Das junge Paar hatte Kinder und entschloß sich mit Erlaubnis von Sonne, ins Land des Ehemannes zu ziehen. Mond, der jüngere Bruder von Sonne, brachte sie im Kanu hin. Während der Reise markierten sie die Stelle, wo sich künftig das Tagesgestirn zur Ruhe legte. Als sie ins Dorf zurückkehrten, erhielt das junge Mädchen, das den Helden zuvor hatte abblitzen lassen, seine Strafe: Ihrerseits gedemütigt, bekam sie keinen Mann; das ist der Ursprung des Zölibats. Fortan verfolgen die Sonne, der Mond und die Sterne ihre regelmäßigen Bahnen.[233] Auch diese kannibalische Sonne besaß große Reichtümer. Als ihre Tochter sich verabschiedete, erhielt sie von ihr ein »kleines Irgendwas« (sic), das aber ausreichte, diejenigen wohlhabend zu machen, die die Sache ihres Gatten unterstützt hatten. Die Eltern und Anhänger des allzu hochnäsigen Mädchens erhielten nichts zugewiesen. Noch deutlicher stellt ein Chinook-Mythos ein Fräulein Mond, Kannibalin und »bis zu den Haaren mit Menschenknochen geschmückt«, einem mit Zahnschnecken bedeckten Fräulein Sonne gegenüber.[234]

Ein Thompson-Mythos (mit der Indexzahl M_{598h} in *L'Homme nu*) kehrt die Rollen um: Die Ehe des Helden mit der Tochter von Sonne ist nicht von Erfolg gekrönt; er findet sie zu heiß und kann sie nicht ertragen.[235] Da aber geht es darum, den Ursprung der Sonnenringe als der Vorboten von Wetterumschwüngen zu erklären (vgl. etwa *L'Homme nu*, S. 207–219 [dt. S. 273–284]), und nicht um die Verweisung der Sonne in angemessene Distanz oder gar ihre Periodizität.**

Eröffnen wir hier eine Parenthese. Die Skagit, eine Gruppe von Küsten-Salish, haben eine Version des Mythos, in der Sonne, zwar gefährlich, weil zu heiß, aber keineswegs kannibalisch, den Menschen gegenüber eine große Fürsorglichkeit an den Tag legt. Dennoch miß-

---

* Hirschjäger und Lachsfänger sind es auch, die ein Bären-Fräulein von den Ohrgehängen in Gestalt menschlicher Testikel befreien, mit denen die Kannibalen es behängt haben (vgl. oben, S. 161). Die beiden mythischen Reihen, die eine lunar, die andere solar, stehen in enger Parallele zueinander.
** Anderen kosmologischen Mythen der Thompson zufolge, die zu einer abweichenden Tradition zu gehören scheinen, ertrug Frau Erde Sonne, ihren Gatten, nicht, dem sie vorwarf, er sei böse, häßlich und zu heiß. Er verließ sie, gefolgt von den anderen Himmelskörpern. Das ist der Ursprung der Trennung von Himmel und Erde.[237]

lingt die Verbindung seiner Tochter mit dem Helden, weil die Indianer, taub für die Anweisungen von Sonne, sich als unfähig erweisen, ihr Dorf in guter Ordnung zu halten und darin die Anwesenheit von unsauberen Frauen dulden.[236] »Es gibt nichts Widerlicheres auf der Welt als eine unsaubere Frau«, sagte bereits Rousseau, von dem dieser Aphorismus stammt, den ich schon im Zusammenhang mit anderen nordamerikanischen Mythen zitiert habe (*L'Origine des manières de table*, S. 163 [dt. S. 209])*; und es ist beeindruckend zu sehen, daß die beiden verwandten Versionen ein und desselben Mythos dazu zwingen, auf derart abrupte Weise – abgesehen von der Etymologie – vom kosmischen zum kosmetischen Bereich überzugehen.

In Wirklichkeit gehören diese beiden Versionen zu einem weitläufigen Komplex, der von den amerikanischen Mythographen mit dem Codenamen *Scarface*, der »Mann mit der Narbe«, belegt wurde, der sich mit seinem Verbreitungsgebiet von den Plains bis nach Alaska erstreckt und von dem ich bestimmte Aspekte bereits andernorts (*L'Origine des manières de table*, S. 301–305 [dt. S. 393–397]) diskutiert habe. Gleichwohl steht eine vertiefende Untersuchung dieser ganzen Gruppe noch aus, denn es ist bemerkenswert, daß etwa die Blackfoot sich darauf berufen, um eine bedeutsame Stammeszeremonie damit zu fundieren, die Klikitat, um die astronomische Periodizität zu erklären, die Skagit, um die Regeln der öffentlichen Hygiene plausibel zu machen, und die gesamte Nordwestküste zur bevorzugten Empfehlung der Ehe mit der matrilateralen Kreuzkusine (*Anthropologie structurale deux*, S. 203–205 [dt. S. 222–224]). Das sind nur einige wenige Beispiele für einen Fall, der besonders günstig gelagert ist, um zu zeigen, wie die verschiedenen Versionen ein und desselben Mythos, die als solche einen paradigmatischen Komplex bilden, für sich genommen in andere paradigmatische Komplexe eintreten können, die sich wiederum mit dem ersten in verschiedenen Punkten überschneiden.

*   *
*

---

* Vgl. Jean-Jacques Rousseau, *Émile ou de l'Éducation*, La Haye 1762, Buch V (dt. übers. von L. Schmidts, *Emil oder Über die Erziehung*, Paderborn [5]1981, S. 431 [A. d. Übers.]).

Ob sie nun die Sonne oder den Mond in den Vordergrund stellen: Die Mythen, die wir soeben durchmustert haben, haben dieselbe ätiologische Funktion oder einander sehr nahestehende Funktionen: Immer handelt es sich um die Lösung eines Periodizitätsproblems. Dieser invariante Zug ist stets von einer Bewegung des Umschlags begleitet, die das Gestirn in Mitleidenschaft zieht: bald die Sonne und bald den Mond; und die abwechselnd wohltätigen oder übelwollenden Neigungen jedes der beiden.

Im Anfangsstadium der Transformation beherrscht Mond den Vordergrund der Szene. Er ist der Kulturheros, der Demiurg und Schöpfer der verschiedenen Baumwesen, Fischarten und Nährpflanzengattungen; der Ordner des Weltgefüges, der die tellurischen Bewegungen beherrscht, die Ungeheuer vernichtet, die wichtigsten Werkzeuge erfindet, den Tieren ihr heutiges Aussehen verleiht, die sexuellen Beziehungen gefahrlos gestaltet und die Menschen mit Zahnschnecken-Muscheln beschenkt, das heißt, wie wir uns erinnern, mit den kostbarsten aller Güter usw.

In den folgenden Stadien haben kannibalische Ungeheuer ihren Auftritt, unter denen Sonne die Hauptrolle spielt, solange seine Tochter, seine Frau oder sein Schwiegersohn noch keinerlei Erfolg beim Versuch seiner Befriedung gehabt haben.

Die Sonne verschwindet ihrerseits hinter dem Mond, was dem Nez Percé-Mythos zufolge ihre Stellung als großer Kannibale und Esser von Testikeln betrifft. Damit erhalten wir eine Serie, in der, von Westen nach Osten, aber auch in logischer Folge, Mond als Wohltäter (Küsten-Salish), Sonne als Kannibale (Klikitat) und Mond als Kannibale (Nez Percé) auftreten. Wenn man den Skagit-Mythos beiseite läßt, dessen ätiologische Funktion hier abweicht (vgl. oben, S. 169 f.), konstatiert man, daß eine Permutation fehlt, nämlich Sonne als Wohltäter. Das letzte Stadium der Transformation, wie es der – am weitesten östlich angesiedelte – Kutenai-Mythos vergegenständlicht, müßte sie im Prinzip liefern. Bedauerlicherweise zeigt der wenig explizite Text des Mythos die Spuren derjenigen Schwierigkeiten, auf die Boas im Laufe seiner Forschungsreise im Jahre 1914 stieß. Er hatte fünf Informanten zur Verfügung, von denen die einen ein korrektes Englisch sprachen, aber über keine genaue Kenntnis ihrer Muttersprache mehr verfügten, während die anderen, wenn sie diese Muttersprache fließend sprachen, unfähig waren, sie zu übersetzen. Boas hat also nebeneinander Texte, die von den einen in Kutenai diktiert wurden, und Übersetzungen veröffentlicht, die nachträglich mit Hilfe anderer Informanten angefertigt wurden, die ihrerseits, wie er hervorhebt, die Grammatik der Sprache nicht beherrschten oder unfähig waren, sie Wort für Wort zu übertragen.[238] Deshalb präsentieren sich diese Kutenai-Mythen in der wahrscheinlich konfusesten und dunkelsten Form des gesamten nordamerikanischen Korpus – manchmal bis hin zur völligen Unverständlichkeit.

Möglicherweise bietet die Ethnographie ein Mittel zur Behebung dieser Schwierigkeiten. Die Kutenai, deren Siedlungsgebiet die Rocky Mountains überschreitet, hatten im Osten Kontakt zu den Blackfoot, ihrer Kultur nach ein Plains-Stamm und sprachlich ein Zweig der Algonkin-Familie. Als einziges unter allen Völkern der Hochebene hatten die Kutenai bei den Blackfoot den »Tanz der Sonne« entlehnt.* Ihre salishsprachigen Nachbarn – Flathead, Cœur d'Alêne, Okanagon – kennen die Existenz des Tanzes, ohne ihn jedoch übernommen zu haben.

Zweifellos hat diese große Zeremonie der Plains-Indianer (deren Originalität darin bestand, daß sie den ganzen Stamm versammelte; an den anderen waren lediglich religiöse Bruderschaften, Altersklassen oder Bünde beteiligt) einen Namen erhalten, der der Sonne und ihrem Kult eine ungerechtfertigt wichtige Rolle verlieh. Aber wenn dieser Name den Sonneneinfluß auch übertreibt, darf man ihn doch nicht unterschätzen (vgl. dazu *L'Origine des manières de table*, S. 172–174 [dt. S. 221–224]). Dieser Einfluß existierte zumindest bei den Blackfoot, die die Sonne für den Herrn der Welt hielten und darin eine wohltätige Gottheit voll Weisheit und Güte sahen, an die man tägliche Gebete richtete, besonders bei der in Rede stehenden Zeremonie.[239] Nun ist der Kutenai-Mythos, der Coyote zum Schwiegersohn von Sonne macht, aber mit Blackfoot-Mythologie durchsetzt, und zwar in einem Maße, daß bestimmte Vorfälle nur mit Bezug auf sie verständlich werden. So erzählt der Mythos, wie Coyote bei Sonne eine ertragreiche Jagd veranstaltete, indem er das Wild mit einem Buschfeuer umzingelte, das er dank den an seinen Mokassins befestigten Spechtfedern überall entzündete, wo er vorbeilief. Ein in mehreren Versionen bekannter Blackfoot-Mythos schreibt Sonne Jagdbeinschienen zu, die mit Stachelschweinborsten besetzt und mit starkfarbigen Federn geschmückt waren. Derjenige, der sie trug, brauchte nur umherzulaufen, um ein Buschfeuer zu entfachen, das

---

* »Die Kutenai sagen, daß sie den Tanz der Sonne von jenseits des westlichen Ozeans erhalten haben, da, wo der Geist des Sonnentanzes lebt« (Turney-High, S. 178, 184).

das Wild aufscheuchte. Es sind ebendiese Beinschienen, die der Betrüger im Blackfoot-Mythos mehrfach zu stehlen versucht, ohne daß es ihm gelänge, den Wohnsitz von Sonne hinter sich zu lassen. Der Blackfoot-Mythos kommentiert diese letzte Episode auf sehr viel kohärentere Weise als die Kutenai-Version: »Er (der Betrüger) wußte nicht, daß die ganze Welt die Hütte der Sonne ist und daß er, wie weit er auch laufen mochte, doch stets dem Auge der Sonne sichtbar blieb.«[240] Ein Blackfoot-Weiser erklärt dazu: »Die Sonne hält die Erde und den Himmel in einer einzigen Halle zusammen.«[241] In allen Versionen des Mythos macht der Eigentümer der Beinschienen – sei es Sonne oder ein Freund oder ein Schwager des Betrügers –, wenn er die Gier sieht, mit der letzterer sich ihrer zu bemächtigen anschickt, sie ihm schließlich zum Geschenk und unterweist ihn in ihrem Gebrauch; aber der Nutznießer bedient sich ihrer ohne Zurückhaltung und entfacht eine große Feuersbrunst.[242] Sonne hat sich also versöhnlich, ja sogar großzügig gezeigt: ein Charakterzug, den die expliziteren Blackfoot-Versionen ihm auch in der Kutenai-Variante beizulegen verleiten, die von den ersteren abstammt und in der Sonne, ohne jeden Groll auf seinen Schwiegersohn-Dieb, ihm in allen Einzelheiten beibringt, wie er es anstellen muß, damit es ihm gelingt, seine Hütte zu verlassen, und anscheinend nicht einmal versucht, wieder in den Besitz seines Eigentums zu kommen (vgl. oben, S. 159).

VIERZEHNTES KAPITEL

Die Frau mit Hund

Die Geschichte von Mond und seinen verletzten Testikeln konnte nicht umhin, in der Vorstellung der eingeborenen Zuhörer die Erinnerung an ein kleines Ritual des nachbarschaftlichen Umgangs wachzurufen, das ihnen vertraut war.

Die Thompson-Indianer und ihre Nachbarn, die Lilloet, hatten nämlich den Brauch des sogenannten »Hinablassens«. Wenn die Population ihre Winterquartiere in den halb ins Erdreich eingelassenen Hütten bezog, stattete manchmal ein Nachbar einer dieser Hütten einen Besuch ab. Er kündigte sich an, indem er eine mit Viktualien gefüllte Kiepe am Ende eines Seiles durch das Rauchabzugsloch hinabließ. Bei den Lilloet begannen die Besucher damit, Wasser auf den Herd zu sprengen und dabei »Donner!« zu rufen. Die Bewohner verstanden, daß sie Besuch bekamen, und beeilten sich, das Feuer wieder anzuzünden. Daraufhin stiegen die Besucher durch die Innenleiter (vgl. Abb. 10) hinab, wobei jeder ein kleines, aus Nahrungsmitteln bestehendes Geschenk mitbrachte. Man vergnügte sich und schmauste. Die verbreitetste Praxis sah jedoch vor, daß man die Geschenke am Ende eines Seiles oder einer langen, gekrümmten, skulptierten und mit Tiermotiven oder einer Darstellung des Donners bemalten Stange hinabließ.

Um die Geschenke zu transportieren, bedienten sich die Thompson auch eines Kessels (früher eines Steines), der mit Federn und Bändern geschmückt und mit leuchtenden Farben bemalt war. Sie versahen ihn mit Viktualien, Kleidungsstücken oder gegerbten Fellen. Dieses Gerät, dem in Brand gesetzte Rindenstreifen das Aussehen einer Feuerkugel verliehen, wurde heftig geschüttelt; man ließ es an einem Seilende auf- und abschweben, während die Insassen der Hütte es zu ergreifen versuchten.

Die kosmologischen Anspielungen sind deutlich; andere beziehen sich auf eine tief ins Erdreich eingelassene Hütte, in der die *xaxá* leben, ein geheimnisvolles und schreckenerregendes Volk, mit dem man nur Handel treiben kann, indem man die vereinbarten Waren am Ende eines Seiles hinabläßt und heraufzieht; denn jeder, der sich ihnen weiter nähern möchte, stürzte unweigerlich in die chthonische Welt hinab und kehrte nie wieder zurück. Die *xaxá* hatten die Macht, Reisigbündel in Brand zu setzen, wenn sie es ihnen befahlen und ihnen dabei den Rücken zukehrten.[243]

Es ist also nicht gleichgültig, wenn im Mythos die Tochter des Häuptlings oben steht, auf dem Dach der Hütte, und die Holzscheite an einem Seilende durch das Rauchabzugsloch hinabläßt; und daß Mond – damals noch ein Menschenwesen – sich unter ihr befindet, in der Nähe des Herdes. In den auf die Luchsgeschichte reduzierten Versionen dessen, was wir den Metamythos nennen könnten, der uns von Beginn dieses Buches an beschäftigt, steht die Heldin im Verhältnis zu Luchs nämlich absolut oder relativ tief unter ihm. Luchs schwängert sie, indem er Speichel oder Urin zu ihr »hinabläßt«, der in ihren Körper eindringt wie der Holzsplitter in den Körper von Mond. Und das ist nicht alles; denn die im einen Falle *passiv befruchtete* Heldin wird, wenn sie mit ihrem Partner die Position tauscht, im anderen Falle *aktiv sterilisierend*. Was sich durch einen Chiasmus darstellen läßt:

Da die Heldin hypothetischerweise sich selbst kongruent ist, folgt daraus, daß Luchs eine lunare Kongruenz zuerkannt werden muß.*

*
* *

---

* Ich habe die Sexualität von Mond in den *Mythologiques* behandelt und werde mich hier mit einem Verweis darauf begnügen. Bald ein Mensch mit langem Penis (was nämlich Luchs aufgrund eines Mangels ist: alt und krank, befruchtet er ein junges Mädchen aus der Ferne, aber mit geringen Mitteln), bald hermaphroditisch und impotent (das wahrscheinliche Schicksal von Mond mit seinen verletzten Testikeln), gibt der Mond Anlaß zu einer Mythologie der Ambiguität. Einander zu sehr angenähert, würde die Verbindung der Sonne und des Mondes inzestuös. Die des (männlichen oder weiblichen) Mondes mit einem Menschenwesen hätte, weil zu fern, alle Arten von Gefahren zur Folge. Ein Mensch auf der Suche nach einem Ehepartner

Dieser Deduktion kommt eine andere Gruppe von Mythen zur Hilfe, die im gesamten Nordwesten Nordamerikas[244] verbreitet ist. Auch da ist die Heldin ein unnahbares Mädchen, das alle Bewerber um seine Hand abweist. Gegen ihren Willen sieht sie sich (von einer bestimmten Version abgesehen[245]) von einem Hund in Menschengestalt geschwängert – oder von einem enttäuschten Liebhaber, der sich, um sie zu demütigen, in einen Hund verwandelt hat. Sie will ihren nächtlichen Besucher identifizieren, markiert ihn, während er sie umarmt, mit rotem Ocker und entdeckt bei Tagesanbruch, daß es sich um einen Hund handelt. Wie in der Geschichte von Luchs schlägt man den Schuldigen halb tot und überläßt ihn dann mit seinem Opfer sich selbst. Bald bringt das Mädchen kleine Hunde zur Welt, die sich, wenn sie sich allein glauben, ihrer Tierhaut entledigen und Menschengestalt annehmen. Es überrascht sie und verbrennt die Häute (vgl. die verbrannte aussätzige Haut in der Geschichte von Snánaz, die eine Weiterentwicklung der Geschichte von Luchs ist, der ja ebenfalls seine Schönheit zurückgewinnt). Sie bleiben Menschen, ausgenommen ein Mädchen, das Hündin bleibt oder nur zur Hälfte Mensch wird. Genau wie in der Luchsgeschichte jagt der Hund-Mensch oder Menschen-Hund, von seinen Wunden geheilt, für die Seinen und trägt Nahrungsvorräte zusammen oder überläßt es seinen Kindern, dafür zu sorgen. Seine ausgehungerten Verfolger bitten um Verzeihung und erhalten sie zusammen mit Wegzehrung.[246]

Das Denken der Eingeborenen war sich des Parallelismus dieses Mythos und der Luchsgeschichte deutlich bewußt: »Eine schwangere Frau, sagen die Thompson, darf kein Fleisch von Luchs oder Hund essen, und zwar wegen der Rolle, die diese Tiere in den mythischen Überlieferungen spielen.«[247] Welcher Unterschied besteht also zwischen den beiden Mythengruppen? Der Luchs und der Hund treten

---

läuft Gefahr, zu nahe innezuhalten oder zu weit zu gehen. Je nachdem, ob dieser oder jener Himmelskörper periodisch jeden Tag, jeden Monat oder jedes Jahr wiederkehrt, lassen sich anhand dieses Mittels die fluktuierenden Wertigkeiten von Endogamie und Exogamie darstellen. Die Ambiguität des Mondes hängt mit der monatlichen Periodizität zusammen, die ihm eigen ist und die ihn auf gleicher Distanz zur Jahresperiodizität der Gestirne und zur Tagesperiodizität hält, die ihrerseits der Sonne eigen ist (denn es gibt Nächte ohne Mond, aber keine Tage ohne Licht). Die Phasen des Mondes haben einen mehrdeutigen Charakter, der auf beiden Seiten, der längsten und der kürzesten Periodizität, angesiedelt ist. Zu allen diesen Gesichtspunkten vgl. etwa *L'Origine des manières de table*, S. 88, 160, 184, 246–249 (dt. S. 112, 206, 241, 318–321); und *L'Homme nu*, S. 401–407 (dt. S. 522–529).

einander nicht nur als wildes und domestiziertes Tier gegenüber*; die Völker der Nordwestküste und ihre Nachbarn im Landesinnern sahen, wie ich bereits in *L'Homme nu* hervorgehoben habe, wo der Mythos der Frau mit Hund seinen Platz hat (vgl. S. 424–425, 433–435, 468–469, 519 [dt. S. 550–551, 563–565, 610–612, 675]), im Gegensatz zu dem, was sich in anderen Gegenden Amerikas beobachten läßt, in den Hunden Beinahe-Menschen (*l.c.*, S. 469 [dt. S. 611]).

In der Form aber, die uns hier interessiert, enthält der Mythos der Frau mit Hund explizite Verweise auf den großen panamerikanischen Mythenkomplex über den Inzest der Geschwister (unbekannter nächtlicher Besucher, der am Körper markiert wird, damit er identifiziert werden kann usw.). Einer Version vom Puget Sound zufolge war der Held, der in Hundegestalt eine »glänzende« Prinzessin verführte, der Sproß eines inzestuösen Geschwisterpaares.[248] Eine Version vom Unterlauf des Fraser River stellt das Thema des Inzests an den Schluß: Groß und schön geworden, heiraten die zehn Hunde-Kinder unter sich.[249] Die Kaska im äußersten Norden von Britisch-Kolumbien, Angehörige der Athapaskan-Sprachgruppe, erzählen, daß die Mutter der Hunde-Kinder einen ihrer Söhne beargwöhnte, mit einer seiner Schwestern zu schlafen. Sie bestrich das Bett des jungen Mädchens mit Harz und entdeckte am darauffolgenden Morgen schwarze Flecken am Körper ihres Jüngsten. Aus Trauer darüber verwandelte sie ihre Kinder und sich selbst in Felsen.** Die Dené Flanc-de-chien, auch sie der Athapaskan-Gruppe zugehörig und Nachbarn der Kaska, betrachteten sich als Abkömmlinge – daher der Name – der inzestuösen, überdies polyandrischen Ehegemeinschaft, die zwei Söhne und die Tochter der Dame mit Hund gebildet hatten.[250]

Dennoch liegen die Dinge nicht so einfach, denn mehrere Versio-

---

* Die Thompson gaben ihren Hunden beschreibende Namen. Die Völker vom Puget Sound gaben ihnen Personennamen. Aber diese letzteren Völker verfügten über Sklaven, die, wie die kleinen Kinder, beschreibende Namen erhielten. Bei den Thompson dagegen gab es keine Sklaven. Zur vergleichenden Onomastik von Menschen und Tieren vgl. *La Pensée sauvage*, S. 270–277 (dt. S. 309–316); und *Le Regard éloigné*, S. 208–214 (dt. S. 231–238).

** Nach den Versionen der Tlingit und Haida ist die Familie in Felsen verwandelt worden, weil das junge Mädchen die (Pubertäts- oder andere) Tabus gebrochen hatte, die ihre Brüder ihm auferlegt hatten. In *La Voie des masques* (²1979, S. 200–201 [dt. S. 108–109]) habe ich vorgeschlagen, in diesem Verstoß gegen die Anstandsregeln unter Geschwistern verschiedenen Geschlechts eine kombinatorische Variante des Inzests zu sehen (wie im Mythos der Zahnschnecken-Diebinnen; vgl. oben, 3. Kap.). Die Kaska-Version bestätigt diese Deutung.

nen des Mythos erweitern den Familienkreis. In der besonders bezeichnenden Version der Polar-Eskimo teilt die Frau ihre zehn Kinder – fünf Jungen und fünf Mädchen – in Paare, die zweifellos inzestuös sind, aber verschiedenen Populationen zur Entstehung verhelfen: das erste Paar den Europäern, das zweite den »Wilden«, das dritte den Wölfen, das vierte einer übernatürlichen Rasse von Riesen und das fünfte einer ebenfalls übernatürlichen Rasse von Zwergen.[251] Eine eklektischere Zusammenstellung läßt sich schwerlich denken!

Die Polar-Eskimo sind als Bewohner der Nordwestküste Grönlands sehr weit von den Pazifikstränden entfernt ansässig. Ich habe dennoch Wert darauf gelegt, ihre Version des Mythos zu zitieren, weil andere aus Britisch-Kolumbien stammende Fassungen ebenfalls eine Richtung einschlagen, die, wahrscheinlich von einem oder mehreren Inzesten ausgehend, die Norm der exogamen Ehe einzusetzen versucht. Den Thompson und den Lilloet zufolge heirateten die Hunde-Kinder entweder Frauen aus dem Dorf, sobald es wiederhergestellt war[252], oder Frauen, die einem Volk angehörten, das ihre Mutter aus Holzspänen verfertigt hatte, also aus Abfällen der Tischlerarbeiten ihrer Söhne.[253] Da nun aber, schließt der Lilloet-Mythos, die Holzsplitter und Späne von verschiedenfarbigen Wesen stammten, hatten die Leute eine weiße, rote, gelbe oder braune Haut: »Deshalb sieht man bei den Indianern von heute so verschiedene Farbschattierungen.«[254]

Derselbe Schluß kommt in einem Thompson-Mythos vor, von dem später die Rede sein soll (vgl. unten, S. 187). Coyote und Antilope, die sich verbündet hatten, um sich einer Kupferkugel zu bemächtigen (die manchmal auch der sichtbaren Sonne gleichgestellt wird), hatten jeder vier Söhne und vier Töchter, die sich miteinander verheirateten. Ihre Nachkommenschaft zeigte verschiedene Hautfarben: ins Weiße, Gelbe, Rote und Braune hinüberspielend, weil die Kinder von Coyote ihrerseits von den beiden Frauen ihres Vaters abstammten, Erle und Pappel, von Hölzern also, die nicht denselben Farbton haben.[255] Nun zeigen diese Ehen zwischen den Kindern von Coyote und Antilope aber einen in höchstem Maße exogamen Wesenszug: Antilope, so präzisiert der Mythos, war ein Einwanderer aus dem Süden; und später siedelte er sich im heutigen Montana an – der Grund, aus dem in dieser Gegend ein Überfluß an Antilopen herrscht, während sie bei den Thompson fehlen. *Antilocapra americana* lebt in der Tat an den Osthängen der Rocky Mountains. Gleichwohl wird man gewahr, daß der Unterschied der Hautfarben ausschließlich mit den Ehefrauen von

Coyote zusammenhängt. Es handelt sich um eine endogene Verschiedenheit, die nichts damit zu tun hat, daß Antilope fremder Herkunft ist: Das heißt, auf einer anderen Ebene tritt dasselbe Schwanken in Erscheinung, das wir bereits in den Mythen der Frau mit Hund herausgearbeitet hatten. Welche Verbindung stellen die Mythen also her, wenn nicht die zwischen Exogamie und Endogamie? Die Hunde sind Beinahe-Menschen, wie wir gesehen haben: dem Menschen nahe genug stehend, damit die Söhne einer Frau und eines Hundes endgültig Menschenwesen werden (wenn auch nicht das Mädchen, das es nur zur Hälfte wird oder sein Hundewesen behält*); und doch nicht genug, damit die Verbindung einer Frau und eines Hundes eine anatomische Verschiedenheit ins Menschengeschlecht einführt, die bis dahin unbekannt war und später von verschiedenen Hautfarben manifest gemacht wird.

Der Kutenai-Mythos über den Ursprung von Sonne und Mond weist in dieselbe Richtung; und er ist um so interessanter, als er auf sehr originelle Weise und gleichsam in Kurzform den Mythos von Luchs und den des Inzests der Geschwister zusammenzieht. Der Kutenai-Mythos verläuft in drei Akten. Im ersten wird Hase von seiner Frau verlassen, einem Vogel, der seinem Geliebten Rotfalke folgt. Zweiter Akt: Hase verliebt sich in Hirschkuh, erfährt, daß sie seine Schwester ist, versteckt sie und lebt insgeheim mit ihr zusammen. Im dritten Akt schwängert Luchs, der die Anwesenheit von Hirschkuh bei Hase entdeckt hat, sie mittels einiger Haare, die er an der Stelle liegenläßt, wo sie urinieren geht. Luchs wird mißhandelt, und das Paar, dessen Kinder zu Sonne und Mond werden, wird verlassen.[257] Der Mythos berichtet also von drei sukzessiven Verbindungen. Die erste,

---

* Es ist kaum zweifelhaft, daß das Eingeborenen-Denken die gewissermaßen widernatürliche Vertrautheit, die sich zwischen dem Jäger und seinem Hund einstellt, mit jener andern, an den Inzest grenzenden oder dazu führenden, vergleicht, die zwischen Geschwistern entstehen kann. Die Version der Carrier-Indianer erklärt die eine durch die andere: »Die Jungen wuchsen im Laufe des Winters sehr rasch heran. Fortwährend spielten sie mit Upits, ihrer kleinen Hunde-Schwester; aus diesem Grunde ziehen die Hunde heute die Gesellschaft der Menschen vor. In den frühen Zeiten waren die Hunde wild wie die anderen Tiere; aber da Upits sich stets in der Nähe ihrer Brüder aufhielt und sie warnte, wenn Tiere oder Unbekannte sich näherten, haben die Hunde seither immer die Menschen begleitet.« Die Lilloet und Thompson ihrerseits sahen in der Frau und dem Hund Wesen, die einander gefährlich nahe standen. Sie verboten den Frauen und den Hunden das Fleisch des Bären. Wenn ein Hund an derselben Stelle urinierte wie eine Frau, tötete man ihn aus Angst, daß er fortan den Frauen sexuell nachstellen werde.[256]

zu sehr exogame, und die zweite, zu sehr endogame, mißlingen. Die dritte Verbindung bildet ein Mittelglied und ist von Erfolg gekrönt, weil daraus Kinder hervorgehen, die – das eine nicht zu heiß, das andere nicht zu kalt – sich als einzige in der Lage zeigen werden, die Rolle der beiden Himmelskörper zu spielen.

*
* *

Der Mythos der Frau mit Hund ist nicht nur in der Neuen Welt beheimatet. Zahlreiche Versionen davon sind auch von Sibirien bis nach China gesammelt worden. In Japan hat er noch im 19. Jahrhundert das Thema eines volkstümlichen Romans mit dem Titel *Hakkenden* gebildet, der von 1814 bis 1841 in einhundertsechs Fortsetzungslieferungen von Bakin veröffentlicht wurde. In Amerika steht er sogar bei den Eskimo in Blüte, und zwar zusammen mit dem Mythos über den Inzest der Geschwister. Wenn dieser letzte Mythos bei den Salish vom ersten auch in den Schatten gestellt erscheint, ist er dennoch präsent, wenn auch in einer besonderen Form, die es zu untersuchen gilt.

Nachdem die inzestuösen Geschwister entdeckt worden waren, flohen sie nicht zum Himmel, um Sonne und Mond zu werden und sich fortan in eine endlose Verfolgung zu verstricken. Den Salish-Versionen zufolge brachen sie in die Ferne auf, trafen dabei jedoch die Vorsichtsmaßnahme, ihre Wegstrecke mit Wollknäueln und Bruchstücken der Stickerei zu markieren, die sich die junge Frau von ihrem Gewand riß und an die Zweige heftete. Bald schenkte sie einem Sohn das Leben (einer anderen Version zufolge einem Sohn und einer Tochter), der sich eines Tages über die Ähnlichkeit wunderte, die er an seinen Eltern wahrnahm. Sie gestanden ihm die Wahrheit (oder sie erschien ihm im Traum) und schickten ihn ins Dorf heim, wohin er dank der von seinen Eltern markierten Wegspur sicher zurückfand. Unmittelbar nach seinem Aufbruch nahmen sie sich auf einem Scheiterhaufen selbst das Leben.

Mehrere Versionen halten da inne[258-260]; andere spinnen die Erzählung weiter aus. Die von den Thompson stammende berichtet, daß der Junge, der sich dank der von seiner Mutter ererbten magischen Kräfte unsichtbar gemacht hatte, sich zuerst seinem Onkel zu erkennen gab: einem einäugigen kleinen Alten, dem er das volle Augenlicht wiederschenkte. Dann ging er zu seiner Großmutter, die ihn einsperrte (dasselbe hatte sie mit ihrer Tochter gemacht, der Mutter des Helden).

Über dieses Geheimnis beunruhigt, verfertigten zwei Hexen aus ihren Exkrementen schöne Vögel. Der Onkel versuchte vergeblich, sie zu erlegen; er erbat und erhielt eine Ausgangsgenehmigung für seinen Neffen, der die Vögel tötete, sie sich unters Hemd stopfte und davon ganz blutig und übelriechend wurde.

Von diesem Schimpf gedemütigt, beschließt er, mit seinem Onkel in die weite Ferne aufzubrechen. Zusammen verbringen sie mehrere Jahre in der Tiefe der Wälder. Erwachsen geworden, schmiedet der Held eines Tages den Plan, zum Himmel aufzusteigen, um zwei Bewohnerinnen des Landes der Wolken zu heiraten. Er tötet einen Adler, legt dessen Gefieder an und willigt ein, seinen Onkel mitzunehmen. Der Onkel aber kann die Augen während des Fluges nicht geschlossen halten, und immer, wenn er sie öffnet, stürzen sein Neffe und er wieder schwerfällig zur Erde. Die Trennung wird also unausweichlich. Der Held verwandelt den Onkel auf dessen Bitten hin in eine kleine Ente mit roten Augen* und gibt ihm zu verstehen, daß er, wenn er die Wolken sich röten sieht, bald zurück sein wird.

Der Held kommt also allein im Land der Wolken an, in dem zwei Schwestern leben, die er heiratet und die ihm beide einen Sohn schenken. Seine Frauen und er beschließen, wieder zur Erde herniederzusteigen. Er legt erneut sein Adlergefieder an und fliegt los, eine Frau unter jedem Arm und die beiden Söhne an den Beinen befestigt.

Der Onkel empfängt sie voller Freude, begreift aber, daß er jetzt überflüssig ist. Er wird die kleine rotäugige Ente bleiben, der Ahnherr der ganzen Gattung. Was den Helden betrifft, so richtet er sich mit seiner Familie bei den noch lebenden Großeltern ein. Von ihm leitet sich ein großer und mächtiger Stamm her.[261]

Zu meinem Bedauern habe ich eine Geschichte stark abkürzen müssen, der, im vollständigen Text gelesen, große dramatische Kraft innewohnt. Der Erzähler hebt selbst hervor, daß diese Geschichte, wann immer sie erzählt wird, Frauen und junge Mädchen zu Tränen

---

* Dieser Onkel Ente nimmt dieselbe Position als Bruder des inzestuösen Paares auch in einem mehrfach zitierten Kutenai-Mythos ein (vgl. oben, S. 49, 80, 131, 158, 164f., 180). Hase, von seiner Frau verraten, gab Ente den Auftrag, seinen Rivalen Rotfalke dazu zu bewegen, beim Ausweiden und Verteilen eines Hirsches die mit Blut gefüllten Mägen zu wählen. Falke lud sie seiner Frau auf den Rücken. Hase brachte sie zum Straucheln, sie fiel hin, das Blut floß aus und gerann; sie starb ganz erstarrt. Läßt sich in dieser Episode ein letztes, kaum mehr erkennbares Stadium dessen sehen, was man die »Testikel-Verwandlung« nennen könnte, das Thema unserer Kapitel sieben und acht? Man vergleiche damit den auf dem Rücken getragenen Beutel der Thompson-Version (vgl. oben, S. 167), der, dort wohltätig, hier verhängnisvoll würde.

rührt²⁶³; ein Kommentar, für den ich im gesamten mythologischen Korpus beider Amerika kein anderes Beispiel kenne*...

Die noch pathetischere Version der Sanpoil verbreitet sich über die Leidenschaft, die der Bruder und die Schwester füreinander empfanden (im Gegensatz zu dem, was ich die Vulgata nennen möchte, in der die Schwester die Identität ihres Verführers nicht kennt). Ihre Mutter spioniert ihnen nach, anfangs allein; später läßt sie sich von ihrem Gatten begleiten. »Als sie entmutigt ins Lager zurückkamen, fragte der Häuptling, was er tun solle. ›Das hängt ganz von dir ab‹, antwortete sie: ›Du bist der Häuptling. Ich liebe meine Kinder, aber es ist an dir zu entscheiden.‹ Nach einem kurzen Augenblick sagte er: ›Gut; ich weiß, was mir zu tun bleibt. Ich werde meinen Sohn töten. Man würde über uns lachen, wenn die Sache ruchbar würde.‹ Der Häuptling setzt seinen Plan in die Tat um, gibt dem Dorf diskret das Ableben seines Sohnes zu verstehen und verhindert es, daß seine Tochter etwas davon erfährt. Die aber entreißt ihrer jüngeren Schwester das Geheimnis; sie zieht ihre schönsten Kleider an, läuft zu der Schlucht, in der der Leichnam ihres Bruders liegt, und stürzt sich in die Tiefe. Im Tod vereinigt, triumphieren die beiden Liebenden: ›Wir wollten zusammensein, und jetzt sind wir für immer eins.‹«²⁶⁴ Der amerikanische Mythos erreicht hier die tragische Größe des Kabuki-Theaters...

Die ätiologische Funktion der Gruppe, zu der dieser Mythos gehört, ist überaus deutlich. Der Häuptling als Sohnesmörder verspürte

---

* Eine weiter stromabwärts am Fraser River gesammelte Version weicht hiervon ab. Und zwar verbirgt sich der ins Dorf zurückgekehrte Held absichtlich vor den Blicken der Bewohner. Um ihn zu zwingen, sich zu zeigen, lockt ihn eine neugierige Nachbarin mit einem schönen, aus ihren Exkrementen hergestellten Vogel an. Ein Neffe des Helden, der hier an die Stelle des Onkels tritt, willigt ein, mit ihm zu fliehen und sogar als blutiger Köder zu dienen, um einen Adler zu fangen, dessen Balg der Held sich überstreift, um dann davonzufliegen.

Im Himmel (der Neffe hatte nicht verlangt, ihn dorthin zu begleiten) trifft der Held die beiden blinden Alten. Er schenkt ihnen das Augenlicht wieder, zum Dank dafür, daß sie ihm dabei behilflich waren, die Tochter von Sonne zu heiraten (vgl. zum Motiv der blinden Alten *L'Homme nu*, S. 350–377 [dt. S. 457–488]). Der Held triumphiert bei den Prüfungen, die Sonne ihm auferlegt, aber Mond verfolgt ihn, weil er seine häßlichen und buckligen Töchter verschmäht hat.

Die Tochter von Sonne schenkt dem Helden zwei Kinder, die darauf bestehen, die Familie ihres Vaters kennenzulernen. Sonne stimmt ihrer Abreise zu, aber die Rückkehr zur Erde bereitet gewisse Schwierigkeiten: Die Tochter des Gestirns glänzt so hell, daß man ihr nicht ins Gesicht sehen kann und sie die Augen der Unvorsichtigen verbrennt. Sie dagegen kann den Geruch der Menschen nicht ertragen. Schließlich aber kommt alles zu einem guten Ende.²⁶²

Gewissensbisse und wollte seine Kinder zu neuem Leben erwecken: »Auf diese Weise werden die Leute in Zukunft sterben und dann auferstehen können.« Ein anderer Schamane widersetzte sich dem. Aber als er seinerseits ein Kind verlor und dessen Auferstehung wünschte, schlug man ihn mit seinen eigenen Waffen: »Eines Tages wird die Welt zivilisiert sein, und dann muß man die Leute begraben. Die Leute werden tatsächlich sterben. Wenn man stirbt, dann für immer.«[265] Bemerkenswert ist, daß sich zu dieser ätiologischen Hauptperson eine andere hinzugesellt: Von dem inzestuösen Paar soll entweder das Volk selbst abstammen, zu dem der Mythos gehört, oder, wie die Erzähler auch sagen, ein Nachbarvolk oder ein verwandtes, wenn auch entferntes Volk.[266] Das Wesen des Menschen, das unter einem doppelten, zugleich zeitlichen und räumlichen Aspekt ins Auge gefaßt wird, rührt hier folglich aus Ereignissen her, die sich ein für allemal vollzogen haben und auf die man zurückgreifen kann; während der Mythos der Frau mit Hund diesem Wesen des Menschen eine gewisse Unbestimmtheit wahrt, zumindest in physischer Hinsicht: nämlich in bezug auf die Hautfarbe.

Im Nordwesten Nordamerikas verdoppelt und verlängert der Mythos der Frau mit Hund also den des Geschwisterinzests. Wenn unsere Analyse genau ist, differieren diese Mythen mithin nur in bezug auf den Grad von verwandtschaftlicher Nähe, der den Schuldigen zugewiesen wird. Durch eine List der Kultur (in ebendem Sinne, wie man von einer List der Geschichte spricht) kann der Hund gleichzeitig als aufgrund seines Tierwesens unannehmbarer Gatte und als Geschwister mit Haustiercharakter auftreten (vgl. oben, S. 180, Fußn.); ein »kleiner Bruder«, wie wir selbst sagen... In diesem Falle müßte die astronomische Kodierung, die im Mythos der inzestuösen Geschwister ganz explizit ist, auch, und sei es latent, im anderen Mythos präsent sein. Wie man weiß, flohen die inzestuösen Geschwister zum Himmel, wo die Frau zur Sonne und ihr Bruder zum Mond wurde. Da der Hund das homologe Seitenstück des Bruders ist, müßte auch er eine lunare Kongruenz haben, und zwar in Übereinstimmung mit der, die wir Luchs in Mythen zuerkannt haben, die in anderer Hinsicht als Parallelen zu dem der Frau mit Hund erschienen waren.

*
* *

Entwickeln wir also die Hypothese weiter. Wenn Luchs und seine Verwandlung, der Held, der als Kind von einer Eule geraubt wurde, eine lunare Kongruenz haben und wenn Mythen existieren, in denen sich ihre Rolle ins Gegenteil verkehrt, muß man verifizieren, ob diese Mythen die Sonne in den Vordergrund stellen.

Eine Version der Luchsgeschichte, auf die ich ganz zu Anfang des Buches Bezug genommen habe, enthält den ersten Ansatz dieser Transformation. Die Cœur d'Alêne erzählen nämlich, daß die Heldin, um allen denen Verzeihung gewähren zu können, die sie mit ihrem Mann und ihrem Kind im Stich gelassen haben, ihnen den »blauen Mantel« oder den »blauen Halsring« von Blaumerle abfordert (vgl. oben, S. 27). Es ist beeindruckend zu sehen, daß diese Transformation ihre endgültige Gestalt nicht in anderen Versionen der Luchsgeschichte, sondern in einer Version des Mythos der Frau mit Hund erhält. Diese Version stammt von den Slaiamun oder Sliammon, die wie die Cœur d'Alêne zur Salish-Sprachgruppe gehören; aber die beiden Völker treten in Gegensatz zueinander durch ihre geographische Situation an den Grenzen des Salish-Spracharels, das eine an der Küste, das andere im Landesinnern.

Dieser Version zufolge gebar die Frau sieben Hündchen, die, nachdem ihre Tierhaut einmal verbrannt war, zu einem Mädchen und sechs Jungen wurden. Das Mädchen, eine geschickte Näherin, fertigte Mäntel für ihre Brüder an. Der des ältesten bestand aus Bälgen von Vögeln. Sonne, den es danach gelüstete, stieg zur Erde hinab. Er schlug dem Jungen vor, diesen Mantel gegen seinen eigenen zu tauschen, von dem man nur einen Zipfel ins Wasser zu stecken brauchte, um die Fische anzulocken.[267]

Der wunderwirkende Mantel von Sonne taucht in den Mythen häufig auf. Die Squamish, ein anderes kleines Volk von Küsten-Salish, lassen ihn aus Fellen der gestreiften Eichhörnchen (*Tamia* sp.) bestehen und sagen, daß der Held ihn gegen den von Sonne tauschte, dank dessen ihm wunderbare Fischzüge gelangen. Dieser Mantel verlieh denen, die ihn sich überstreiften, das »strahlende und glänzende Aussehen der Mittagssonne«.[268] Es ist durchaus möglich, daß in Squamish wie in Thompson, Sprachen aus derselben Familie, der Schrei des gestreiften Eichhörnchens durch eine Onomatopöie wiedergegeben wurde, die dem Wort für »Licht« ähnelt.[269]

Das Motiv des wunderwirkenden Mantels ist bis weit nach Süden verbreitet, bis hin zu den Chinook.[270] Ich werde mich hier, wie schon zuvor, auf die von den Salish stammenden Versionen beschränken.

Den Lilloet zufolge hatte ein lokaler Häuptling einen gefräßigen und faulen Sohn, den er und sein ganzes Volk sich selbst zu überlassen beschlossen. Einzig die Großmutter blieb bei dem Jungen. Sie fertigte ihm einen Umhang aus Vogelbälgen an (aus den Bälgen von Elstern, wie eine Version präzisiert). Sonne bot ihm an, ihn gegen seinen eigenen zu tauschen, der ihn zu einem wunderbar erfolgreichen Fischer machen würde: »Bevor Sonne das Kleidungsstück erhielt, war er bleich und gab nur ein schwaches Licht wie das von Mond. Später aber wurde er hell und strahlend, weil er den Umhang des Jungen mit seinen glänzenden Farben trug.«[271]

Eine andere Version erzählt, daß vorzeiten Sonne, obwohl unsichtbar, das ganze Jahr hindurch eine unerträgliche Hitze ausstrahlte. Er schlug dem Helden vor, die Mäntel zu tauschen. Der Held zögerte: »Wenn ich dir meinen Umhang gebe, wirst du vielleicht noch heißer, und die ganze Welt wird zugrunde gehen. – Nein, antwortete Sonne, dein Mantel wird mich erglänzen lassen. Man kann mich dann jeden Tag sehen, aber die Hitze, die ich ausstrahle, wird nicht so stark sein wie bei dem Umhang, den ich jetzt trage, und die Leute werden mehr Frische genießen. – Also gut, sagte der Held, wenn du versprichst, leuchtender und sanfter zu sein und den Sommer über mit mäßiger Hitze zu scheinen, das ganze übrige Jahr dagegen Kühle zu verbreiten, kannst du zwei meiner Umhänge (der eine aus Federn des Blauhähers, der andere aus Elsternbälgen) für deinen eigenen (aus Wolle von Bergziegen) nehmen.«* Der Tausch fand statt, und Sonne lehrte den Helden die bei den Indianern noch unbekannte Kunst des Fischfangs. Im Sommer trägt Sonne lediglich den Umhang aus Elsternbälgen und ist mithin sichtbar; im Winter dagegen beide übereinander, was ihre Glut mildert. Seither sind die Sommer mäßig warm und die Winter von erträglicher Kälte.[272]

Den Thompson-Versionen zufolge erwarb Sonne, der tagsüber nackt reiste und sich nur nachts zum Schlafen zudeckte, die vier Umhänge des Helden im Tausch gegen zahlreiche Gegenstände. Seine früher zu starke Hitze wurde damit für die Menschen weniger qualvoll.[273]

---

* Aus Ziegenwolle auch in einer anderen Version vom Unterlauf des Fraser River, in der das Gestirn sagt: »Ich bin Sonne; Mond ist mein Bruder, und der glänzende Stern neben ihm ist seine Frau.« Später verwandelte der Transformator Qäls den Helden und seinen Hund in Felsen, als sie ein Elen jagten, das, an den Himmel geworfen, zu den vier Hauptsternen des Großen Bären wurde.[274] Die Kinder der Frau mit Hund werden in der Carrier-Version ebenfalls in Sterne verwandelt (vgl. oben, S. 180, Fußn.).

Bald sandte die Sonne, obwohl unsichtbar, also eine unerträgliche Hitze aus; bald war ihr Licht zu schwach; in beiden Fällen wird sie dank ihres neuen Mantels leuchtkräftig und erträglich. Zum Nachweis, daß dieser Mantel die aussätzige Haut von Snánaz als Ursprung des Nebels invertiert (die ihrerseits eine Transformation des unreinen Fells von Luchs ganz zu Anfang der mythischen Reihe ist), genügt es, den Gesamtkomplex unserer Mythen mit einem einzigen Blick zu überfliegen. Vom einfachen Schmuck, den die Heldin in den Cœur d'Alêne-Versionen der Luchsgeschichte erhält, verwandelt sich der Mantel – und manchmal sogar der Halsring – von Blaumerle gegen Ende in ein reichgeschmücktes Gewand, das der Held herzugeben einwilligt. Zum Tausch dafür erhält er die Fische, für Menschen, die vom Fischfang leben, das Nahrungsmittel *par excellence* (während die Testikel, eine andere Transformation der Schmuckstücke, die Nahrung eines nicht-menschlichen Volkes sind: der Kannibalen).

Die Inversion des Mantels, der die Sonne sichtbar macht, in sein Gegenteil: den Nebel, der das Gestirn verdunkelt, vollzieht sich ganz buchstäblich in einem Mythos der Bella Coola, Salish-Indianern, die isoliert im Norden ihrer Sprachgruppe leben. Zu Anbeginn, sagen sie, gab es keine Sonne. Ein dichter Vorhang zwischen Himmel und Erde hielt die letztere in Dunkelheit gehüllt (sprechen nicht auch wir von einer dichten Nebel-»Decke«, einer weiteren textilen Metapher?). Rabe betraute Reiher damit, den Vorhang zu zerreißen, aber das Licht von Sonne drang nur mit Mühe hindurch, wie durch einen dichten Nebel (»wie durch einen dichten Nebel«[*], sagt Boas denn auch wörtlich in seiner deutschen Transkription). Rabe machte sich auf die Suche nach einer anderen, der guten Sonne; er kam zu einem Häuptling, dem Herrn der Morgenröte, der sie in einer Kiste eingeschlossen verwahrte. Mit einer List gelang es Rabe, sie zu befreien und an den Himmel zu versetzen.[275]

Andere Salish-Mythen in deutlicher Parallele zu denen, die wir soeben durchmustert haben, führen als Protagonisten zwei Verbündete und ihre Kinder ein, die gemeinsam einen glänzenden Gegenstand stehlen: je nach den verschiedenen Versionen einen Reifen, eine Scheibe oder eine Kugel; einen Gegenstand, der bald der Sonne und

---

[*] Vgl. Boas' *Sagen der Indianer an der Nordwestküste America's*, XXII. »Sagen der Bilqula – 1. Die Rabensage«, in: *Verhandlungen der Berliner Gesellschaft für Anthropologie, Ethnologie und Urgeschichte*, Jg. 1894, S. 281 – eine der ersten Publikationen von Boas und im Gegensatz zu beinahe allen späteren englischen ursprünglich auf deutsch geschrieben (A. d. Übers.).

bald dem Regenbogen gleichgestellt wird, die man fortan in den Lüften erglänzen sieht.* Beinahe alle Versionen präzisieren, daß der oder die Diebe ihren Verfolgern zu entkommen vermochten, indem sie einen dichtenNebel aufwallen ließen.[276] Der Nebel erfüllt also eine doppelte Funktion: Entweder hindert er die Sonne daran, die Erde hell zu erleuchten, oder er bildet das Mittel, dank dessen die Sonne (oder der Regenbogen) das Auge der Menschen erfreut. Disjunktiv im einen Falle, wird der Nebel im anderen also konjunktiv. Er ist es ebenso in einem bereits zitierten Mythos (vgl. oben, S. 167), in dem ein »wie Nebel auf- und niedersteigendes Gewölk« dem Helden als Zugangsweg zum Wohnsitz im Himmel dient.

---

* Um des pittoresken Aspekts willen sei hier eine späte Version erwähnt, die von den Skagit stammt. Zu Zeiten, als die Nacht auf Erden herrschte und der Mond noch die einzige Lichtquelle war, stahl Nerz, der *trickster*, dem Volk des Ostens die Maschine zum Ingangsetzen der Sonne. Das war eine Art Uhr; man brauchte drei Schlüssel, um sie aufzuziehen. Nerz, der sorgfältig beobachtet hatte, wie man sich dabei anstellen mußte, zog die Triebfedern mit den drei Schlüsseln auf. Sobald er mit dem dritten die letzte Drehung vollzogen hatte, ging die Sonne auf. Nerz, der zuvor Sklave gewesen war, wurde zum Häuptling des Dorfes erhoben.[277]

DRITTER TEIL

Im Lande des Windes

FÜNFZEHNTES KAPITEL

Das Einfangen des Windes

Ich habe ausgeführt (vgl. oben, S. 109), daß der Held des Thompson-Mythos vom Kind, das von einer Eule geraubt wurde, je nach den verschiedenen Versionen Ntsaâ'z, Tsa'au'z oder Snánaz hieß. Der letztgenannte Name, der auch bei den Shuswap bezeugt ist, ist Gegenstand eines Kommentares von Teit: »Der Name Snánaz könnte ›kleiner Umhang‹ bedeuten, aber manche Indianer scheinen zu glauben, daß er eine Variante des Wortes für ›Eule‹ ist. In Shuswap heißt der Große Herzog nämlich *snina*. Den Thompson-Informanten zufolge existiert mithin eine Beziehung zwischen den Namen Snánaz und Ntsaâ'z; und die Bedeutung des ersten wäre dann ›kleine Decke‹.«[278]

Zwei Anmerkungen dazu drängen sich auf. Einerseits nehmen die Indianer eine semantische Verwandtschaft zwischen den Eigennamen wahr, die überdies eine phonetische Ähnlichkeit aufweisen. Andererseits räumen sie ein, daß einer dieser Namen, Snánaz, zwei Bedeutungen haben kann, deren eine auf Eule und deren andere auf ein Kleidungsstück verweist. Wie wir bereits wissen, bringen die Mythen den Träger eines dieser Namen und die Eule in eine enge Beziehung zueinander. Wir werden jetzt sehen, daß der kleine Umhang oder die Decke eine entscheidende Rolle in einer Gruppe von Mythen spielt, die sich zum Teil mit der anderen überschneidet und in der wahrscheinlich derselbe Held (jedenfalls ein Held, der ebenfalls Snánaz genannt wird) sich hervortut, weil er den Wind gefangen und gezähmt hat, und zwar gerade mit seiner Decke oder mit einem anderen Kleidungsstück.

Daß der Eigenname Snánaz die Bedeutung von »Eule« haben kann, ruft indirekt die Rolle in Erinnerung, die diesem Vogel im Mythos zufällt. Die Beziehung ist also metaphorischer Art. Im weiteren Verlauf desselben Mythos streift der Held eine schwärenbedeckte Haut über, die, als sie verbrannt wird, den Nebel aufwallen läßt. Nebel und Wind bilden ein Paar von Termen, die in Korrelation und Opposition zueinander stehen: Beides sind meteorologische Phänomene, die sich jedoch gegenseitig ausschließen. Nun bezeichnet die andere Bedeutung des Eigennamens Snánaz, »kleiner Umhang«, aber das materielle Mittel zum Einfangen des Windes; sie ist also metonymischer Art. Schließlich bildet diese Decke oder dieses Kleidungsstück als Instrument zum Einfangen des Windes das Gegenstück der schwärenbedeckten Haut, jener Bekleidung des Helden in der Gruppe von Mythen, in der sie als Ursprung des Nebels fungiert.

Nachdem wir so auf schematische Weise die Symmetriebeziehungen skizziert haben, die zwischen zwei Mythenreihen vorherrschen, deren eine den Angelpunkt des zweiten Teiles des vorliegenden Buches bildete, können wir jetzt die andere in Angriff nehmen. Die Thompson-Version ist unter dem Titel »Geschichte des Jungen, der den Wind fing« überliefert.

In grauer Vorzeit blies der Wind mit heftiger Gewalt und zog Tod und Zerstörung nach sich. Ein Mann lebte mit seinen drei Söhnen bei Spences Bridge. Der Jüngste erträumte sich Ruhm. Eines Tages verkündete er, er werde den Wind in einer Schlinge fangen. Das, sagte man ihm, sei unmöglich: »Den Wind kann man nämlich nicht sehen.« Der Junge legte dennoch seine Schlinge aus, wenn auch mehrmals nacheinander ohne Erfolg, weil der Kreis zu groß gezogen war. Nacht für Nacht zog er ihn enger; und eines Morgens sah er den Wind gefangen. Er hatte große Mühe, ihn in seine Decke einzuwickeln und ins Dorf zurückzubringen. Man lachte ihn lauthals aus, als er seinen Fang verkündete. Um seine Behauptung zu beweisen, öffnete er die Decke einen Spaltbreit: Der Wind begann wütend zu blasen und zerstörte beinahe die Hütte. Man flehte den Helden an, sein Bündel wieder zu verschnüren. Schließlich gab er dem Wind die Freiheit, nachdem er ihm das Versprechen entlockt hatte, die Menschen nicht mehr zu behelligen – ein Versprechen, das der Wind seither stets gehalten hat.

Von einem Traum beflügelt, der ihm Reichtümer und eine gute Ehepartie in Aussicht stellte, brach der Held in Richtung Süden auf. Er war so lange unterwegs, daß er alle seine Ersatzmokassins aufbrauchte. Er setzte seinen Weg auch trotz seiner zerschundenen Füße fort, als er schließlich Coyote traf, der ihm seine Hilfe anbot, wenn er ihm nur das Leben ließe (denn der Held machte Anstalten, ihn zu töten). Coyote nahm ihn auf den Rücken und marschierte los, zuerst langsam, dann immer schneller, und zwar in dem Maße, wie der Held Tiere von zunehmender Größe erlegte, die Coyote alsbald zubereitete und von denen er sich ernährte. Coyote lief schließlich so schnell wie der Wind, kam im Dorf eines Häuptlings an und erklärte dem Helden, wie er sich dort Zutritt verschaffen könne.

Der Held kam an bewaffneten Wächtern vorbei. Der Empfang war frostig, es gelang ihm aber, allgemeines Wohlgefallen zu erregen. Eines Nachts floh er mit der Tochter des Häuptlings auf dessen beiden besten Pferden, nicht ohne sich zuvor der prächtigsten Sättel bemächtigt zu haben. Man verfolgte sie. In dem Augenblick, als sie eingeholt wurden, verwandelten sie ihre Sättel und Pferde in *stsûq*, die sie unter ihren Hemden versteckten. Ihrerseits im dichten Unterholz verborgen, entgingen sie den Nachforschungen, machten sich wieder auf den Weg und stießen auf die Brüder des Helden, die ihn zu Beginn der Reise begleitet, dann aber, rasch entmutigt, darauf verzichtet hatten, ihm zu folgen, und in der Umgebung auf die Jagd gingen.

Auf dem Rückweg warfen die Brüder des Helden, die es nach der Frau gelüstete, ihn in einen Abgrund. Der Held war nicht tot, wußte aber nicht, wie er sich da heraushelfen sollte. Nacheinander rief er alle Tiere zu Hilfe: Keines konnte ihn hochziehen. Da fiel dem Helden ein alter Coyote ein, der in der Nähe seines Dorfes wohnte und sich bereit erklärte, ihm zu helfen. Wie die anderen Tiere vor ihm ließ auch er seinen Schwanz in den Abgrund hinabhängen. Er war so lang, daß der Held ihn ergreifen und sich von Coyote wieder an die Oberfläche ziehen lassen konnte. Der Held verwandelte sein *stsûq* wieder in ein Pferd, mit dem er ein Wettrennen in einem Nachbardorf gewann. Er verkaufte das Pferd sehr teuer, und kaum hatte er den Preis eingestrichen, verwandelte er das Tier erneut in ein *stsûq* und dann in ein Kanu, mit dem er nach Hause zurückkehrte. Er fand seine Frau wieder, die sein Vater vor den Nachstellungen seiner beiden bösen Brüder beschützt hatte. Fortan hielt man ihn für einen großen Zauberer; Coyote war sein Freund.[279]

Laut James Alexander Teit (1864–1922) – einem gebürtigen Schotten von den Shetland Islands, der sehr jung nach Kanada auswanderte und dort bei den Thompson-Indianern lebte, deren Sprache er erlernte und über die er, auf Betreiben und mit Hilfe von Franz Boas, zahlreiche wissenschaftliche Arbeiten veröffentlichte – bedeutet das Wort *stsûq* jede Art von Zeichen oder Markierung. »Manche Indianer sagen, daß das Wort *stsûq* in dieser Geschichte wahrscheinlich ein Rindenstück bezeichnet, das ein Zeichen oder eine Struktur wie diejenigen trägt, die übernatürliche Kräfte verleihen, wenn irgendein Hexer oder Zauberer sie einritzen. Es gibt auch Felsmalereien, die man für ›Geheimnisse‹ hält, weil sie nicht mit gewöhnlichen Mitteln verfertigt waren und manchmal nicht einmal von Menschenhand zu stammen schienen. Die Indianer nennen *stsûq* heute die Schrift und die Zeichnungen der Weißen. Auch das Papier nennen sie *stsûq*.«[280] Ich werde auf diesen wichtigen Kommentar zurückkommen.

Spences Bridge ist eine Ortschaft am Thompson River, etwa zwanzig Kilometer vor seinem Zusammenfluß mit dem Fraser River.

Die Thompson sagen, daß, als der Held den Wind fing, dieser Wind die Gestalt eines Mannes mit einem sehr dicken Kopf hatte, der einen so dünnen und leichten Körper überragte, daß er von rechts nach links schwankte, ohne die Erde zu berühren. Einem anderen Text zufolge hatte der Wind-Mann einen runden, hohlen und knochenlosen Körper. Der Kopf, der Mund und die Augen waren gewaltig groß, die Arme und Beine atrophiert.[281]

Nach diesen für das Verständnis des Textes erforderlichen Präzisierungen wollen wir auf die wesentlichen Punkte eingehen. Es handelt sich hier nicht mehr um Nebel, sondern um Wind; und während der Mythos die Bedeutung eines meteorologischen Phänomens auf ein anderes verschiebt, rückt er gleichzeitig die Person von Coyote in den Vordergrund der Szene, der die von Luchs in den zuvor untersuchten Mythen in den Schatten stellte. Nun habe ich jedoch gezeigt, daß im Mythos über das von Eule geraubte Kind Snánaz (oder der Träger eines verwandten Namens) die Person von Luchs verdoppelt: wie Luchs mit einer kranken Haut bedeckt, von der er später befreit oder geheilt wird, und Herr oder Schöpfer des Nebels. Hier hat Snánaz (oder ein Held dieses Namens) Coyote als Double oder sogar als *alter ego*; ebendas heben die letzten Worte des Mythos hervor: »Coyote war sein Freund«, in einer Schlußwendung, die abrupt erschiene, wenn man ihr nicht diese Funktion zuschriebe.

Gleichwohl muß die Parallele noch nuanciert werden. Die Beziehung des geraubten Kindes zu Luchs ist metaphorisch: In mehreren Punkten ähneln ihre Geschichten einander. Umgekehrt ist die Beziehung des Jungen, der den Wind fing, zu Coyote metonymisch: Körperlich präsent, spielt Coyote zweimal eine Schlüsselrolle im Verlauf der Handlung. In diesem Zusammenhang kommt es kaum darauf an, ob Coyote ein und dieselbe Person ist oder zwei verschiedene Individuen.

Das alles ist so eindeutig, daß kurze, von den Cœur d'Alêne stammende Versionen Coyote das Einfangen des Windes und seine Zähmung mittels einer Schlinge zuschreiben. Die Sanpoil als Nachbarn sowohl der Thompson als auch der Cœur d'Alêne erzählen, wie Coyote mit bloßen Händen gegen Blizzard kämpfte und ihn besiegte; seither dauern die Unbilden der Schneestürme nur zwei oder drei Tage. Nicht sicher ist man sich der Salish- oder Sahaptin-Ursprünge eines kurzen Mythos, in dem Coyote zwar auch den Wind einfängt, aber mit umgekehrtem Ergebnis: Es gäbe überhaupt keinen Wind mehr, wenn Coyote ihn nicht wieder freigelassen hätte.[282]

Mit der Überquerung der Sprachgrenze, die die Cœur d'Alêne von ihren südlichen Nachbarn, den Nez Percé, trennt, schlägt das von mir oben (vgl. S. 191 f.) skizzierte System um. Man hat nämlich schon ganz zu Anfang (S. 22) gesehen, daß es da Coyote ist, der sich unter der grindigen Haut eines Greises versteckt, nach Art des von der Eule geraubten Kindes, jenes Doubles von Luchs – in diesem Falle aber, um dem ihn verfolgenden Bären zu *entrinnen*, ganz im Gegensatz zum Helden des anderen Mythos, der sich unter einer aussätzigen Haut versteckt, *nachdem* die Eule, *der er entronnen war*, darauf verzichtet hat, ihn zu verfolgen. Ein Kreis, den wir offengelassen hatten, schließt sich also in der mythischen Ergänzungsreihe zu der, wo die Präsenz des Motivs ein Problem aufwarf. Diese Präsenz erhält jetzt eine differentielle Bedeutung, die bestätigt, daß die beiden Reihen zueinander im Verhältnis umgekehrter Symmetrie stehen.

*
* *

Kehren wir zum Mythos über das Einfangen des Windes zurück. Die Thompson-Version (vgl. oben, S. 192 ff.) überrascht durch unpassende Details. Bewaffnete Wächter vor dem Haus des Häuptlings und gesattelte Pferde haben einen unverkennbar europäischen Beigeschmack. Und selbst wenn der *stsûq*-Begriff zur Eingeborenentradition gehört, haben wir doch gesehen, daß er erweitert worden ist, um auch das Papier und die Schreibkunst der Weißen zu umfassen. Im vorliegenden Mythos funktioniert er, wie man sagen könnte, weniger »auf indianische Weise« denn als Formel, die in der Folklore der Alten Welt überreichlich präsent ist.

Dieser Nachgeschmack von europäischer Folklore kommt noch deutlicher in der Shuswap-Version zum Ausdruck, die in zwei manchmal auch als getrennte Geschichten erzählten Akten angelegt ist.

Ein Mann lebte mit seinen vier Söhnen nicht weit von einem Dorf, das auch Coyote zu seinen Einwohnern zählte. Der jüngste der Brüder, Snánaz geheißen, war häßlich und hatte große, hervorstehende Augen; er war wenig beliebt. Zu dieser Zeit richtete der Wind noch große Verheerungen an. Die Brüder wollten ihn, einer nach dem anderen, in der Schlinge fangen, hatten aber keinen Erfolg. Trotz ihrer Spöttereien versuchte sich auch Snánaz an der Aufgabe, indem er seine Schlinge in stetig engerem Kreis auslegte. Am Morgen des vierten Tages fand er den Wind gefangen. Es war ein ganz kleiner Mann mit schmächtigem Körper und Bauch, aber mit einem gewaltigen Kopf; er hatte einen struppigen Haarschopf und hervorquellende Augen.

Snánaz verschloß den Wind in seinem Umhang und willigte nur gegen das Versprechen, fortan maßvoller zu blasen, ein, ihn freizugeben. Gleichwohl wurde Coyote, der sich weigerte, dem Wind sein Vertrauen zu schenken, von ihm bis zu einem Sumpf fortgeweht, in dem er versank. Snánaz rettete ihn und brachte ihn ins Dorf zurück.

Es war gerade Frühlingsanfang. Die Wasservögel begannen zu den noch gefrorenen Seen zurückzukehren, aber man hatte nichts mehr zu essen. Durch Magie gelang es Snánaz, die wilden Schwäne zu betäuben; so konnte er sie überwältigen und die Population mit Nahrung versorgen. Als die Lebensmittelversorgung erneut kritisch wurde, war Snánaz als einziger fähig, mit Fußtritten die Eisdecke aufzubrechen und ein Loch zu schlagen, aus dem das Wasser hervorsprudelte und Mengen von Fischen an die Oberfläche spülte. Endlich kam auch die warme Jahreszeit wieder; man verließ das Winterdorf, um auf die Jagd zu gehen.

Manchen Informanten zufolge bildete die Fortsetzung einen gesonderten Mythos. Nacht für Nacht bemerkte der Vater der vier Jungen, daß die Kartoffeln aus seinem Garten verschwanden. Die Brüder hielten abwechselnd Wache; nur Snánaz gelang es, sich nicht vom Schlaf übermannen zu lassen. Er bemerkte einen dunklen Schatten, feuerte einen Gewehrschuß in seine Richtung ab und nahm mit seinen Brüdern die Jagd nach dem Eindringling auf. Dessen Spuren verschwanden am Rande eines Abgrundes. Nicht ohne Schwierigkeiten ließ sich Snánaz mittels eines Seiles hinab. Er landete in der unteren Welt, band das Seilende an einem Felsbrocken fest und machte sich an die Erkundung der Gegend. In einer rauchgeschwärzten Hütte aus Reisig fand er seinen Dieb: einen verwundeten alten Mann, schwarz von Ruß, der ihm riet, einen nicht weit von da residierenden Häuptling zu besuchen, den Vater oder Onkel zweier hübscher Mädchen (wofern sie nicht sogar, aus der terrestrischen Welt stammend, seine Gefangenen waren; die Versionen weichen in diesem Punkt voneinander ab). Vom Häuptling freundlich aufgenommen, nahm Snánaz seine Gastfreundschaft an und bekam von ihm ein großes magisches Wissen vermittelt.

Der Häuptling, der ihm auch seine Töchter (Nichten oder Gefangenen) zur Ehe gegeben hatte, erlaubte Snánaz, sie in sein Heimatland mitzunehmen. Snánaz fand das Seil wieder, zog daran, um seine Brüder zu alarmieren (die, wie man vermuten darf, ganz in der Nähe geblieben waren), und ließ sie zuerst die beiden Frauen heraufholen. Die Brüder fanden sie ganz nach ihrem Geschmack; deshalb schnitten sie, als der Zeitpunkt kam, Snánaz heraufzuziehen und er bereits auf halber Höhe war, das Seil durch, in der Hoffnung, er werde beim Absturz den Tod finden.

Er erlitt aber nur Verwundungen und schleppte sich bis zu seinem Schwiegervater, der ihn pflegte und ihm eine Schriftrolle aus Baumrinde gab (oder, je nach den Informanten, ein Stück Papier), auf der magische Zeichen eingeritzt waren. Er brachte ihm bei, wie man diesen Talisman in ein Pferd verwandelte, das in der Lage war, auf der Schneide eines Messers zu galoppieren, selbst wenn es vertikal gehalten wurde, und durch einen Ring zu springen, ohne sich an der Nadel oder der Ahle zu verletzen, die die Durchquerung verhindern sollten. Snánaz galoppierte also die steile Vertikale bis zum oberen Rand des Abgrundes hinauf; dann verwandelte er sein Reittier in die Schriftrolle zurück und sich selbst in eine zerlumpte, schmutzige, ausgehungerte Bettlergestalt. Er kehrte heim in sein Dorf und präsentierte sich dort auch als Bettler. Man willigte ein, ihn gegen bestimmte Frondienste zu verköstigen.

Um die Abwesenheit von Snánaz zu erklären, hatten seine Brüder ein ganzes Lügenmärchen erfunden. Die Frauen aber offenbarten dem Vater die Wahrheit, und sie erzählten ihm auch so viel von den Wundern der unteren Welt, daß er sie nachahmen wollte. Er veranstaltete sportliche Prüfungen, die weder Coyote noch die anderen Männer des Dorfes zu bestehen vermochten. Beim Versuch, auf einer vertikal gehaltenen Messerschneide zu galoppieren, spaltete Coyote sein Pferd sogar in zwei Hälften; bei der Ringprüfung spießte er sich an der Nadel auf. Zum Spott aufgefordert, sein Glück zu versuchen, triumphierte Snánaz in allen Prüfungen so deutlich, daß man ihn für einen Sendboten der unteren Welt hielt. Daraufhin nahm Snánaz sein normales Aussehen an, gab sich zu erkennen, verblüffte seine Brüder und gewann sich seine Gattinnen zurück. So lebten sie glücklich und zufrieden und hatten viele Kinder, die allesamt mächtige Zauberer wurden[283] (der Mythos mit der Indexzahl M_{691} in *L'Homme nu*, S. 366 [dt. S. 473 f.], lediglich in bezug auf den jahreszeitlichen Aspekt).

Auf der anderen Seite der Sprachgrenze, die die Salish von den Chilcotin trennt, und im Unterschied zu dem, was sich an der alternierenden Reihe mit dem von der Eule geraubten Kind (vgl. oben, S. 115) beobachten ließ, verkehrt der Mythos sich nicht ins Gegenteil, sondern büßt einen Teil seiner Substanz ein. Genauer, die Inversionen, die hier von minderer Bedeutung sind, ziehen nur bestimmte Details in Mitleidenschaft. Der Held ist bereits verheiratet; sein Schwiegervater, von dem er den Talisman erhält, bewohnt also wie er die terrestrische Welt. Die Rivalität mit den Brüdern verschwindet: Der Mythos erwähnt lediglich ihre Existenz. Folglich hilft auch niemand dem Helden, zum Grund einer Schlucht hinabzusteigen: Er dringt allein in die unterirdische Welt ein, auf der Suche nach dem Kartoffeldieb, der sich hier als Huhn (*sic!*) enthüllt. Der Vater des Helden, der ihn tot glaubt, schickt seine Schwiegertöchter in den Wettkampf. In unkenntlichem Zustand ins Dorf heimgekehrt, besteht der Held dank seines Talismans unerkannt alle Prüfungen. Seine Frauen, die die Wahrheit erahnen, enthüllen sie dem Häuptling. Man sucht überall nach und findet den Talisman schließlich unter der Decke des Bettlers. Der Häuptling erkennt ihn daraufhin als seinen Sohn an und gibt ihm seine Gattinnen zurück.[284]

Im Zuge der Diskussion der alternierenden Reihe – der des von der Eule geraubten Kindes – merkte ich an, daß die Shuswap den Mythos verkümmern lassen und die Chilcotin ihm durch Inversion seinen ganzen Reichtum zurückgeben. Hier ist das Gegenteil der Fall, weil der sehr verarmten Chilcotin-Version das Komplott der Brüder völlig fehlt und die Inversion bereits bei den Shuswap einsetzt. Zweifellos erhalten sie eine Spur der Opposition zwischen den beiden Reihen aufrecht: in der einen den von Frauen aufgezogenen Helden (Mutter, Schwester, Gattin; gleichgültig ob eine Fremde oder eine Einheimische); in der anderen wächst er bei Männern auf (einer Familie mit einem Vater und zwei Brüdern in der Thompson-Version und dreien in der Shuswap-Variante; »zahlreichen« Brüdern, sagt die Chilcotin-Version, in der sie gar keine Rolle spielen). Die Inversionen bei den Shuswap äußern sich auf anderen Ebenen. Vom Verbündeten des Helden, der in der Lage ist, schnell wie der Wind zu laufen – eine metaphorische Beziehung –, wird Coyote zu seinem Verleumder, der vom Wind davongeweht wird – eine metonymische Beziehung. Coyote verschwindet vollständig aus der Chilcotin-Version (in der einen Augenblick lang eine Person namens Rabe diese Rolle übernimmt). Die Episode der Shuswap-Version, in der der Held eine nahrungsspendende (fischreiche) Quelle für die Verhungernden (vgl. oben, S. 196) entspringen läßt, schließt wieder an die Episode des Mythos vom Sohn der Wurzel an, in der der Held, mit den Füßen auf den Boden stampfend, ein erfrischendes Wasser für die Verdurstenden (vgl. oben, S. 130) hervorsprudeln läßt. Nun hatte ich aber gezeigt, daß der Sohn der Wurzel in dieser Hinsicht den Sohn von Coyote invertierte, der, mit den Füßen auf Baumstämme stampfend, ein wärmendes Feuer für seine kältestarren Gefährten hervorbringt.

Man wird auch bemerken, daß, in enger Parallele zur Shuswap-Version des Mythos über das von der Eule geraubte Kind (wo, im Unterschied zu anderen Versionen, es dem Jungen bei seinem Entführer gefällt, der ihn erzieht und ihm sein magisches Wissen vermittelt; vgl. oben, S. 115), die Shuswap-Version über das Einfangen des Windes erzählt, daß der Held sich freiwillig zu einem großen Häuptling der unterirdischen Welt begibt, sich bei ihm niederläßt und sein Schüler wird. Eine noch deutlichere Parallele tritt zwischen dem mit einem Umhang bekleideten und rußgeschwärzten Greis einerseits und dem anderen Greis in Erscheinung, dessen grindige Haut sich der Held überstreift, um sein Äußeres unkenntlich zu machen – eine Verstellung, die auch der Sieger über den Wind praktiziert, wenn er sich als elenden Bettler ausgibt. Man kann also sagen, daß, wenn die Shuswap-Version die anderen zur selben mythischen Reihe gehörenden Versionen auch nicht vollständig invertiert, sie doch zumindest eine Krümmung präsentiert, die diese Reihe so weit umbiegt, bis sie beinahe vollständig mit der anderen zusammenfällt.

Mehr noch als die der Thompson bietet diese Shuswap-Version eine folkloristische Färbung mit Anklängen an die Alte Welt. Die Kartoffeln, deren Diebstahl die ganze Handlung in Gang setzt, sind kein bodenständiges Produkt der Eingeborenen. Zweifellos bauten die Salish (deren erste Kontakte mit den Weißen – Spaniern und Engländern – an der Küste bis zum Ende des 18. Jahrhunderts zurückreichen) fünfzig oder sechzig Jahre später verbreitet Kartoffeln an[285]; sie blieben sich jedoch ihrer exotischen Herkunft bewußt. Dasselbe läßt sich vom »Huhn« sagen, in dem sich der Dieb in der Chilcotin-Version verkörpert. Der Held des Shuswap-Mythos verwundet diesen Dieb mit einem Gewehrschuß, und das Zauberpferd galoppiert auf einer Mes-

serschneide – anderen von den Weißen stammenden Gegenständen.*
Schließlich stellte sich der Talisman, mehreren Informanten zufolge, als ein Stück Papier dar.

Gehen wir einen Schritt weiter. In seinem großen Werk über die Mythologie der Thompson, auf das ich mich fortgesetzt bezogen habe, widmet James Teit einen ganzen Abschnitt Erzählungen europäischen Ursprungs. Er reiht darunter auch eine Erzählung ein – die einzige bei den Thompson, wo ausdrücklich davon die Rede ist, daß der Held Snánaz heißt, wie in der Shuswap-Version. In dieser Erzählung erhält Snánaz die Hilfe verschiedener Tiere beim Gewinn eines Wettbewerbs, dessen Siegespreis die Tochter eines mächtigen Schamanen ist. Er heiratet das Mädchen und kehrt mit ihr in sein Dorf zurück. Folgt die Episode mit den Brüdern, die die Frau begehren und Snánaz auf dem Grund eines Schlundes zurücklassen (in den sie ihn hinabsteigen lassen hatten, und zwar unter dem Vorwand, er solle dort nach einem Goldklumpen suchen). Mit Hilfe der Coyoten steigt Snánaz wieder an die Oberfläche. Er enthüllt den Verrat seiner Brüder und gewinnt seine Frau zurück.[286]

Diese Erzählung reproduziert im wesentlichen die Mythen, die wir bereits untersucht hatten, ohne ihre Eingeborenenherkunft in Frage zu stellen. Dennoch tritt Snánaz bei den Thompson und den Shuswap auch als der Töter des Ungeheuers mit sieben (manchmal auch acht) Köpfen in Erscheinung, das sich gerade daranmachte, ein junges Mädchen zu verschlingen. Einem enttäuschten Konkurrenten gelang es beinahe, den Helden um seinen Sieg zu betrügen, aber Snánaz verschaffte sich sein Recht und heiratete das Fräulein.[287] Der europäische Ursprung des Märchens ist um so sicherer, als diese Region Nordamerikas geradezu einen Überfluß an Erzählungen aus der französischen Folklore hat, die den Indianern bekannt waren und von ihnen übernommen wurden. Der Aufeinanderprall dieser disparaten Traditionen wirft ein Problem auf, dem man nicht aus dem Wege gehen sollte.

---

* In der Chilcotin-Version ersetzt jedoch eine Lanze sowohl das Gewehr als auch das Messer.

SECHZEHNTES KAPITEL

Indianische Mythen, französische Märchen

In einem 1942 erschienenen Buch stellte Dumézil einige Reflexionen an, die er in den Jahren 1969 und 1985 in etwas abweichender Form wiederaufgriff. Sie zeigen, daß er bis in seine letzten Lebensjahre von einer bestimmten Koinzidenz beunruhigt war. In den indoiranischen Überlieferungen wie an der Nordwestküste Nordamerikas ließen die Initiationsriten der jungen Männer, die einander übrigens sehr ähnlich waren, ein dreiköpfiges Ungeheuer auftreten: »eine Übereinstimmung«, so Dumézil, »deren Erklärung sich uns entzieht«.[288] Der Grund könnte in der Tat kein anderer als unabhängige Erfindung oder in sehr entlegene Zeiten zurückreichende Verbreitung sein.

Die Ähnlichkeiten zwischen Erzählungen aus der Alten und der Neuen Welt, bei denen wir im vorhergehenden Kapitel verweilt haben, sind anderer Art. Sie datieren aus einer jüngeren Epoche, ihr Ursprung ist gänzlich unmysteriös. Im Laufe des 19. Jahrhunderts hatten die »Reisenden«, wie man sie damals nannte, nämlich Kanadier im Dienste der *Hudson Bay Company*, sehr enge Beziehungen zu den Indianern.

Abends erzählten diese »Reisenden« an den Lagerfeuern, wahrscheinlich in Chinook-Mundart*, zahllose Geschichten aus der fran-

---

* Die Chinook-Mundart, gebildet aus einem Vokabular, das bei etwa zwanzig Eingeborenensprachen entlehnt war, diente der intertribalen Verständigung, lange bevor die Weißen ihren Gebrauch von den Küsten Kaliforniens bis nach Alaska verbreiteten, wobei sie gleichzeitig den Bestand an englischen und französischen Vokabeln erweiterten. Längs der Pazifikküste lebten Völker, die, obwohl sie einander unverständliche Sprachen sprachen (mehrere Dutzende an Zahl), doch lebhaften Handel miteinander trieben. Wie ich bereits oben ausgeführt habe, waren die Zahnschnecken-Muscheln, die nur vom Puget Sound an und weiter nördlich gesammelt wurden, in Kalifornien sehr begehrt. In der anderen Richtung wurde das regenbogenfarbige Perlmutt der Haliotiden, das aus Südkalifornien stammte, bis nach Britisch-Kolumbien und Alaska vertrieben, wo es zur Herstellung von Schmuckstücken und anderen Wertgegenständen verwendet wurde. Ich habe in *L'Homme nu* (S. 247–248 [dt. S. 317–320]) einen langen Text von Teit über die Messen und Märkte zwischen den

zösischen Folklore. So begegnet man dem Namen Ti-Jean (Petit-Jean) häufig wieder, dem Helden eines besonders in Kanada beliebten Korpus, das später in aus dem Munde von indianischen Erzählern gesammelten Versionen bekannt wurde: *Butcetcá* in Shuswap, *Laptissán* in Nez Percé, *Ptciza* in Kalapuya, *Kicon* in Cree, *Ticon* in Ojibwa ...

Neben vielen anderen fruchtbaren Ideen hatte Boas auch die, junge kanadische Forscher dazu anzuhalten, in ihren Untersuchungsgebieten die Reste einer französischen Folklore zu sammeln, für die sich an Ort und Stelle niemand mehr interessierte. Die Ernte war fabelhaft.[290] Sie bietet zwar kein starres Bild dessen, was die französische Folklore im 17. Jahrhundert war. In einen neuen Boden verpflanzt, hat sie Zusätze erhalten und ist neuen Einflüssen ausgesetzt gewesen; ebenso hat sie sich aus eigenem Antrieb weiterentwickelt. Aber ihr Material bleibt doch sehr viel reichhaltiger als das, was sich im Gedächtnis französischer Erzähler derselben Epoche erhalten hat. Man wird gewahr, daß die Indianer von dem Schwung, der Wunderwelt, den pittoresken oder phantastischen Einzelheiten von Märchen verführt wurden, die ihren eigenen in dieser Hinsicht in nichts nachstanden und in denen sie einer häßlichen und verachteten Heldengestalt wiederbegegneten, die ihnen vertraut war. Es nimmt also nicht wunder, wenn sie Snánaz nach seinem Sieg über den Wind auch den über das siebenköpfige Tier zuschrieben. Die Shuswap-Version eignet Snánaz, dem noch ungenau bekannten und wegen seiner Naivität verspotteten Helden, dieselben Taten wie die zu, deren sich bei den Thompson eine Person namens Jack rühmt – Beweis seiner europäischen Herkunft.[291] Rasch haben die Indianer die Ähnlichkeiten zwischen den französischen Erzählungen und ihren eigenen erfaßt und manche Vorfälle der ersteren ihren eigenen Überlieferungen einverleibt.

In der Person von Snánaz sind so zwei Helden der Folklore der Alten Welt übereinanderkopiert worden: der eine ein Junge, dessen große Gaben zunächst verkannt werden und der später große Taten vollbringen wird, im Französischen Petit-Jean genannt; der andere ein gestohlenes oder gefundenes Kind, das von einem wilden Tier erzogen wird wie Snánaz von Eule, im Französischen Jean de l'Ours.

Stämmen des unteren Columbia River und des Landesinnern zitiert, der ein eindrucksvolles Bild von den Handelsbeziehungen zwischen manchmal sehr entfernten Völkern liefert. Es war also eine gemeinsame Sprache unerläßlich, die die anglophonen oder frankophonen Pelzhändler sich zu gebrauchen bemühten. Zur Mitte des 19. Jahrhunderts verfügte die Chinook-Mundart über mehr französische als englische Wörter.[289]

Schließlich ist die Episode, in deren Verlauf die Brüder von Snánaz ihn in einen Abgrund stürzen oder ihn darin sich selbst überlassen, um sich seiner Gattin oder seiner Gattinnen zu bemächtigen, praktisch identisch mit dem Märchen des Typs 301 von Delarue, »Die aus der Unterwelt befreiten Prinzessinnen«, von dem in Kanada mehrere Versionen existieren. Um sie hinter dem Indianermythos aufzuspüren, genügt es, die Kartoffeln des einen durch die Äpfel oder Birnen (manchmal aus Gold) der anderen zu ersetzen, das »Huhn« durch ein größeres Geflügel ... Gemäß den französischen, frankokanadischen oder auch arabischen Lehren des Märchens willigt ein Adler ein, den Helden unter der Bedingung aus dem Abgrund herauszuziehen, daß er immer dann, wenn seine Kräfte erlahmen, eine Ration Fleisch erhält (oder eine Portion, die sich der Held aus dem eigenen Schenkel schneidet). Der Held des amerikanischen Mythos muß auch Coyote ernähren, damit der, weil er ihn ja auf dem Rücken trägt, schneller und schneller läuft (vgl. oben, S. 192 f.). Die Episode mit dem Adler kommt in dieser Form in der europäisierten Thompson-Version vor. Teit, der sie gesammelt hat, zögert übrigens nicht, eine Version derselben Herkunft mit dem Titel *The Young Boy and the Wicked Brothers (John the Bear)* zu belegen, und bestätigt damit den in seinen Augen französischen oder spanischen Ursprung dieser Erzählung.[292]

Die Shuswap-Version ersetzt den Alten mit der grindigen Haut (dessen Identität anderswo Snánaz übernimmt) durch einen rußgeschwärzten Greis und Dieb, der sich und anderen zu raten weiß (vgl. oben, S. 196 f.). Diese Substitution wäre verständlich, wenn man in dieser letzteren Gestalt einen Reflex des Köhlers oder Schornsteinfegers sehen könnte, der eine so wichtige Rolle in den französischen Märchen spielt.* Laut einer frankokanadischen Version des sieben-

---

* In diesem Falle bestünde Anlaß, die Genauigkeit zu bewundern, mit der die Mythen der amerikanischen Indianer und die Märchen der Alten Welt sich ineinanderfügen. In den amerikanischen Mythen und Ritualen bedeutet der Ruß gewöhnlich die schwarzen Wolken als Träger des Regens; das könnte einer der Gründe für die Rolle des Weihrauchs bei den Maya sein: Der Lacandon-Gott des Regens, Mensabak, ist der »Hersteller des schwarzen Puders oder des Rußes«. Dieselbe Symbolik in Südamerika, bei den Barasana und den Guayaki, wie in Nordamerika.[294] Die Neue und die Alte Welt setzen den Nebel und den Getreidebrand (lateinisch *nebula*) in enge Beziehung zueinander, hier den des Getreides (Rußbrand), dort den des Maises (Maisbrand), der das Aussehen eines dunklen Puders hat (*Anthropologie structurale*, S. 249–250 [dt. S. 248–249]). Im mythologischen Korpus Amerikas könnte die Rußverkleidung also von sich aus, ohne daß man zu Vergleichen von außen greifen müßte, eine kombinatorische Variante der grindigen Haut bilden, die, wie wir nicht vergessen wollen, am Ursprung des Nebels steht.

köpfigen Tieres ist der Betrüger, der das Ungeheuer getötet zu haben behauptet und Anspruch auf die Hand der Prinzessin erhebt, ein Köhler. Eine ebenfalls frankokanadische Version des Märchens von den aus der Unterwelt befreiten Prinzessinnen führt den Helden, der sich im Wald verirrt hat, zur Hütte eines kleinen Köhlers. Der Held tauscht seinen Mantel gegen den seines Gastgebers, »der ihn seit fünfzig Jahren auf dem Rücken trug und der schwarz war wie das Bahrtuch«.[293]

*
* *

Muß man aber stets Anleihen heraufbeschwören? Die weite Verbreitung der Luchsgeschichte, die, wie ersichtlich, seit dem 16. Jahrhundert bezeugt ist, beweist, daß sie, selbst in der Gestalt, die sie im Nordwesten Nordamerikas annimmt, zum authentischsten Erbteil der amerikanischen Indianer gehört. Gleichwohl ähnelt diese Geschichte auf eindrucksvolle Weise einem in der ganzen Alten Welt verbreiteten Märchen, das im Französischen *Jean le Teigneux* heißt und das die Indianer zweifellos aus dem Mund kanadischer »Reisender« hörten. Der Held, dessen Haar im Gefolge komplizierter Ereignisse (darunter die Verletzung eines Verbots wie bei Ritter Blaubart) zu Gold geworden ist, verwandelt sein Äußeres, um seine Verfolger irrezuführen. Er versteckt seine Haare unter einer pechschwarzen Kappe oder einem Beutel, und zwar unter dem Vorwand, er habe Kopfgrind, und läßt sich von einer mächtigen Person, zumeist einem König, als Wärter des Hühnerhofes oder Gärtner anstellen. Eine der Töchter des Königs sieht eines Tages sein Goldhaar hervorleuchten, verliebt sich in den Jungen und verlangt ihn zum Ehemann. Ihr Vater beugt sich ihrem Willen; aber wütend über diese Mißheirat, verjagt er das junge Paar. In mehreren Versionen erfährt der Held, daß sein Schwiegervater in den Krieg gezogen ist; er eilt ihm zu Hilfe und macht die Feinde nieder. Der König erkennt ihn als seinen Schwiegersohn und Erben an. Als literarische und erbauliche Version dieses Märchens wurde der Roman von *Robert le Diable* vom 13. bis zum 19. Jahrhundert in ganz Europa berühmt.[295]

Man braucht wohl kaum auf die Analogien dieses Märchens zur Geschichte von Luchs zu verweisen. Beide bringen einen Helden ins Spiel, dessen schäbiges und kränkliches Aussehen seine Anmut und Schönheit verhüllen, der im Verein mit seiner jungen Frau von deren Eltern verstoßen wird und der, zum großen Jäger oder tapferen Krieger herangereift, seinen Schwiegervater, Dorfhäuptling oder König, vor Hungersnot oder wilder Flucht ebenso rettet wie das Volk, das darüber entrüstet ist, daß er (aktiv im einen Falle, passiv im anderen) ein Fräulein edler Herkunft verführt hat, das bisher alle Bewerber um ihre Hand abwies.

Dennoch wäre die Hypothese einer schlichten und einfachen Anleihe unhaltbar, und nicht nur aus den bereits angeführten Gründen. *Jean le Teigneux* noch näher zu stehen scheint eine Legende, die die Azteken von den Tolteken herleiteten, ihren Vorgängern im Zentrum von Mexiko. Unmittelbar nach der Eroberung gesammelt, kann diese Legende jedoch nur europäischer Herkunft sein. Die Azteken erzählten, daß vor mehreren Jahrhunderten der Gott Tezcatlipoca die Tolteken zu vernichten unternahm. Er verfolgte ihren Nationalgott Quetzalcoatl und schlug ihn in die Flucht. Neben anderen Listen nahm Tezcatlipoca (unter dem Namen Titlacauan) das Aussehen eines elenden Fremden an, der, halbnackt, Gewürze auf den Märkten verkaufte. Eines Tages sah ihn die Tochter von Huemac, dem König der Tolteken, und war betört von der Schönheit seines männlichen Gliedes, das von seinen Lumpen nur schlecht verhüllt wurde. Sie wurde krank vor Liebe. Man suchte den Schuldigen überall, fand ihn schließlich auch und führte ihn ihr zu. Er schlief mit ihr und heilte sie; sie begehrte ihn zum Mann. Beschämt über diese Mißheirat, ließ der König mitsamt seinem ganzen Volk die Schuldigen im Stich. Er hoffte, der Fremde werde im Laufe eines Krieges den Tod finden, den die Tolteken zu führen sich anschickten. Aber die Tolteken zogen den kürzeren und erlitten ungeheure Verluste, bis der Fremde an der Spitze aller Zwerge, Bucklingen und Behinderten eingriff, die man der Einberufung zum Heer für unwert gehalten hatte. Er trug den Sieg davon, und die Tolteken erkoren ihn zu ihrem Häuptling.[296] Zweifellos handelte es sich nur um eine von Tezcatlipoca gestellte Falle, der sich die Situation zunutze machte, um die Tolteken bis zum letzten Mann aufzureiben. Wenn man sich aber an den ersten Teil der Legende hält und das verführerische Haar des falschen Gärtners durch den verführerischen Penis des armen Bedürftigen ersetzt, stimmt alles, eingeschlossen die kriegerischen Heldentaten des wichtigsten Protagonisten.

Ein anderer Fall, in dem man die Ähnlichkeiten nicht auf Anleihen zurückführen darf: Der große mythologische Zyklus, der im Englischen den Titel *Lodge Boy and Thrown-away*, »Das Kind der Hütte und das weggeworfene (in den Bach geworfene) Kind«, trägt und auf den ich mich bereits bezogen habe (vgl. oben, S. 80), könnte die übereinstimmende Kopie des französischen Volksbuches *Valentin et Orson* sein: Zwei Zwillinge, der eine von seinen Eltern aufgezogen, der andere in die wilde Natur verschlagen, finden sich wieder und vollbringen große Taten. Die panamerikanische Verbreitung des Mythos verbietet es aber, darin eine Anleihe bei der Folklore der Alten Welt zu sehen, und zwar um so mehr, als der im 15. Jahrhundert veröffentlichte Roman derart mit Klischees aus der Ritterliteratur vollgestopft ist, daß das mythische Material, in dem er wahrscheinlich seinen Ursprung hat, sich allen Anstrengungen zu seiner Erfassung und Einkreisung entzieht.*

Das Problem der Beziehungen zwischen Eingeborenenerzählungen und französischen Märchen ist, wie man sieht, weniger einfach, als es auf den ersten Blick den Anschein hat. In manchen Fällen – siebenköpfiges Tier, befreite Prinzessinnen, Gewehr, Messer, Zauberpferd – steht die Anleihe außer Frage. In anderen Fällen zögert man: Haben die Indianer die ganze Handlung entlehnt oder nur bestimmte Details? Oder kann die Parallele zwischen unseren Erzählungen und manchen der ihren nicht sogar aus einer Koinzidenz herrühren, wie das unzweifelhaft der Fall ist bei der mexikanischen Legende und dem Märchen von *Jean le Teigneux*? Desgleichen kann der Mythos vom Kind der Hütte und dem weggeworfenen Kind nicht vom Roman von *Valentin et Orson* abstammen.

Lassen wir nicht außer acht, daß die europäischen Märchen sehr alte Themen und Motive bewahren, die alle erdenkliche Zeit gehabt haben, sich weltweit zu verbreiten. Viele lassen sich bis nach Griechenland und ins alte Indien zurückverfolgen; man begegnet ihnen vom einen Ende des Alten Kontinents bis zum anderen wieder. Nichts schließt also aus, daß in archaischen Zeiten, als sich im Norden Tauschvorgänge an allen Pazifikstränden abspielten, ganze Mythen oder Elemente von Mythen von Asien nach Amerika vordrangen. Sie hätten dann, von ihren gemeinsamen Wurzeln abgeschnitten, hier und da überlebt, als Spuren einer Vergangenheit, die die scheinbare Isolierung der Neuen Welt während der Jahrtausende vor der Entdeckung (die ja zweifellos keine war, es sei denn aus transatlantischer Sicht) uns heute nicht mehr vorzustellen erlaubt. In dieser Hinsicht ist bezeich-

---

* Der Roman entfaltet sich gleichwohl nach einem Schema, das ein vollkommenes Beispiel einer mythischen Transformation bietet. Valentin beendet sein Leben als frommer Mann und wird nach seinem Tode heiliggesprochen. Orson dagegen wird Kaiser von Griechenland. Was sich folgendermaßen formalisieren läßt:

   Kultur : Übernatur :: Natur : Gesellschaft

nend, daß der amerikanische Mythos vom Kind der Hütte und vom weggeworfenen Kind spurenhaft noch bei einem mongolischen Volk, den Burjaten, im Süden Sibiriens existiert.[297]

Man darf also Verbreitungsphänomene für wahrscheinlich halten, selbst wenn man nicht in der Lage ist, weder ihre Chronologie noch ihre Wegstrecken zu rekonstruieren. Das eingeräumt, stellt sich eine weitere Frage: Sind diese Begegnungen zeitlich und räumlich sehr weit voneinander entfernter oraler Überlieferungen, sind diese Ähnlichkeiten, für die ich einige Beispiele angeführt habe, nicht unausweichlich und in gewissem Sinne sogar notwendig? Denn es könnte ja sein, daß sie aus Eigenschaften herrühren, die dem mythischen Denken inhärent sind, aus Zwängen, die seine schöpferische Kraft begrenzen und ihm seine Richtung weisen.

*
* *

Das mythische Denken operiert anhand von Oppositionen und Codes. Gleichwohl greift der Begriff der binären Opposition, dessen übermäßigen Gebrauch man mir zum Vorwurf gemacht hat, in die Analyse von Mythen nur als der kleinste gemeinsame Nenner von veränderlichen Werten ein, die von Vergleich und Analogie gebildet werden. Die binäre Opposition tritt also in sehr verschiedenen Modalitäten in Erscheinung: in Symmetrien von ihrerseits verschiedenem Typus; in Widerspruch, Widerstreit, relativen Werten, Wort- und Denkfiguren aus dem Bereich der Tropen usw. Diese verschiedenen Oppositionsmodi gehören heterogenen Kategorien an. Überdies bieten sie sich nie in abstrakter Form und gewissermaßen im Stande der Reinheit dar. Sie nehmen einen konkreten Aspekt im Rahmen von Codes an, die dazu dienen, Botschaften zu formulieren, die wiederum in die Terme anderer Codes übersetzbar sind, und ihrerseits Botschaften, die durch den Kanal unterschiedlicher Codes empfangen werden, in ihr eigenes System transponieren können. Diese Codes sind ebenfalls heterogen: räumlich, zeitlich, kosmologisch, sexuell, sozial, ökonomisch, rhetorisch usw. Theoretisch zumindest ist ihre Zahl unbegrenzt, denn die Codes sind für die Bedürfnisse der Analyse geschmiedete Werkzeuge. Erst nachträglich läßt sich der Grad ihrer Angemessenheit in bezug auf die Wirklichkeit verifizieren. Man muß jedoch einräumen, daß in den ersten Untersuchungsstadien die Wahl und die Definition der Achsen, an denen die Oppositionen situiert sind, und die Wahl und die Definition der Codes, auf die sie angewendet werden, vieles der Subjektivität des Analytikers verdanken und deshalb einen durchaus impressionistischen Charakter bieten.

Vom Anfang der *Mythologiques* an habe ich hervorgehoben, daß ich mir genauer als irgend jemand sonst der großen Laxheit der Bedeutungen bewußt war, die ich manchen Termini gegeben habe: Symmetrie, Inversion, Äquivalenz, Homologie, Isomorphie (vgl. etwa *Le Cru et le cuit*, S. 39 [dt. S. 51]) ... Um der Schwierigkeit aus dem Wege zu gehen, hätte ich mich hinter dem Begriff des Morphismus verstekken können, als »Beziehung – gleich welcher Art –, kraft deren zwei Gegenstände vergleichbar, gegenüberstellbar sind«.[298] Dann aber hätte man alle Mythen mit einer Algebra von Morphismen behandeln müssen; die Schwierigkeit wäre nur verschoben worden. In einem derart neuartigen Bereich (neuartig zumindest im Sinne der Perspektive, aus der ich ihn in Angriff nahm) bin ich anhand von Versuch und Irrtum vorgegangen. Oppositionen, sogar reale, haben nicht immer die Form, die ich ihnen gegeben habe; andere existieren vielleicht nicht einmal. Wenn man mir zubilligte, daß ich in einer nennenswerten Zahl von Fällen richtig gesehen habe, wäre ich bereits zufrieden.

Überdies zählt das bloße Faktum der Opposition sehr viel mehr als die besondere Form, die sie hier oder da annimmt. Im Zuge einer mythischen Transformation kommt es ständig vor, daß eine Opposition degeneriert. Eine Opposition zwischen Widersprüchen wird zu einer Opposition zwischen Gegensätzen, und die weicht wiederum einer Differenz von Graden. Von einer ursprünglichen Opposition zwischen Mensch und Nicht-Mensch geht man durch Transformation zu einer Opposition zwischen Mensch und Tier über, dann zu einer anderen, noch schwächeren zwischen Graden ungleichartiger Menschlichkeit (oder Tierheit). Diese letztgenannte Opposition wird gegebenenfalls von Termen konnotiert, die in bezug auf die vorhergehenden heterogen sind: etwa die des großen und kleinen Essers in einer Gesellschaft, die Mäßigkeit zur Tugend erhebt ... Und dennoch handelt es sich stets um ein und dieselbe Opposition.

Diese Flüssigkeit der mythischen Formen zieht eine Konsequenz nach sich. In dem Maße, wie man die Analyse vertieft, und vor allem, wenn man sein Untersuchungsfeld zeitlich und räumlich erweitert, zeichnet sich ein zunehmend komplizierteres Netz ab, die Codes und die Oppositionen durchkreuzen einander, und die Überschneidungen mehren sich; so daß das Netz auf gefährliche Weise einem theoretischen Zustand näherkommt, in dem jeder Knoten mit allen anderen verknüpft ist. Dann sähe sich der Mythologe vor eine Alternative gestellt: entweder den Bahnungen, die einen Knoten mit einem anderen verknüpfen, einen bezeichnenden Wert zuzuerkennen, oder diesen Wert keinem einzigen gutzuschreiben.

In der ersten Hypothese würde die Mythologie zu einer redundanzlosen Sprache (im Sinne der Informationstheorie, die Redundanz die Aspekte der Botschaft nennt, die von der Struktur des Codes vorherbestimmt sind), die deshalb der freien Wahl des Senders entzogen ist. Es sind eben die prädeterminierten Aspekte der Syntax, die der sogenannte Telegrammstil eliminiert, ohne daß daraus eine ernsthafte Informationseinbuße resultiert. Aus der Perspektive phonologischer Zwänge wäre eine redundanzlose Sprache also die, bei der man, wenn man Buchstaben zufallsbestimmt in einen Gitterraster einsetzte, mit Sicherheit Kreuzworträtsellösungen erhielte.

Aber tritt die Mythologie nicht gerade unter diesem Aspekt in Erscheinung, wenn man sie von oben betrachtet? Ein ungeheurer Diskurs, den die Menschen über Zehntausende von Jahren und zweifellos noch länger hervorzubringen sich bemüht haben, auf der ganzen Weite der bewohnten Erde, ein Diskurs, der nirgendwohin führt und der nur in sich selbst zurücklaufen kann? Vom einen Ende der Welt zum anderen hat dieser Diskurs im Laufe der Zeiten allmählich die Gestalt eines zusammenhängenden Netzes angenommen, das heißt eines Netzes, bei dem jeder Knotenpunkt mit jedem anderen Knotenpunkt durch eine Kette von Relationen verknüpft ist. Dieser Zusammenhang annulliert die Arbeit des Mythologen nicht, sondern zeigt ihm seine Grenzen auf. Sie verurteilt die allgemeine Mythologie zum Scheitern, weil sich ja gerade aus den vorhergehenden Erwägungen zwei nicht vergleichbare Schlüsse ergeben: Aus jedem glaubhaften oder einfach nur möglichen Annäherungsweg kann die allgemeine Mythologie immer eine Theorie entwickeln; und je mehr sich das Untersuchungsfeld ausdehnt, um so wahrscheinlicher wird es, daß ein zufällig eingeschlagener Annäherungsweg einen zusammenhängenden Annäherungsweg reproduziert. Je weiter man ausgreift, desto mehr Ähnlichkeiten entdeckt man, die jedoch immer weniger bedeuten.

Was für die allgemeine Mythologie Gültigkeit hat, büßt sie ein, wenn der Vergleich im Rahmen zeitlich und räumlich genau umschriebener mythologischer Systeme angestellt wird, bei denen sich die umgekehrte Behauptung bewahrheitet; je enger man das Untersuchungsgebiet eingrenzt, desto mehr Unterschiede findet man; und an den Beziehungen zwischen diesen Unterschieden haften Bedeutungen. Eine vergleichende Untersuchung indo-europäischer, amerikanischer, afrikanischer usw. Mythen hat Gültigkeit; eine Mythologie mit universalem Anspruch nicht.

Die Philosophen legen sich also selbst Steine in den Weg, wenn sie der strukturalen Analyse vorwerfen, die Mythologie zu einem nichtssagenden Diskurs zu machen. Denn von der Warte aus, die sie sich erwählen – der allerhöchsten, von der aus gesehen die Mythen jeden Kontakt zur ethnographischen Realität eingebüßt haben –, besagen diese Mythen effektiv nichts. Die strukturale Analyse zeigt das *a contrario*, wenn sie die Ebene freilegt, auf der die Mythen etwas sagen, ohne sich jedoch vor den Konsequenzen der Kritik zu verschließen, die sie andererseits an der mythologischen Vernunft übt und die bereits erkennbar werden, wenn man im reduzierten Maßstab arbeitet (vgl. etwa *Du Miel aux cendres*, S. 302–305 [dt. S. 390–393]; *L'Origine des manières de table*, S. 160 [dt. S. 210]; *L'Homme nu*, S. 571 bis 572, 620 [dt. S. 741–742, 805]). Kurz, das zu lösende Problem ist das der Bedingungen, auf die Formen reagieren müssen, die eine unbegrenzte Zahl von Inhalten aufzunehmen vermögen. Daß jeder in den Mythen findet, was er darin sucht, beweist, daß nichts von alledem darin steckt.

Umgekehrt schäumt ein enges mythisches Feld, auf welche Weise man sich auch daranmacht, es zu definieren, vor Bedeutungen geradezu über, und man erahnt den Grund dafür. Aus einem theoretisch vorstellbaren Netz, dessen Querverbindungen sich treffen und das keinerlei Redundanz mehr böte, greift jede Kultur oder Gruppe von Kulturen nur einen Teil heraus: ein Unternetz oder Teilnetz, von einer unbewußten Strategie produziert, in der sich die Originalität einer jeden und auch ihre Grenzen bestätigen. Die Bedeutungen erwachsen aus den Abständen zwischen diesen Teilnetzen, selbst wenn es vorkommt, daß sie sich partiell überschneiden.

Die strukturale Analyse der Mythen vermittelt also Erkenntnisse auf zwei Weisen. Erstens lehrt uns jede lokale Mythologie, mit einer gegebenen Geschichte und einer gegebenen ökologischen Umwelt konfrontiert, vieles über die Gesellschaft, aus der sie stammt, legt ihre Triebfedern frei und erhellt die Funktionsweise, den Sinn und den Ursprung von Glaubensinhalten und Bräuchen, von denen viele manchmal seit Jahrhunderten Probleme ohne Lösung aufwarfen. Gleichwohl unter einer Bedingung: daß sie sich nie von den Fakten abwendet. In seinem Kommentar zu meiner Untersuchung der Geschichte Asdiwals (*Anthropologie structurale deux*, Kap. X) merkte ein bereits zitierter Mathematiker, François Lorrain, an, daß, wenn man sich darauf beschränkte, die Terme, die ich zueinander in Opposition setze (Himmel und Erde, Erde und Wasser, Erde und unterirdische Welt usw.), rein abstrakt zu betrachten, man sehr bald dahin käme, sie miteinander in einem System zu identifizieren, das keinerlei Bedeutung mehr hätte; zumindest, wie ich es tue, »auf den Mythos zurückzugreifen und die vielfältigen, qualitativ verschiedenen Relationen genau zu definieren, die ›Himmel‹ und ›Erde‹, ›Himmel‹ und ›Wasser‹ miteinander verbinden und so fort«.²⁹⁹ Auf die Mythen zurückgreifen, ja; aber auch und vor allem auf die Praktiken und Glaubensinhalte einer bestimmten Gesellschaft, die uns als einzige über diese qualitativen Relationen aufzuklären vermögen – der Grund, weshalb man darauf verzichten wird, die strukturale Analyse von Mythen einer Gesellschaft zu unternehmen, wenn man über keinen ethnographischen Kontext verfügt, oder jedenfalls unabhängig von den Mythen selbst. Die Analyse drehte sich dann, konkreter Kontrollmittel beraubt, im Leerlauf.

Genau das ist der Fall der allgemeinen Mythologie. Sie schneidet die Mythen von diesen Stützen ab, die ihr, gerade aufgrund ihrer Allgemeinheit, unzugänglich werden. Ihres Inhalts entleert, auf Hohlformen reduziert, erhalten die Mythen als Ersatz die Inhalte, die der Philosoph sich darin einzuführen gehalten fühlt oder herausnimmt: und wenn er so verfährt, ersetzt er lediglich Inhalte, die sich ihm entziehen, durch seine eigenen Phantasien oder Wünsche.*

Wenn aber der Vergleich von Mythen, die einem Komplex besonderer Kulturen angehören, die sich ihrerseits auf ein geographisches Areal oder eine bestimmte Periode der Geschichte eingrenzen lassen, Gefahr läuft, zu allgemein zu werden, ist dennoch nichts verloren, aber nur dann, wenn man sich bewußt hält, daß diese Bewegung das mythische Denken fortschreitend auf seine Form reduziert. Es kommt nicht mehr darauf an herauszufinden, was die Mythen sagen, sondern zu verstehen, wie sie es sagen, selbst wenn sie, auf diesem Niveau erfaßt, immer weniger sagen. Von der strukturalen Analyse erwartet man dann, daß sie, und zwar im Zustand der Reinheit, wie man sagen möchte, die Funktionsweise eines Geistes erhellt, der, wenn er einen leeren Diskurs aussendet – und weil er nichts anderes zu bieten hat –, den Mechanismus seiner Operationen enthüllt und bloßlegt.

---

* »Die Geschichten von Heiligen sind die zweideutigste Literatur, die es überhaupt gibt: auf sie die wissenschaftliche Methode anwenden, *wenn sonst keine Urkunden vorliegen* (Hervorhbg. von Nietzsche), scheint mir von vornherein verurteilt – bloß gelehrter Müßiggang ...« (F. Nietzsche, *Der Antichrist*, § 28).

SIEBZEHNTES KAPITEL
Letzter Auftritt des Vogelnestaushebers

Die vorhergehenden Erwägungen haben direkte Auswirkungen auf ein Problem, das ich bereits in *L'Homme nu* (S. 329 [dt. S. 424]) aufgeworfen hatte, wobei ich mich damals jedoch damit begnügte, es zu umreißen. Selbst wenn man es für gesichert hält, daß die Indianer ein Gutteil frankokanadischer Märchen übernommen, daß sie sie sogar in ihre Mythologie integriert haben: wie ist es zu verstehen, daß Erzählungen aus so ungleichartigen Inspirationsquellen, die aus weit voneinander entfernten Weltgegenden stammen, sich spontan zusammengefügt haben? Hätten wir den Thompson-Mythos über das Einfangen des Windes für bare Münze genommen – ich will damit sagen: ohne seinen Eingeborenenursprung in Zweifel zu ziehen –, hätten wir nicht gezögert, darin schlicht und einfach eine Inversion des panamerikanischen Mythos vom Vogelnestausheber zu sehen: ebenjenes Mythos, den ich, quer durch die ganzen *Mythologiques*, als Referenzmythos gewählt habe, weil er am besten geeignet schien, das mythologische Korpus beider Amerika miteinander zu verbinden.

Diese Interpretation mochte um so überzeugender erscheinen, als – ich hatte das in *L'Homme nu* (S. 133–139 [dt. S. 173–179]) gezeigt – die Nordwestregion von Nordamerika, in der sich die vorliegende Untersuchung abspielt, auch die Gegend ist, wo der in Rede stehende Mythos am deutlichsten mit den südamerikanischen Versionen koinzidiert. Dieses Wiederauftauchen desselben Mythos an sehr weit voneinander entfernten Punkten der Neuen Welt bildete ein ergänzendes Argument, das die diesem Mythos und seinen logischen und semantischen Aspekten bereits zuerkannte Schlüsselposition anhand von Zeugnissen der Geographie und der Geschichte stützte.

Nun invertiert der Mythos über das Einfangen des Windes, im innersten Zentrum der Thompson-Mythologie stehend, aber den vom Vogelnestausheber. Zunächst kommutiert er Oben und Unten: Der

Held wird nämlich durch einen Sturz in die unterirdische Welt ausgestoßen, anstatt daß ihn ein rasch wachsender Baum bis hinauf in den Himmel hebt. Urheber dieser Disjunktion sind nahe Verwandte – hier Brüder, da ein Vater –, die den Helden beiseite schaffen, um sich seine Frau oder seine Frauen anzueignen.

In allen Versionen des Mythos vom Vogelnestausheber weisen die Thompson Coyote als Vater des Helden eine feindselige Rolle zu (vgl. etwa *L'Homme nu*, S. 329–337 [dt. S. 425–435]). Umgekehrt machen sie in ihrer Version des Mythos vom Einfangen des Windes Coyote nicht nur zu einem wertvollen Helfershelfer (der den Helden auf seinem Rücken in das Land trägt, wo der sich verheiraten wird), sondern auch zum Erretter: Er zieht den Helden aus dem Abgrund heraus, in den er gestürzt wurde, und ermöglicht es ihm so, die Gattin wiederzugewinnen, deren sich seine Brüder bemächtigen wollten.

Wenn der Vater des Helden in den Thompson-Versionen vom Vogelnestausheber schließlich die Frau oder die Frauen des Helden begehrt und sie in seinen Besitz bringen will, so verteidigt im Thompson-Mythos über das Einfangen des Windes dieser selbe Vater die Frauen des Helden gegen die Nachstellungen seiner anderen Söhne. Dank ihm können sie ihrem Gatten unversehrt zurückerstattet werden. Diese Einstellung (der man in keiner der sechsundneunzig Versionen des Märchens von den aus der Unterwelt befreiten Prinzessinnen wiederbegegnet, die Delarue gesammelt hat; vgl. oben, S. 203) ist allein der amerikanischen Erzählung eigen; und sie erschiene unmotiviert, es sei denn, man sieht in dieser Episode eine Inversion der entsprechenden Episode des Mythos vom Vogelnestausheber.

Man kann dieses Paradigma sogar auf die Mythen ausdehnen, mit denen unsere Untersuchung begonnen hatte. In den Versionen der Luchsgeschichte, die Coyote in den Vordergrund stellen, greift der als Verbündeter seines Sohnes ein: Er hilft ihm da auch, eine »entfernte« Gattin zu erringen. Überdies kämpft er an der Seite seines Sohnes gegen den Herrn eines zerstörerischen Feuers, während derselbe Sohn – in dieser Hinsicht dem Vogelnestausheber kongruent – neben anderen Verdiensten auch das hat, ein für die Menschen wohltätiges Feuer herbeizuschaffen (vgl. oben, S. 37).

Die Zuhörer, weit davon entfernt, eine fremde Erzählung passiv zu übernehmen, modifizieren sie also oder transformieren sie sogar, um sie ihren eigenen Überlieferungen anzupassen. Von Anleihe zu sprechen, wäre mithin zu einfach. Immer dann, wenn das Problem sich stellt, muß man hinter der äußeren Fassade zu durchschauen versu-

chen, was wirklich entlehnt worden ist, und sich vor allem nicht von
der Illusion täuschen lassen, daß ohne Motiv und allein im Banne des
romanhaften Reizes entlehnt wird. Denn die Anleihe kann eine Funktion erfüllen, kann einem Mangel an irgend etwas abhelfen, nach dem
bereits ein dunkles Bedürfnis verspürt wurde. Vielleicht sollte sogar
der Begriff der Anleihe verworfen und eher darauf hingewiesen werden, daß der lokale Geist in einem fremdstämmigen Material Elemente wiedererkennt, die in unterschiedlichen Aspekten bereits bei
ihm selbst präsent waren oder präsent hätten sein können; so daß die
Anleihe erlaubt, latente Gegebenheiten deutlich auszudrücken und
unvollständige Schemata zu vervollständigen.

Betrachten wir einen Fall unter anderen. In *L'Homme nu* (S. 380
bis 383 [dt. S. 492–495]) ist ersichtlich geworden, daß ein Cœur
d'Alêne-Mythos die benachbarten Versionen des Mythos vom Vogelnestausheber auf systematische Weise transformiert (Adler ⇒ Kranich; oben ⇒ fern; Söhne ⇒ Töchter; Begierde nach dem Geschlecht
der Schwiegertöchter ⇒ Appetit auf die Küche des Schwiegersohnes
usw.). Hat man das einmal erkannt, kann man dann, im Gefolge von
Reichard[300], die Episode, in der Frauen, die, nach einer langen Reise
erschöpft, ohne ihren Hunger dabei stillen zu können, die am Türvorhang einer Hütte aufgehängten eßbaren Knollen verschlingen, als Anleihe bei der europäischen Folklore behandeln? Oder wäre es nicht
besser, auf der geraden Spur der anderen Transformationen dafür zu
halten, daß dieses merkwürdige Motiv jenes andere in die Vertikale
zurückverlegt, nämlich das der himmlischen und flachen Welt, in der
der hungrige Vogelnestausheber eßbare Knollen ausgräbt, an denen er
sich aber nicht satt essen kann, weil sie in Wirklichkeit Sterne sind? Je
nach der Perspektive, die man einnimmt, tritt ein und dasselbe Motiv
als Anleihe oder als Phase einer Transformation in Erscheinung, die
man beinahe schon *a priori* hätte deduzieren können, weil sie so deutlich Rücksicht auf deren innere Logik nimmt.

Einer der am deutlichsten manifesten Unterschiede zwischen dem
amerikanischen Mythos vom Vogelnestausheber und dem französischen Märchen von den aus der Unterwelt befreiten Prinzessinnen
liegt darin, daß die Disjunktion des Helden, noch immer auf der vertikalen Achse, im einen Falle von unten nach oben und im anderen von
oben nach unten verläuft. Jedesmal wechselt der Held als Bewohner
der mittleren Welt in ein anderes Universum: Er erhebt sich in die
himmlische Welt oder versinkt in der unterirdischen. Hier wie da unterstützen ihn mehr oder weniger zuvorkommende, aber letztlich

doch hilfsbereite Tiere dabei, in die irdische Welt hinabzusteigen oder wieder an die Erdoberfläche zurückzufinden.

Muß man also immer dann eine Anleihe in Rechnung stellen, wenn eine Version des Mythos vom Vogelnestaushebers den Helden von oben nach unten und nicht im umgekehrten Sinne befördert? Nichts wäre unangemessener. Man kann bereits angesichts der Versionen schwanken, die von Salish-Gruppen des Landesinnern stammen: von den Sanpoil und den Okanagon, nahen Nachbarn der Thompson und der Shuswap (vgl. ihre Versionen mit den Indexzahlen M_{665}, M_{666} in *L'Homme nu*, S. 329 [dt. S. 424]). Die Disjunktion verläuft hier zwar nach unten, aber der Held bleibt auf halber Höhe an einem Felssims haften, auf dem die Adler nisten, deren Federn er sich holen wollte. Gegen ihren Willen (denn er fängt sie ein und befestigt sie gewaltsam an seinen Armen und Beinen) befördern ihn die Vögel und tragen ihn im Flug zum Fuße der Felswand, von wo aus er in sein Dorf zurückfindet, und zwar auf einem anderen Weg, den man sich bequemer vorstellen darf.

Diese Versionen beziehen sich nicht nur auf eine oder mehrere aus der Unterwelt heraufgeholte Prinzessinnen, auch die Topologie ist nicht dieselbe. Handelt es sich also um ein schwaches und nahezu unkenntlich gewordenes Echo des französischen Märchens, oder existierte diese besondere Konstruktion bereits in Amerika, bevor es dem importierten Märchen und einem Eingeborenenmythos gelang, sich recht und schlecht aneinander anzupassen?

Noch verwirrender erscheinen die Versionen des Mythos vom Vogelnestausheber, auf die man im Süden des bisher in Betracht gezogenen Areals trifft. Die Paiute und die Ute, die eine Shoshone-Sprache sprechen – ein Zweig der großen uto-aztekischen Familie –, waren unmittelbare Nachbarn der Sahaptin, besonders der Nez Percé, deren Mythen uns ja bereits beschäftigt haben, und alles in allem nur etwa 200 bis 300 Kilometer von den südlichsten Küsten-Salish im Landesinnern ansässig.

Ich habe die Ute-Versionen des Mythos vom Vogelnestausheber (mit den Indexzahlen M_{774} und M_{775} in *L'Homme nu*, S. 469–475 [dt. S. 612–619]) bereits diskutiert und möchte hier nur die wichtigsten Gesichtspunkte in Erinnerung rufen. Die Paiute und die Ute lebten, in kleine nomadisierende Scharen aufgeteilt, in der Hauptsache vom Sammeln und von der Lese. Eine halb wüstenhafte Umwelt, deren Nahrungsmittelressourcen sie geschickt und restlos auszubeuten verstanden, verhinderte gleichwohl nicht, daß seit dem 18. Jahrhundert zuerst die Spanier, dann die Mexikaner in ihr Gebiet eindrangen – Einflüsse, deren Spuren ihre Mythen und Märchen verraten. Reichen sie zur Erklärung dafür aus, daß und wie Coyote in den sehr ergiebigen lokalen Versionen des Mythos vom Vogelnestaushebers seinen Neffen und Schwiegersohn in einen Abgrund stürzt und ihn damit in eine Bewegung von oben nach unten versetzt? Dann müßte man auch erklären, warum eine typische Episode des europäischen Märchens bei den Indianern in invertierter Form auftritt: Statt daß der Held die Kräfte des hilfreichen Vogels auffrischen muß, indem er ihn mit (manchmal sogar aus seinem eigenen Schenkel geschnittenem) Fleisch ernährt, um ihn für den Rückflug zu rüsten, fordert er, bevor er sich ihm anvertraut, daß der Vogel eine Probe seiner Stärke ablegt.

Zwei Bemerkungen in diesem Zusammenhang. Die Episode des europäischen Märchens hat ihr übereinstimmendes Modell in einer bereits resümierten Version des Mythos (vgl. oben, S. 192f.), das lediglich aus der vertikalen in die horizontale Achse transponiert wurde. Nun kommt die Episode in dieser letzteren Form aber auch in anderen Mythen der amerikanischen Indianer vor. Sie ist typisch für den Zyklus des empfindlichen Fährmanns, in dem der Held, um eine Schlange oder ein anderes aquatisches Ungeheuer für seine Überfahrt zu gewinnen, die Verpflichtung eingeht, das Tier zu ernähren, wann immer seine Kräfte erlahmen (*L'Origine des manières de table*, S. 359–377 [dt. S. 465–492]). Weit davon entfernt, als schlichte Anleihe aus europäischen Erzählungen hervorzugehen, bildet diese Episode das Stadium einer weitläufigen Transformation, die sich auf beide Hemisphären erstreckt. In einem Stadium, das auch in Amerika präsent ist (das Ungeheuer täuschen, statt es mit Nahrung zu versorgen), begegnet man in Japan dem Motiv des empfindlichen Fährmannes in der Form, wie es die Geschichte des Hasen von Inaba illustriert, die von den ältesten Texten erzählt wird. Auch in Indonesien, in Malaysia und in Indien stößt man darauf.[301] Es erscheint also denkbar, daß Elemente dieser Geschichte – etwa die Variante, in der das Ungeheuer Nahrung im Austausch für seine Dienste verlangt – sich von Südasien bis nach Amerika einerseits und, durch Vermittlung der Araber, bei denen das Motiv gut bezeugt ist, bis nach Europa andererseits verbreitet haben. In der Tat gehört die Geschichte eines Helden, der in einen Abgrund gestürzt wird, aus dem ihm ein hilfreiches Tier herauszufinden hilft, zur universalen Folklore. Dergestalt, daß die Indianer beim Hören der französischen Märchen eine Geschichte, die seit den entlegensten Zeiten Gemeingut des Alten und des Neuen Kontinents geworden war, eher wiedererkannt als entlehnt hätten.*

Die zweite Bemerkung: Die gerade kommentierte Inversion ist nicht die einzige. So invertieren die Ute (Uintah) methodisch die Form, die der Mythos vom Vogelnestausheber bei ihren nördlichsten Sahaptin- und Salish-Nachbarn annimmt: ein Held namens Ente statt Adler, ein ferner und nicht naher Verwandter, der Räuber einer verheirateten Frau und kein Ehemann, dem man die Frau nehmen will ... Und statt daß der Baum oder Felsen, auf dem die Adler nisten, bis in den Himmel wächst, ist es hier der Boden, der sich einwärts krümmt: der Felsen wächst, aber nach unten ...

Wenn schließlich die Versionen, die ich der Bequemlichkeit halber die »richtigen« nennen will, den Helden zu einer Menschengestalt mit einem Tiernamen machen, dem von Tieren geholfen wird, so ersetzt die Uintah-Version, die ihm ebenfalls einen Tiernamen gibt, die hilfreichen Tiere durch Menschen, von denen der Held, bevor er von der Höhe des Felsens herabspringt (wie von dem Tier in den Nachbarversionen), den Beweis verlangt, daß sie stark genug sind, ihn mit den Armen aufzufangen.

Noch komplizierter werden die Dinge, wenn man berücksichtigt, daß die Mythologie der Ute von der der Navajo beeinflußt ist, ihren südlichen Nachbarn. Die Navajo-Mythologie stellt sich häufig als Theologie dar. Dennoch begegnet man darin den gleichen Vorfällen wie in den Ute-Erzählungen, namentlich der Demonstration von Stärke, die dem hilfreichen Tier abverlangt wird. Die Navajo sind Athapaskan und aus dem Norden gekommen, und zwar zu einer unbekannten Zeit, die jedoch der Entdeckung der Neuen Welt um mehrere Jahrhunderte vorausgeht. Im Laufe einer Wanderung, die sie von den nördlichsten Regionen Amerikas bis nach Neumexiko geführt hat, ist ihre Mythologie beim Kontakt mit den Kulturen, die die durchmessenen Territorien besiedelt hatten, bereichert und transformiert worden. Alle Mythen, mit denen wir zu tun gehabt haben, stammen von jüngeren oder gegenwärtigen Repräsentanten dieser Kultu-

---

* Zur Stützung dieser Hypothese kann man geltend machen, daß das Motiv, wieder in die Vertikale verlagert, auch in Südamerika vorkommt, allerdings in abgeschwächter Form: Bevor er dem Vogelnestausheber hilft, verlangt der Jaguar, daß er ihm Vögelchen zum Fressen zuwirft (*Le Cru et le cuit*, S. 77–85 [dt. S. 94–102]). Einer jüngst publizierten Version zufolge verlangt der aasfressende Geier, der dem Helden hilft, von ihm eine tote Ratte.[302] Aus allen erdenklichen Gründen kann es sich da nicht um europäische Einflüsse handeln.

ren. Die Anleihen bei der europäischen Folklore bilden also kein Phänomen neuen Typs. Sie vollziehen sich in einer langen Geschichte von Tauschvorgängen zwischen den einzelnen Stämmen, in deren Verlauf die Transformationen, die das mythische Denken spontan durchführt, bereits viele ihrer Effekte hervorgebracht hatten. Die Indianer haben Erzählungen und Märchen europäischen Ursprungs übernommen, weil sie diese Effekte vervollständigten oder verstärkten.

*
* *

Eines jedenfalls ist sicher: Die Anleihen haben nichts Zufälliges. Sie konzentrieren sich in bestimmten Bereichen, die sie sogar vollständig zu besetzen scheinen, während andere besser geschützt bleiben. Fassen wir beispielsweise die verschiedenen Arten ins Auge, wie die Thompson und die Shuswap zwei große mythische Themen behandeln: den Ursprung des Nebels und das Einfangen des Windes. Die Episode des Einfangens des Windes durch den Helden Snánaz verrät keinerlei europäischen Einfluß: Sie ist wahrscheinlich eine Transformation von Mythen über das Einfangen der Sonne (oder auch des Mondes) in Schlingen, in denen viel die Rede von einer Decke oder einem Mantel ist (*L'Origine des manières de table*, S. 322–327 [dt. S. 416–422]). Das Motiv gäbe wohl eher Anlaß, den Beziehungen zwischen der amerikanischen und der polynesischen Mythologie nachzugehen. Jedenfalls ist man beeindruckt angesichts des beschränkten Raumes, den die Thompson und die Shuswap jenem anderen Ereignis obersten Ranges zugestehen: der Befriedung des Windes. Sie behandeln es, wenn man so sagen kann, gleichsam als Beiwerk einer langen Geschichte, deren Handlung und Details französischen Märchen nachgeahmt sind: *Jean de l'Ours* und den aus der Unterwelt befreiten Prinzessinnen. Nichts dergleichen läßt sich im Zusammenhang mit dem Ursprung des Nebels beobachten. Das wollen wir uns genauer anschauen.

Eine zwischen 1971 und 1975 gesammelte Version eines Shuswap-Mythos bestätigt, daß dieser Mythos sich auf den Ursprung des Nebels bezieht.[303] Die entsprechende Episode der Thompson-Mythen erlaubte ihn lediglich zu erschließen (vgl. oben, S. 112). In *L'Homme nu* (S. 424–436 [dt. S. 549–561]) hatte ich diesen Mythos mit der Indexzahl M_{738} aus einem anderen Blickwinkel ins Auge gefaßt, denn er behandelt auch den Ursprung der Meise, eines Vogels, der in den Mythen der Region eine ausschlaggebende Rolle bei der Eroberung des Feuers im Himmel spielt. Eine Grizzly-Frau, so erzählt M$_{738}$, verfertigte sich aus den verschiedensten Materialien vier Töchter, deren letzte und jüngste sich als einzige als lebensfähig erwies. Von der Schönheit eines Lachses (oder einer Forelle) verführt, wünschte ihn sich das junge Mädchen zum Mann. Er nahm Menschengestalt an, heiratete sie und entführte sie auf den Grund des Sees. Sie hatten zwei Kinder, die ihre Großmutter besuchen wollten. Diese Kinder waren halb Bär und halb Fisch. Die Alte verwandelte den Jungen, Meise geheißen, in einen Menschen, aber bei dem Mädchen, das eine kleine Hündin wurde, tat sie einen Fehlgriff. Ihr Bruder vergaß seine frühere Natur und schlug sie. Sie floh und verschwand für immer; daher der klagende Schrei der Meise, der nach der verlorenen Schwester zu rufen scheint.

Später gehorchte der Junge seiner Großmutter nicht, als er, trotz ihres Verbotes, auf einen Baum kletterte, der jedoch wuchs und ihn bis in den Himmel hinauftrug. Dort begegnete er seinem Groß- oder Urgroßvater. Dieser gebrechliche und blinde Greis versprach, ihm dazu zu verhelfen, ein schönes Mädchen zu erringen, allerdings unter der Bedingung, daß er sich ihm einverleibte (*sic*), das heißt: in seinen Körper eindrang, und diese fleischliche Hülle nur nachts verließ. Der Held machte sich so die Weisheit und die magischen Kräfte des Greises zu eigen, und in dessen Gestalt gelang es ihm denn auch, bei einem Schießwettbewerb, dessen Preis das Mädchen war, eine kleine Eule zu treffen. Einzig diesem Mädchen offenbarte er sein wahres Wesen. Alle anderen hielten ihn für den Greis, in dessen Körper er sich tagsüber aufhielt. Schließlich lüftete man jedoch sein Geheimnis, man tötete den Greis, zog den Helden aus dessen Körperhülle und zerschnitt die Haut in winzige Stückchen, die, zerstreut, zum Nebel in der Form wurden, wie man ihn heute wahrnimmt.[304]

Dieser Mythos hat folgendes Bemerkenswerte: daß nämlich die sukzessiven Episoden sich mit anderen Mythen überschneiden, und zwar immer an der Stelle, wo dort eine ähnliche oder analoge Episode auftaucht. Zunächst mit einem von Süd-Oregon bis zum Norden von Britisch-Kolumbien verbreiteten Mythos über eine Frau, die, mit einem Grizzly verheiratet oder auch nicht, sich selbst in einen Grizzly verwandelte, um ihre inzestuösen Kinder oder Enkel zu bestrafen. In *L'Homme nu* (S. 145–150, 232–244 [dt. S. 192–196, 298–312]) habe ich ausführlich die Beziehungen dieses Mythos zu dem vom Vogelnestaushebers diskutiert, zu dem er etwas bildet, das ich Ouvertüre IV genannt hatte. Die folgende Episode verweist auf den großen mythologischen Zyklus der Gattinnen der Gestirne (*L'Origine des manières de table*, S. 163–184 [dt. S. 218–220]), mit dem einzigen Unterschied, daß sich die Frau einen Fisch anstelle eines Sterns als Gatten wünscht. Die mißglückte Verwandlung des Mädchens, die Hündin wird (statt Mensch), gehört zum Zyklus der Frau mit Hund, in dem von allen Kindern allein das Mädchen sein Tierwesen behält, selbst wenn das manchmal nur zum Teil der Fall ist (vgl. oben, S. 177, 180). In der Episode mit dem Baum, der wächst und den Helden bis in den Himmel hinaufträgt, erkennt man natürlich den Mythos vom Vogelnestausheber wieder. Schließlich verweist der Held, der sich in einem gebrechlichen Greis »verkörpert« oder sich in dessen Haut verbirgt (die dann dem Nebel zur Entstehung verhilft), auf die Geschichten von Luchs und des von Eule gestohlenen Kindes.

Der Shuswap-Mythos bewirkt also das, was man eine Säuberung des Eingeborenenkorpus nennen könnte.* Und mehr noch: Jede Episode imitiert und invertiert gleichzeitig die entsprechende Episode der anderen Mythen. Die Grizzly-Frau, die im allgemeinen aus sexueller Perspektive charakterisiert wird (bald unpäßlich, bald geil, manchmal inzestuös), verfertigt sich – wie Coyote in den lokalen Versionen des Vogelnestaushebers (*L'Homme nu*, S. 329 ff. [dt. S. 425 ff.]) – ein künstliches Kind, das nichts der Natur verdankt: Es ist rein handwerklich gefertigtes Produkt. Die Liebe auf den ersten Blick, die ihre Tochter für einen Fisch anstatt einen Stern empfindet, läßt die Achse *Erde/Himmel* in die Achse *Erde/Wasser* umschlagen; vom Standpunkt der Frau aus findet die Konjunktion von oben nach unten anstatt von unten nach oben statt. Der falsche Kunstgriff der Grizzly-Frau, der ihren Enkel zum Menschen, ihre Enkelin dagegen zur Hündin macht, schließt es aus, daß die beiden Geschwister einen Inzest begehen können, und zwar um so mehr, als der Junge vergißt, daß das Tier seine Schwester ist, und es wütend schlägt. Die folgende Episode invertiert die des Vogelnestaushebers in dem Sinne, daß der Held nicht auf den Baum klettert, weil man ihn darum gebeten oder ihn dazu gezwungen hat, sondern obwohl es ihm verboten worden ist. Schließ-

---

* Zu weiteren Beispielen dieses Konstruktionstyps siehe die Diagramm-Darstellungen in *Du Miel aux cendres*, S. 303, 324–326 [dt. S. 393, 413–415] (in den ersten Auflagen, S. 324, Z. 7 von unten [dt. S. 415, Z. 24 v. u.], lies »paradigmatisch« anstelle von »syntagmatisch«. Vgl. auch *L'Homme nu*, S. 71–72, 150–151, 209 [dt. S. 95–96, 198–199, 270]).

lich verleiht der Pfeilschuß auf die Eule, dessen Preis das junge Mädchen ist, dem Vogel eine konjunktive, keine disjunktive Rolle wie im Mythos vom geraubten Kind; und der von unten auf ein Ziel – das metaphorische Bild des jungen Mädchens – abgefeuerte Pfeil invertiert das Manöver von Luchs (auch er in der Gestalt eines kranken und bresthaften Greises), der ganz unmetaphorisch ein wirkliches junges Mädchen mit einem Urin- oder Speichelfaden schwängert, den er von oben auf sie richtet.

Folglich geben mythische Serien, deren eine sich auf den Nebel und deren andere sich auf den Wind bezieht und zwischen denen, wie man vermutet hätte, eine Parallele in Erscheinung treten sollte, weil sie ja beide auf meteorologische Phänomene Bezug nehmen, bei der Analyse einander entgegengesetzte Konstruktionen zu erkennen. Die eine Konstruktion bietet gleichsam einen Abklatsch der syntagmatischen Kette frankokanadischer Märchen; die andere stellt auf einer paradigmatischen Achse die Hauptthemen der amerikanisch-indianischen Mythologie zusammen. Es sieht ganz so aus, als hätte auf der einen Seite wiedereingesetzt werden müssen, was auf der anderen verbannt worden war: Der Mythos vom Ursprung des Nebels zählt die Eingeborenenmotive mit um so größerem Eifer auf, als der Mythos vom Einfangen des Windes sie außer acht läßt und sich seine Einflußquelle anderswo sucht. In diesen Konstruktionen, die so weit divergieren, daß sie schließlich senkrecht zueinander stehen statt parallel, wie man hätte erwarten dürfen, sähe man – auf formaler Ebene – nur zu gern den Reflex einer Disparität, wie sie den konkreten Entitäten innewohnt, von denen die Mythen sprechen: der Wind und der Nebel, unmögliche Zwillinge wie all die anderen Kandidaten für die Vereinigung, die das amerikanische Denken zu paaren verzichtet.

*
* *

Dennoch verhindern diese Differenzen in den Strukturen der Mythen es nicht, daß heteroklite Materialien – manche einheimischer Herkunft, andere entlehnt – sich im Rahmen eines Systems organisieren, dessen Kohärenz sich allmählich enthüllt hat. Ich werde dieses System zunächst mittels eines Diagramms veranschaulichen, das einen globalen Überblick erlaubt, und es dann im Detail analysieren:

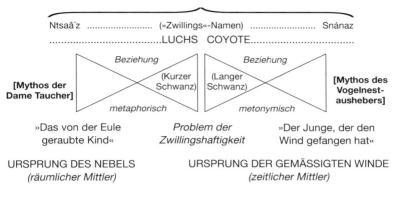

Abb. 13

Auf der rechten Seite des Diagramms invertiert der Mythos von Snánaz, wie ersichtlich geworden ist (vgl. oben, S. 213 f.), den des Vogelnestaushebers. Derselbe Snánaz, der Herr des Windes, unterhält eine Kontiguitäts-, also eine metonymische Beziehung zu Coyote, der, wenn man den Mittelteil des Diagramms ins Auge faßt, mit Luchs, dem Herrn des Nebels, ein Paar von in Korrelation und Opposition zueinander stehenden Termen bildet. Dieses Paar verkörpert das zentrale Thema des ganzen Systems, das ich gerade in Erinnerung gerufen habe: das der unmöglichen Zwillingshaftigkeit.

Was Luchs betrifft, so unterhält er eine metaphorische Beziehung zu Ntsaâ'z (so der Name des Helden bei den Thompson am Oberlauf; Tsa'au'z bei denen am Unterlauf): dem gestohlenen und von einer Eule aufgezogenen Kind, das, statt sich in aller Offenheit im Dorf des Häuptlings zu präsentieren, dessen Tochter es heiraten will, sich bei einem Greis einrichtet, dessen grindige oder schmutzige Haut es überstreift und sich damit das Aussehen einer Elendsgestalt gibt (was Luchs in den ihn betreffenden Erzählungen ja tatsächlich ist). Diese kranke Haut ist, als natürliche Decke, das symmetrische Gegenstück zur rußgeschwärzten Decke – einem Kulturprodukt –, die auf der anderen Seite des Diagramms ein Greis trägt, bei dem der Held nicht verweilt, der ihm aber seine magischen Kräfte überträgt und ihn in Richtung des Wohnsitzes eines Häuptlings dirigiert, dessen Tochter er heiraten wird.

Laut den im linken Teil des Diagramms plazierten Mythen verhilft die kranke Haut mit ihrer Verbrennung dem Nebel als räumlichem Mittler zwischen Himmel und Erde zur Entstehung. Laut den Mythen im rechten Teil dient der Umhang oder die Decke des Helden, ein hergestellter Gegenstand aus dem Bereich der Kultur, ihm dazu, den Wind einzufangen, der fortan den jahreszeitlichen Rhythmen unterworfen ist. Die Decke spielt also die Rolle eines zeitlichen Mittlers.

Der Sohn von Luchs oder sein Double Ntsaâ'z ist ein Kind, das die Mythen, positiv oder negativ, *sub specie culturae* qualifizieren: aufgrund einer öffentlichen Zeremonie (die Anerkennungsprüfung durch den Vater) mit einem ordentlichen Personenstand versehen; oder mit einem asozialen Temperament geschlagen, denn es zeigt sich unleidlich. Auf der anderen Seite des Diagramms wird auch der Held Snánaz auf positive oder negative Weise qualifiziert, allerdings mit übernatürlichen oder – wenn man so sagen kann – unternatürlichen Attributen: laut der Thompson-Version fähig, Wunderdinge zu tun, physisch abstoßend nach der der Shuswap oder gar idiotisch laut der Shuswap-Erzählung über das siebenköpfige Tier, wo er eine Dummheit nach der anderen begeht, bevor seine eigentlichen Gaben zum Vorschein kommen.

Man hat gesehen (vgl. oben, S. 191), daß die Salish des Landesinnern die Eule (genauer: den Großen Herzog, also den amerikanischen Uhu) manchmal zum Signifikat des Eigennamens Snánaz machen. Es ist der Name des Helden, der den früher vom Wind verursachten Verheerungen ein Ende setzt, vor allem denen, die den Verlust zahlreicher Menschenleben nach sich zogen. Mit der festen Regelung des Regimes der Winde steigert der Held also auch die menschliche Lebenserwartung. Nun präzisiert eine Version des Mythos über das von der Eule gestohlene Kind (im Diagramm das Gegenstück zum Einfangen des Windes) aber, daß der Kinderräuber, die Eule, zum Verkünder des nahen Todes wird und damit als Signifikant das Motiv konnotiert, das ich in den *Mythologiques* »das kurze Leben« genannt habe. Die Verbindung zeigt sich noch deutlicher bei den Okanagon, den östlichen Nachbarn der Thompson. Laut ihrer Version des Mythos brachten sich ein Bruder und eine Schwester, von einer Eulen-Dame geraubt, so schnell sie konnten, in Sicherheit, denn bei ihr handelte es sich um eine Menschenfresserin. Ein hilfreicher Greis ließ sie in seinem Kanu den Fluß überqueren. Als die Menschenfresserin an die Reihe kam, ertränkte er sie; beim Sturz ins Wasser verlor sie alle ihre Zähne, die sich in Enten verwandelten.[305] Als ich diesen Mythos mit der Indexzahl M_{744} in *L'Homme nu* (S. 430 [dt. S. 558]) zitierte, rief ich in Erinnerung, daß die Enten die Herren des Frühlings sind und daß die Mythen den Verlust der Zähne (der das Opfer eines solchen Vorfalles zum Greis stempelt) häufig zum Symbol des kurzen Lebens machen; und daß die Nez

Percé-Mythen den Verlust der Zähne und den Ursprung der Periodizität der Winde miteinander in Zusammenhang bringen: »Der meteorologische Code«, so schloß ich, »verwirklicht auf diese Weise eine Art Kompromiß zwischen dem astronomischen und dem biologischen Code.« Daß in einem anderen Kontext eine Symmetrie zwischen den Mythen über die Periodizität der Winde und anderen Mythen mit Bezug auf das kurze Leben in Erscheinung tritt, bestätigt die Korrespondenz dieser drei Codes um so deutlicher, als wir um der Analyse der vorliegenden Mythen willen auf den astronomischen Code zurückgreifen mußten (vgl. oben, Kap. XII–XIV).

Zur Erwähnung der Zwillingshaftigkeit im Diagramm und der Bezeichnung der beiden Eigennamen als »Zwillings«-Namen vgl. oben, S. 108f. und 191. Auf beiden Seiten des Diagramms verknüpft sich der Mythos vom Einfangen des Windes mit dem vom Vogelnestausheber, und der Mythos vom geraubten Kind (ebenso wie der von den Zahnschnecken-Diebinnen, dessen Folge er ist) verknüpft sich auf seiner Seite mit dem von der Dame Taucher (vgl. oben, S. 107f., 128; unten S. 228), der – siehe *L'Homme nu*, S. 93–102 [dt. S. 122–131] – die Form invertiert, die der Mythos des Vogelnestaushebers im Norden von Kalifornien und Oregon annimmt. Diese Inversionen finden nicht alle auf derselben Achse statt, andernfalls rekonstituierte der Mythos von Ntsaâ'z den vom Vogelnestausheber (als Inversion einer Inversion). Was aber den Entwurf einer Rekonstruktion des Systems dennoch rechtfertigt, ist, daß der Mythos von Ntsaâ'z gleichsam zwischen den Zeilen den des Vogelnestaushebers durchscheinen läßt, und zwar durch den Effekt von Inversionen, die wiederum von denjenigen verschieden sind, die ich auf der anderen Seite des Diagramms zwischen diesem letzteren Mythos und dem von Snánaz aufgedeckt hatte. Verweilen wir einen Augenblick bei diesem Aspekt.

Im Nordwesten Nordamerikas erzählen die Mythen von der Geburt des Vogelnestaushebers die Geschichte auf diametral entgegengesetzte Weise. Laut den Versionen der Grenzgebiete von Kalifornien und Oregon, wie sie zu Beginn von *L'Homme nu* untersucht wurden, rettete der Demiurg ein Kleinkind vom Scheiterhaufen, auf dem seine Mutter es opfern wollte. Ohne zu wissen, was er mit dem Kind anfangen sollte, verleibte der Demiurg es sich ein: er führte es sich ins Knie ein. Als jetzt schwangerer Mann mußte er mit diesem Sprößling niederkommen und ihn aufziehen. Die Thompson im Landesinnern von Britisch-Kolumbien erzählen eine ganz andere Geschichte. Brennend darauf bedacht, einen Sohn zu bekommen, nahm Coyote, der *trick-*

ster, es auf sich, sich einen zu verfertigen. Er versuchte es mit mehreren Rohstoffen, bis er einen fand, der ihm zusagte (vgl. etwa *L'Homme nu*: M$_{529}$, S. 25–26 [dt. S. 28–29]; und M$_{667a}$, S. 329 [dt. S. 425–426]; M$_{670a}$, S. 335 [dt. S. 432]). Der Shuswap-Mythos über den Ursprung des Nebels greift nun aber auf zwei Verfahren zurück, deren jedes zu einem verschiedenen Zeitpunkt der Erzählung eingesetzt wird, ein ergänzender Beweis dafür, daß er sich transversal mit anderen Mythen (vgl. oben, S. 221) überschneidet: Die Grizzly-Frau verfertigt sich zunächst mit künstlichen Mitteln eine Tochter; später dringt ihr Enkel in den Körper eines Greises ein, der aus diesem Grunde ein schwangerer Mann wird, im Wiederholungsfalle, wenn ich so sagen darf: Er geht tagsüber mit dem Helden schwanger und entbindet ihn jede Nacht. So verknüpft der Shuswap-Mythos in ein und derselben Handlung zwei Produktionsweisen eines Kindes, die eine technischer, die andere natürlicher Art, von denen die Versionen des Mythos vom Vogelnestausheber entweder die eine oder die andere wählen, um zu erklären, wie der Held zur Welt kommt.

Im Mythos vom Vogelnestausheber wie in dem von der Dame Taucher, der ersteren invertiert, wird man überdies der Präsenz dessen gewahr, was ich eine Zelle genannt habe (vgl. oben, S. 107f.): Der Held, in eine beklagenswerte Verfassung abgesunken, nahe daran zu sterben – an Hunger, Kälte oder weil von seinem Körper nur ein winziger Rest übriggeblieben ist –, wird von zwei Tier- oder Menschenschwestern gerettet, die ihn bei sich aufnehmen, ihm seine körperliche Unversehrtheit zurückgeben und von ihm geheiratet werden (vgl. beispielsweise *L'Homme nu*: M$_{530}$, M$_{531}$, M$_{538}$, M$_{546}$, M$_{550}$). Man begegnet dieser Zelle am ihr gebührenden Ort in einer Chilcotin-Version des Mythos vom geraubten Kind (vgl. oben, S. 115 ff.) wieder, wo eine Haut aus Schlamm an die Stelle der Nebelhaut der Thompson- und Shuswap-Versionen tritt (ohne ausschließen zu können, daß es sich hier auch um den Ursprung des Nebels handeln mag, so getreulich folgt die Chilcotin-Version in diesem Detail der der Shuswap). Wenn man berücksichtigt, daß der *trickster* sich zu dem Zeitpunkt, da die beiden Schwestern eingreifen, auf einem Baumwipfel oder Felsgipfel festgehalten findet, während der andere Held sich dafür entschieden hat, auf dem Grunde eines Sees zu leben, tritt eine Mikrostruktur in Erscheinung und legt Symmetriebeziehungen frei, die, beiderseits des Mythos vom Vogelnestausheber, von den Mythen über den Ursprung des Nebels und über das Einfangen des Windes unterhalten werden:

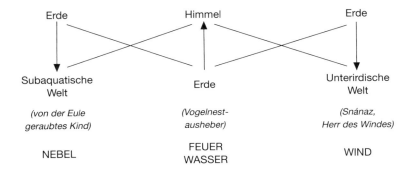

Zumindest eine Version des Mythos vom Vogelnestausheber veranschaulicht diese Mikrostruktur, deren empirische Realisierung sie gewissermaßen bietet: die der Yurok in Nordkalifornien, auf die ich bereits im Gefolge von Kroeber verwiesen habe, um die Glaubensinhalte und Mythen der Salish zu erhellen (vgl. oben, S. 54, 133 f.). In einem ihrer Mythen (mit der Indexzahl M_{557a} in *L'Homme nu*, S. 134 [dt. S. 171]) erzählen die Yurok, daß der Vater des Vogelnestaushebers, um ihn daran zu hindern, vom Baum herabzusteigen, einen verheerenden Wind erweckte, der die dicksten Äste des Baumes abbrach; und einmal in Freiheit, verhüllte der Held seine Flucht in einem rettenden Nebel. Hinzugefügt sei, daß es ihm auf dieser Flucht gelang, sich aller Zahnschnecken-Muscheln zu bemächtigen, deren alleiniger Besitzer er wurde. Nun schließen aber die Versionen des Mythos vom Vogelnestausheber, die das Motiv des schwangeren Mannes enthalten, mit dem Ursprung der Schmuckstücke (die in diesem Falle aus Stachelschweinborsten verfertigt sind). Der Mythos der Zahnschnecken-Diebinnen und in seinem Gefolge auch der des gestohlenen Kindes betreffen ebenfalls den Ursprung der Schmuckstücke, genauer: der Zahnschnecken-Muscheln (vgl. etwa *L'Homme nu*, S. 134–139, 178–180 [dt. S. 171–177, 231–233]; und zur Transformation, die die beiden Typen von Schmuckgegenständen lenkt, *L'Origine des manières de table*, S. 22 [dt. S. 29]).

Man beobachtet also eine Art Stellenwechsel der Motive im Bereich eines semantischen Feldes, in dem sich zwei mythische Systeme, das eine auf Wasser und Feuer, das andere auf Wind und Nebel bezogen, miteinander verflechten und, je nach der Perspektive, die man einnimmt, füreinander jeweils abwechselnd die Rollen von Inhalt und Beinhaltendem spielen. Daß das auf Wind und Nebel bezogene System *in* dem Makrosystem enthalten ist, das vom Mythos des Vogelnestaushebers und dem der Dame Taucher gebildet wird, habe ich, was den ersten der beiden Mythen betrifft, auf den vorhergehenden Seiten in aller Ausführlichkeit dargelegt. Hinsichtlich des Mythos der Dame Taucher möchte ich lediglich in Erinnerung rufen, daß in der Mehrzahl der Versionen (mit den Indexzahlen M_{540}, M_{546}, M_{550}, M_{551}, M_{553}; *L'Homme nu*, S. 98 [dt. S. 125 f.]) der Held als Objekt der inzestuösen Begierden seiner Schwester Luchs heißt und daß, wenn mehrere Versionen des Mythos zu erklären vorgeben, warum man fortan die Toten nicht mehr auferwecken kann (M_{554}, M_{555}; *ibid.*, S. 115, 119 bis 121 [dt. S. 143, 147–149]), im vorliegenden Buch einem Thompson-Mythos über einen Inzest zwischen Bruder und Schwester Platz eingeräumt werden mußte, aus dem sich die Unmöglichkeit ergab, die Toten wiederauferstehen zu lassen (vgl. oben, S. 183). Der Verantwortliche für diesen Stand der Dinge heißt Taucher, ein Name, der die Verbindung manifest macht.

Umgekehrt aber spiegelt sich das Makrosystem, das von den großen Mythen über den Ursprung von Feuer und Wasser gebildet wird (wie sie in *Le Cru et le cuit* untersucht wurden), im Rahmen der Mythen von Wind und Nebel in Gestalt eines – wie man sagen könnte – reduzierten Modells wider. Man erinnert sich, daß der Sohn oder Schwiegersohn von Coyote die Gabe hat, mit Fußtritten ein Feuer zu entfachen, das zwar kein Küchenfeuer, sondern zur Wiedererwärmung seiner kältestarren Gefährten bestimmt ist (vgl. oben, S. 35, 37; vgl. auch *L'Homme nu*, S. 322 [dt. S. 416]), und daß der Sohn der Wurzel (dessen Platz, wie wir gesehen haben, eher auf seiten von Luchs ist) die symmetrische Gabe besitzt, eine erfrischende Wasserquelle aus dem Boden entspringen lassen zu können (vgl. oben, S. 130): also zwei relativ bescheidene Funktionen, Elementen übertragen, die dazu ausersehen sind, anderswo eine bedeutendere Rolle zu spielen. Der Grund für dieses Spiel mit Vergrößerungs- und Verkleinerungsspiegeln, die sich dieselben Bilder zuwerfen, ist letztlich der, daß Wind und Nebel im reduzierten Maßstab der Meteorologie homologe Beziehungen zu denen unterhalten, die im kosmischen Maßstab die zwischen Feuer und Wasser beherrschen. Wie das himmlische oder häusliche bzw. Küchenfeuer eint der Nebel Himmel und Erde oder trennt sie, indem er sich zwischen sie schiebt. Und wenn das himmlische Wasser das Feuer löscht und damit Kochen und Küche unmöglich macht, während das irdische Wasser ihnen (wegen der Fische, die es liefert) gnädig ist, vernichtet der entfesselte Wind alles Leben auf

Erden (wie der flächendeckende Brand, der von der Dame Taucher entzündet wird); gezähmt und diszipliniert aber schürt er das Herdfeuer. Seit Coyote, wie die Thompson sagen, das Feuer seinen ersten Besitzern gestohlen hat, »gibt es Rauch und Feuer auf der Welt, die beiden sind unzertrennlich geworden. Der Rauch ist immer ein Zeichen von Feuer, und der Wind sorgt dafür, daß das Feuer zieht.«[306]

ACHTZEHNTES KAPITEL

Eine erneute Lektüre Montaignes

Es hat nicht den Anschein, als hätte die Entdeckung der Neuen Welt das europäische Bewußtsein in den nachfolgenden Jahrzehnten sehr in Atem gehalten. Wie andere Ideenhistoriker hebt Lucien Febvre nachdrücklich die Gleichgültigkeit jener »Kosmographen hervor, die auch vierzig Jahre nach der Veröffentlichung französischer Übersetzungen der Reiseberichte Vespuccis in ihren Büchern, die der Beschreibung des Globus galten, die beiden Amerika weiter mit Stillschweigen übergingen – jenen neuen Kontinent, von dem wir nur zu gern glauben möchten, daß seine Entdeckung in ganz Europa eine noch nie dagewesene intellektuelle und philosophische Revolution zur Folge hatte«. Und wenig später: »Es gab nichts – nicht einmal zu Zeiten von Rabelais jenes Argument, das, womit zu rechnen war, von den Zeitgenossen von Kolumbus, Cortés, Cabral und Magellan ausgebeutet werden würde – daß nämlich das Christentum sich durchaus nicht auf die Ökumene, auf die ganze bewohnte Welt erstreckte, sondern seine Handreichungen und Wohltaten und vor allem sein Heil (...) einer Menge von Menschen und Völkerschaften vorenthielt, die der Alten Welt (...) mehrere Jahrzehnte lang durch die Seefahrer jäh vor Augen geführt wurden; die Entdeckung einer Neuen Welt, eines vierten ›Erdteils‹ löste nur mittleres Erstaunen aus. Das ist eine Tatsache. Die außerdem Bände über eine ganze Geistesverfassung spricht.«[307]

Aber wie stand es mit Montaigne? Abgesehen davon, daß er 1533 geboren wurde, beginnt er seine *Essais*, als das Jahrhundert in sein letztes Viertel tritt, also mit einem gewissen zeitlichen Abstand; seine Einstellung zu den Dingen und Menschen der Neuen Welt erscheint komplexer, als das einige berühmte Seiten glauben machen wollen. Zwar ist die Neue Welt überall in seinem Werk präsent, und er erörtert sie direkt in wenigstens drei Kapiteln: *Von den Menschenfressern* (I, xxx), *Über Kutschen* (III, vi) und in einer entscheidenden Passage der *Apologie des Raimundus Sebundus* (II, xii). Hinzufügen läßt sich, obwohl die Anspielungen auf Amerika weniger direkt sind, *Über die Gewohnheit und das Widerstreben, ein in Brauch stehendes Gesetz leichthin zu ändern* (I, xxiii). In keinem dieser Kapitel aber sagt Montaigne dasselbe, oder genauer: seine Reflexionen liegen nicht stets auf derselben Ebene.

Das Kapitel *Über Kutschen*, das zeitlich späteste (Buch III der *Essais* tritt erst mit der Ausgabe von 1588 an die Öffentlichkeit), schränkt seine Sicht beider Amerika auf das ein, was wir heute die Hochkulturen nennen würden: Mexiko und Peru. Und die Art und Weise, wie sich Montaigne den tragischsten Episoden ihrer Eroberung zuwendet, ist die des Historikers; er verurteilt sie, indem er alles anführt, was diese amerikanischen Hochkulturen der unseren annäherte und gerechtfertigt hätte, daß sich zwischen den Eingeborenen und den Eroberern eine fruchtbare Zusammenarbeit anstelle jener Massaker, Plünderungen und Verheerungen ergab, denen sie sich überließen: »Welche Wiedergutmachung wäre das gewesen und welch ein Aufschwung für dieses ganze Weltgetriebe, wenn unsere ersten Beispiele und Auftritte dort diese Völker zu Bewunderung und Nacheiferung der Tugend entflammt und zwischen ihnen und uns brüderlichen Umgang und Einvernehmen gestiftet hätte!«[308]

Hinsichtlich der primitiveren Kulturen, die in *Von den Menschenfressern* thematisiert werden, hat das abendländische Bewußtsein sich nicht dieselben Vorwürfe zu machen. Zunächst deshalb – und wie gern sähe man diese Mutmaßung vom Verlauf der Geschichte bestätigt –, weil sehr primitive Völker besser vor dem Zugriff der Eroberer geschützt sind, die, als sie die »von ihnen gesuchten Waren dort nicht fanden (...), sich nicht lange aufhielten, so viele Reichtümer sich da auch finden mochten, wie meine Menschenfresser bezeugen können« (ebd.). Zweifellos sind auch sie zum Untergang verdammt, wenn auch nicht infolge von Zerstörungen und Massakern wie denen, die »die ungeheure Pracht der Städte Cuzco und Mexiko« in Schutt und Asche legten; sie werden ihren Niedergang, so Montaigne, auf schleichende und ganz und gar passive Weise erleben, nicht ahnend, »wie teuer die Kenntnis unserer Sittenzerrüttung eines Tages ihrer Ruhe und ihrem Glück zu stehen kommt und daß aus diesem Umgang mit uns ihr Untergang erwachsen wird«. Denn wenn Mexiko und Peru bereits wenigstens über die Keime von Zivilisation verfügten, stehen die Indianer Brasiliens noch ganz »im Banne der Naturgesetze, noch kaum von den unseren verderbt«; und zwar »in einer Reinheit«, die

Montaigne zu bedauern veranlaßt, daß der Kontakt mit ihnen sich nicht früher vollzog, zu Zeiten der Griechen*, die diesen natürlichen Gesetzen vielleicht ebenfalls noch näher standen als wir, obwohl bereits die Alten unfähig waren, »sich eine so reine und einfache Natürlichkeit auszumalen, wie wir sie in der sinnlichen Anschauung vor Augen haben; noch mochten sie glauben, daß unsere Gesellschaft mit so wenig menschlicher Findigkeit und Verflechtung hätte bestehen können«.[309] Und ebendeshalb, weil eine Gesellschaft, die den Naturgesetzen nahegeblieben ist, und unsere, die alles der menschlichen Findigkeit verdankt, inkommensurabel sind, bietet Montaigne dem Leser einen sehr genau dokumentierten Abriß der Tupinambá-Ethnographie, wobei er es sich versagt, über die Sitten und Glaubenseinstellungen zu urteilen, die doch dazu angetan sind, christliche Seelen zu schockieren; und sei es deshalb, um deutlich zu machen, daß auf den ersten Blick empörende Sitten es kaum mehr – und vielleicht sogar weniger – sind als manche andere, die er sich zu zitieren angelegen sein läßt – nämlich manche der unseren ...

In der Argumentation Montaignes kehrt die Berufung auf die Vernunft gleichsam als Refrain wieder. Man muß »die Dinge auf die Wahrheit und die Vernunft beziehen« (*Von der Gewohnheit ...*); »auf der Spur der Vernunft urteilen« (*Von den Menschenfressern*). Zwar kann man manches Volk »in Hinsicht auf die Vernunft als barbarisch« kennzeichnen (ebd.), wofern man nur nicht vergißt, daß letztlich »jeder Barbarei nennt, was nicht seinem Brauch und Herkommen entspricht« (ebd.), und umgekehrt; denn, so schreibt Montaigne, »ich glaube, daß der menschlichen Einbildungskraft keine noch so verrückte Laune einfällt, für die sich nicht das Beispiel eines öffentlichen Brauches finden läßt und die folglich von unserer Vernunft nicht gestützt und begründet wird« (*Von der Gewohnheit ...*).**

Der Rückgriff auf die Vernunft ist ein zweischneidiges Schwert, die

---

* Ebenso bedauert Montaigne im Kapitel *Über Kutschen*, daß die Eroberung der Neuen Welt nicht zu den Zeiten der Griechen und Römer vonstatten gegangen sei: Die jeweiligen Bewaffnungsarten wären vergleichbar gewesen, so daß, anstatt »mechanischer Siege«, aus denen sich die Auslöschung und Vertilgung der Schwächsten ergeben hätte, sie in »Hände gefallen wären, die mit Milde gezähmt und gerodet hätten, was da noch in Wildheit war (...)«.[310]

** Eine Formulierung, die mir nicht präsent war, als ich den Anfang von Kap. XX der *Traurigen Tropen* schrieb, auf die ich mich aber nicht berufen werde, um Montaigne zum Vorläufer des Strukturalismus zu stempeln.

Montaigne hatte anfangs *raison* geschrieben. Später hat er das Wort dann ausgestrichen und es durch *discours* ersetzt, das heißt eine Kette von Gründen.

Gesellschaftsphilosophie wird es später auf seine Kosten lernen. Noch heute hemmt eine bereits in den *Essais* präsente Ambiguität die Reflexion und lähmt sie manchmal sogar. Jede Gesellschaft erscheint als wild oder barbarisch, wenn man ihre Gebräuche am Kriterium der Vernunft mißt; am selben Kriterium gemessen, darf aber keine Gesellschaft als wild oder barbarisch gelten, weil ein schlüssig geführter Beweisgang für jeden in seinen Kontext gestellten Brauch auch eine Grundlage finden wird. Es eröffnet sich eine Perspektive auf die Philosophie der Aufklärung, das heißt auf die Utopie einer Gesellschaft, die endlich eine rationale Grundlage hätte. Die andere Perspektive läuft auf den Kulturrelativismus und die Ablehnung jedes absoluten Kriteriums hinaus, auf das sich eine Kultur berufen könnte, um eine andere zu beurteilen. Montaigne steuert zwischen diesen beiden Klippen hin und her, indem er den Ratschlägen der praktischen, wenn nicht sogar der spekulativen Vernunft folgt: Weil alle Bräuche einander gleichwertig sind, im Guten wie im Bösen, rät die Weisheit dazu, sich denen der Gesellschaft anzubequemen, in die wir hineingeboren sind und in der wir weiterhin leben werden.

Diese Moral durchsetzt auch die *Apologie des Raimundus Sebundus*, verhindert aber nicht, daß Montaigne sich darin ethnographischer Gegebenheiten sehr viel radikaler bedient als in den anderen Kapiteln. Er zitiert keine Bräuche oder unterschiedlichen Glaubenseinstellungen vor das Tribunal der Vernunft, um sie sämtlich zu legitimieren oder ihnen nur relativen Wert beizumessen: nein, er bedient sich ihrer, um der Vernunft selbst den Prozeß zu machen.

*   *
   *

Als das bei weitem längste Kapitel der *Essais* nimmt die *Apologie* etwa ebensoviel Raum ein wie ein Drittel von Buch II, das siebenunddreißig Kapitel umfaßt. Die Diskussion ethnographischer Befunde beschränkt sich auf wenige Seiten, aber sie setzt an einem Punkt von strategischer Bedeutung ein: kurz nach der feierlichen Ankündigung, mit der das letzte Drittel des Kapitels beginnt. Um allen denen den Garaus zu machen, die die Religion anhand spekulativer Beweisgründe rechtfertigen zu können glauben, entschließt sich Montaigne, wie er der fingierten Adressatin des Werkes erklärt, jenen »verzweifelten Handstreich« zu wagen, »bei dem man seine Waffen fahrenlassen muß, damit der Gegner die seinen aus der Hand gibt«[311]: das heißt, der

Vernunft alle Macht abzusprechen. Allerdings nicht so, wie es seine Zeitgenossen tun, die, anstatt zu reflektieren, sich lieber wieder an die alten Autoritäten halten; denn bereits zu den Zeiten, als die »Freiheit und Frische jener Geister des Altertums in der Philosophie und den Wissenschaften vom Menschen verschiedene Sekten und Parteiungen hervorbrachten« – welchen Kredit durfte man da einer Reflexion einräumen, die, schon damals, sich für unfähig erklärte, die ersten Ursachen und Prinzipien zu erreichen, und ihren ganzen Ehrgeiz auf die Aussage des Wahrscheinlichen beschränkte? Selbst die der unseren doch so überlegene Philosophie der Alten bietet uns keine Rückzugsmöglichkeit. Der Begriff des Wahrscheinlichen hüllt den des Wahren ein, der eine versteht sich nicht ohne den anderen. »Entweder können wir ein für allemal urteilen, oder wir können es, ein für allemal, eben nicht.« Wie könnten wir uns also auf unsere natürlichen Fähigkeiten stützen, wenn unsere Wahrnehmung der Dinge bei jedem Gegenstand nach Maßgabe seiner Phasen und Zustände variiert und sogar von einem Gegenstand zum anderen variiert? Es gibt keine Wahrnehmung, keine Lehre, keine Wahrheit, die nicht eines Tages von einer anderen Wahrnehmung, einer anderen Lehre, einer anderen Wahrheit Lügen gestraft werden wird. Man konstatiert das in der Physik, in der Medizin, in der Astronomie und sogar in der Geometrie, »die doch unter den Wissenschaften den höchsten Grad von Gewißheit erreicht zu haben meint«. Ptolemäus glaubte die Grenzen unserer Welt festgelegt zu haben: »Vor tausend Jahren hätte es den skeptischsten Pyrrhonismus bedeutet, wenn die Wissenschaft der Kosmographie in Zweifel gezogen worden wäre.« Und doch: »In unserem Jahrhundert ist ein unendlich großes Festland aufgetaucht, keine Insel oder abgesonderte Landmenge, sondern ein Erdteil, der an Ausdehnung ungefähr den uns bekannten gleichkommt und gerade erst entdeckt worden ist.«

Um der Vernunft einen abschlägigen Bescheid zu erteilen, ruft Montaigne nacheinander die Philosophie, die Psychologie und die Naturwissenschaften zu Hilfe. Aber wenn er zur letzten wissenschaftlichen Revolution kommt – der Entdeckung der Neuen Welt, die ihrerseits frühere Gewißheiten Lügen straft –, wechselt er den Maßstab, während er gleichzeitig diesen Gegenstand des Denkens auf den Kopf stellt. Was für ihn zählt, ist nicht mehr so sehr das von außen gesehene Faktum der Entdeckung; es sind vielmehr, vergrößert und von innen gesehen, die besonderen Lehren, die sie ihm vermittelt. Aber was vermitteln sie denn, wenn nicht, »in geradezu auffälligen

Beispielen«, die »Ähnlichkeiten und Übereinstimmungen dieser neuen westindischen Welt mit der unsrigen in Vergangenheit und Gegenwart (...).« – »Ich bin oft verblüfft«, fährt Montaigne fort, »wenn ich bei so entlegener Distanz der Zeiten und Räume auf Anklänge bei einer großen Zahl von scheußlichen Volksmeinungen und Sitten und Gebräuchen der Wilden treffe, die sich doch auf keinerlei Umweg aus unserer natürlichen Denkweise herleiten zu lassen scheinen. Der menschliche Geist ist in der Tat ein großer Wundertäter.«[312]

Es folgt, mehrere Seiten lang, ein von Montaigne selbst als heteroklit ausgewiesenes Verzeichnis von Bräuchen und Glaubenseinstellungen, die der Alten wie der Neuen Welt gemeinsam sind oder sie miteinander konfrontieren; und in dem man versucht wäre, eine erste Bestandsaufnahme dessen wiederzuerkennen, was die Anthropologen die »Universalien der Kultur« nennen, wenn Montaigne sich nicht ebensosehr bemühte, die Differenzen wie die Ähnlichkeiten herauszuarbeiten, indem er Identität und Widerspruch auf dieselbe Ebene stellt, so als wäre es gleichermaßen bezeichnend, wenn die Bräuche und Glaubensinhalte exotischer Völker den unseren vollkommen ähnlich wären oder deren genaues Gegenteil bildeten. Die eine wie die andere Möglichkeit zeigt nämlich, daß diese Bräuche und Glaubensinhalte immer und überall willkürlich sind. Wenn sie einander ähneln, schließt die gegenseitige Unkenntnis, in der sie verharrt haben, die Hypothese einer Anleihe aus, die dann eine rationale Erklärung wäre; und wenn sie differieren und einander sogar widersprechen, liefern sie den Beweis, daß ihnen eine natürliche Grundlage fehlt.

Und damit sind wir weit entfernt von den *Menschenfressern* und der Konzeption einer Gesellschaft, deren »Verflechtung« den Menschen sehr wenig und beinahe alles den Naturgesetzen verdankt.* Denn in der *Apologie* treibt Montaigne den Kulturrelativismus bis in sein Extrem, wenn er leugnet, daß es bestimmte »feste, ewige und unwandelbare Gesetze (...)« gibt, »die dem Menschengeschlecht durch die Verfassung seines eigenen Wesens eingeprägt sind«; und zwar den einen zufolge drei, den anderen zufolge vier, weil »der mehr, der weniger« anführt: »ein Zeichen dafür, daß das eine ebenso ungenaue Zahl ist wie alles übrige«, denn »unter diesen drei oder vier ausgewählten Gesetzen ist kein einziges, das nicht nur von einer, sondern von mehre-

---

* »(...) jene Völker, von denen man sagt, daß sie noch unter der sanften Freiheit der ersten Naturgesetze leben (...)« (*An den Leser*). Aber bereits in II, VIII, S. 386 (*Von der Liebe der Väter zu ihren Kindern*): »Wenn es ein wirkliches Naturgesetz gibt, (...) (was nicht unwidersprochen bleibt) (...).«

ren Nationen bestritten und in Abrede gestellt würde«.³¹³ Und da die Sinne ebenfalls trügerisch sind, muß man einräumen, daß wir, sowohl im Bereich der Natur als auch in dem der Kultur, »keinerlei Anteil am Sein« haben.³¹⁴ Diese Formulierung, die stärkste, die sich in der gesamten Philosophie finden läßt, fällt zu Beginn einer langen Passage, die von Plutarch entlehnt ist, und zwar in der Übersetzung von Amyot; und es ist bemerkenswert, daß sich Montaigne bereits mit diesen wenigen Worten von seinem Vorbild absetzt. Amyot hatte geschrieben: »Wir haben keinerlei Anteil am wahren Sein« (denn das Sein steht einzig der Gottheit zu), um damit Plutarchs Ἡμῖν μὲν γὰρ ὄντως τοῦ εἶναι μέτεστιν οὐδέν* zu übersetzen. Mit seiner Änderung dieser Aussage scheint Montaigne das Problem zu verschieben, das, in dieser Umformulierung, weniger in den Bereich der Ontologie als in den der Erkenntnistheorie fällt. Genauer: Dieser Mangel, der von der menschlichen Natur im Hinblick auf das Sein ausgesagt wird, greift als ergänzendes und wahrscheinlich nicht unerläßliches Argument zur Stützung der These ein, daß wir unfähig sind, irgend etwas zu erkennen – es sei denn, wie Montaigne hinzufügt, mittels der Gottheit: »Die Dinge, die vom Himmel auf uns kommen, haben als einzige Rechts- und Überzeugungskraft; sie allein sind Zeichen der Wahrheit.«³¹⁵ Aber handelt es sich da noch um einen Erkenntnisakt im eigentlichen Sinne?

Die einzige Verankerung, mit der man sich vor einem Skeptizismus schützen kann, den die *Apologie* bis zum philosophischen Nihilismus treibt, ist diejenige, die der christliche Glaube und die göttliche Gnade bieten. Allerdings stützt Montaigne diesen Gedankengang auf paradoxe Weise: indem er nämlich zwei Seiten lang Plutarch das Wort führen läßt, im Vorbeigehen Seneca zitiert und sich selbst darauf beschränkt, in sechs Zeilen die weitläufigen Erörterungen vom Anfang der *Apologie* zusammenzufassen; und zwar so, daß man daran zweifeln kann, ob diese gleichsam von oben herab wiederholte Zustimmung nicht viel von ihrer Stringenz eingebüßt hat nach dem Durchgang durch eine verheerende Kritik, die jeden rationalen Erkenntnismodus zuschanden macht, indem sie antizipatorisch den Universalismus der Aufklärung und die transzendentalen Behauptungen der Phänomenologie Rücken an Rücken stellt und keiner von beiden recht gibt.

---

* Plutarch, *Moralia; De E apud Delphos*, 18 (392A), in *Moralia*, Bd. III, hrsg. von W. R. Paton, M. Pohlenz und W. Sieveking, Leipzig: Teubner, 1924 (A. d. Übers.).

Viel Aufhebens ist um Montaignes Gläubigkeit gemacht worden. War er aufrichtiger Katholik, oder stellte er religiöse Gefühle nur aus Vorsicht zur Schau, vielleicht auch um des gesellschaftlichen Friedens willen? Die Frage in diesen allzu einfachen Begriffen stellen heißt ein Denken als unerheblich abtun, dessen radikale Intention die abendländische Philosophie häufig verkannt hat (von Ostasien wäre es wahrscheinlich besser verstanden worden). Nachfolger von Montaigne wie Pascal und Descartes haben sich von der Kühnheit dieses Denkens jedoch dermaßen aufschrecken lassen, daß sie sich, vielleicht sogar als Hauptaufgabe, die Suche nach Wegen auferlegten, auf denen es umgangen werden konnte.

Daß Montaigne radikaler Skeptiker ist – ebendas scheint unbestreitbar, wenn man dem gewaltigen Unternehmen einer Ablehnung des fremdbestimmten Wissens durch alle seine Mäander gefolgt ist, einem Unternehmen von einer Strenge und Genauigkeit, von der die zahlreichen Korrekturen in den aufeinanderfolgenden Auflagen der *Essais* zeugen, durch die Mäander der *Essais* und vor allem durch die zweihundert Seiten der *Apologie*, in der sich das ganze Werk wie in einem Mikrokosmos spiegelt. »Wir haben keinerlei Anteil am Sein«: In diesen entscheidenden Worten, die zu zitieren man nicht müde wird, läßt sich alles zusammenfassen. Und von diesem Mangel überzeugt, wissen wir nicht einmal mehr, ob dieses sich selbst nichtende Wissen nicht ebenfalls dazugehört.*

Wenn wir andererseits aber alle unsere Gedanken und Handlungen auf der Grundlage dieses Skeptizismus zu regeln hätten, würde jedes Leben unmöglich. Ein konsequenter Skeptizismus kann nur zum Selbstmord oder zur wildesten Askese führen, wenn er nicht an einer empirischen Feststellung abprallte: Der Mensch findet, ohne daß er sie anderweitig zu rechtfertigen braucht, sinnliche Befriedigungen am und zum Leben, so als ob dieses Leben einen Sinn hätte, obwohl die intellektuelle Aufrichtigkeit bestätigt, daß es keinen gibt.**

---

* Auf diese enttäuschte Feststellung läßt sich meines Erachtens die angebliche Aufgabe des Pyrrhonismus am Schluß des Kapitels *Von den Hinkenden* (III, XI: 1035) zurückführen.

** In seinen tiefgreifenden Überlegungen zu Montaigne und im Gesamtzusammenhang seines Werkes führt Marcel Conche einen kompromißlosen Kampf gegen alle metaphysischen Idole. Die Größe und Förderlichkeit seines Unterfangens sind zu bewundern, allerdings nicht ohne den Hinweis, daß er es nicht bis zu dem Punkt treibt, an dem er der Moral eine philosophische Grundlage verweigern müßte: so als sollte wenigstens sie gerettet werden. Für Marcel Conche bleiben die Rechte des

Alle Philosophien erkennen die Existenz von Widersprüchen an, glauben sie jedoch überwinden zu können, um zu Gewißheiten zu gelangen, die sie allerdings nicht alle nach demselben Muster ausstanzen. Die Philosophie Montaignes macht die Annahme, daß jede Gewißheit die apriorische Form eines Widerspruchs hat und daß es dahinter nichts zu suchen gibt. Erkenntnis und Handeln sind auf immer in eine falsche Situation gestellt: gefangen zwischen zwei Referenzsystemen, die sich gegenseitig ausschließen und sich ihnen aufdrängen, obwohl das Vertrauen, das dem einen zeitweilig geschenkt wird, die Gültigkeit des anderen zerstört. Gleichwohl müssen wir sie zähmen, damit sie in jedem von uns ohne allzu heftige Dramen koexistieren können. Das Leben ist kurz: Trotzdem geht es um etwas Geduld. Der Weise findet seine intellektuelle und moralische Hygiene im luziden Umgang mit dieser Schizophrenie.

Der Skeptizismus reduziert das religiöse Glaubensbekenntnis auf eine Geschmacksfrage. Umgekehrt erlaubt die Achtung dieses Geschmacks (neben anderen), in Anbetracht aller Akte des praktischen Lebens in den Augen der Welt so zu tun, als sei das Bekenntnis zum

---

moralischen Bewußtseins bei Montaigne intakt; sie werden im und durch den Gebrauch der Vernunft ausgeübt.

Ich habe selbst Texte zitiert (vgl. oben, S. 233), die in diese Richtung weisen mögen, aber nur um hervorzuheben, wie radikal Montaigne sich in der *Apologie* zeigt und wie nachdrücklich er der Vernunft alle Macht abspricht, eingeschlossen diese. So glaubt Marcel Conche auch das Gewicht der *Apologie* beschneiden zu müssen, wo, wie er schreibt, »Montaigne, im Bemühen, einen Gegner niederzumachen und dazu alle Hebel in Bewegung zu setzen, viele Argumente vorträgt, die er nicht zwangsläufig auf sein eigenes Konto bucht« (*Montaigne et la philosophie*, S. 112).

Für mich hat es eher den Anschein, daß Montaigne seine Zuflucht zu einem rhetorischen Kunstgriff nimmt. Als Entschuldigung eine Übertreibung vorbringend, zu der er aus Gründen der Polemik gezwungen zu sein behauptet, offenbart er unter diesem Vorwand die eigentliche Essenz seines Denkens. Diese List paßt gut zu jener anderen, die er verwendet, wenn er *Apologie* nennt, was in Wirklichkeit eine Vernichtung ist.

Jenseits der Moral des Geschmacks gibt es bei Montaigne zwar eine Moral für den Hausgebrauch: So wie es weise ist, in Einklang mit der Gesellschaft zu leben, in der man geboren ist, ist es auch weise, in Einklang mit sich selbst zu leben. Aber ohne für dieses Verhalten eine andere Grundlage zu suchen als sinnliche Befriedigungen wie die, von denen ich oben gesprochen habe. Sind nicht sogar die körperlichen Wonnen »doppelt (...), auf intellektuelle Weise sinnlich, auf sinnliche Weise intellektuell?« (*Von der Erfahrung?* III, XIII: 1107). »Natürliche Fröhlichkeit« also, die ohne den Eingriff der Vernunft empfunden wird, einzig aus dem Umstand, wie Montaigne überdies sagt, daß sie »sich ziemlich mit der Zustimmung aller meiner Sinne ohne innern Widerstreit und Aufruhr vollzieht« (*Von der Reue*, III, II: 807, 812).

Skeptizismus nur eine Temperamentssache.* Die beiden Aspekte neutralisieren sich gegenseitig: Sie als unausweichlich, obwohl als gegenseitig inkompatibel zu erkennen, bewahrt einen davor, sich von einem davon unterjochen zu lassen, was nicht allzu schwierig ist; schwieriger ist es schon, wenn man genötigt ist, sich Tag für Tag nach beiden zu richten.

In der Tiefe subversiv, nimmt dieser sich in einer Art Rückzug manifestierende Relativismus an der Oberfläche eine konservative Färbung an. Diese Janusköpfigkeit vergiftet auch weiterhin unsere Auseinandersetzungen; und es ist tatsächlich der Fall, daß Montaigne dem Leser gegen die Gefahren einer Kritik, deren entscheidenden Aspekt die Reflexion über die Sitten und Bräuche der amerikanischen Indianer bezeichnet, keine andere Zuflucht vorschlägt als die Religion – genauer: die katholische Religion: »So habe ich mich durch Gottes Gnade, ohne angstvolle Unruhe und Gewissensnöte, bei den alten Glaubenssätzen unserer Religion rein und unversehrt erhalten«; und weiter: »Deshalb wendet sich der Christ, demütiger und weiser und mit besserer Einsicht in alles, was von Ihm kommt, an seinen Schöpfer, zu wählen und ins Werk zu setzen, was ihm guttut.« Und schließlich, mit den letzten Worten der *Apologie*: »Der Mensch (...) wird sich erheben, wenn Gott ihm dazu die Hand reicht; er wird sich erheben, wenn er seine eigenen Kräfte verwirft und abdankt und sich allein von der himmlischen Gnade erheben und tragen läßt, und nicht anders.«[316]

Wörtlich genommen, entfernt sich Montaignes Antwort also nicht von denen, wie sie im 16. und 17. Jahrhundert die Zeitgenossen der Forscher und die Missionare von P. Joseph de Acosta bis P. Gabriel Sagard auf die Fragen gaben, vor die sie die Entdeckung Amerikas stellte: Diese Entdeckung führt uns vor allem »zur Dankbarkeit gegenüber jenem Herrn aller Welt, der uns in einem christlichen Land und von katholischen Eltern hat zur Welt kommen lassen«.[317] Auf praktischem Gebiet und im spekulativen Bereich kann nur »unser alter Glaube«, wie Montaigne sagt, den Effekten des Widerstrebens, das bei der Berührung mit fremden Bräuchen erlebt wird, und des philo-

---

* »Ich würde nicht so dreiste Reden führen, wenn mir dafür aufs Wort geglaubt werden müßte; ebendas habe ich einem großen Herrn erwidert, der sich über die Heftigkeit und Dringlichkeit meiner Vorhaltungen beklagte. (...) Allerdings habe ich selbst nicht nur zahlreiche Charakteranlagen, sondern auch genug Ansichten, die ich meinem Sohn nur zu gern austreiben würde, wenn ich einen hätte« (*Von den Hinkenden*, III, XI: 1033).

sophischen Zweifels die Waage halten, dessen Keime sie auszusäen und gedeihen zu lassen drohen.

Lassen wir gleichwohl nicht außer acht, daß für die Menschen des 16. Jahrhunderts die Entdeckung Amerikas die Verschiedenheit der Sitten eher bestätigte als offenbarte. Diese Entdeckung bot sich ihnen eingebettet in andere dar, denen in ihren Augen größere Bedeutung zukam: die der ägyptischen, griechischen und römischen Lebenswelten, die das Studium der großen Autoren ihnen eröffnete. Allzu viele Neuigkeiten auf einmal drangen auf die Gelehrten und Denker ein und verdrehten ihnen die Köpfe. Was sie von den exotischen Kulturen erwarteten, war vor allem, daß sie durch das Zeugnis der Zeitgenossen bewahrheiteten, was die alten Wissenschaften ihnen nahezubringen begonnen hatten: nicht nur die Realität des Teufels und seiner Werke*, sondern auch die fremder Rassen, der sogenannten plinischen, weil Plinius ein Verzeichnis davon angelegt hatte; und einzigartige Begegnungen, in denen sie – und sei es nur auf dem Wege der Analogie – nicht zögerten, das Eden der Bibel das Goldene Zeitalter der Alten, den Garten der Hesperiden, Atlantis, den Jungbrunnen und die Inseln der Seligen wiederzuerkennen ...

Die jüngst entdeckten Völker taten nichts anderes, als diese antiken Traditionen zu bekräftigen. Die Existenz der Indianer verstand sich von selbst, weil dank ihrer die Dinge ja wieder ins Lot kamen: Die Be-

---

* Eine hartnäckig aufrechterhaltene Überzeugung. Mitten im 19. Jahrhundert ruft P. de Smet beim Anblick der Menschenopfer der Pawnee und der raffinierten Rachefeldzüge der Sioux aus: »Wer wollte angesichts so vieler Schreckenstaten darin nicht den unsichtbaren Einfluß des Feindes des Menschengeschlechts erkennen?« Ein auf die Küsten-Salish in Britisch-Kolumbien spezialisierter Ethnologe berichtete im Jahre 1902, der Bischof der Gegend sei davon überzeugt, daß die Schamanen ihre Kräfte vom Teufel erhielten: »Die lange Erfahrung, die der Bischof mit eingeborenen Schamanen hatte, und seine Beobachtungen zu ihren Kräften, deren übernatürlicher Ursprung für ihn unzweifelhaft war, hatten ihn überzeugt, daß sie, wie die (biblische) Hexe von Endor, von Familien-Geistern unterstützt würden.«

Um der Gerechtigkeit willen sei hinzugefügt, daß die Indianer es den katholischen Priestern mit gleicher Münze und sogar im größeren Maßstab heimzahlten. Die Shuswap sagten, daß, »obwohl sie große magische Kräfte hätten und manchmal Gutes täten, bei ihnen doch die Bosheit die Oberhand behielt. Es waren Nachkommen von Coyote, und trotz aller ihrer Macht begingen sie, genau wie er, alle möglichen absurden Handlungen und logen wie gedruckt. Sie waren nicht anders als Coyote, der in gewandelter Gestalt wieder auf die Welt gekommen war.«[318] Zwei miteinander konfrontierte Kulturen bestritten die Kräfte also nicht, die jede einzelne sich zuschrieb: Ohne ihren übernatürlichen Charakter in Frage zu stellen, machte sich jede von den Kräften der anderen ein Bild, das ihr erlaubte, sie in ihr eigenes System zu integrieren.

kanntschaft mit ihnen trug nichts bei, was nicht längst bekannt war. Es bedurfte einer längeren Frist bis zur Veröffentlichung der ersten Werke von Reisenden, die an Ort und Stelle seßhaft geworden waren, bevor man sich Fragen zu stellen begann. Geraume Zeit aber nahm man – übrigens auch der Etymologie entsprechend – nur einen leichten graduellen Unterschied zwischen den Wilden (*silvaticus*, »aus dem Wald stammend«, roh) und den Heiden (*paganus*, »ländlich, dörflich«, *paysan*) wahr.

Tatsächlich gefiel sich Las Casas sogar darin, alle Vergleichsmomente zwischen den Sitten und Gebräuchen der Indianer und denen der antiken Gesellschaften zu katalogisieren. Allen denen, die diese Sitten und Gebräuche der Indianer in Erstaunen versetzten, riet Acosta, sich mit Autoren wie Eusebios von Cäsarea, Clemens von Alexandreia, Theodoretos von Kyrrhos, Plinius, Dionysios von Halikarnassos und Plutarch vertraut zu machen, um ähnliche und sogar noch befremdlichere zu finden.[319] Die Sitten der Einwohner der Neuen Welt boten nichts, an dem man Anstoß zu nehmen Anlaß gehabt hätte. Das alles war wenn auch nicht *déjà-vu* [bereits gesehen], so doch *déjà-su* [bereits bekannt]. Dieser Rückzug in sich selbst, diese Unempfindlichkeit, diese willentliche Blindheit waren die ersten Reaktionen einer Menschheit, die sich für ganz und ungeteilt hielt und sich über Nacht mit dem Beweis des Gegenteils konfrontiert sah: nämlich damit, daß sie vom Menschengeschlecht nur die eine Hälfte bildete.

*
* *

Gegen Ende des vorhergehenden Kapitels habe ich ein Problem aufgeworfen: Die Mythologie der Indianer in Oregon und Britisch-Kolumbien besteht zu einem Großteil aus Anleihen bei der frankokanadischen Folklore. Dennoch erweist sich diese Mythologie als sehr solide verfugt, so als hätte sie im ursprünglichen Zustand Leerstellen und Lücken geboten: in Erwartung, wenn man so sagen kann, von außen kommender Beiträge, die sie schließen sollten und dank denen sich ihre Struktur verdichtet hätte.

Läßt sich darin nicht, in verworrener Gestalt und in rudimentärem Zustand, eine Auswirkung der Reaktion sehen – einer von der der Europäer, wie ich sie gerade beschrieben habe, sehr verschiedenen Reaktion –, die die Indianer beider Amerika angesichts der Emissäre einer anderen Welt an den Tag legten? Ich habe bereits im 5. Kapitel auf die Leichtigkeit verwiesen, mit der weit voneinander entfernte Stämme ohne Beziehungen zueinander die Weißen in ihre Mythologie integrierten, und zwar in beinahe denselben Begriffen. Ein begreifliches Phänomen, sagte ich, es sei denn, man räumt ein, daß der Platz der Weißen als Leerstelle ausgespart war in Denksystemen, die auf ein dichotomisches Prinzip gegründet waren, das, Etappe nach Etappe, zur Verdopplung der Terme nötigt; und zwar so, daß die Schaffung der Indianer durch den Demiurgen es gleichzeitig erforderlich machte, daß er auch Nicht-Indianer schuf.

Kurz, das bescheidene Phänomen, um das wir uns bemühen – daß nämlich die Mythologie einer amerikanischen Region unter anderen ihren Charakter einer strukturierten Totalität nur mittels Anleihen bei einer fremden Folklore erhielt –, erscheint als Echo oder Reflex einer geistigen Disposition, die allen Völkern der Neuen Welt gemeinsam ist und mit allen ihren Konsequenzen zur Zeit der Eroberung in Mexiko oder Peru beobachtet wurde.

Es ist hinreichend bekannt, daß die Vernichtung der Azteken und Inka, die unfähig waren, den Eroberern einen effizienten Widerstand entgegenzusetzen, sich zu einem Großteil daraus erklärt, daß sie in ihnen verschwundene Gottheiten wiederzuerkennen glaubten, deren Wiederkehr altheilige Traditionen sie erahnen oder sogar erhoffen ließen. Als Quetzalcoatl, der Kulturbringer der Tolteken (von denen die im 13. Jahrhundert in Mexiko angelangten Azteken ihre Kultur übernommen hatten), von einer rivalisierenden Gottheit vertrieben, sein Volk verlassen mußte (vgl. oben, S. 205), verkündigte er, eines Tages würden übers Meer, aus der Richtung der aufgehenden Sonne, Wesen kommen, die ihm ähnlich sähen, den die Indianer sich in Gestalt eines großen, hellhäutigen Mannes mit langem und abgerundetem Bart vorstellten. Deshalb auch hielten die Indianer, so sagen die Chroniken, als sie die Christen sahen, sie für die Götterbrüder und -söhne von Quetzalcoatl. Die Maya kannten dieselbe Prophezeiung: »Empfangt eure Gäste«, liest man in einem ihrer heiligen Bücher, »die bärtig sind und aus dem Morgenland kommen.«[320]

Ebenso erhielt der achte Inka in Peru, der an der Schwelle des 14. zum 15. Jahrhundert lebte, von Gott Viracocha (dessen Namen er übernahm) die Prophezeiung, daß bärtige und unbekannte Männer seinem Reich und seiner Religion ein Ende setzen würden – eine Vorhersage, die vom elften (in der konventionellen Chronologie) und letzten Inka, Huayna Capac, erneuert wurde und in der man eine der Ursachen der Lähmung sehen kann, die 20000 bewaffnete Krieger angesichts von hundertsechzig Spaniern ergriff. Am Tag nach seiner Vision hatte der Inka Viracocha dem Gott eine Statue errichten wollen, die ihn zeigte, wie er ihm erschienen war: »Ein großer Mann mit einem fußlangen Bart und einer Art Priestergewand, das bis zum Boden reichte. Am Ende einer Kette führte er ein überaus merkwürdiges Tier von unbekannter Gestalt und mit Löwentatzen.« Garcilaso erzählt, daß die eingeborenen Bildhauer »das Äußere dieser Gestalt nicht zu erfassen vermochten«, die für sie eine Art von Wesen darstellte, das sie noch nie zu Gesicht bekommen hatten. Die Spanier ihrerseits hatten keinerlei Hemmungen: Sie erkannten darin den heiligen Bartholomäus wieder und schlossen daraus, daß dieser Kirchenmann das Evangelium in Peru gepredigt haben mußte*; was sie, im Banne der Vorstellung, daß darunter große Schätze verborgen sein müßten, nicht daran hinderte, den Tempel zu zerstören, der die Statue barg.[321]

Diese Prophezeiungen sind nur aus Texten bekannt, die zeitlich später liegen als die Eroberung. Es kann durchaus sein, daß die Chronisten oder ihre Informanten die Dinge zurechtgestutzt haben, um den unerhörten Begebenheiten, deren Zeugen sie direkt oder indirekt wurden, mehr Kohärenz zu verleihen. Gleichwohl erscheint es schwierig, den Empfang zu beargwöhnen, den die Azteken Cortés und seinen Gefährten bereiteten, und zwar in der Form, wie er etwa dreißig Jahre nach den ganzen Vorfällen dem Spanier Sahagún erzählt wurde. In der Überzeugung, Quetzalcoatl sei wiedergekehrt, schickte Montezuma Gesandte aus, die mit allen *regalia* von Gottheiten beladen waren: mit Türkisen inkrustierten Masken, mit Ohrgehängen, mit von kostbaren Federn leuchtenden Prunkwaffen, mit Gold- und Jadehalsbändern, mit verschwenderischen Kopfbedeckungen usw. Sie bekleideten Cortés mit diesen heiligen Gewändern und überhäuften ihn mit Zeichen der Verehrung.[322]

Allen denen, die sich darüber wundern mögen, daß man in von den Hochkulturen Mexikos und Perus genauer veranschaulichten Konzeptionen den letzten Grund für einen Synkretismus sucht, den zunächst manche Mythen aus dem Nordwesten Nordamerikas unserer Aufmerksamkeit nahebrachten, möchte ich in Erinnerung rufen, daß alle diese mythischen Darstellungen, mit denen wir zu schaffen hatten, darunter auch diese, zum Urgestein der amerikanischen Mythologie gehören. Selbst wenn wir den Blick weit ausschweifen lassen,

---

* So wie sie den heiligen Thomas im Quetzalcoatl der Azteken und im Sumé der Tupinambá (vgl. oben, S. 63) wiedererkannten.

bleiben wir doch mit beiden Füßen diesem Sockel verhaftet. Bereits im 4. Kapitel mußten wir erkennen, daß die Struktur der Salish-Mythen nur im Lichte der in Brasilien, bei den alten Tupinambá gesammelten transparent wurde. Man kann ihnen, was den Begriff der Zwillingshaftigkeit betrifft – wie ersichtlich, der Schlüssel des ganzen Systems –, die Azteken an die Seite stellen. Denn wenn die Völker im Nordwesten Nordamerikas die Zwillinge Tieren gleichstellten: Bären oder Lachsen, so hat auch im Aztekischen das Wort *coatl* die Doppelbedeutung von »Schlange« und »Zwilling«. Der Name des Gottes Quetzalcoatl läßt sich also sowohl als »Federschlange« wie als »herrlicher Zwilling« interpretieren – wobei letztere Wortbedeutung wahrscheinlich daher rührt, daß Quetzalcoatl auf astronomischer Ebene den Planeten Venus darstellte, jenen Zwilling in seinen beiden Aspekten des Morgen- und des Abendsterns.

Zwischen diesen beiden Bedeutungen könnte man auch eine dialektische Beziehung annehmen. Jede vereint zwei Terme: Schlange und Vogel in der einen, Zwillinge in der anderen. Diese beiden Terme aber führen im einen Falle eine maximale Opposition (zwischen Himmel und chthonischer Welt), im anderen eine minimale (zwischen Zwillingen) vor Augen. In seinen beiden Bedeutungen konnotiert der Name Quetzalcoatl also die obere und die untere Grenze der Oppositionskategorie. Wie das Namenpaar Ntsaâ'z-Snánaz (vgl. oben, S. 223), hier aber ganz allein, wäre Quetzalcoatl mithin ein »Zwillingsname«. Das gilt übrigens auch für viele Gottheiten von Zentralamerika und Mexiko: Die Maya-Götter tragen häufig Doppelnamen. Die Namen der aztekischen Gottheiten bieten Fälle innerer Reduplikation: Zwei-Rohr, Zwei-Herr, Zwei-Frau usw. Wenn, wie es den Anschein hat, eine Identitäts- oder wenigstens Filiations- oder vielleicht sogar Zwillingsbeziehung zwischen Quetzalcoatl und einem anderen Gott, Xolotl, existiert hat, dann kann man schwerlich umhin, sich davon beeindruckt zu sehen, daß letzterer in wechselnden Gestalten wie dem doppelten Maiskolben oder der doppelten Maguey-Pflanze auftrat und daß ihm die Aufsicht über die Geburt der Zwillinge übertragen wurde. Die Mythologie der Mixteken, eines Nachbarvolkes der Azteken, erhärtet diese Deutungen schließlich, wenn sie zwei göttliche Brüder mit einer wichtigen Rolle ausstattet, deren einer in der Lage ist, sich in einen Adler, und deren anderer, sich in eine Schlange zu verwandeln, das heißt die beiden Arten von Wesen, die der Name Quetzalcoatl zu einem zusammenzieht.[323] Der Gott stellt also für sich allein, wenn man so sagen kann, einen in die Divergenz eintretenden

Zwilling dar, wie das die Zwillinge aller Mythen der amerikanischen Indianer tun, die ihre jeweiligen Ursprünge und ihre verschiedenen Wesensarten allmählich voneinander entfernen.

Der Nordwesten von Nordamerika und Mexiko haben überdies den Mythos von der Erschaffung von Sonne und Mond miteinander gemeinsam, demzufolge die Götter oder die Vorfahren zwei von ihnen auf die Probe stellten: die Zwillingssöhne von Luchs in der Version der Kutenai, die beiden Söhne von Coyote bei den Okanagon, anderswo Coyote und Luchs usw. Die Person, der es mißlang, die Rolle von Sonne zu übernehmen, bekam die von Mond bzw. umgekehrt... Man erkennt da einen berühmten mexikanischen Mythos wieder, von dem Sahagún zwei Versionen mitteilt (es gibt noch weitere). In den unvordenklich alten Zeiten, als die beiden Gestirne noch gar nicht existierten, verabredeten sich die Götter, denjenigen von ihnen auszuwählen, der die Erde erhellen sollte, nachdem er sich auf einem Scheiterhaufen geopfert hatte. Ein Gott bot sich an, es war aber noch ein zweiter Freiwilliger erforderlich, und niemand stellte sich als Kandidat vor. Man wählte den kleinsten und bescheidensten aus, dessen ganzer Körper mit Geschwüren bedeckt war. In dem Augenblick, als der erste Gott sich in die Flammen stürzen sollte, wich er zurück; der andere dagegen zögerte nicht und rief seinen Gefährten auf, ihm zu folgen. Die Götter wußten nicht, wo sich die Gestirne erheben würden, und spähten in alle Himmelsrichtungen. Schließlich erschien die Sonne im Osten und dann der Mond. Um ihr Licht ungleich und damit unterscheidbar zu machen, warf man dem Gott, der sich als letzter geopfert hatte, einen Hasen ins Gesicht. Hätte er mehr Mut gezeigt, wäre er die Sonne geworden.[324] Anderen Überlieferungen zufolge existierte zu Anbeginn nur eine Halbsonne, die aber schlechtes Licht gab. Quetzalcoatl warf seinen Sohn ins Feuer, der zur Sonne wurde; Tlaloc, ein anderer Gott, warf ebenfalls seinen Sohn hinein, und der wurde zum Mond.

NEUNZEHNTES KAPITEL

Die zweigeteilte Ideologie der amerikanischen Indianer

Die Mythologie beider Amerika ist sicherlich nicht die einzige, in der das Phänomen der Zwillingshaftigkeit eine große Rolle spielt. Dasselbe läßt sich von den Mythen in aller Welt sagen. Das vedische Indien bringt sukzessive Generationen von Zwillingen ins Spiel; die Religion von Zoroaster beruht auf einem antithetischen, von Ohrmazd und Ahriman gebildeten Zwillingspaar; und man braucht schwerlich die ergiebige Zwillingsmythologie anzuführen, wie sie von Griaule und Dieterlen bei den Dogon von Mali zutage gefördert wurde, übrigens in genauer Übereinstimmung mit den Einstellungen zu Zwillingen, die sich in ganz Afrika beobachten lassen.

Allerdings muß man zwischen zwei Formeln unterscheiden. Die Zwillinge sind, wenn verschiedenen Geschlechts, dem Inzest geweiht, den bereits ihre Promiskuität im Mutterleib erahnen ließ. Dieses Paar zeugt im allgemeinen Kinder, Jungen und Mädchen: Aus deren ähnlich inzestuöser Verbindung entsteht die erste Menschheit. Obwohl man diesem mythischen Schema auch in Amerika begegnet, lasse ich es hier beiseite, weil es auf eine spezifische Frage antwortet: Wie läßt sich, ausgehend von der Einheit, die Dualität hervorbringen (die der Geschlechter und die nachfolgende, die das Ehebündnis einschließt) oder genauer: von einem recht mehrdeutigen Bild der Einheit ausgehend, hinreichend mehrdeutig, damit man sich vorstellen kann, daß daraus die Diversität erwächst? Der Ṛgveda bietet ein erstes Beispiel mit der Hymne (X, 10), in der Yama und Yamī (das heißt »männlicher« und »weiblicher« Zwilling) einen Dialog führen, in dem er die geraden und sie die ungeraden Strophen zu sprechen hat; beide stammen von einem weiblichen Zwilling ab, einer Gattin der Sonne, der sie vergeblich zu entfliehen versucht, weil sie ihre Hitze nicht ertragen kann (vgl. oben, S. 169, Fußn.). Aus den Werken der Sonne erwachsen ihr dennoch Zwillinge, die Aśvins, selbst wiederum Erzeuger anderer Zwillinge. Der Text sagt nicht deutlich, ob es Yamī gelingt, Yama dazu zu überreden, sich mit ihr zu vereinigen; in der alten japanischen Mythologie aber zählt der uranfängliche weibliche Zwilling, auch er allzu draufgängerisch (daher eine erste Fehlgeburt), zu seinen Nachkommen mehrere Zwillingspaare.*

Die andere Formel, die gleichgeschlechtliche Zwillinge – männliche oder weibliche – hervorbringt, antwortet auf die der vorhergehenden entgegengesetzte Frage. Kann die Dualität im annähernden Bild der Einheit resorbiert werden, mit der man sie darstellt, oder hat sie einen irreversiblen Charakter, und zwar in dem Maße, daß der minimale Abstand zwischen ihren Termen sich verhängnisvoll ausdehnen muß? Zwischen diesen extremen Lösungen entwerfen die Mythen eine ganze Reihe von Vermittlungen. Als irreduzible nimmt die Dualität die Form der Antithese an: Der eine Zwilling ist gut, der andere böse; der eine mit dem Leben, der andere mit dem Tod verbunden; der eine mit dem Himmel, der andere mit der Erde oder der chthonischen Welt. Es folgen Systeme, in denen die Opposition zwischen den Zwillingen ihren absoluten Charakter zugunsten einer relativen Ungleichheit einbüßt: gewitzt oder dumm, geschickt oder linkisch, stark oder schwach usw. Die amerikanischen Mythen bieten eine gelungene Auswahl aus diesen graduellen Lösungen: vom antithetischen Paar, wie es der gute und der böse Demiurg in den Mythen Südkaliforniens bilden[325], bis zu den jeweils wohltätigen und bösartigen Zwillingen der Irokesen, auf dem Wege über jenes Paar, das ein Mythos der Cœur d'Alêne veranschaulicht. Dieser Mythos erzählt, daß eine Frau ihre Zwillinge dabei überraschte, wie sie insgeheim diskutierten. Der eine sagte: »Lebendig sein ist besser«, und der andere: »Tot sein ist besser.« Als sie ihre Mutter bemerkten, schwiegen sie still, und seither sterben von Zeit zu Zeit manche Leute. Natürlich gibt es auch stets welche, die geboren werden, und andere, die zum gleichen Zeitpunkt dahin-

---

* Izanagi und Izanami vereinigten sich, nachdem sie sich – er nach links, sie nach rechts – um den himmlischen Pfeiler gedreht und sich auf der anderen Seite wiedergetroffen hatten; die Frau aber beging den Fehler, als erste zu sprechen, statt ihrem männlichen Partner die Initiative zu überlassen.

Eine hübsche Parallele dazu in einer Chilcotin-Version: »Sie reisten und kamen am Fuße eines hohen Berges an. Der Bruder sagte zu seiner Schwester, jetzt müßten sie sich trennen und er auf der einen, sie auf der anderen Seite um den Berg herumgehen; und wenn sie einander wieder direkt begegneten, könnten sie heiraten, andernfalls nicht« (Farrand 2: 22).

scheiden. Wenn die Frau, ohne sich bemerkbar zu machen, die Kinder ihre Diskussion hätte beenden lassen, hätte einer der Zwillinge die Oberhand über den anderen behalten, und es hätte kein Leben oder keinen Tod gegeben. Ein anderer Salish-Mythos, diesmal jedoch von der Küste, behandelt das Zwillingsthema ohne jede Spur von pittoreskem Beigeschmack: Zwei siamesische Zwillinge hingen Rücken an Rücken zusammen, so daß einer immer rückwärts stolperte, wenn der andere vorwärts ging; mit Bogen und Pfeilen bewaffnet, schossen sie stets in entgegengesetzte Richtungen.[326]

In Südamerika durchleben Gefährten, Zwillinge oder auch nicht, körperlich oder charakterlich ungleich begabt, dieselben Abenteuer und arbeiten zusammen. Der intelligentere oder stärkere bügelt die Schnitzer oder Ungeschicklichkeiten des anderen aus; er erweckt ihn sogar zu neuem Leben, wenn er als Opfer seiner Unzulänglichkeit stirbt: so Pud und Pudléré bei den Kraho, Kéri und Kamé bei den Bakiri, Méri und Ari bei den Boróro, Dyoi und Epi bei den Tupinambá, Makunaima und Pia bei den Kariben usw.[327] Im allgemeinen aber halten die amerikanischen Mythen da inne, so als verzichteten sie darauf, die Zwillinge homogen zu machen nach Art von Kastor und Pollux, die berühmt waren für ihre brüderliche Freundschaft und sogar, wie Plutarch sagt, für »die zwischen ihnen herrschende unsichtbare Einheit«; ein »höchst egalitäres Paar«, unterstreicht Marcel Detienne[328], obwohl von verschiedenen Vätern gezeugt, der eine ein Mensch, der andere ein Gott. Die Dioskuren annullierten diese anfängliche Ungleichheit, indem sie sich die Sterblichkeit des einen und die Unsterblichkeit des anderen teilten. Zu Beginn ähnelte ihre Situation also der der amerikanisch-indianischen »Zwillinge«, die von verschiedenen Eltern oder zumindest doch verschiedenen Vätern abstammten (vgl. oben, S. 67). In Amerika aber bleibt diese Ungleichheit erhalten und macht sich allmählich alle Bereiche untertan: Kosmologie und Soziologie der Eingeborenen verdanken ihr ihre innere Triebkraft.

Als Reaktion auf das Problem der Zwillingshaftigkeit hat die Alte Welt zwei Extremlösungen begünstigt: Ihre Zwillinge sind entweder antithetisch oder identisch. Die Neue Welt zieht vermittelnde Formen vor, die den Alten zwar nicht gänzlich unbekannt waren: In den Wendungen, mit denen Platon ihn erzählt (*Protagoras*, 321), könnte der Mythos von Prometheus und Epimetheus ein brasilianischer sein! Dennoch hat es den Anschein, daß in der Mythologie der Alten Welt die »Ausbeute« dieser Formel, wenn man so sagen kann, schwach geblieben ist, während sie in der Mythologie der Neuen eine Art Keimzelle bildet.*

Dumézil hat beharrlich auf die Gleichheit, ja sogar Unterschiedslosigkeit der Zwillinge in der indoeuropäischen Tradition verwiesen: Die vedischen Hymnen behandeln die Aśvins oder Nāsatyas als Einheit; das Mahābhārata macht ihre Zwillingssöhne Nakula und Sahadeva zu bescheidenen Gestalten, die nur eine untergeordnete Rolle spielen. Die Autoren der Hymnen, so merkt Dumézil an, hatten nur wenig Interesse an einer differentiellen Theologie; im späteren Verlauf sieht es ganz so aus, als hätte eine konstante Tendenz das indoeuropäische Denken dazu bewogen, die Differenz zwischen den Zwillingen auszumerzen, denn verschiedene Hinweise legen die Vermutung nahe, daß sie ursprünglich stärker ausgeprägt war. Das Paar Romulus und Remus bezeugt, so Dumézil, den Fortbestand älterer Konzeptionen, von denen auch, in sehr abgeschwächter Form, die unterschiedlichen Gaben, die Kastor und Pollux zugeschrieben werden (der eine »Rossebändiger«, der andere »Faustkämpfer«), und auf einer ganz anderen Ebene die Attribute – Weisheit und Schönheit – der beiden Söhne der Aśvins Zeugnis ablegen.[329]

Eine identische Konstellation – der eine, sterbliche Zwilling wird bestattet; der andere, unsterbliche, erhält seinen Wohnsitz als leuchtendes Gestirn am Himmel[330] – behandelnd, verwirft der griechische Mythos diese Disparität und macht die beiden Daseinskonditionen einander gleich, während der amerikanische Mythos sich damit abfindet und nichts daran zu ändern sucht. In ganz Europa umkreisen die volkstümlichen Vorstellungen hinsichtlich der Zwillinge das Thema ihrer vollständigen Identität und schmücken es aus: körperlich voneinander ununterscheidbar, es sei denn durch kosmetische Kunstgriffe oder Kleidungsunterschiede; mit denselben Vorlieben, Gedan-

---

* Nach Cl. Voisenat (*L'Homme*, XXVIII, 1) stellt die griechische Mythologie die Zwillingspaarigkeit der Verunreinigung und der Maßlosigkeit gleich; sie legt ihr also eine negative Wortbedeutung bei. Aus seinem Aufsatz geht jedoch hervor, daß sich diese Konnotationen vor allem aus einer Lektüre der »heißen« Geschichte ergeben: Gegenleistungen der Politik für die Mythologie und nicht umgekehrt. Der Fall von Sparta scheint hier bezeichnend zu sein. Denn es ist deutlich, daß die Praxis eines Doppelkönigtums dort rückwirkend dem Ursprungsmythos zur Entstehung verholfen hat (»Lathria und Anaxandra [...] waren Zwillinge, und folglich wurden sie von den Söhnen des Aristodemos [Prokles und Eurysthenes, Stammväter der beiden Dynastien von Sparta] geheiratet, die ihrerseits Zwillinge waren«; Pausanias, III, 1, 7; III, XVI, 2). Es ist sicherlich nicht der Mythos, der, besonders in Sparta, sich in einer politischen Organisationsform fortsetzt, für die man zahlreiche Beispiele in ganz Griechenland (Michell, S. 101–104) und in anderen Weltregionen kennt.

ken, ja sogar demselben Charakter ausgestattet; in dieselbe Frau verliebt oder einander so ähnlich, daß die Frau des einen ihn mit seinem Bruder verwechselt; zur gleichen Zeit krank und unfähig, einander zu überleben usw. *La Petite Fadette* bietet eine Art Abriß dieser Klischees.

Im Denken der amerikanischen Indianer wird diese Vorstellung von Zwillingen, zwischen denen eine vollkommene Einheit besteht, verworfen. Väter derselben Zwillinge (wie Zeus und Tyndareos im Falle der Dioskuren*), waren Luchs und Coyote laut einem bereits zitierten Mythos (vgl. oben, S. 67) ursprünglich oder zeitweilig identisch. Hier sollte hinzugefügt werden, daß nach Sprache und Kultur so verschiedene Völker wie die Kutenai, die Wichita und die Sia diesen Mythos in denselben Formulierungen erzählen, ungeachtet der räumlichen Distanz, die Montana sowohl von Neumexiko als auch von Oklahoma und Texas trennt[331]; aber man begegnet im Zwischenraum einem Gutteil verwandter Versionen. Luchs, der sich über Coyote zu beschweren hatte, zog Schnauze, Ohren und Pfoten seines Feindes in die Länge. Im Gegenzug verkürzte Coyote Schnauze, Ohren und Schwanz von Luchs – der Grund, aus dem sich jener Canide und dieser Felide heute** so wenig ähnlich sehen. Vielleicht waren sie ehedem einander gleich oder waren es jedenfalls während jenes kurzen Augenblicks, als ihre äußeren Erscheinungsbilder beim Erleiden von Verwandlungen im jeweils umgekehrten Sinne koinzidierten: In beiden Hypothesen bildet die Identität einen widerruflichen oder provisorischen Zustand; sie kann nicht von Dauer sein.

---

* Ohne außer acht zu lassen, daß andere Überlieferungen sie zu Söhnen von Zeus allein oder gar eines Vaters machen, der ein – zugleich menschliches und göttliches – Doppelwesen hatte.

** In etwas anderem Tonfall erzählen die Kaska, ein kleines Athapaskan-Volk im Norden von Britisch-Kolumbien, daß sich Luchs die Nase an einer Eiswand plattdrückte (Teit, 8: 455). Die Ojibwa, Bewohner eines weitläufigen Territoriums im Umkreis des Oberen Sees auf halbem Wege zwischen Atlantik und Pazifik (also ganz im Osten des Areals, auf das sich das vorliegende Buch beschränkt), erklären das häßliche, abgeflachte und faltige Gesicht von Luchs durch eine Verbrennung, die er erlitt; ebenso die Tatsache, warum seine Testikel, die er selbst in seinen Körper hineinverlegte, heute so wenig sichtbar sind wie die der Katze (W. Jones: II, 125, 705; Radin: 37; Speck: 67, 68). Durch dieses introvertierte Äußere tritt Luchs in Gegensatz zu Coyote, der seinerseits ein extravertiertes Äußeres hat.

Zum Abschluß der Morphologie von Luchs sei festgehalten, daß, wenn die Alte Welt ihm einen stechenden Blick zuschreibt, die Ojibwa in Nordamerika ihm die Eigenschaft des Schielens beilegen, weil er mit einem Blick ein allzu weites Panorama zu erfassen versuchte (W. Jones: II, 131).

Das Denken der amerikanischen Indianer verleiht der Symmetrie also einen negativen, sogar verhängnisvollen Wert. Ich habe in *L'Homme nu* die unheildrohende Konnotation der Sonnenringe diskutiert, die die Mythen mit Geschichten von Zwillingen in Zusammenhang bringen, die ihrerseits von einer in vertikaler Richtung entzweigeschnittenen Person abstammen und inzestuös werden.* Wenn man ein übernatürliches Wesen enthauptet, so sagen die Haida, fügen sich der Kopf und der Rumpf von selbst wieder zusammen; wenn man es aber in vertikaler Richtung spaltet und einen Mühlstein zwischen die beiden Hälften legt, zermahlt das übernatürliche Wesen sich selbst und verwandelt sich in Staub. Dieses Verfahren ist das einzige, das ein übernatürliches Wesen zu vernichten erlaubt.[333]

Bemerkenswert ist schließlich, daß in Amerika einer der Zwillinge nahezu immer die Rolle des Betrügers innehat: Das Prinzip des Ungleichgewichts ist in den Binnenraum des Paares verlegt. Im alten Griechenland, das zwischen den Dioskuren Harmonie herrschen läßt, kann das Prinzip des Ungleichgewichts nur außen ansetzen. Die Betrüger-Rolle fällt einer dritten Person zu, Eurymas oder Eurymnos, der von Pherekydes als *diábolos* bezeichnet wird (eine Charakterisierung, die die Ausdrücke *trickster* bzw. *décepteur* recht gut wiedergibt) und über den man bedauerlicherweise nicht allzuviel weiß, es sei denn, daß Pollux ihn mit einem Faustschlag tötete, weil er ihn und seinen Bruder entzweien wollte.[334]

Folglich haben die Indoeuropäer, selbst wenn sie sich eine archaische Vorstellung von der Zwillingshaftigkeit machten, die der der amerikanischen Indianer nahesteht, sie allmählich fallengelassen. Im Unterschied zu den Indianern haben sie daraus, wie Dumézil sagen würde, »keine Erklärung der Welt gezogen«.[335] Für die Indoeuropäer konnte sich das Ideal einer Zwillingspaarigkeit trotz ursprünglich konträrer Konditionen verwirklichen.** Für das Denken der amerikanischen Indianer scheint eine Art philosophisches Klinamen

---

* Ein chinesischer Mythos schlägt den umgekehrten Weg ein. Er spricht von inzestuösen Zwillingen, die starben und in Gestalt einer einzigen Person wiederauferstanden, die mit zwei Köpfen, vier Händen und vier Füßen ausgestattet war.[332]
** Die griechischen Dioskuren hatten, als Dubletten und gleichzeitig als Gegner, ein Brüderpaar, ihre patrilateralen Neffen namens Idas und Lynkeus... Daß uns in Amerika eine Gestalt namens Luchs zu den Zwillingen geführt hat und in Griechenland die Zwillinge auf eine Person zurückverweisen, deren Name mit dem Wort *lynx* (Luchs) zusammenhängt, ist einer jener Zufälle, für die die vergleichende Mythologie weitere Beispiele bietet, ohne daß man in den meisten Fällen daraus mehr ziehen könnte als poetische Genugtuung.

unerläßlich zu sein, damit in einem beliebigen Sektor des Kosmos oder der Gesellschaft die Dinge nicht in ihrem Anfangszustand verharren und damit aus einem instabilen Dualismus – instabil, auf welcher Ebene man ihn auch erfaßt – stets wieder ein anderer instabiler Dualismus erwächst. Diese Philosophie hat uns auf dem ganzen Wege durch die beiden Parallelreihen begleitet, die wir im vorliegenden Buch verfolgt haben und die in das Thema der unmöglichen Zwillingshaftigkeit eingemündet sind: die der Indianer und der Weißen einerseits und die von Nebel und Wind andererseits, eine Konvergenz zweier Wegstrecken, für die der Beweis von den formal heterogenen Konstruktionen eines Mythos über den Ursprung des Nebels geliefert wurde, der als eine Art Mikrokosmos das Universum der amerikanisch-indianischen Mythologie widerspiegelt, ebenso von Mythen über die Herrschaft der Winde, in denen sich alles verdichtet, was die Indianer von der europäischen Folklore kennen (vgl. oben, S. 222).

*
* *

Zweifellos ist die Bedeutung, die die Völker dieser Region Amerikas dem Nebel und dem Wind beimessen, aus objektiven Gründen erklärbar. In der maritimen Zone, die von bis ins Herz der Gebirgskette reichenden Meerengen, Buchten und Fjorden durchsetzt und mit einem milden und regenreichen Klima gesegnet ist, drängt sich der Nebel als Erfahrungstatsache geradezu auf. Das gilt, wenn auch in geringerem Maße, ebenso für das Hochplateau des Landesinnern, obwohl die von der Küstengebirgskette gebildete Barriere die feuchte Meeresluft am Eindringen hindert. Dort herrscht ein halb wüstenhaftes Klima (das Jahresmittel an Niederschlägen beträgt 250 mm im Flußtal des Thompson River im Vergleich zu 2750 mm an der Westküste von Vancouver Island) mit großen Temperatursprüngen zwischen Sommer und Winter. Auf dem Wege vom Landesinnern zur Küste steigert sich das Jahresmittel an Tagen mit dichtem Nebel von etwa zwanzig auf mehr als fünfundvierzig, davon zwei maximale Perioden im März und Oktober.[336] Diese Nebel sind nicht alle gleich. Die Meteorologen unterscheiden beispielsweise Strahlungs- und Advektionsnebel, nässenden Nebel und nach Bodenerwärmung entstehenden Hochnebel. Wenn Luchs etwa einen Winternebel aufwallen läßt, der die Jagd unmöglich macht und eine Hungersnot heraufbeschwört (vgl. oben, S. 20), so hatten, anderen Mythen zufolge, von allen Tieren nur die

Hunde-Brüder die magische Macht, den Härten des Winters und dem Nahrungsmangel ein Ende zu setzen: »Wenn es uns gelingt, sagen sie, werden bei Anbruch der Morgendämmerung Nebelbänke an den Bergkämmen heraufziehen; Schnee und Eis werden schmelzen, die Erde wird sich wieder erwärmen, Regen fällt, und die Hirsche steigen wieder in die Täler herab. Wir werden viel zu essen haben; niemand braucht mehr zu hungern: dann wird Frühling sein.«[337] Der Wechsel der Jahreszeiten, von mildem Klima zu Eiseskälte und von Eiseskälte zu mildem Klima, hängt also von Personen ab: einerseits von Luchs, andererseits von den Hunden als Protagonisten von Mythen, deren jeweilige Strukturen, wie man gesehen hat, ebenfalls in Korrelation und Opposition zueinander stehen (vgl. oben, 14. Kap.).

Was die Winde betrifft, so bemißt sich ihre Bedeutung im Denken der Eingeborenen daran, daß beispielsweise die Twana am Puget Sound die räumlichen Richtungen in Begriffen der Windrose definieren: »Bei extensivem Gebrauch bezeichnen diese Ausdrücke die vier Himmelsrichtungen; aber es ist natürlich deutlich, daß sie sich zunächst auf die Winde beziehen.«[338] Die Völker dieser Region erzählen zahlreiche Mythen über den Krieg der Winde, vor allem über den zwischen Nordost- und Südwestwind, der eine kalt, der andere heiß (vgl. etwa *L'Homme nu*, M_{754}, M_{756}, M_{780}, M_{783}, M_{785}). Die Indianer von Cap Flattery, »bewundernswerte Meteorologen, die Sturm oder Windstille mit der Genauigkeit eines Barometers oder doch annähernd voraussagen« können, unterscheiden sechs Winde: die von Norden, von Süden, von Osten, von Südosten, von Westen und von Nordwesten.[339] In den mythischen Erzählungen bilden die Winde eine Familie. Die Dame Westwind und der Herr Ostwind haben zwei Söhne, Nordwind und Südwind (vgl. oben, S. 151); oder es hat Regenwind (der von Südwesten) die Tochter von Kaltwind (Nord) zur Frau, der seinen Schwiegersohn tötet. Sturmwind, der Sohn des Toten, wird ihn rächen.[340]

Der Südwestwind, der Chinook (benannt nach jenem Volk an der Mündung des Columbia River), kommt, wie bereits sein Name vermuten läßt, vom Ozean her. Stürmisch und regenschwer, wenn er im Januar/Februar an der Küste anlangt, büßt er seine Feuchtigkeit ein, wenn er die gebirgigen Barrieren überquert, die von der Küstenkette, dem Kaskadengebirge und schließlich den Rocky Mountains gebildet werden. Zu einem heißen und trockenen Föhn geworden, streicht er dann über die Plains und löst spektakuläre Wetterwechsel aus. Sie sind sogar noch zwischen Kaskadengebirge und Rocky Mountains spürbar; ein Beobachter hat sie zu Beginn dieses Jahrhunderts in lyrischen Ausdrücken beschrieben, und zwar mit Bezug auf die Region, die früher das Territorium von Oregon genannt wurde (und die heutigen Staaten Oregon, Washington, Idaho und einen Teil von Montana umfaßt), aus dem viele der Mythen stammen, die hier benutzt worden sind: »Es ist schwer, sich in der ganzen Natur ein Schauspiel von eindrucksvollerem Reiz vorzustellen als das, was der Chinook bietet. Das Thermometer kann auf beinahe Null Grad Fahrenheit gefallen sein, die Erde mag unter einem ganzen Fuß Schnee begraben liegen, erstickt in einer tödlichen Umarmung dichten Nebels: Urplötzlich, wie unter der Wirkung eines mächtigen Hauchs, lichtet sich der Nebel und gibt den Blick auf die bereits halb vom Schnee befreiten Berggipfel frei. Dann fällt, grollend und pfeifend, der heiße Wind aus dem Süden ein, wie eine Armee. Der Schnee beginnt zu tröpfeln nach Art eines Schwammes, den man auspreßt, das Thermometer schnellt auf sechzig Grad hoch, und in kaum zwei Stunden herrscht ein Klima wie in Südkalifornien. Es nimmt durchaus nicht wunder, wenn die Indianer diesen Wind personifizieren. Auch wir selbst personifizieren ihn ja.«[341]

Für die vom Fischfang lebenden Völker der Küste war der Südwind gleichwohl furchtbar. Sie erzählen, daß die Tiere ihm den Krieg erklärten und ihn besiegten. Aber sie töteten ihn nicht; deshalb bläst er auch nur einige Tage hintereinander, dann beruhigt er sich wieder.[342] Einem anderen Mythos zufolge mußte der Demiurg eingreifen, damit der Krieg zwischen den Brüdern Nordostwind und den Brüdern Chinook aufhörte. Er besänftigte beide, wenn er gleichzeitig auch den Chinook-Brüdern den Vorteil ließ. »Und so ist heute, in der ewigen Ebbe und Flut der himmlischen Ozeane, wenn der Nordwind sich auch losreißt und auf seinem Weg vom nördlichen Kanada bis zum Becken des Columbia River alles leerfegt und auskehrt, seine Herrschaft doch nur vorübergehend. Denn höchstens nach einigen Stunden oder Tagen erscheint eine blauschwarze Linie am südlichen Horizont. Sehr bald werfen die Gebirgskämme den sie bedeckenden Schnee ab, und das ist die Erlösung: Am folgenden Morgen kommt, fauchend und heulend, der gelobte Chinook aus dem Süden an, und der Eisspiegel des Nordens schmilzt wie unterm Gluthauch aus einem Backofen. Der Kampf ist kurz und der Sieg des Chinook sicher.«[343]

Der Krieg des heißen gegen den kalten Wind entspricht aufs genaueste, wenn auch auf einer anderen Ebene, dem der Erdbewohner und des himmlischen Volkes um die Eroberung des Feuers (vgl. etwa

L'Homme nu, Siebenter Teil, II: »Der einzige Mythos«): Während nämlich der heiße Wind des Südwestens vom Meer kommt, das heißt von unten, wohnt der kalte Nordostwind im Himmel.[344] Die Parallele geht ganz deutlich aus einer Shuswap-Version hervor. Vorzeiten litten die Tiere unter der Kälte (aus Mangel an Feuer). Hase und Fuchs machten sich auf Kundschaft in Richtung Süden auf, wo die Herren des Chinook-Windes und des heißen Klimas lebten. Sie kamen dort an und schnürten den Sack auf, der den Wind enthielt. Das Volk des Südens versuchte sie auf ihrer Flucht aufzuhalten, indem es eine glühende Hitze verbreitete, die das ganze Land versengte, aber die beiden Helden liefen schneller: »Fortan blasen die heißen Winde bis nach Norden und lassen den Schnee schmelzen und die Erde trocknen. Das Volk der Kälte wird nicht mehr allein über das Wetter gebieten, und ihre gemilderten Unbilden lassen die Menschen nicht allzusehr leiden.«[345]

Gleichwohl endet der Kampf, im Unterschied zu dem anderen Zyklus, bei dem sich eine irreversible Folgeerscheinung einstellt, nämlich der Bruch der Kommunikation zwischen den beiden Welten, hier mit einem Kompromiß. Keines der beiden Lager trägt einen entscheidenden Sieg davon, der kalte und der heiße Wind werden sich abwechseln. Die Cœur d'Alêne können die Heraufkunft der schönen Jahreszeit denn auch mit kategorischen Ausdrücken beschreiben: »Wir werden Zeugen des Mordes der Kälte durch ihren Bruder...«; sie schränken die Formulierung jedoch alsbald ein, wenn sie präzisieren: »...jedes Frühjahr«.[346]

*
* *

Dieser fundamentale Begriff eines in ewigem Ungleichgewicht schwankenden Dualismus tritt aber nicht nur in der Ideologie in Erscheinung. Ob in Nordamerika (wo ich ihn bei den Winnebago nachgewiesen habe[347]) oder in Südamerika, er spiegelt sich auch in der sozialen Organisation weitläufiger Gruppen von Populationen wider. Die Stämme der Gê-Sprachfamilie und andere, in Zentral- und Ostbrasilien daran angrenzende, liefern die Illustration dafür.

Eine neuere Gemeinschaftsarbeit, deren Autoren die großherzige Idee hatten, sie mir zu widmen (und gleichzeitig dem Andenken von W. H. R. Rivers, eine noch erdrückendere Ehrung), trägt zahlreiche neue Fakten und eindringliche Analysen zum Phänomen des Dualismus bei. Einer der Autoren, zusammen mit Uri Almagor der verantwortliche Herausgeber, nämlich David Maybury Lewis, entwickelt Ansichten zur gesellschaftlichen Organisation der Gê, die ich für scharfsinnig zu halten allen Anlaß habe: »Die dualistischen Organisationen in Zentralbrasilien (...) bilden globale soziale Theorien (*comprehensive social theories*), indem sie den Kosmos und die Gesellschaft (...) einen, die nicht unter die besondere Abhängigkeit von irgendeiner Institution fallen. Sie sind in der Lage, neue institutionelle Formen (*new institutional arrangements*) zu erzeugen, wann und wo immer sich das als notwendig erweist.«[348] Merkwürdig ist nur, daß der Autor dieser Zeilen sich damit von mir zu entfernen glaubt, während ich seit mehr als vierzig Jahren über die dualistischen Organisationen im allgemeinen und die von Zentralbrasilien im besonderen ebendas zu sagen und zu schreiben nicht müde geworden bin.

Bereits in *Les Structures élémentaires de la parenté* hatte ich die (mir unterstellte) These zurückgewiesen, derzufolge die dualistischen Organisationen auf Systeme mit *moieties* zurückzuführen seien und diese Systeme auf ein Mittel zur Gewährleistung des Gleichgewichts zwischen ehelichen Tauschakten: »Die duale Organisation ist also nicht in erster Linie eine Institution. (...) Sie ist in erster Linie ein Organisationsprinzip, das in sehr unterschiedlicher Weise angewendet werden und vor allem unterschiedlich entwickelt sein kann. In manchen Fällen erstreckt sich das Prinzip lediglich auf die sportlichen Wettkämpfe; in anderen auf das politische Leben (...); in anderen wiederum auf das religiöse und zeremonielle Leben. Schließlich kann man es auf die Heiratssysteme ausdehnen« (S. 95–96; Neuaufl. S. 87 [dt. S. 136]). Aus all den im Laufe jenes Kapitels gesammelten Befunden, so schloß ich, »geht übereinstimmend hervor, daß die duale Organisation weniger eine Institution mit präzisen Merkmalen als vielmehr eine Methode zur Lösung vielfältiger Probleme ist« (S. 105; Neuaufl. S. 95 [dt. S. 145]).

Ebenso bin ich, wenn Maybury Lewis schreibt, daß »die Hierarchie weder logisch noch soziologisch mit einer soliden und dauerhaften dualistischen Organisation (*thoroughgoing and persistent*) inkompatibel«[349] ist, um so mehr mit ihm einverstanden, als ich in einem Text (der in seiner Bibliographie übrigens ebenso fehlt wie der von J. Christopher Crocker, der, wie dieser Autor präzisiert, auf meinen Spuren geschrieben wurde) das Problem der Beziehung zwischen Reziprozität und Hierarchie bereits gestellt hatte.[350] Darin hatte ich gezeigt, daß, wenn die *moieties* bei den Boróro auch durch ein Netz von wechselseitigen Rechten und Pflichten verknüpft sind, sie sich dennoch gegenseitig in einem dynamischen Ungleichgewicht gehalten sehen.* Ebenso hob ich hervor, daß die südamerikanischen *moieties* »durchaus nicht mit den australischen Systemen zu vergleichen sind, weil im ersten Fall ja nie mehr als ein Paar von *moieties* die Rolle von Eheklassen spielt« (S. 268). Schließlich kam ich den Überlegungen von Maybury Lewis sogar zuvor, als ich, noch immer in jenem selben Text, schrieb: »Eine möglicherweise einseitige Analyse der dualistischen Organisation hat nur allzu häufig das Prinzip der Reziprozität als ihre Ursache und ihr Hauptresultat in den Vordergrund gestellt. (...) Dennoch darf nicht außer acht gelassen werden, daß ein System von *moieties* nicht nur Reziprozitätsmechanismen zum Ausdruck bringen kann, sondern auch Beziehungen der Unterordnung.**

* Man macht mir den Vorwurf (Maybury Lewis, S. 110–113), gesagt zu haben, daß der diametrale Dualismus seinem Wesen nach statisch sei. Aber gerade weil ich das gezeigt hatte, indem ich mich auf Argumente formaler Art stützte (*Anthropologie structurale*, S. 168 [dt. S. 169 f.]; *Anthropologie structurale deux*, S. 91 [dt. S. 101]), konnte ich, im Gegensatz zu den Ansichten meiner Vorgänger, zu dem Schluß kommen, daß der diametrale Dualismus nicht schon an sich selbst ein adäquates Modell zum Verständnis der Funktionsweise dualistischer Organisationen bildete, deren Dynamik die Berufung auf andere Prinzipien erfordert. Mein gesamter Text von 1944 zeigte bereits, daß in meinem Denken eine Gesellschaft wie die der Boróro ihre Dynamik aus dem Wechselspiel zwischen Reziprozität und Hierarchie bezieht.

** Es wäre gleichwohl naiv, die Reichweite solcher Erwägungen auf Zentralbrasilien zu beschränken. Als ich im Jahre 1983 kleinere Inseln des Ryûkyû-Archipels besuchte, beobachtete ich dieselben wechselnden Ungleichgewichtigkeiten zwischen den *moieties*, deren eine, im Osten, mit den Männern und der profanen Welt, deren andere, im Westen, dagegen mit den Frauen und den Heiligen assoziiert war. Im politischen und sozialen Bereich fällt die Überlegenheit dem männlichen Prinzip zu; zum weiblichen Prinzip gehört sie im religiösen Bereich. In den Dörfern, die ich besucht habe, flößte das Ritual des Seilkampfes, bei dem die *moieties* aufeinandertreffen, mehrdeutige Gefühle ein. Man erkannte die Überlegenheit des Lagers des Ostens an; aber der Sieg des Lagers des Westens wurde als günstig für die menschliche Fruchtbarkeit und das Gedeihen der Felder beurteilt (L.-S *15*: 25–26; vgl. Yoshida: 65–66).

Auf der südlichsten Insel des Ryûkyû-Archipels hat C. Ouwehand (S. 26, 34, 197) analoge Widersprüche vermerkt, die dem System inhärent waren. Man habe sogar auf den Seilkampf verzichtet, weil man sich nicht über die Priorität des einen oder des anderen Lagers verständigen konnte, vielleicht deshalb, weil das Lager des Ostens die Sonne und das Lager des Westens den Mond als Symbol hatte und das erste Gestirn für dem zweiten überlegen gehalten wurde.

Ein Aufsatz von T. Yoshida und A. Duff-Cooper (*Cosmos*, 5, 1989) macht, sowohl für Okinawa als auch für Bali, die dialektischen Beziehungen zwischen Gegensatzsystemen deutlich – Nord/Süd, West/Ost, feminin/maskulin, Meer/Gebirge, extern/intern usw. –, in denen die jeweiligen Werte, die den Termen jedes Paares zugeschrieben werden, sich ins Gegenteil verkehren, wenn man von der

Gleichwohl ist sogar in diesen Beziehungen der Unterordnung das Reziprozitätsprinzip am Werk; denn die Unterordnung ist selbst reziprok: die *moiety*, die auf einem Gebiet den Vorrang gewinnt, überläßt ihn auf einem anderen der entgegengesetzten *moiety*.« Und daraus zog ich den Schluß: »Es könnte durchaus sein, daß die Systeme mit vielfachen, einander überschneidenden *moiety*-Paaren, wie sie für die dualistischen Organisationen in Südamerika typisch sind (...), sich als Versuch zur Überwindung dieser Widersprüche erklären lassen« (S. 268).

Folglich scheint auch eine soziale Organisation in »enger Korrespondenz zu den metaphysischen Ideen« (ebd.) in einem weitläufigen Komplex südamerikanischer Völker selbst nach dem Modell eines dynamischen Ungleichgewichts zwischen Termen konzipiert zu sein – Wesen, Elementen, gesellschaftlichen Gruppen –, die in Paare aufzugliedern verlockend gewesen wäre, weil sie, auf den ersten Blick und paarweise betrachtet, äquivalent, gleich, wenn nicht manchmal sogar identisch erscheinen. Wir stoßen hier wieder auf das im ganzen Verlauf des vorliegenden Buches entwickelte Hauptthema.

Richtig ist, daß dieser Typ von sozialer Organisation unter den sogenannten »niedrigen« Kulturen allein den Gê eigen zu sein scheint. Seeger hat das mit Humor festgehalten: »Die erste Reaktion vieler Ethnologen, die in den Niederungen Südamerikas arbeiten, ist die, daß der Dualismus in der Form, wie man ihn bei den Gê beschrieben hat, offenbar nicht zu der vom jeweiligen Ethnographen selbst untersuchten Gruppe paßt: ›Das ist nicht Tupí‹, wendet er ein. Sobald jemand einen allgemeinen Rahmen zur Analyse einer Gruppe von Gesellschaften vorschlägt, fährt ein anderer Anthropologe auf und verkündet, daß nichts dergleichen anderswo existiert (in Brasilien umfaßt dieses anderswo die Tupí, die Arawak und die Kariben).« Zweifellos, fährt Seeger fort, »ist das Argument ›Das ist nicht Tupí‹ vollkommen richtig. Anstatt sich auf Unterscheidungen zu stützen, neigen die Tupí dazu, die Gegensätze zu leugnen und sie zu glätten. Man findet bei den Tupí der Wälder keine komplexen gesellschaftlichen Verbände, die sich überschneiden, wie man sie bei den Gê beobachten kann; statt dessen aber (Hunderte von) Geistern, die nicht zwangsläufig auf binäre Weise geordnet sind.«[351]

---

des Heiligen zu der des Profanen, von der Welt der Lebenden zu der der Toten übergeht usw. Dort wie anderswo bringt sich der Dualismus durch ein Schwanken zwischen Reziprozität und Hierarchie zum Ausdruck.

Das alles ist richtig; aber wenn die Tupí dem Dualismus auch weder in ihrer gesellschaftlichen Organisation noch in ihrem Götterpantheon Raum geben, so regelt dieser Dualismus doch ihre Mythologie. Ich habe das im 4. Kapitel und gegen Ende des 5. Kapitels (vgl. oben, S. 81–83) gezeigt. In dieser Hinsicht unterscheiden sich die Arawak und die Kariben, die ebenfalls über den Zyklus der Zwillinge verfügen, kaum von den Tupí; und wir haben gesehen (5. Kapitel), daß man auf dem Wege der Transformation von der Mythologie der Tupí zu der der Gê übergehen kann. Die soziale Organisation der andinen Kulturen schließlich bot zur Zeit der Entdeckung verblüffende Analogien zu der, die bei den Boróro und den Gê noch nicht ganz verschwunden ist.[352]

Im Gegensatz zu dem, was Seeger sich vorstellt[353], sehe ich in der dualistischen Organisation kein universales Phänomen, das aus der binären Beschaffenheit des menschlichen Denkens resultierte. Ich konstatiere lediglich, daß Völker, die ein zwar gewaltiges, aber doch genau umschreibbares geographisches Areal bewohnen, sich dafür entschieden haben, die Welt nach dem Leitbild eines in immerwährendem Ungleichgewicht schwankenden Dualismus zu erklären, dessen sukzessive Phasen sich ineinander verschachteln – ein Dualismus, der bald in der Mythologie, bald in der gesellschaftlichen Organisation, bald in beiden auf kohärente Weise Gestalt annimmt.

Eine schematische Illustration dieser besonderen Form von Dualismus gab mir der Kontrast zwischen den Dioskuren der griechisch-römischen Tradition und den amerikanisch-indianischen Zwillingen an die Hand. In beiden Fällen ungleich aufgrund ihrer Geburt, gelang es ersteren, gleich zu werden und zu bleiben; letztere dagegen bemühen sich, während der ganzen Dauer ihres irdischen Lebens und darüber hinaus, den Abstand, der zwischen ihnen klaffte, weiter auszudehnen. Soll man daraus schließen, daß sich heiße Gesellschaften hinsichtlich der Zwillingshaftigkeit mit einer kalten Philosophie bescheiden können und kalte Gesellschaften – vielleicht weil sie kalt sind – das Bedürfnis nach einer heißen Philosophie verspüren? Ich würde nicht so weit gehen, um so mehr, als anzunehmen ist, daß die Mythen dieser Hypothese mit anderen Aspekten widersprächen. In diesem Bereich aus einem Stück, wie ihn *idealiter* die allgemeine Mythologie liefert, einem Bereich, der ein zu komplexes Netz bildet, als daß sich daraus Bedeutungen herauslösen ließen, kommt es manchmal vor, daß sich eine Kreuzung mit flüchtigem Glanz abzeichnet. Sie setzt in Erstaunen, man wirft einen neugierigen Blick darauf, alles erlischt wieder, und man geht weiter. Die Mythologie der Zwillinge eröffnet ein Terrain, das dieser Art von Illusion entgegenkommt.

Zu den ihnen eigenen heiligen Attributen zählten die griechischen Dioskuren eine Pflanze, das Silphion[354], dem die Alten außerordentliche Heilkräfte zuschrieben. Aus Libyen, wo es im Wildwuchs vorkam, importierte man ganze Schiffsladungen sowohl zum Verzehr als Nährpflanze als auch für zahllose medizinische Zwecke. Es wurde für so kostbar gehalten, daß man, als sich Caesar des Staatsschatzes von Rom bemächtigte, gewaltige Mengen von Silphion entdeckte, die als Vorrat eingelagert worden waren. Seit der Mitte des 6. vorchristlichen Jahrhunderts war die Ernte von Silphion in dem Gebiet, wo es wildwachsend zu finden war (es gelang nie, es zu züchten), strengen Regeln unterworfen. Als gegen Ende des 1. Jahrhunderts v. Chr. die lokalen Verwalter ihre Kontrolle aus Fahrlässigkeit oder Eigennutz lockerten, verschwand die ganze übermäßig ausgebeutete Art in etwa fünfzig Jahren.[355] Zu Beginn der christlichen Ära kannten die Römer von ihr kaum mehr als den Namen und den Ruf.[356]

Das Silphion war nicht das *Peucedanum officinale*, das in Europa seit der Antike (vgl. oben, S. 131, Fußn.) bekannt war und benutzt wurde, sondern, nach L. Hahn, wahrscheinlich eine Peucedanee[357]; jedenfalls eine Umbellifere einer nahestehenden Art, die einen harzigen Saft lieferte.

Hinter dem Volksglauben, der das Silphion mit den Dioskuren assoziierte, steht wahrscheinlich nichts anderes als eine Anspielung auf die Durchreise der beiden Helden durch Kyrene, jene Stadt, aus der das Silphion exportiert wurde (wofern dieser ganze Besuch nicht einfach nur erfunden worden war, um der Legende selbst mehr Glaubwürdigkeit zu verschaffen). Und man wird der erneuten Verwendung des Begriffs *Silphium*, der verfügbar geworden war (weil man bis heute nicht weiß, welche Pflanze er ehedem bezeichnete), um damit dann in der wissenschaftlichen Sprache eine Composazee in Amerika zu benennen, die ein Gummiharz absondert (populäre Namen: *rosinweed, compass plant*[358]), wohl vor allem anekdotische Bedeutung einräumen. Ohne es zu wissen, ahmte Linné mit dieser auf die Nomenklatur beschränkten Wahl* jene andere nach, die die Indianer für eine

---

* »(...) das wahre *silphium*, bei dem Linnaeus wahrscheinlich Unrecht getan hat, den Namen einer Art der Familie der Corymbiferen zu geben, die aus Louisiana stammt, weil sie ebenfalls die sehr eng beieinanderstehenden und sogar von unten zusammengehaltenen Blätter hatte« (*Dictionnaire des Sciences naturelles* [...] *par plusieurs professeurs des jardins du roi* ..., Bd. XLIX, Art. »Silphium«, Paris – Straßburg:

Composazee einer benachbarten, mit derselben Eigenschaft ausgestatteten Art trafen, um damit im Ritual eine auf ihrem Territorium nicht vorkommende Peucedanee zu ersetzen (vgl. oben, S. 132). Ein anregendes Zusammentreffen, in dem man ein Zeichen dafür sehen könnte, daß das Silphion-Gespenst in jenen Breiten noch immer herumspukt...
Wenn man sich schließlich den sowohl alimentären als auch magischen und religiösen Wert vor Augen hält, der im Nordwesten Nordamerikas den Peucedaneen zugeschrieben wurde (die ihrerseits verschieden vom *Peucedanum officinale*, L. sind), und des weiteren den obligaten Gebrauch einer solchen Umbellifere oder der oben erwähnten Composazee bei der rituellen Zubereitung des ersten Lachses und vor allem die Gleichstellung von Zwillingen und Lachsen im Denken der Eingeborenen berücksichtigt, dann kann man sich einer bestimmten Unruhe nur schwer erwehren. Und zwar um so mehr, als die Samenkörner von *Peucedanum*, gekaut und ausgespuckt, den Kwakiutl zufolge die Seeungeheuer vertrieben und laut den Thompson Wind und Sturm besänftigten: also dieselben Tugenden, die die Alten den Dioskuren zuschrieben. In Nordamerika erklärt sich die Benutzung harzhaltiger Pflanzen für die rituelle Küche wahrscheinlich durch den impliziten Bezug auf das Urfeuer (vgl. oben, S. 135 f.). Die Alten brachten die Dioskuren ebenfalls mit dem Feuer[359] in Zusammenhang, und zwar, wie sattsam bekannt, mit den leuchtenden Meteoren.

Die scheinbare Kohärenz aller dieser Befunde legt die Vermutung nahe, daß man in der Alten und der Neuen Welt aus Gründen, die sich uns entziehen, manche Umbelliferen und die Zwillinge auf ganz ähnliche Weise miteinander assoziierte. Zweifellos ist das nur eine optische Täuschung. Aber die Täuschungen und Illusionen haben ihren eigenen Reiz, und es ist verzeihlich, wenn man sich nicht unempfänglich dafür zeigt, wofern man sich nur nicht zu weit mitreißen läßt.

Levrault, 1827). Existierte aber eine solche terminologische Mehrdeutigkeit nicht auch in der Vorstellungswelt der Indianer, und zwar zwischen Umbelliferen der Art *Peucedanum* = *Lomatium* und einer der Art *Silphium* eng benachbarten Composazee (vgl. oben, S. 133, Fußn.)?

Mit Ehrerbietung wurde eine Gattung, die Kompaßpflanze (*Silphium lacinatum*, L.), von den Omaha und Ponca behandelt, Indianern der Sioux-Gruppe, die in der Gegend des Missouri siedelten. Sie vermieden es, an Stellen, wo die Pflanze wuchs, ihr Lager aufzuschlagen, denn ihnen zufolge schlug dort besonders häufig der Blitz ein. Umgekehrt glaubten sie diesen Blitz durch den Rauch eines Feuers aus deren getrockneten Wurzeln abwehren zu können. Die Winnebago im Gebiet der Großen Seen benutzten die Becherpflanze (*Silphium perfoliatum*) als Brechmittel zur rituellen Reinigung (Gilmore: 80).

Könnte es sein, daß es in seltenen Fällen jenem mächtigen Instrument, wie es die strukturale Analyse ist, gelingt, die Grenzen unserer nahen Welt zu durchbrechen, und daß diese am fernsten Himmel der Mythologie das herausarbeitet, was man, mit einer Anleihe beim Vokabular der Astrophysiker, Singularitäten nennen möchte? Diese Singularitäten hätten dann kaum mehr Beziehungen zu den oberflächlichen Ähnlichkeiten, mit denen sich die alte vergleichende Mythologie begnügte, als es die von den Radioteleskopen entdeckten geheimnisvollen Objekte zu den Himmelskörpern haben, die die ersten Astronomen mit bloßem Auge beobachteten.

Angesichts von Fakten der Art, wie ich sie vor Augen geführt habe, geraten die gewohnten Kategorien des Denkens ins Wanken. Man weiß nicht mehr, wonach man sucht: nach einem gemeinsamen Ursprung, der nicht mehr nachweisbar ist, weil die Spuren so schwach geworden sind, die ihn bezeugen könnten? Oder nach einer Struktur, die durch sukzessive Verallgemeinerungen auf so flüchtige Konturen reduziert wurde, daß man an ihrer Erfassung verzweifelt? Es sei denn, daß der Maßstabwechsel es erlaubt, einen Aspekt der moralischen Welt zu erhaschen, in der, wie es die Physiker vom unendlichen Großen und unendlichen Kleinen sagen, der Raum, die Zeit und die Struktur miteinander verschmelzen: eine Welt, bei der wir uns darauf zu beschränken hätten, aus weiter Ferne ihre Existenz zu erfassen, dabei aber den Ehrgeiz fahrenlassen müßten, sie je zu betreten.

1989–1990

Anmerkungen

1 Boas *4*, 195–196.
2 Phinney, 465–488.
3 Spinden *3*, 207; Haines, 14.
4 Boas *4*, 196–197.
5 Jacobs *1*, 161.
6 Haines, 14.
7 Phinney, 483.
8 Haines, 14.
9 Boas *28*, 16–17; Krause, 178.
10 Boas *20*, 206, 230.
11 L.-S. *8*, 356 [dt. 460].
12 L.-S. *5*, 299 [dt. 377].
13 Hill-Tout *10*, 556 (vgl. dazu *L'Homme nu*, 337 [dt. 433]).
14 Teit *10*, 337.
15 Boas *21*, 569.
16 Teit *6*, 176.
17 Chamberlain, 575.
18 Teit *8*, 466–467; McKennan, 203–204.
19 Cline, 236; Jacobs *6*, 140; Teit *5*, 309; Farrand *1*, 114; Andrade, 177–181; Marx, 275.
20 Jacobs *1*, 27–30; Adamson, 193–195.
21 Reichard *3*, 109–119.
22 Adamson, 188.
23 Hill-Tout *7*, 534–535.
24 Teit *6*, 177.
25 Ray *2*, 138–142.
26 Hoffman *2*, 28–29.
27 Ray *1*, 177; Teit *6*, 291; Cline, 167.
28 Boas *4*, 10; Teit *10*, 344.
29 Teit *1*, 643.
30 Teit *11*, 282.
31 Barnett *3*, 38; Swan *1*, 180.
32 Elmendorf *1*, 252.
33 Smith *2*, 127.
34 Teit *6*, 267.
35 Sproat, 24.

36 Haeberlin *1*, 414–416.
37 Boas *9*, 119.
38 Turney-High *1*, 41; Barnett *3*, 63; Teit *6*, 225, 227; Hill-Tout *6*, 79; Sapir *3*, 36, Anm. 55. Zu den amerikanischen Arten der Gattung Luchs vgl. Bailey; Hall-Kelson, II, 966–972.
39 Teit *4*, 36–40; *5*, 209–210; Hill-Tout *10*, 534–540.
40 L.-S. *9*, Kap. XIV.
41 Boas *4*, 11.
42 Vgl. L.-S. *8*, 322–323, 338, 381 [dt. 416–417, 441, 495]; Hill-Tout *10*, 581.
43 Teit *4*, 53–55; *2*, 296–297, 352–356.
44 Boas *13*, 9–10; Hill-Tout *6*, 228–242; Teit *1*, 684.
45 Hill-Tout *10*, 534–540.
46 L.-S. *8*, 329 ff. [dt. 425 ff.].
47 Ebd. 382, 394–397, 413–414 [dt. 496, 508–511, 536–537].
48 Boas *4*, 12; Teit *10*, 255.
49 L.-S. *14*, 126–129.
50 Boas *9*, 49, 69, 121, 286.
51 Teit *5*, 213–217.
52 Ebd., 373.
53 Teit *4*, 77–78.
54 Ebd., 78–79.
55 Hill-Tout *8*, 154–158.
56 Boas *9*, 119, 287.
57 Reichard *3*, 165–170. Zur genauen Identifizierung der Taucherart vgl. Pearson, 5, 8; Bent, 44; Brashers. Zur Amsel vgl. L.-S. *8*, 438–440 [dt. 568–570].
58 L.-S. *11*, 149–154 [dt. 167–173].
59 Katalog zur Ausstellung *Le Premier Or de l'humanité en Bulgarie, 5e millénaire*. Paris, Réunion des Musées nationaux, 1989, Nr. 218, 230, 279, 300.
60 Kroeber *1*, 41.
61 Kroeber *14*, 391, Anm. 7, 392 und *passim*.
62 Thevet; Métraux *1*.
63 Métraux *1*, 15.
64 L.-S. *14*, 130.
65 L.-S. *13*, 118 [dt. 141].
66 Avila, 25.
67 Métraux *1*, 235–239.
68 Nimuendajú *1*; Cadogan *4*; Wagley-Galvão, 137–140; Huxley, 217–222.
69 Teit *5*, 217, 243.
70 Métraux *3*, 55–56.
71 Cardim, 44–45.
72 Cadogan *4*, 83; Ihering, Art. »Inambu chintau«.
73 Boas *9*, 165, 296, Anm. 4., vgl. L.-S. *11*, 279–280 [dt. 304–306].
74 Métraux *2*, 6.
75 Avila, 23, 29.

76 Métraux *1*, 11, 44.
77 Ebd., 9, 11.
78 Wilbert-Simoneau, 126–154.
79 Da Matta, 93–141; Carneiro da Cunha *1*, 2.
80 L.-S. *4, 5, 6, 7, 8, 9*, 212–229 [dt. 232–250]; *11*, Kap. XII–XV; *12*, 78–84, 141–149, 265–267 [dt. 86–91, 151–160, 276–278].
81 Teit *5*, 215.
82 Nimuendajú *8*, 246.
83 Teit *5*, 215, 301.
84 Hill-Tout *8*, 156.
85 Golder, 290–291; Swanton *2*, 80–81,; Boas *2*, 306–307; *7*, 158; *9*, 158, 161, 187; Jacobs *1*, 123; Lowie *4*, 190–191; usw.
86 L.-S. *11*, Kap. XII.
87 Boas *9*, 89–127.
88 Adamson, 83; Gayton-Newman, 48–50; L.-S. *11*, 283 [dt. 308 f.].
89 Cadogan *4*, 70–71.
90 Wagley-Galvão, 70; L.-S. *10*, 277–284 [dt. 150–157].
91 Cadogan *4*, 74.
92 Nimuendajú *8*, 317–322.
93 Métraux *5*, 95.
94 Turney-High *1*, 40.
95 Teit *10*, 230; Barnett *3*, 106.
96 Bouchard-Kennedy *1*, 44–53.
97 Hall-Kelson, II, 1027.
98 Teit *1*, 513.
99 Ebd., 748; Boas *13*, 12–13.
100 Hall-Kelson, II, 1027.
101 Teit *5*, 258–260.
102 Ebd., 262.
103 Ebd., 263.
104 Cline, 240–241.
105 Teit *11*, 358–359.
106 Boas *4*, 40–43.
107 Hill-Tout *3*, 191–197.
108 Hill-Tout *7*, 539–541 (vgl. L.-S. *10*, 108–109 [dt. 58–59]).
109 Haeberlin *1*, 384–385, 418–420.
110 Boas *13*, 12–13.
111 Teit *1*, 748.
112 L.-S. *9*, Kap. IX.
113 Boas-Hunt *1*, 7–25.
114 Swanton *2*, 58–60.
115 Boas *4*, 42; Hill-Tout *3*, 196.
116 L.-S. *5*, 93 [dt. 118].
117 Wagley-Galvão, 70, 102.
118 Hill-Tout *9*, 368–369; Duff, 21, 43–44.
119 Teit *1*, 656–657.

120 Boas *4*, 40.
121 Teit *5*, 262.
122 Hill-Tout *3*, 194.
123 Boas *4*, 41.
124 Teit *1*, 579, Anm. 1.
125 Hill-Tout *3*, 195–196.
126 Merriam, 433; Farrand *1*, 122; Boas *3*, 324.
127 Boas *4*, 26–30; Teit *4*, 63–64.
128 Boas *4*, 26–30.
129 Teit *5*, 241.
130 Ebd., 265–268.
131 Hill-Tout *2*, 347–350.
132 Ebd., 350.
133 L.-S. *7*, 215–224 [dt. 278–289]; *8*, 481–501 [dt. 626–648]; *9*, 223, 305 [dt. 244, 334]; *10, passim; 11*, 154–160 [dt. 172–180]; *13, passim;* usw.
134 Farrand *2*, 36–37.
135 Cline, 228 (vgl. Mythos M_{744a} in *L'Homme nu*, 430 [dt. 558]).
136 Teit *5*, 336.
137 Hill-Tout *2*, 350.
138 Hill-Tout *10*, 566–574; Teit *2*, 340; Boas *13*, 37, 124.
139 Teit *4*, 83; *1*, 725; Boas *13*, 247.
140 Teit *2*, 335 (vgl. Mythos M_{579a} in *L'Homme nu* [dt. 226]).
141 Boas-Hunt *2*, 544–549.
142 Teit *9*, 481; Turner, L. C. und T. Thompson, A. Z. York, 122–123; Abrams, I, 426–430; Turner, 82; Bouchard-Kennedy *2*, 268.
143 Spinden *3*, 203–204; Turner-High *1*, 31, 34.
144 Merriam, A. P., 115.
145 Spinden *3*, 203–204; Turner-Bouchard-Kennedy, 115, 116.
146 Boas *4*, 15; Teit *4*, 95; *5*, 224, 319; *2*, 350–352; Hill-Tout *10*, 564; Reichard *3*, 57 ff.; Dawson, 31; Teit *1*, 644–652.
147 Teit *2*, 351–352; *5*, 320, 225–226; Reichard *3*, 57–63; Boas *9*, 119.
148 Plinius *1*, XXV, ix, vgl. auch Plinius *4*, V, 320 f.
149 Hill-Tout *10*, 540.
150 Teit *9*, 508.
151 Boas *16*, 569, 577, 580.
152 Boas *27*, 242–243; Boas-Hunt *2*, 175, 608.
153 Turner-Bouchard-Kennedy, 65, 80.
154 Teit *10*, 349.
155 Eells *4*, 51.
156 Dawson, 20.
157 Elmendorf *1*, passim.
158 Kroeber *1*, 66; *14*, 292.
159 Kroeber *14*, 454–456.
160 Ebd., 388, 402, 221–222, 231.
161 Kroeber-Gifford, 60.
162 Spott-Kroeber, 177.

163 Relations des Jesuites, 40.
164 Jacobs *1*, 159–162; Hill-Tout *2*, 343 *3*, 188; Adamson, 211–213 (vgl. M$_{740\text{-}742}$ in *L'Homme nu* [dt. 553–556]).
165 Boas *2*, 87–88; Frachtenberg *3*, 14–19, 28–29; *1*, 91 ff.; *2*, 214–216; *4*, 65 ff.; Teit *2*, 306.
166 Delaby, 397; Krejnovič *1*, 68; *2*, 197–205.
167 Packard, 327–329.
168 Swanton *1*, 122.
169 Gunther *5*, 166.
170 Boas *20*, 206.
171 Hill-Tout *7*, 841; Barnett *3*, 136.
172 Boas *20*, 206; Boas-Hunt *2*, 631–635.
173 Jones, C. F., 33, 121, 162–163.
174 Boas *28*, 17; Krause, 178.
175 Jones, C. F., 162–163.
176 MacCormick Collins, 277–278.
177 Barnett *1*, 179; *2*: *passim*.
178 Barnett *1*, 179; Curtis, IX, 82.
179 Ballard *2*, 131 (vgl. *L'Homme nu*, 484–485 [dt. 631–632]).
180 Stern B. J., 14–15.
181 Cline, 121; Teit *6*, 166, 279, 381.
182 Eells *4*, 194–195.
183 Barnett *2*; *3*, 136.
184 Boas *20*, 203.
185 Boas-Hunt *2*, 673–694.
186 Ebd., 685–686.
187 Ebd., 689–691.
188 Boas-Hunt *1*, 322–349, 375.
189 Gunther *5*, 154–155.
190 Teit *10*, 310–311.
191 Teit *11*, 263.
192 Boas *16*, 644.
193 Teit *1*, 586–587.
194 Elmendorf *1*, 420–422.
195 Olson *2*, 101.
196 Boas *20*, 237; *16*, 613.
197 Sproat, 156–157; Boas *16*, 591–592; Drucker, *passim*.
198 Stern B. J., 36.
199 Boas *13*, 111.
200 Cline, 226; Ray *2*, 145; Hill-Tout *6*, 228.
201 Adamson, 112.
202 Delaby, 400.
203 Krejnovič *1*, 71–73.
204 Carlson, *1*, 5.
205 Borden *1*, 2.
206 Swan *2*, 92.

207 Elliot, 166. Zu anderen Varianten vgl. Boas 2, 732–733.
208 Andrade, 177–178; Farrand-Mayer, 269–271.
209 Gunther 2, 120–121.
210 Teit 2, 310–311; 4, 55–56; Hill-Tout 3, 204–205.
211 Teit 2, 310.
212 Ebd., 311; 4, 56.
213 Teit *1*, 652.
214 Teit 2, 309.
215 Ballard *1*, 103.
216 Teit 5, 267.
217 Boas 4, 173–175, 186–187.
218 Hill-Tout *8*, 144–145.
219 Teit *1*, 701–702, Anm. 1.
220 Boas *9*, 127–141, 298–299.
221 Reichard *3*, 75.
222 Sapir *5*, 131.
223 Jacobs *1*, 139–142; Adamson, 158–177; Hill-Tout 7, 541–542. Zu sechzehn Versionen dieses Mythos mit den Indexzahlen M_{375a-p} vgl. auch *L'Origine des manières de table* und *L'Homme nu*.
224 Jacobs *1*, 159–163.
225 Boas *9*, 132–133.
226 Adamson, 248–249. Vgl. Reichard *3*, 17.
227 Boas 5, 172 ff.; Adamson, 378.
228 Teit 5, 91–92, 229.
229 Teit 4, 53–55; Boas 4, 43.
230 Boas *13*, 15; Teit 4, 110, Anm. 169.
231 Elmendorf *1*, 367–369.
232 Jacobs *1*, 125.
233 Ebd., 33–39.
234 Boas 7, 9–19.
235 Teit 4, 54–55.
236 Haeberlin *1*, 430–432.
237 Teit 5, 341; 4, 50, 109.
238 Boas *9*, V.
239 Uhlenbeck, 68; Grinnell, 258.
240 Grinnell, 167–168.
241 Uhlenbeck, 91.
242 Wissler-Duvall, 31–32; Josselin de Jong 2, 7–9.
243 Teit 5, 277; *10*, 296–297; *11*, 259.
244 Waterman *1*, 27–30.
245 Teit 2, 316.
246 Boas 4, 30, 130; Teit 4, 62–63; Haeberlin *1*, 418–420; Teit 5, 354; Adamson, 96–109; Hill-Tout 7, 536–539; Farrand *1*, 127–128.
247 Teit *10*, 303.
248 Adamson, 103–109.
249 Boas 4, 130.

250 Teit 8, 404; Petitot, 311–316.
251 Kroeber 11, 168–169; Boas 8, 165–167.
252 Teit 4, 62–63.
253 Teit 2, 316–317; Haeberlin 1, 418–420.
254 Teit 2, 316–317.
255 Teit 5, 313–314.
256 Jenness 2, 139; Teit 4, 113, Anm. 208; 1, 267, 279, 291.
257 Boas 9, 287.
258 Barnett 3, 22.
259 Hill-Tout 5, 336–338.
260 Teit 2, 340–341; 5, 287–288.
261 Hill-Tout 10, 566–574.
262 Boas 13, 37–40.
263 Hill-Tout 10, 570, Anm. 1.
264 Mythos $M_{587a,b}$, resümiert in *L'Homme nu*, 185–186 [dt. 238–239].
265 Cline, 214; Ray 2, 133, 135.
266 Hill-Tout 2, 364; 10, 574; Boas 4, 48.
267 Boas 13, 92–94.
268 Hill-Tout 7, 534.
269 Teit 4, 113, Anm. 204.
270 Sapir 1, 141, 261.
271 Teit 2, 298, 353–354.
272 Ebd., 354–356.
273 Teit 4, 51–52; 5, 230.
274 Boas 13, 19–20.
275 Ebd., 241–242.
276 Adamson, 71, 233, 346, 370; Teit 1, 642; 4, 33.
277 Haeberlin 1, 392–393.
278 Teit 1, 702, Anm. 3; Boas 4, 26, Anm. 3; Teit 5, 393.
279 Teit 4, 87–88.
280 Ebd., 118, Anm. 283.
281 Ebd., 118, Anm. 280; Boas 4, 20.
282 Boas 4, 124; Reichard 3, 146; Ray 2, 163; Jacobs 1, 147–148.
283 Teit 1, 702–707.
284 Farrand 2, 42–43.
285 Suttles 3.
286 Teit 5, 393–394.
287 Teit 1, 753–755; 12, 307.
288 Dumézil 1, 42–44, 128–130; 3, 136–138; 5, 219–221.
289 Swan 1; Eells 4, *passim*; 5; Gibbs 3; Jacobs 7.
290 Barbeau 3, 4.
291 Teit 1, 753; 12, 315–316.
292 Teit 4, 88; 5, 358–360; 14, 189–190. Vgl. Boas 29; Hallowell.
293 Barbeau 3 (1917), 21, 61, 82, 86.
294 Tozzer, 71; L.-S. 6, 380–381 [dt. 522–523]; 8, 440–441 [dt. 575–576]; Hugh-Jones, 174–175, 177, 183, 191.

295 Delarue, I, 39–40, 242–263; Fabre; Barbeau *3* (1917), 93–98; *5*, 96–97.
296 Sahagún, III, v, vi.
297 Hamayon, 615–616. Vgl. Reichard 2.
298 Lorrain, 26.
299 Ebd., 58.
300 Reichard 3, 4, Anm. 2.
301 Kojiki, 93–95, 406–407; Antoni.
302 Schulz-Chiara, 111–119.
303 Bouchard-Kennedy, 47–57.
304 Ebd., 47–56; Teit *1*, 691–696; vgl. Teit *4*, 72; Farrand 2, 19.
305 Cline, 228–229.
306 Boas *4*, 2; *9*, 299.
307 Febvre, 386, 422–423; vgl. Ryan, 519–538.
308 Montaigne, III, 910.
309 Ebd., I, 206.
310 Ebd., III, 910.
311 Ebd., II, 558.
312 Ebd., II, 573.
313 Ebd., II, 580.
314 Ebd., II, 601.
315 Ebd., II, 563.
316 Ebd., II, 569, 576, Anm. 3, 604.
317 Sagard, I, xli.
318 Smet, 124; Hill-Tout *9*, 412; Teit *1*, 621–622.
319 Las Casas, I, 17; Acosta, 346.
320 Chilam Balam, 186.
321 La Vega, V, xxii, xxviii; ix, xv.
322 Sahagún, XII, iii–vii.
323 Garcia, 327–328; Dahlgren de Jordan, 294–298; Codex Chimalpopoca.
324 Sahagún, VII, ii; vgl. Popol Vuh, II, Kap. 14.
325 Vgl. L.-S. *13*, 185–186 [dt. 225–226].
326 Boas *4*, 125 (vgl. M$_{755}$ in *L'Homme nu*, 443, Anm. 2 [dt. 576, Anm. 16]; Adamson, 83–87 (vgl. Mythos M$_{716b}$ ebd.).
327 Métraux 6.
328 Detienne, 87.
329 Dumézil 2, I, 78 ff., 87–89.
330 L.-S. *13*, 184–185 [dt. 224–225].
331 Boas *9*, 296; Stevenson, 148–149; Dorsey *3*, 282–283.
332 Mathieu, 158–159.
333 Swanton *9*, 376–378.
334 Pherekydes, X, §92; Plutarch *1*, I, 267; *2*, 160. Roscher, Art. »Eurymas«.
335 Dumézil *6*, 188.
336 Sproat, 13; Elmendorf, 21; Myers; Farley.
337 Jacobs *1*, 30–33 (vgl. auch *L'Homme nu*, 468 [dt. 608]).
338 Elmendorf, 21–22.
339 Swan *2*, 92.

340 Ballard *1*, 55-63 (vgl. Mythos M$_{754a\text{-}g}$ in *L'Homme nu,* 443 [dt. 575]).
341 Lyman, 237-238.
342 Ballard *1,* 69.
343 Lyman, 240. Vgl. Kerr.
344 Adamson, 75.
345 Teit *1,* 624-625.
346 Boas *4,* 124.
347 L.-S. *3,* Kap. VIII: »Gibt es dualistische Organisationen?«
348 Maybury Lewis-Almagor, 114-115.
349 Ebd., 113; vgl. 10.
350 L.-S. *1; 3,* 155-170, 179 [dt. 157-172, 179-180]; Crocker.
351 Maybury Lewis-Almagor, 199-200.
352 Ebd., 255-273.
353 Ebd., 200.
354 Pausanias, III, XVI; Daremberg und Saglio: Art. »Silphium«; Pauly-Wissowa, Art. »Silphion«; Roscher, 1171.
355 Andrews.
356 Plinius *2,* XIX, Kap. 3 u. S. 111-114; XXII, Kap. 23 u. S. 108. Vgl. Plinius *4,* III, 434ff. und IV, 159f.
357 *Grande Encyclopédie,* Art. »Silphium«.
358 Rydberg, 924; Abrams, IV, 105; Gleason, III, 367-369.
359 Dumézil *4,* 265-266.

Bibliographie

Um eventuelle Titelkollationen zu erleichtern, ist hier so weit wie möglich an den Ordnungszahlen der Titel festgehalten worden, die bereits in den Bibliographien der *Mythologiques* zitiert worden sind.

Abkürzungen

AA	*American Anthropologist.*
ARBAE	*Annual Reports of the Bureau of American Ethnology,* Washington, D.C.
BAMNH	*Bulletins of the American Museum of Natural History,* New York.
BBAE	*Bulletins of the Bureau of American Ethnology,* Washington, D.C.
CUCA	*Columbia University Contributions to Anthropology,* New York.
JAFL	*Journal of American Folklore.*
JRAI	*Journal of the Royal Anthropological Institute of Great Britain and Ireland.*
MAAA	*Memoirs of the American Anthropological Association.*
MAFLS	*Memoirs of the American Folk-Lore Society.*
MAMNH	*Memoirs of the American Museum of Natural History,* New York.
RBAAS	*Reports of the British Association for the Advancement of Science.*
UCPAAE	*University of California Publications in American Archaeology and Ethnology,* Berkeley.
UWPA	*University of Washington Publications in Anthropology,* Seattle.
L.-S.	Claude Lévi-Strauss.

Abrams, L., *Illustrated Flora of the Pacific States*, 4 Bde., Stanford, ²1950.
Acosta, J. P., *Historia Natural y Moral de las Indias* [1590], Mexico: Fundo de Cultura Economica, 1940.
Adamson, Th., *Folk-Tales of the Coast Salish* (MAFLS XXVIII), 1934.
Andrade, M. J., *Quileute Texts* (CUCA XII), New York 1931.
Andrews, A. C., »The Silphium of the Ancients: a Lesson in Crop Control«, in: *Isis*, 33, 1941: 232–236.

Antoni, K. J., *Der weiße Hase von Inaba. Vom Mythos zum Märchen* (Münchener Ostasiatische Studien, Band 28), Wiesbaden 1982.
Avila, F. de, *Dioses y Hombres de Huarochiri*. Edicion bilingüe, Lima: Museo Nacional de Historia y Instituto de Estudios Peruanos, 1966.
Bailey, Th.-N., »The Elusive Bobcat, in: *Natural History*, Oktober 1972.
Ballard, A. C.
   1 Mythology of Southern Puget Sound (UWPA, 3-2), 1929.
   2 Some Tales of the Southern Puget Sound Salish (UWPA, 2-3), 1927.
Barbeau, C. M.
   3 »Contes populaires canadiens«, *JAFL*, 30, 1917; 32, 1919.
   5 »Contes populaires canadiens«, *JAFL*, 53, 1940.
Barnett, H. G.
   1 Culture Elements Distribution: VII, Oregon Coast (Anthropological Records, 1), Berkeley 1937-1939.
   2 Culture Elements Distribution: IX, Gulf of Georgia Salish, ibid.
   3 The Coast Salish of British Columbia (Univ. of Oregon Monographs. Studies in Anthropology, 4), 1955.
Bent, A. C., *Life Histories of North American Diving Birds*, New York: Dover Publications, [1919] 1963.
Boas, F.
   2 Tsimshian Mythology (31st ARBAE, 1909-1910), Washington, D. C., 1916.
   3 The Social Organization and the Secret Societies of the Kwakiutl Indians (Reports of the United States National Museum), Washington, D. C., 1895.
   4 (Hrsg): *Folk-Tales of Salishan and Sahaptin Tribes* (MAFLS XI), 1917.
   5 »Zur Mythologie der Indianer von Washington und Oregon«, in: *Globus*, 63, 1893.
   7 Kathlamet Texts (BBAE 26), Washington, D. C., 1901.
   8 The Eskimo of Baffin Land and Hudson Bay (BAMNH 15), New York 1901-1907.
   9 Kutenai Tales (BBAE 59), Washington, D. C., 1918.
   13 Indianische Sagen von der Nord-Pacifischen Küste Amerikas (Sonder-Abdruck aus den Verhandlungen der Berliner Gesellschaft für Anthropologie, Ethnologie und Urgeschichte, 23-27), Berlin 1891-1895.
   16 »Second General Report on the Indians of British Columbia«, *RBAAS*, 60, 1890.
   20 »Current Beliefs of the Kwakiutl Indians«, *JAFL*, 45, 1932.
   27 The Religion of the Kwakiutl Indians (CUCA X), 1930.
   28 Tsimshian Texts (BBAE, 27), Washington, D. C., 1902.
   29 »Notes on Mexican Folklore«, *JAFL*, 25, 1912.
Boas, F. (und G. Hunt)
   1 Kwakiutl Texts (MAMNH, 5, 1902-1905; 14, 1906).
   2 Ethnology of the Kwakiutl (35th ARBAE, 2 Bde.), Washington, D. C., 1921.
Borden, Ch. E.
   1 Origins and development of early Northwest Coast Culture to about

3000 B.C. (Archaeological Survey of Canada, Paper Nr. 45), Ottawa, National Museum of Man, 1975.
2 »Peopling and Early Cultures of the Pacific Northwest«, in: *Science*, Bd. 203, Nr. 4384, 1979.
Bouchard, R. und D.I.D. Kennedy
 1 *Knowledge and usage of land mammals, birds, insects, reptiles and amphibians by the Squamish Indian People of British Columbia* (mimeo.), Victoria, British Columbia Indian Language Project, 1976.
 2 (Hrsg.): *Shuswap Stories*, Vancouver: CommCept Publishing Ltd., 1979.
 3 »Shuswap Indian Use of the Squilax Area«, Appendix I in *Archaeological Excavation Sites [...] near Squilax, B.C.* (mimeo.). Areas Consulting Archaeologists Ltd., Coquitlam, B.C., März 1990.
Brasher, R., *Birds and Trees of North America*, 4 Bde., New York 1961.
Cadogan, L.
 4 *Ayvu Rapita. Textos míticos de los Mbya-Guarani del Guairá* (Antropologia, 5; Boletim 227), Universidade de São Paulo, 1959.
Cardim, F., *Tratados da terra e gente do Brasil*, Neuausgabe São Paulo, Bibliotheca pedagogica brasileira, 1939.
Carlson, R.L. (Hrsg.), *Indian Art Traditions of the Northwest Coast*, Burnaby, B.C., 1983.
Carneiro da Cunha, M.
 1 »Logique du mythe et de l'action. Le mouvement messianique Canela de 1963«, in: *L'Homme*, XIII, 1973/4: 5-37.
 2 *Antropologia do Brasil. Mito, História, Etnicidade*. São Paulo 1986.
Chamberlain, A.F., »Report on the Kootenay Indians of South-Eastern British Columbia«, *RBAAS*, 62, 1892.
Chilam Balam, *Libro de Chilam Balam de Chumayel [...] por Antonio Mediz Bolio*. Mexico Ediciones de la Universidad Nacional Autonoma, 1941.
Cline, W., et alii, *The Sinkaietk or Southern Okanagon of Washington* (General Series in Anthropology, 6), Menasha 1938.
Codex Chimalpopoca, *Anales de Cuaubtitlan y Leyendas de los Soles*, übers. von P.F. Velasquez, Mexico 1945.
Conche, M., *Montaigne et la philosophie*, Villers-sur-Mer 1987.
Crocker, J.C., »Reciprocity and Hierarchy among the Eastern Bororo«, in: *Man*, 4 (1), 1969.
Curtis, E.S., *The North American Indian*, Bd. 9, Norwood, Mass., 1903.
Dahlgren de Jordan, B., *La Mixteca. Su cultura e historia prehispanica*, Mexico: Imprenta Universitaria, 1954.
Da Matta, R., »Mito e autoridade doméstica: una tentativa de análise de un mito timbira em suas relações com a estructura social«, *Revista do Instituto de Ciências sociais*, IV, I. Rio de Janeiro 1967: 93–141.
Daremberg, Ch. und E. Saglio, *Dictionnaire des antiquités grecques et romaines*, 9 Bde., Paris 1877–1912.
Dawson, G.M., »Notes on the Shuswap People of British Columbia«, *Proceedings and Transactions of the Royal Society of Canada*, 9 (1891). Montréal 1892.

Delaby, F., »A Propos d'un plat sibérien du Musée de l'Homme«, in: *Objets et Mondes*, XV, 4, 1975.
Delarue, P., *Le Conte populaire français*, Paris 1957.
Detienne, M., *L'Ecriture d'Orphée*, Paris 1989.
Dictionnaire des sciences naturelles [...] par plusieurs professeurs du jardin du roi, 72 Bde., Strasbourg–Paris 1816–1830.
Dorsey, G. A.
  3 The Mythology of the Wichita (Carnegie Institution of Washington, Publ. Nr. 21), 1904.
Drucker, Ph., *The Northern and Central Nootkan Tribes* (BBAE 144), Washington, D. C., 1951.
Duff, W., *The Upper Stalo Indians of the Fraser Valley, British Columbia* (Anthropology in British Columbia, Provincial Museum, Victoria). Neudruck vom Indian Education Resources Centre, Vancouver: Univ. of British Columbia, 1972.
Dumézil, G.
  1 Horace et les Curiaces, Paris 1942.
  2 Mythe et épopée, 3 Bde., Paris 1968–1973.
  3 Heur et malheur du guerrier, Paris 1969.
  4 La Religion romaine archaïque, Paris 1974.
  5 Heur et malheur du guerrier, Paris 1985.
  6 Entretiens avec Didier Eribon (Collection Folio/Essais), Paris 1987.
Eells, M.
  4 The Indians of Puget Sound. The Notebooks of Myron Eells. Edited by G. P. Castile. Seattle-London 1985.
  5 »The Chinook Jargon«, *AA*, VII, 3, 1894, 300–312.
Ehrenreich, P., *Die Mythen und Legenden der südamerikanischen Urvölker und ihre Beziehungen zu denen Nordamerikas und der alten Welt* (Zeitschrift für Ethnologie XXXVII, Suppl.), 1905.
Elliot, W. C., »Lake Lilloet Tales«, *JAFL*, 44, 1931: 166–181.
Elmendorf, W. W., *The Structure of Twana Culture [with] Comparative Notes on the Structure of Yurok Culture [by] A. L. Kroeber* (Research Studies, Monographic Supplement 2), Pullman 1960.
Fabre, D., »Recherches sur Jean de l'Ours«, in: *Folklore. Revue d'ethnographie méridionale*, 21, Nr. 131/132, 1968, und 22, Nr. 134, 1969.
Farley, A. L., *Atlas of British Columbia*, Vancouver 1979.
Farrand, L.
  1 (Assisted by W. S. Kahnweiler) *Traditions of the Quinault Indians* (MAMNH, 4), New York 1902.
  2 Traditions of the Chilcotin Indians (MAMNH, 4), New York 1900.
Farrand, L. und Th. Mayer, »Quileute Tales«, *JAFL*, 32, 1919.
Febvre, L., *Le Problème de l'incroyance au 16ᵉ siècle. La religion de Rabelais*, Neuausgabe, Paris [1942] 1988.
Frachtenberg, L.
  1 Coos Texts (CUCA, I), New York–Leyden 1913.

2 »Shasta and Athapascan Myths from Oregon. Collected by Livingston Farrand«, *JAFL,* 28, 1915.
3 Lower Umpqua Texts (CUCA, IV), New York 1914.
4 Alsea Texts and Myths (BBAE 67), Washington, D.C., 1920.
Garcia, G., *Origen de los Indios del Nuevo Mundo y Indians Occidentales...* [Valencia 1607], Madrid 1729.
Gayton, A.H. und S.S. Newman, *Yokuts and Western Mono Myths* (Anthropological Record, 5, 1), Berkeley 1940.
Gibbs, G., *Alphabetical Dictionary of the chinook Language,* New York 1863.
Gilmore, M.R., *Uses of Plants by the Indians of the Missouri River Region* [1919], Lincoln–London 1977.
Gleason, M.A., *Illustrated Flora of the Northeastern United States and adjacent Canada,* 3 Bde., The New York Botanical Garden, ²1958.
Goddard, P.E., *Life and Culture of the Hupa* (UCPAAE, I), Berkeley 1903.
Godfrey, W.E., *Les Oiseaux du Canada* (Musée national du Canada, Bull. 203, Série biologique, 73), Ottawa 1967.
Golder, F.A., »Tlingit Myths«, *JAFL,* 20, 1907.
Grande Encyclopédie (La), *Inventaire raisonné des sciences, des lettres et des arts [...] sous la direction de MM. Berthelot...,* Paris : Société anonyme de la Grande Encyclopédie, o.J. (1885–1903).
Grinnell, G.B.
3 Blackfoot Lodge Tales, New York 1892.
Gunther, E.
2 Klallam Folktales (UWPA, 10, 1), 1945.
5 A Further Analysis of the First Salmon Ceremony (UWPA, 2), 1928.
Haeberlin, H.K.
1 »Mythology of Puget Sound«, *JAFL,* 37, 1924.
Haines, F., *The Nez Percés. Tribesmen of the Columbia Plateau,* Norman 1955.
Hall, E.R. und K.R. Kelson, *The Mammals of North America,* New York, 2 Bde., 1959.
Hallowell, A.I., »›John the Bear‹ in the New World«, *JAFL,* 65, 1952: 418.
Hamayon, R., *La Chasse à l'âme. Esquisse d'une théorie du chamanisme sibérien,* Nanterre: Société d'ethnologie, 1990.
Hill-Tout, Ch.
2 »Ethnological Report on the Stseélis and Sk.aúlits tribes of the Halōkmēlem Division of the Salish of British Columbia«, *JRAI,* 34, 1904.
3 »Report on the Ethnology of the Stlatlumh of British Columbia«, *JRAI,* 35, 1904.
5 »Report on the Ethnology of the Southeastern Tribes of Vancouver Island«, *JRAI,* 37, 1907.
6 The Natives of British North America, London 1907.
7 »Notes on the Sk.qómic of British Columbia«, *RBAAS,* 70, 1900.
8 »Report on the Ethnology of the Okanak.ēn of British Columbia«, *JRAI,* 41, 1911.
9 »Ethnological Studies of the Mainland Halkōm'ēlem, a Division of the Salish of British Columbia«, *RBAAS,* 72, 1902.

10 »Notes on the N'tlakápamuQ of British Columbia, a Branch of the Great Salish Stock of North America«, *RBAAS,* 69, 1899.
Hofman, W. J.
 2 »Selish Myths«, *Bulletin of the Essex Institute,* 15 (1883), Salem, Mass., 1884.
Hugh Jones, St., *The Palm and the Pleiades. Initiation and cosmology in Northwest Amazonia,* Cambridge 1979.
Hunn, E. S. (mit James Selam und Familie), *Nch'i-Wána »The Big River«. Mid-Columbia Indians and Their Land,* Seattle und London 1990.
Huxley, F., *Affable Savages,* London 1956.
Ihering, R. von, *Diccionario dos Animaes do Brasil,* São Paulo 1940.
Jacobs, M.
 1 Northwest Sahaptin Texts (CUCA, 19, 1-2), New York 1934.
 4 Kalapuya Texts (UWPA, 11), 1945.
 6 Coos Myths Texts (UWPA, 8, 2), 1940.
 7 »Notes on the Structure of Chinook Jargon«, in: *Language,* 8, 1932.
Jenness, D.
 2 »Myths of the Carrier Indians«, *JAFL,* 47, 1934.
Jones, C. F., *A Study of the Thlingets of Alaska,* New York 1914.
Jones, W., *Ojibwa Texts* (Publications of the American Ethnological Society, VII), 2 Bde., II, New York 1919.
Josselin de Jong, J. P. B. de
 2 Blackfoot Texts (Verhandelingen der Koninklijke Akademie van Wetenschappen te Amsterdam, Afdeeling Letterkunde Niewe Reeks, Deel 14, 4), 1914.
Kerr, A., »Chinook Winds Resemble Water Flowing over a Rock«, in: *Science,* Bd. 231, 1986: 1244-1245.
Kojiki, *Translated with an Introduction and Notes by Donald L. Philippi,* Tokio 1968.
Krause, A., *The Tlingit Indians,* übers. von E. Gunther. Seattle 1956.
Krejnovič, E. A.
 1 »La Fête de l'ours chez les Ket«, in: *L'Homme,* XI, 4, 1971.
 2 »La Fête de l'ours chez les Nivx«, in: *L'Ethnographie,* Neue Folge, 74-75, 2, 1977.
Kroeber, A. L.
 1 Handbook of the Indians of California (BBAE, 78), Washington, D. C., 1925.
 14 Yurok Myths, Berkeley-Los Angeles 1976.
Kroeber, A. L. und E. W. Gifford, *World Renewal. A Cult System of Native Northwest California* (Anthropological Records, 13), Berkeley-Los Angeles 1949.
Las Casas, B. de, *Historia general de las Indias* [1552], Mexico City 1951.
Lévi-Strauss, C.
 1 »Reciprocity and Hierarchy«, in: *AA,* 46, 1944: 266-268.
 2 Les Structures élémentaires de la parenté, Paris 1949; Neuausgabe Paris-

Den Haag 1967; dt. *Die elementaren Strukturen der Verwandtschaft*, Frankfurt/M. 1961.
3 Anthropologie structurale, Paris 1958; dt. *Strukturale Anthropologie*, Frankfurt/M. 1967.
4 La Pensée Sauvage, Paris 1962; dt. *Das wilde Denken*, Frankfurt/M. 1965.
5 Le Cru et le cuit, Paris 1964; dt. *Das Rohe und das Gekochte* (= *Mythologica*, I), Frankfurt/M. 1971.
6 Du Miel aux cendres, Paris 1966; dt. *Vom Honig zur Asche* (= *Mythologica*, II) Frankfurt/M. 1972.
7 L'Origine des manières de table, Paris 1968; dt. *Der Ursprung der Tischsitten* (= *Mythologica*, III), Frankfurt/M. 1973.
8 L'Homme nu, Paris 1971; dt. *Der nackte Mensch*, Frankfurt/M. 1975, 2 Bde. (= *Mythologica*, IV).
9 Anthropologie structurale deux, Paris 1973; dt. *Strukturale Anthropologie II*, Frankfurt/M. 1975.
10 La Voie des masques, Neuausgabe: Paris 1979; dt. *Der Weg der Masken*, Frankfurt/M. 1978.
11 Le Regard éloigné, Paris 1983; dt. *Der Blick aus der Ferne*, München 1985.
12 Paroles données, Paris 1984; dt. *Eingelöste Versprechen*, München 1985.
13 La Potière jalouse, Paris 1985; dt. *Die eifersüchtige Töpferin*, Nördlingen 1987.
14 »De la Fidélité au texte«, in: *L'Homme*, XXVII (1), 1987: 117–140.
15 »Hérodote en mer de Chine«, in: *Poikilia. Études offertes à J.-P. Vernant*, Paris: Editions de l'Ecole des Hautes Études en Sciences Sociales, 1987: 25–32.
Lorrain, F., *Réseaux sociaux et classifications sociales. Essai sur l'algèbre et la géométrie des structures sociales*, Paris 1975.
Lowie, R. H.
4 »Shoshonean Tales«, *JAFL*, 37, 1924.
Lyman, W. D., »Myths and Superstitions of the Oregon Indians«, in: *Proceedings of the American Antiquarian Society*, XVI, 1904: 221–251.
McCormick Collins, J., *Valley of the Spirits. The Upper Skagit Indians of Western Washington*, Seattle–London 1974.
McKennan, R. A., *The Upper Tanana Indians* (Yale University Publications in Anthropology, 55), New Haven 1959.
Marx, J., *La Légende arthurienne et le Graal*, Paris 1952.
Mathieu, R., *Anthologie des mythes et légendes de la Chine ancienne*, Paris 1989.
Maybury Lewis, D. und U. Almagor (Hrsg.), *The Attraction of Opposites. Thought and Society in the Dualistic Mode*, Ann Arbor 1989.
Merriam, C. Hart, »Transmigration in California«, *JAFL*, 22, 1909.
Métraux, A.
1 La Religion des Tupinambá, Paris 1928.
2 »Mitos y cuentos de los Indios Chiriguano«, in: *Revista del Museo de La Plata*, 23, Buenos Aires 1932.

3 Myths and Tales of the Matako Indians (Ethnological Studies, 9), Göteborg 1939.
5 Myths of the Toba and Pilagá Indians of the Gran Chaco (MAFLS, XL), Philadelphia 1946.
6 »Twin Heroes in South American Mythology«, *JAFL*, 59, 1946: 114–123.
Michell, H., *Sparta*, Cambridge 1952.
Montaigne, M. de, *Les Essais*. Ausgabe von Pierre Villey (1930). Collection Quadrige, 3 Bde., Paris 1988. *Essais*, übers. u. ausgewählt von H. Lüthy, Zürich: Manesse, 1953 u. ö. [einzige brauchbare dt. Ausgabe, die aber wegen Lückenhaftigkeit hier nicht zitiert werden konnte; d. Übers.].
Morice, A. G., »The Great Déné Race«, in: *Anthropos*, 1–5, 1906–1910.
Myers, J. N., »Fog«, in: *Scientific American*, 219, Nr. 6, 1968: 74–82.
Nietzsche, F., *Der Antichrist*, in: *Werke*, hrsg. von K. Schlechta, 3 Bde., II, 1161 ff., München 1966.
Nimuendajú, C.
1 »Die Sagen von der Erschaffung und Vernichtung der Welt als Grundlagen der Religion der Apapocúva-Guarani«, in: *Zeitschrift für Ethnologie*, 46, 1914.
8 The Eastern Timbira (UCPAAE, 41), Berkeley–Los Angeles 1946.
Olson, R. L.
2 The Quinault Indians, Seattle–London 1967.
Ouwehand, C., *Hateruma. Socio-religious aspects of a south-ryukyuan island culture*, Leiden 1985.
Packard, R. L., »Notes on the Mythology and Religion of the Nez Percé«, *JAFL*, 4, 1891.
Pauly-Wissowa, *Real-Encyclopädie der classischen Altertumswissenschaft*, Stuttgart 1927. Zweite Reihe [R–Z]: 103–114.
Pausanias, *Description of Greece*. Übers. und mit Kommentar von J. G. Frazer, 6 Bde., London [1897] 1913; vgl. auch *Beschreibung Griechenlands*, übers. u. komment. von E. Meyer, Zürich 1954.
Pearson, T. G., *Birds of America*, Garden City, N. Y., 1936.
Petitot, E., *Traditions indiennes du Canada nord-ouest*, Paris 1886.
Pherekydes, »Pherecydis Fragmenta«, in: *Fragmenta Historicorum Graecorum*, hrsg. von Th. Müller, Bd. I, Paris 1841.
Phinney, A., *Nez Percé Texts* (CUCA, 25), New York 1934.
Plinius
1 L'Histoire du monde [...] mis en françois par Antoine du Pinet ..., 2 Bde., Lyon ³1584.
2 Histoire naturelle, B. XIX und XXII, übers. u. komment. von J. André, Paris 1964 und 1970.
3 Die Naturgeschichte des Cajus Plinius Secundus, übers. u. komment. v. G. C. Wittstein, Leipzig 1881–1882, 6 Bde., hier Bd. V.
Plutarch
1 Les Œuvres meslées, translatées [...] par J. Amyot, 2 Bde., Paris 1584.
2 Plutarchi Scripta Moralia, hrsg. von F. Dübner, Bd. II, Paris 1890.

3 Plutarch's Moralia in Fifteen Volumes, mit engl. Übers. von Frank Cole Babbitt, hier Bd. V, Cambridge, Mass., London 1962.
4 Plutarchi Moralia, hrsg. von W.R. Paton, M. Pohlenz und W. Sieveking, hier: Bd. III, Leipzig 1924.
Popol Vuh. The Sacred Book of the Ancient Quiché Maya. Engl. Version von Delia Goetz und Sylvanus G. Morley nach der span. Übersetzung von Adrián Recinos. Norman 1950.
Radin, P., *Some Myths and Tales of the Ojibwa of Southeastern Ontario* (Canada Department of Mines. Geological Survey. Memoir 48, n° 2, Anthropological Series), Ottawa Government Printing Bureau, 1914.
Ray, V. F.
 1 The Sanpoil and Nespelem (Neudruck der Human Relations Area Files), New Haven 1954.
 2 »Sanpoil Folk Tales«, *JAFL,* 46, 1933.
Reichard, G. A.
 2 »Literary Types and the Dissemination of Myths«, *JAFL,* 34, 1921.
 3 An Analysis of Cœur d'Alêne Indian Myths (MAFLS, 41), 1947.
Relations des Jésuites, 6 Bde., Montreal 1972.
Rohrlich, F., »Facing Quantum Mechanical Reality«, in: *Science,* Bd. 221, Nr. 4617, 1983: 1251–1255.
Roscher, W. H., *Ausführliches Lexicon der griechischen und römischen Mythologie,* 7 Bde., Leipzig 1884–1924.
Ryan, M.T., »Assimilating New Worlds in the Sixteenth and Seventeenth Centuries«, *Comparative Studies in Society and History,* 23, 4, 1981: 519–538.
Rydberg, P. A., *Flora of the Rocky Mountains and adjacent Plains,* New York [1922], 1954.
Sagard, G., *Histoire du Canada* [1636], 4 Bde., Paris 1865–1866.
Sahagún, B. de, *Florentine Codex. General History of the Things of New Spain,* in 13 Teilen. Übers. von J. O. Anderson und Ch. E. Dibble, Santa Fé, N. M.: The School of American Research and the University of Utah, 1950–1963.
Sapir, E.
 1 Wishram Texts (Publications of the American Ethnological Society, 2), Leyden 1909.
 3 Yana Texts (UCPAAE, 9, 1), Berkeley 1910.
 5 Takelma Texts (Univ. of Pennsylvania, The Museum Anthropological Publication, 2, 1), Philadelphia 1909.
Schultz, H. und V. Chiara, »Mais lendas Waura«, in: *Journal de la Société des Américanistes,* LX, 1971: 105–136.
Smet, R. P. de, *Voyages dans les montagnes Rocheuses et séjour chez les tribus indiennes de l'Oregon,* Neuausgabe Devaux-Paris 1873.
Smith, M.W.
 2 The Puyallup Nisqually (CUCA, 32), New York 1940.
Speck, F. G., *Myths and Folk-lore of the Timiskaming Algonkin and Timagami Ojibwa* (Canada Department of Mines. Geological Survey, Memoir

71, n° 9, Anthropological Series), Ottawa: Government Printing Bureau, 1915.
Spinden, H. J.
3 The Nez Percé Indians (MAAA, 2), 1908.
Spott, R. and A. L. Kroeber, *Yurok Narratives* (UCPAAE, 35, 9), Berkeley 1942.
Sproat, G. M., *Scenes and Studies of Savage Life*, London 1868.
Stern, B. J., *The Lummi Indians of Western Washington* (CUCA, 17), New York 1934.
Stevenson, M. C., *The Sia* (11th ARBAE), Washington, D. C., 1894.
Suttles, W.
3 »The Early Diffusion of the Potato among the Coast Salish«, in: *Southwestern Journal of Anthropology*, 7, 3, 1951: 272–288.
Swan, J. G.
1 The Northwest Coast. On Three Years Residence in Washington Territory, New York 1857.
2 The Indians of Cape Flattery [1868]. Faksimile-Reproduktion, 1964.
Swanton, J. R.
1 Myths and Tales of the Southeastern Indians (BBAE, 88), Washington, D. C., 1929.
2 Tlingit Myths and Texts (BBAE, 39), Washington, D. C., 1909.
9 Haida Texts and Myths (BBAE, 29), Washington, D. C., 1905.
Teit, J. A.
1 The Shuswap (MAMNH, 4), Leiden–New York 1909.
2 »Traditions of the Lilloet Indians of British Columbia«, *JAFL*, 25, 1912.
4 Traditions of the Thompson Indians (MAFLS, 6), 1898.
5 Mythology of the Thompson Indians (MAMNH, 12), Leiden–New York 1912.
6 The Salishan Tribes of the Western Plateaus (45th ARBAE, *1927–1928*), Washington, D. C., 1930.
8 »Kaska Tales«, *JAFL*, 30, 1917.
9 Ethnobotany of the Thompson Indians of British Columbia. Hrsg. von E. V. Steedman (45th ARBAE, 1927–1928), Washington, D. C., 1930.
10 The Thompson Indians of British Columbia (MAMNH, 2), 1900.
11 The Lilloet Indians (MAMNH, 4), 1906.
12 »European Tales from the Upper Thompson Indians«, *JAFL*, 29, 1916.
14 »More Thompson Indian Tales«, *JAFL*, 50, 1937.
Thevet, A., *Cosmographie universelle . . .*, 2 Bde., Paris 1575.
Thompson, S.
2 »European Tales among the North American Indians«, *Colorado College Collection* II, Colorado Springs 1919.
3 Tales of the North American Indians, Cambridge, Mass., 1929.
Tozzer, A. M., *A Comparative Study of the Mayas and the Lacandones* (Archaeological Institute of America. Report of the Fellow in American Archaeology, 1902–1905), New York 1907.
Turner, N. J., *Food Plants of British Columbia Indians. Part II – Interior*

Peoples. British Columbia Provincial Museum, Handbook Nr. 36, Victoria 1978.
Turner, N. J., R. Bouchard, J. van Eijk und I. D. Kennedy, *Ethnobotany of the Lilloet Indians of British Columbia*. Unveröffentl. Manuskript 1987.
Turner, N. J., R. Bouchard, D. I. D. Kennedy, *Ethnobotany of the Okanagan-Colville Indians of British Columbia and Washington*, British Columbia Provincial Museum, Nr. 21, Occasional Paper Series, Victoria 1980.
Turner, N. J., L. C. Thompson, M. T. Thompson, A. Z. York, *Thompson Ethnobotany. Knowledge and Usage of Plants by the Thompson Indians of British Columbia*, Royal British Columbia Museum, Memoir Nr. 3, Victoria 1990.
Turney-High, H. H.
 1 »Ethnography of the Kutenai«, *RBAAS*, 62, 1892.
Uhlenbeck, C. C., *Original Blackfoot Texts. A New Series of Blackfoot Texts* (Verhandelingen der Koninklijke Akademie van Westenschappen te Amsterdam, Afdeeling Letterkunde, Nieuwe Reeks, Deel 12, 1–13, 1), 1911–1912.
Vega, G. de la, *Histoire des Yncas, rois du Pérou ...*, 2 Bde., Amsterdam 1737.
Voisenat, C., »La Rivalité, la séparation et la mort. Destinées gémellaires dans la mythologie grecque«, in: *L'Homme*, XXVIII, 1, 1988: 88–104.
Wagley, Ch. und E. Galvão, *The Tenetehara Indians of Brazil* (CUCA, 35), New York 1949.
Waterman, T. T., »The Explanatory Elements in the Folk-Tales of the North American Indians«, *JAFL*, 27, 1914.
Wilbert, J. und K. Simoneau (Hrsg.), *Folk Literature of the Gê Indians*, 2 Bde., Los Angeles, UCLA: Latin American Center Publications, 1978 und 1984.
Wissler, C. und D. C. Duvall, *Mythology of the Blackfoot Indians* (Anthropological Papers of the American Museum of Natural History, 2), New York 1908.
Yoshida, T., »The feminine in Japanese folk-religion: polluted or divine?«, in: F. Ben Ari, B. Moeran und J. Valentine (Hrsg.), *Unwrapping Japan*, Manchester 1990.
Yoshida, T. und A. Duff-Cooper, »A Comparison of Aspects of Two Polytheistic Forms of Life: Okinawa and Balinese Lombok«, in: *Cosmos*, 5, Edinburgh 1989: 213–242.

Verzeichnis der Schwarzweiß-Abbildungen

I   Muscheln der Gattung *Dentalium* L. (mit derselben allgemeinen Form, wenn auch einer anderen Art als der angehörend, die von den Indianern im Meeressand der Pazifikküste gesammelt wird) S. 43
II Gliederpuppe mit Zahnschnecken-Halsband und Tracht eines Thompson-Häuptlings; die Zahnschnecken wurden 1903 gesammelt. *Royal British Columbia Museum*, Victoria. Katalog-Nr. 1267 (Halsband). Mit freundlicher Genehmigung des Museums S. 44
III Nisqually-Indianerin (aus der Gegend des Puget Sound) mit reichem Zahnschneckenschmuck, photographiert im Jahre 1868 mit einem ihrer Obhut anvertrauten weißen Kind. *Thomas Burke Museum*, Seattle. Katalog-Nr. L 4233. Mit freundlicher Genehmigung des Museums S. 59
IV Ärmelloses Hemd der Haida-Indianer in handelsüblicher Webart, hauptsächlich bestickt mit Zahnschneckenmuscheln, die einen Bären darstellen; erworben im Jahre 1979. *Royal British Columbia Museum*, Victoria. Katalog-Nr. 16537. Mit freundlicher Genehmigung des Museums S. 60

Verzeichnis der Abbildungen im Text

Abb. 1 »Schachbrett« S. 20
Abb. 2 Die Stämme in der Region des Puget Sound und des Unterlaufs des Columbia River S. 29
Abb. 3 Der kanadische Luchs (*Lynx canadensis*) Nach A. L. Brehm, *Brehms Tierleben*, I. *Die Säugetiere*, Bd. 1, S. 518. Leipzig und Wien, [1863 – 1869] 1890 S. 31
Abb. 4 Der Coyote (*Canis latrans*). Nach A. L. Brehm, *l. c.*, II. Bd. 2, S. 250 S. 37
Abb. 5 Der Horntaucher (*Podiceps auritus*). Nach Brehm, *l. c.*, V. *Die Vögel*, Bd. 2, S. 580. *Ibid.*, 1891 S. 52
Abb. 6 Zweiteilungen des Tupinambá-Mythos S. 70
Abb. 7 Die Bergziege (*Oreamnos americanus*). Nach C. Vogt, *Les Mammifères*, S. 402. Paris 1884 S. 89
Abb. 8 Verbreitungsgebiete der Bergziegen in Britisch-Kolumbien. Nach A. L. Farley, *Atlas of British-Columbia*, S. 53. Vancouver 1979 (Mit freundlicher Genehmigung der *University of British Columbia Press*) S. 94
Abb. 9 Der »Große Herzog« (*Bubo virginianus*). Nach A. L. Brehm, *La Vie des animaux illustrée*, frz. Ausgabe von Z. Gerbe, Bd. 3 (*Les Oiseaux*, 1), S. 507. Paris o. J. S. 109
Abb. 10 Die halb ins Erdreich eingelassene Winterhütte. Nach Teil *10*: S. 193 S. 117
Abb. 11 Netzstruktur eines Mythenkomplexes S. 125
Abb. 12 Die wichtigsten Sprachfamilien der behandelten Region S. 163
Abb. 13 Darstellung der Beziehungen zwischen den Hauptmythen des vorliegenden Bandes in Diagrammform S. 223

Namenregister

Acosta, J. de 240, 242
Alembert, J. L. d' 133
Almagor, U. 256
Amyot, J. 136, 237

Bakin, T. 181
Barnett, H. G. 142
Boas, F. 109, 142, 171 f., 187, 193, 202
Borden, Ch. E. 148
Bordron, J.-F. 124
Bouchard, R. 129
Bucaille, R. 124

Cabral, P. A. 231
Cadogan, L. 81
Caesar, G. J. 261
Carneiro da Cunha, M. 74
Clark, W. 23
Clemens von Alexandreia 242
Conche, M. 238 f.
Cortés, H. 231, 244
Côté, A. 124
Crocker, J. Chr. 257

Delarue, P. 203, 214
Descartes, R. 238
Detienne, M. 249
Diderot, D. 133
Dieterlen, G. 247
Dionysios von Halikarnassos 242
Djeribi, M. 164
Duff-Cooper, A. 258
Dumézil, G. 201, 250, 252
Dutourd, J. 34

Eells, M. 141 f.
Ehrenreich, P. 63, 68 f.
Einstein, A. 10
Eusebios von Cäsarea 242

Farrand, L. 248
Febvre, L. 231
Frazer, J. G. 139

Garcilaso de la Vega 244
Gilmore, M. R. 262
Goddard, P. E. 54
Godfrey, W. E. 109
Griaule, M. 247
Gunther, E. 137

Haeberlin, H. K. 92
Hahn, L. 261
Hartland, S. 139
Hill-Tout, Ch. 54, 114, 137
Huayna Capac 243
Hunn, E. S. 131, 156
Hunt, G. 142 f.

In-Hak-Choi 136

Jones, W. 251

Kempinski, E. 16
Kennedy, D. I. D. 109, 129
Kolumbus, Chr. 231
Kroeber, A. L. 133, 227
Kuipers, A. E. 133

Las Casas, B. de 242
Le Jeune, P. 135
Lewis, M. 23

289

Linné, C. von (Linnaeus) 261
Littré, E. 123
Lorrain, F. 210
Lussagnet, S. 63

Magellan, F. de (= Magalhaes) 231
Mathieu, R. 137
Matta, R. da 74
Maybury Lewis, D. 257f.
Meletinsky, E. 128
Métraux, A. 61, 68f., 83
Michell, H. 250
Montaigne, M. de 231ff.
Montezuma 244
Montoya, A. R. de 66
Morice, A. G. 54
Mosko, M. S. 124

Nietzsche, F. 211
Nimuendajú, C. 62

Ouwehand, C. 256

Pascal, Bl. 238
Paton, W. R. 136, 237
Pausanias 250
Pedro II. 73
Petitot, J. 124
Pherekydes 252
Pinet, A. du 131
Platon 249
Plinius 32, 131, 241, 242
Plutarch 136, 237, 242, 249
Podolski, B. 10
Pohlenz, M. 136, 237
Ptolemäos 235

Radin, P. 251
Reichard, G. A. 215

Renard, J. 34
Rivers, W. H. R. 256
Rohrlich, F. 13
Rosen, N. 10
Rousseau, J.-J. 170

Sagard, G. 240
Sahagún, B. de 136, 244, 246
Schrödinger, E. 10
Seeger, A. 259f.
Seneca 237
Sieveking, W. 136, 237
Smet, J.-J. de 241
Speck, F. G. 251
Swan, J. 32

Teit, J. A. 27f., 112, 129, 191, 193, 200, 201, 203, 251
Theodoretos von Kyrrhos 242
Thevet, A. 61ff., 74, 81
Thompson, L. C. 131, 133
Thompson, M. T. 131, 133
Turner, N. J. 129, 131, 133
Turner-High, H. H. 172

Vega, G. de la, siehe: Garcilaso
Vespucci, A. 231
Viracocha 244
Voisenat, Cl. 250

Wigner, E. P. 10
Wilbert, J. 73

Yoshida, T. 258
Young, A. Z. 131, 133

Zoroaster 247

Robert Pogue Harrison
Wälder
Ursprung und Spiegel der Kultur
Aus dem Amerikanischen von Martin Pfeiffer
1992. 320 Seiten

»Es lohnt sich, dem in Stanford lehrenden Robert Pogue Harrison auf seinem Waldgang zu folgen. Man kann sich auf wunderschöne Geschichten und kluge Gedanken gefaßt machen. *Wälder – Ursprung und Spiegel der Kultur* heißt sein Buch. Nach der Lektüre wird man die wirklichen Wälder anders sehen, vor allem aber wird man das heimliche und unheimliche Fortleben der Wälder im Herzen unserer Kultur entdecken, in den ›großen Erzählungen‹ der Philosophie und Poesie, die offenbar immer schon in den imaginären Wäldern nach dem Geheimnis des Menschen geforscht haben.«   Die Zeit

»Robert Pogue Harrisons Wälder leisten sensationelle Pionierarbeit im vergangenen und verbleibenden Wald der abendländischen Geschichte. Dieses Buch wird den Begriff ›Wald‹ in der öffentlichen Diskussion, bei Ökologen und bei Historikern verändern...: ein offenes Buch, das eine Explosion von Fragen provozieren kann. Man wünscht ihm viele Leserinnen und Leser, die den Wald vor lauter Bäumen sehen wollen.«   Frankfurter Rundschau

»...ein Buch, das zu den interessantesten und spannendsten Titeln der Sachbuchproduktion dieses Buchmesseherbstes zu rechnen ist.«
Süddeutsche Zeitung

»Sage mir, wie du im (und mit dem) Wald umgehst, und ich sage dir, wer du bist – so könnte man Harrisons Streifzug lesen, der vom archaischen Gilgamesch-Mythos über die klassische Antike, die Renaissance und Aufklärung bis zur modernen Literatur reicht.«
Die Tageszeitung

»Eine lehrreiche, spannende Bildungsreise durch Geschichte und Kulturen, Götterwelten, Mythen und Sagen.«   Natur

Hajo Eickhoff
Himmelsthron und Schaukelstuhl
Die Geschichte des Sitzens
1993. 254 Seiten mit 70 Abbildungen

Unauffällig, aber allgegenwärtig begleitet der Stuhl, wie wir ihn kennen, den neuzeitlichen Menschen: Handgreiflich dient er als Mobiliar, aber tiefgreifend formt er die Physis und die Psyche, prägt die Sprache und ist metaphorisch und allegorisch ins Denken eingedrungen. Der Stuhl als soziokulturelle Erfindung höchsten Ranges und das Sitzen als Körperhaltung und als innere Befindlichkeit haben eine lange und komplexe Geschichte.
Diese hier erzählte Geschichte handelt von Nomaden, thronenden Göttern und Herrschern, von Religionsstiftern auf heiligen Stühlen, von sitzenden Bürgern und von durch Stühle dressierten Kindern. Untergründig geht es um das Problem, wie der Mensch vom Nomadentum über die Seßhaftwerdung und das Sitzen auf Stühlen bis zum sedierenden Techno-Nomadentum heute mit seiner inneren Ruhelosigkeit umgeht. Der Stuhl erweist sich als Knoten der abendländischen Zivilisation und als die eindringlichste Metapher für Europa.

Gerhard Dohrn-van Rossum
Die Geschichte der Stunde
Uhren und moderne Zeitordnungen
1992. 416 Seiten mit 70 Abbildungen

»Die Fülle des Materials, das in diesem Buch ausgebreitet wird, ist fast erschlagend. Dohrn-van Rossum hat aus einer großen Anzahl von Quellen gearbeitet und schafft es, seine Funde erzählerisch zu präsentieren. So entstand ein fesselndes und faszinierendes Buch, das Beste, das zur Zeitproblematik zur Zeit auf dem Markt ist, zusätzlich veranschaulicht durch ein umfangreiches Bildmaterial.«
Süddeutsche Zeitung

»Eine fabelhafte Kulturgeschichte der Zeitmessung... Auf den in diesem Buch erfreulich pragmatisch nachgezeichneten Prozeß der Zeit-Zivilisation angewendet, läßt sich mit Sicherheit sagen, daß seine Darstellung so schnell nicht verjähren wird: ein Buch über die Stunde und über die Stunde hinaus.«
Die Zeit

»...erkundet spannend ein Terrain, das für Technik-, Kultur- und Mentalitätshistoriker gleichermaßen von Belang ist.«
Der Tagesspiegel

Martin Warnke
Politische Landschaft
Zur Kunstgeschichte der Natur
1992. 190 Seiten mit 150 Abbildungen

»Die gegenwärtige Vergiftung der Natur, die sich inzwischen gegen ihre Ausbeuter wendet, läßt gern vergessen, daß es eine unschuldige Natur wohl nie gegeben hat. Es läßt sich eine Politisierung der Landschaftskunst beobachten, wie sie Martin Warnke in seinem neuen, zugleich aufklärend und als Feineinstellung ästhetischer Instrumente gedachten Buch tut.« Süddeutsche Zeitung

»Willy Brandt gebrauchte gern den Ausdruck ›politische Landschaft‹. Der Hamburger Kunsthistoriker Martin Warnke nimmt die Formel wörtlich. Er schaut sich in der Landschaft um, und siehe da, sie ist politisch... Ein wichtiges Buch, das aus kunsthistorischer Sicht die politischen Sinne schärft.« ART

»Martin Warnkes Buch behandelt nicht nur die im engen Sinn künstlerischen Darstellungsformen der Landschaft, es macht darüber hinaus die politischen Deutungen der Natur in ihren vielfältigen Dimensionen erkennbar. Heute seien naive Vorstellungen von einer unschuldigen Landschaft nicht mehr möglich. Die menschliche Verwertung der Natur habe deren selbständige Autorität längst zerstört. *Politische Landschaft* ist eine Kunstgeschichte der Natur, die sich nicht in schöngeistigen Betrachtungen erschöpft, ein hochinteressantes Buch für Leser, die in Kunst- und Kulturgeschichte eben auch politische Geschichte sehen.« Bayerischer Rundfunk